体育运动中的体位放松技术

[英] 蒂莫西·E. 施派克（Timothy E. Speicher） 著 汪敏加 刘冬森 译

人民邮电出版社
北京

图书在版编目（CIP）数据

体育运动中的体位放松技术 / （英）蒂莫西·E. 施派克（Timothy E. Speicher）著；汪敏加，刘冬森译. -- 北京：人民邮电出版社，2020.6
ISBN 978-7-115-52389-1

Ⅰ. ①体… Ⅱ. ①蒂… ②汪… ③刘… Ⅲ. ①放松（体育）—研究 Ⅳ. ①G808.1

中国版本图书馆CIP数据核字(2020)第065484号

版权声明

免责声明

本书内容旨在为大众提供有用的信息。所有材料（包括文本、图形和图像）仅供参考，不能替代医疗诊断、建议、治疗或来自专业人士的意见。所有读者在需要医疗或其他专业协助时，均应向专业的医疗保健机构或医生进行咨询。作者和出版商都已尽可能确保本书技术上的准确性以及合理性，并特别声明，不会承担由于使用本出版物中的材料而遭受的任何损伤所直接或间接产生的与个人或团体相关的一切责任、损失或风险。

内 容 提 要

本书为物理治疗师、按摩师、运动教练、运动防护师等专业人士，以及有意从事相关职业的学生提供了体位放松技术实践应用的重要参考。本书共分为2个部分。第1部分包含2章，基于体位放松技术的相关研究，阐述了该技术的原理、实践意义和应用指南等。第2部分包含9章，分别对足部、踝关节和小腿、膝关节和大腿、骨盆、脊柱、肩关节、肘关节和前臂、腕关节和手部、颅骨的主要结构的解剖学和运动学特征、触诊流程、体位放松技术应用流程和自我治疗流程进行了讲解，同时介绍了常见损伤的诊断和治疗方法。对于每一位有意学习体位放松技术及使用该技术帮助急性和慢性躯体功能障碍患者的读者来说，本书都将提供有益指导。

◆ 著　　　 [英]蒂莫西·E. 施派克（Timothy E. Speicher）
　　译　　　 汪敏加　刘冬森
　　责任编辑　王若璇
　　责任印制　周昇亮

◆ 人民邮电出版社出版发行　　北京市丰台区成寿寺路 11 号
　　邮编　100164　电子邮件　315@ptpress.com.cn
　　网址　https://www.ptpress.com.cn
　　北京九州迅驰传媒文化有限公司印刷

◆ 开本：700×1000　1/16
　　印张：21.5　　　　　　　　 2020 年 6 月第 1 版
　　字数：575 千字　　　　　　 2024 年 8 月北京第 2 次印刷
　　著作权合同登记号　图字：01-2017-2567 号

定价：148.00 元
读者服务热线：(010)81055296　印装质量热线：(010)81055316
反盗版热线：(010)81055315
广告经营许可证：京东市监广登字 20170147 号

我想将这本书献给我的终身伴侣，斯蒂芬妮（Stephanie）。如果没有她坚定的支持，我就没有能力完成这本书。当我追逐梦想时，她付出了很多。我也想将这本书献给我的两个女儿，摩根（Morgan）和马莉（Marley），她们在无形中为我提供了能量，帮助我完成了这本书。我还想将这本书献给我的母亲，没有她，我生活中的一切都是不可能发生的。

最后，我想将这本书献给我的导师和朋友，他们在没人相信我的时候，选择支持我、鞭策我。最重要的是，在我需要改变时，他们会为我提供指引。

目录

第1部分　基本应用及步骤

第2部分　针对不同解剖区域的PRT

本书具有可配合图书一起使用的同主题视频课程，详情请见"人邮体育"平台。

视频课程与图书中标有如下图所示标识部分的内容配合使用。

视频课程为独立知识产品，本书定价中不含视频课程。

例：▶ 视频3.1：足骨间背侧肌PRT应用流程

治疗目录

解剖区域

常见损伤

这本书为康复从业者、教育者、学生等提供了关于体位放松技术（PRT）实践应用的循证信息。它肯定了那些支持将体位放松技术应用于不同患者群体的证据与理论，更为重要的是，它提供了一种用体位放松技术评估与治疗肌筋膜功能障碍的简单方法。体位放松技术是一种轻柔、被动的技术，一直被主张用于处理出现在所有年龄段的急性、亚急性及慢性躯体功能障碍（Speicher & Draper, 2006）。

体位放松技术这个词，其前身是拮抗松弛术（SCS），它使用一种舒服的姿势解决组织功能障碍问题（如疼痛、紧绷和痉挛）。劳伦斯·琼斯（Lawrence Jones）博士是一位在20世纪50年代首先开发PRT的骨科医生，他最初称PRT为体位放松技术，后来创造了拮抗松弛术这一术语（Jones, 1964）。琼斯推测，组织功能障碍是由应变-抵消应变机制所引起的。他提出，当组织不得不快速地适应一个突然的应变时，受到应变的组织的拮抗肌会抵消相应的应变，以稳定关节、肌肉或其他受影响的结构；随后，拮抗肌成为功能障碍的根源，需要被处理。当他绘制他的患者的疼痛点图时，他发现，压痛点（TPs，tender points）（筋膜限制）通常会出现于特定的位置，他认为这与神经根的支配相关。随着技术的发展，许多从业人员与研究人员改进了琼斯最初的理论与技术。

这本书分享了理论与技术的多次发展及其基于的证据，为有抱负和有经验的PRT从业人员提供学习和应用这一技术从而改善患者状况的简单方法。我的早期职业为研究治疗方法的大学教授，那时我偶然接触到了体位放松技术。先前的一个教授给我留下了列有安布罗西奥（D'Ambrogio）和罗思（Roth）的体位放松技术文本的大纲（D'Ambrogio & Roth, 1997）。作者称，在第一次应用时，体位放松技术能减缓75%~100%的疼痛感。我觉得这个结果好得有点不真实。但是，由于我学习并研究神经科学，我认为，虽然效果有些言过其实，但是有其可信之处。我想，如果患者的疼痛可以得到这么大幅度的缓解，那我们就找到了妙法！因此，我在我的田径运动员患者及我的学生身上进行尝试。不幸的是，疼痛的减缓程度并未像之前所称的那么大。但是，我确实取得了一些小小的成绩，多年来我一直在治疗方法与安布罗西奥与罗思的压痛点图表上全情投入，并最终坚持了下来。

我从学术会议和专题研讨会的文集和培训中发现，还没有一种系统而直接的方法可以用来学习和应用这种技术，特别是对于运动群体而言。我的出发点不仅仅是将体位放松技术以更好的方式应用于改善我的患者的状况，而且还要将它以更好的方式教给我的学生，这样他们便可以在最初的尝试中体验到成功。我希望他们和他们的患者能够获得我花10年才能获得的成功。基于我的体位放松技术的临床实践、研究与教学，我在这本书中提出了一种新的范例，以便读者理解、学习以及应用这种技术。无论你是第一次接触体位放松技术的新手，还是经验丰富的从业者，这本书都有助于你打造自己的"工具箱"，从而改善你的应用效果。

这本书采用什么结构

这本书的结构与其他体位放松技术的文本很像，但是，它与琼斯的原著中所用的几种主要的方法有所不同。此外，这些方法与技术已被修订。当你用到它时，它可以提供关于体位放松技术如何工作以及如何应用的依据。这本书不使用琼斯最初的压痛点的位置与相关的脊柱节段。相反，用于实践流程的压痛点与方法都是基于可以被触及的、传统的解剖结构。压痛点评估与处理的方法和技术，以及相关文献也都是新颖的。

第2部分的每一章都包括常见损伤的概述和它们的筋膜触发点的概括、所考虑的评估方法、关于如何将PRT应用于一些特定的解剖结构（如足底筋膜）的描述以及一些特定损伤（如足底筋膜炎）的处理方法。书中术语"近侧"和"远侧"用于指导从业者应用体位放松技术进行手法治疗。近侧手指的是离部位或组织最近的手，远侧手指的是离部位或组织最远的手。每一章也包含了评估特定解剖结构的指导和患者自我处理。这本书内容的组织以及呈现方式，与大多数健康行业从业者职前培训的结构相匹配。没有复杂的绘图方式、很难记住的缩写以及难以理解的应用。附录提供了搜索与定位评估表，以识别关键结构并进行评估与记录，同时识别肌筋膜病变模式，从而帮助制订个性化处理线路图。就每个关节而言，我建议使用数字疼痛评定量表记录处理前后

的疼痛感，同时需记录疼痛的大概位置。

这本书的特别之处

这本书包含触诊指导及在别的地方找不到的辅助方法。如果没有熟练掌握的评估技能和与待处理结构相关的解剖学和运动学的知识，从业者评估和应用体位放松技术的成功率就会降低。

虽然体位放松技术可作为一个独立的处理方法，但是辅助方法通常有助于创造一个最佳的愈合环境。因此，这本书对作为体位放松技术的补充的辅助方法也进行了概述，例如超声波、电刺激、按摩、贴扎、关节松动术及治疗性运动。

我很荣幸能有机会在实践中应用与改进体位放松技术，并且我希望那些在实践应用、教学和研究中体验成功时刻的人们继续推动这一变革性技术的发展。读过这本书以后，从业者不再需要将他们大部分的患者置于疼痛之中来治愈他们。以上是我的愿景，而关于体位放松技术的研究、专业指导与实践应用将成为实现这一愿景的催化剂。

致谢

如果没有学者、研究人员和从业者为体位放松技术的发展和建立奠定基础，就没有这本书的存在。然而，所有我直接或间接接触到的都是这本书的一部分；此外，还有成千上万的我有机会向其学习的学生、贡献出关键理解的未知作者、不断挑战我的课程的参与者以及让体位放松技术研究所变得更好的教学人员。感谢研究所里那些提供了超出我预料的坚定支持与奉献的教学人员。同时，感谢我之前的教学助理凯尔·托格森（Kyle Torgerson）和安迪·皮金（Andi Pigeon）担任模特，感谢布拉德·卡罗尔（Brad Carroll）和迪纳·加尔布雷（Teara Galbraith）的摄影协助。

此外，人体运动出版社的专业人士的支持、耐心与专业知识也很重要，没有他们，就不可能有这本书。他们鼓励我打开思路，采用新方式展示材料；他们鞭策我超越自己的极限，并且在我最需要的时候，总能给我支持与激情。

第 1 部分

基本应用及步骤

这部分对体位放松技术进行了概述，包括它的历史及发展、基本实践应用和步骤、支持它应用于躯体功能障碍缓解等的理论和研究成果等。PRT 是它的前身拮抗松弛术的分支，二者就像父母与孩子，虽看起来有相似之处，但随着时间的推移，差异就不断地表现出来。本部分也阐明了 PRT 与 SCS 之间的差异，解释了从业者如何简单、有条理地使用 PRT 处理多种损伤。大量已有的和新兴的理论及依据都可以解释 PRT 是如何减轻和消除躯体功能障碍的。

第 1 章

体位放松技术简介

本章目标

在阅读本章内容后，你应该做到以下几点。

❶ 了解体位放松技术（PRT）的历史发展。

❷ 理解PRT如何应用于疼痛的组织。

❸ 理解SCS和PRT在应用方面的区别。

❹ 讨论压痛点和扳机点常见的评估方法和运用文献方法。

❺ 演示如何运用PRT缓解躯体功能障碍。

体位放松技术是一种通过使躯干、四肢及组织处于放松的体位，解决躯体功能障碍的技术，也因为它的前身拮抗松弛术而被人们所知。躯体功能障碍被定义为感觉或本体感觉系统的紊乱，会导致脊髓节段性组织的活化和抑制（Korr, 1975）。琼斯（Jones, 1973）提出，躯体功能障碍通常会使人体组织产生痉挛和结节样变，导致疼痛、痉挛及一系列运动功能的丧失。简言之，PRT通过轻轻揉搓和推动组织聚拢，解除结节上的张力，放松组织，如同解开打结的项链一样。一旦力链上的任一环节得到放松，其他邻近环节也会得到缓解，疼痛便会明显减轻。

从本质上来说，PRT和拉伸正好相反。举个例子，如果一位患者小腿后侧有一个区域紧张疼痛，相关从业者会依照传统的做法，让其足背屈、拉伸腓肠肌来缓解紧张和疼痛。不幸的是，这样会导致肌肉的自我保护，增强疼痛。同样的例子，一个应用PRT的从业者会在患者处于舒适体位（跖屈）的状态下找到压痛点，使肌肉和组织缩短以放松它们。作为一种温和、被动的技术，PRT被提倡用于处理全年龄段的急性、亚急性和慢性的躯体功能障碍（Speicher & Draper, 2006a）。劳伦斯·琼斯是一名骨科医生，他因在20世纪50年代初发现了这种技术而成名。他最初称其为体位放松技术，后来创造了术语拮抗松弛术（Jones, 1964）。

琼斯将他的发现描述为"一个幸运到极致的意外"（Jones, Kusunose & Goering, 1995）。在琼斯未能治愈一名背部剧烈疼痛的患者后，这名患者说他面临的最严峻的挑战是晚上睡觉的问题。如果他可以找到一个舒适的体位，他的疼痛就可能有所缓解。琼斯协助这个患者尝试了很多体位，然后发现胎儿样体位使疼痛极大地减轻了。他让患者保持这个体位，然后离去检查另一位患者。当他回来的时候，发现这名患者4个月以来第一次没有出现疼痛。在尝试许多传统疗法失败之后，琼斯不明白在短期内让患者处于一个舒适体位怎么能完全缓解顽固性疼痛。接着，他在患者

体位方面的实验取得了显著成功。3年后，他偶然发现，对骨盆前面的压痛点的处理往往会减轻骨盆后的疼痛。基于这个观察，琼斯相信压痛点是拮抗机制（counterstrain mechanism）的结果：如果一个组织突然紧张，它的拮抗组织为了对抗拉力以保持平衡，会产生反向的紧张，导致拮抗肌处产生压痛点，阻止主动肌紧张的组织完全恢复。

与肌筋膜扳机点（MTrPs, myofascial trigger points）相比，压痛点与应激过度（hyperirritable）的组织区域无关，而是在不连续的区域出现组织痛感，可在全身任何部位出现（Speicher & Draper, 2006a）。肌筋膜扳机点是应激过度的肌肉组织出现的结节，经常压迫神经及局部血管，导致疼痛、炎症和功能的丧失（Simons & Travell, 1981）。肌筋膜扳机点，无论是兴奋的还是休眠的，都可以在肌肉组织紧张节段找到。一个兴奋的扳机点会产生局部或牵涉性疼痛，抑或感知觉的变化（无论有无手法刺激）。然而，一个休眠的扳机点需要手法刺激来触发潜在的疼痛和感觉反应（Dommerholt, Bron & Franssen, 2006）。压痛点也可以是兴奋的或休眠的，但它们通常不是在有结节的肌肉组织中。琼斯根据脊髓节段水平绘制了压痛点位置分布图。虽然二者不同，但是压痛点的位置也和特拉维尔（Travell, 1949）描述的扳机点的位置密切相关。琼斯（Jones, 1964）是第一个将特殊体位应用于减轻由于压痛点和扳机点引起的疼痛和痉挛的人（见图1.1）。仅在小腿后侧，就有不同的扳机点和压痛点，均与比目鱼肌疼痛有关。

这本书不仅展示并肯定了琼斯的基础工作，也提供了一个容易使用的PRT实践应用指南。自琼斯开创性的工作开始，许多研究和应用报告纷纷涌现，支持它用于缓解一些与躯体功能障碍相关的疼痛及其功效（Wong, 2012），包括不宁腿综合征（restless leg syndrome）（Peters, MacDonald & Leach, 2012）。体位放松技术的应用者们也提倡将它作为一种综合疗法来使用。

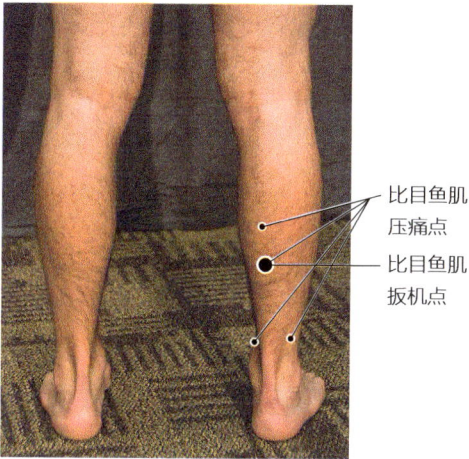

比目鱼肌
压痛点

比目鱼肌
扳机点

图1.1 压痛点与扳机点的对比

拮抗松弛术

虽然距离琼斯发现PRT已经60多年了，但

在相关领域和公众中依旧鲜有人知晓这种技术。这可能是因为最近才出现高质量的实验（Wong，2012），或者是由于最初提出的技术对于相关领域的学生和从业人员来说太难掌握和学习了（Woolbright，1991）。

从表面上看，PRT是一门简单的技术。但是，它产生的令人惊讶又影响深远的实践应用效果，困惑着从业者、患者和研究了它半个世纪的研究者们。

当用神经科学的视角对这个技术进行检验时，很难理解它如何能显著地缓解疼痛。捕捉神经活动和由此产生的组织反应十分具有挑战性，但是由于技术和捕捉方法的发展，琼斯的方法正在被积极地追随和检验。直到现在，许多人否定PRT，是因为证实PRT工作机制的方法仍旧较为局限。

文中的缩写和专业术语			
ACh	乙酰胆碱	MTrPs	肌筋膜扳机点
AChE	乙酰胆碱酯酶	MTSS	胫骨内侧应力症候群
AChR	乙酰胆碱受体	NPRS	数字疼痛评定量表
ACL	前交叉韧带	OA	骨关节炎
ADP	二磷酸腺苷	OMT	骨关节炎手法治疗
ATF	距腓前韧带	PAG	中脑导水管周围灰质
ATP	三磷酸腺苷	Pi	无机磷
CGRP	降钙素基因相关肽	PNF	本体感觉神经肌肉促进法
CSS	中枢致敏综合征	PRT	体位放松技术
DPN	糖尿病周围神经病变	SCS	拮抗松弛术
FHP	头前伸姿势	SI	骶髂关节
FRM	肌束震颤反应法	SR	肌质网
GTO	腱梭	T2D	2型糖尿病
ISTM	仪器化软组织松动术	TMD	颞颌关节功能障碍
LBP	下腰痛	TMJ	颞颌关节
LCL	外侧副韧带	TnC	肌钙蛋白C
LE	下肢	TPs	压痛点
LTR	局部抽搐反射	UE	上肢
MCL	内侧副韧带	VAS	视觉模拟评分
MCT	机械偶联原理	VMO	股内斜肌

豪厄尔等人（Howell et al., 2006）是第一批测试SCS处理后牵张反射变化的人。他们发现跟腱炎的患者的牵张反射在SCS应用后明显减弱，这为科斯（Koss, 1975）的观点——躯体功能障碍由牵张反射增强或者超敏性（hypersensitivity）引起的，提供了支持。科尔（Korr）提出，牵张反射的增强由肌梭功能的障碍造成。他的理论基于以下假设：由于伽马放电量（梭内肌纤维的神经活性）的增加，肌梭对牵拉的敏感性增强并持续处于增强的状态，这增强了肌梭本身的敏感性，从而使得牵张反射增强并持续出现（见图1.2）。

有一个研究对一个足底筋膜炎患者进行了为期6天的SCS处理，在处理效果的随访调查中，研究者发现，在最开始的两天，患者的牵张反射明显减弱，但是与对照组相比，在后期没有差异（Wynne et al., 2006）。这个结果与豪厄尔最初的发现不一致，作者将此归因于牵张反射测试位置的不同。在这个研究中，测量牵张反射的部位是小腿三头肌，但这并不是被治疗的部位（足部）。尽管有这些结果，豪厄尔等人（Howell at al., 2006）最初的发现仍为我们提供了一个框架，不但帮助我们理解PRT如何在减轻躯体功能障碍中发挥作用，并且为PRT后续的调查研究提供了一个很好的方法学参考。然而，迄今为止，对应用方法仍缺乏科学的检验及应用的程序化步骤，这使得对初学者的教育异常艰难（Woolbright, 1991）。

对组织的评估及记录

SCS的传统方法存在问题，其定位、处理和记录组织疼痛的操作程序对于初学者来说十分陌生。初学者如果可以将学习经历和一些自己熟悉的东西匹配起来，就会学得很好（Speicher & Kehrhahn, 2009）。此外，当初学者进行评估时，很难定位痛点位置和把握触摸、按压的力度。同时，在按照琼斯等人所提出的应用程序进行评估与再评估时，初学者也常常因为用力过度导致患者疼痛加剧，出现反射性痉挛。

虽然琼斯（Jones, 1973）最初提出的应用步骤没有被检验过，但是还一直被推崇和使用。琼斯提出，应找到舒适的身体位置来处理压痛点，操作者应在用最大压力按压压痛点时，在关节活动度范围内移动人体关节和组织。一旦找到了舒适的身体姿态，评估时发现的压痛感就会消失。勃兰特和琼斯（Brandt & Jones, 1976）提出，初学者要在寻找体位的过程中反复探查压痛点，由

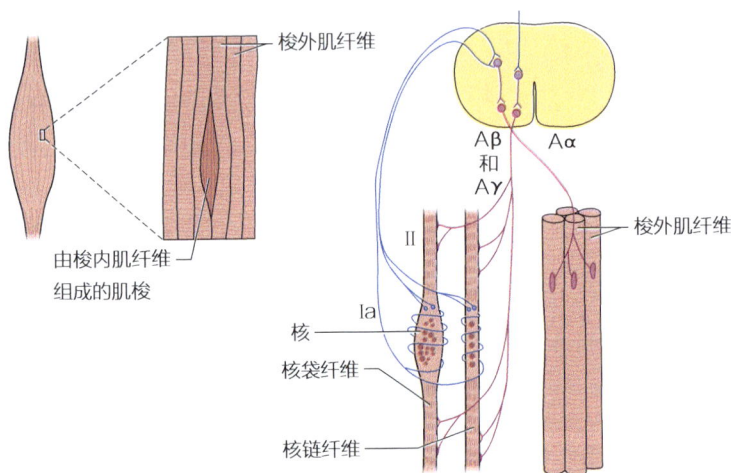

图1.2 肌梭

此来找到可以使患者疼痛释放的身体姿态，有经验的从业者有能力将患者的肢体迅速摆放到能使痛点瞬间释放的身体姿态，然后再慢慢恢复到中立位。"每次置于舒适体位只需90秒，就会有积极持久的效果，前提是需缓慢复位"（Jones, Kusunose & Goering, 1995）。然而，当我尝试学习或教授这些步骤时，无论进行多么缓慢的复位，我都不能每次获得持久的有益效果。即便连续数年按照推荐应用步骤进行实践、学习及教学，掌握该方法仍旧很困难。

库苏诺斯和戈林（Kusunose & Goering, 1995）倡导的压痛点定位和评估的文献摘要以及安布罗焦和罗思（D'Ambrogio & Roth, 1997）对其进一步的研究结果很难应用于临床。德安布罗焦和罗思的压痛点触诊量表（TPPS）的用法毫无进展，它仅仅用于揭示疼痛的位置和强度与琼斯压痛点位置的相关性（见图1.3）。例如，如果左前斜角肌存在痛点，那么与这个肌肉相关的处理和记录的参考点可能是AC4（第四颈椎前侧）、AC5或者AC6（第五、六颈椎前侧），它位于脊椎横突端前方。在繁杂的实践条件下找出并记住这些位置对于新从业人员来说很困难，也很耗时。此外，德安布罗焦和罗思提出的记录压痛点的方法和传统疗法的教育培训相关性不大，因为缩写晦涩难懂且繁多难记，而且这个方法还需要通过圆圈涂色（coloring circles）来表示疼痛的级别。学生们经常会问，为什么不能仅仅记录为前斜角肌疼痛级别8/10，而是要记录为极度疼痛的左侧AC6。作为一名教师和体位放松技术应用者，找到传统压痛点位置，在评估定位时过度用力按压并用现有的图表技术记录疼痛程度，对我和我的学生们来说都是一个巨大的挑战。此外，王和肖尔·阿尔瓦雷茨（Wong & Schor Alvarez, 2004）发现，用TPPS来判断髋和内收肌的压痛点信度（K=0.228~0.327）和效度（r=0.321~0.451）都非常低。

颈椎前侧

AC1 ○○○○○　　AC5 ○○○○○
AC2 ○○○○○　　AC6 ○○○○○
AC3 ○○○○○　　AC7 ○○○○○
AC4 ○○○○○　　AC8 ○○○○○

图例
● 极度敏感
◗ 非常敏感
◑ 中等敏感
○ 无压痛感
\ 右
/ 左
+ 最敏感处
⊖ 治疗

图1.3　TPPS图表样本。这个表格展示了压痛点触诊量表中使用的图例和颈椎前侧（anterior cervical spine）标记。一张完整的图表要涵盖全身区域，包括患者和评估数据的详细资料。空心圆圈对应着五种潜在的数据。

（源自：D'Ambrogio & Roth, 1997.）

书中提出的新方法简化了疼痛评估和记录的过程，并且与传统疗法的训练及学生、从业者的经验具有更强的相关性。我主张应用传统肌肉骨骼术语（比如前斜角肌、腹肌、起点、止点、外上髁）来代替琼斯的压痛点定位。不论是新入行者还是经验丰富的从业者，回忆和应用熟悉的基本的术语都会更简便一些。此外，我主张使用数值疼痛评定量表（NPRS）代替德安布罗焦和罗思的TPPS或者视觉模拟量表（VAS），来记录触诊时的疼痛等级。

实践中，最普遍用于评估并记录压痛点和扳机点的方法是视觉模拟量表、组织痛觉测验法，以及数字疼痛评分表。

视觉模拟量表

视觉模拟量表被提倡用于表格化记录压痛点和扳机点触诊疼痛（Wong & Schauer-Alvarez, 2004），但是威廉姆森和霍加特（Williamson & Hoggart, 2005）提出，数值疼痛评定量表（NPRS）比VAS更有临床意义，因为临床医生和患者发现NPRS更容易被使用和理解。此外，还有研究者（Delaney & McKee, 1993；Jensen et al., 1986；Takala, 1990）提倡应用组织痛觉测验法（tissue algometry）评估扳机点的压力敏感性和压痛点，因为这种方法可以测定临床医生施加压力的程度，并可以量化患者压力敏感性的初始值和最大可耐受值的数据。

组织痛觉测验法

虽然组织痛觉测验被用于测量斜方肌扳机点可耐受的压力敏感性有高评判间信度（ICC=0.82~0.92）及测量者内信度（ICC=0.80~0.91）（Delaney & McKee, 1993），洛弗莱斯和斯派克（Loveless & Speicher, 2012）并没有发现使用组织痛觉测验法测定斜方肌活性肌筋膜扳机点的方法和VAS（r=14）或NPRS（r=30）之间存在有效的相关性，但是他们发现，VAS和NPRS之间存在有效的相关性（r=91）。组织痛觉测验法的末端是压力计，将其置于软组织上，以测试遏制疼痛反应所需要的力的数值。虽然从研究的角度来看，组织痛觉测验法捕捉扳机点敏感度的测试手段是比较客观的，但是从临床角度来讲，它还是很难应用的，因为在评估期间，组织痛觉测验法的末端容易滑离扳机点，并且皮下组织较薄的骨骼区域常常会比较痛。

克里斯·卡斯特尔博士（Chris Castel, 2011）提出，扳机点痛觉测验法的应用可能会产生阵痛或疼痛减轻的效果，但如果这种效果引起了剧痛和局部缺血性压迫，便很有可能影响治疗的有效性。基梅尔、米勒和诺德斯特龙（Gemmell, Miller & Nordstrom, 2008），以及阿奎莱拉等人（Aguilera et al., 2009）发现，在斜方肌的扳机点处施加局部缺血性压力可以明显地缓解疼痛，他们将其归因于一种潜在的镇痛效应。近15年来，我也观察到新手和经验丰富的从业者在评估和治疗部分PRT时，运用可能导致局部缺血的手法按压压痛点的方法，即使在再三强调不能这么做之后，依旧有人这么做。这个现象和潜在镇痛效应就是我不提倡用组织痛觉测验法评估压痛点和扳机点，或者在体位摆放的过程中实施触诊的原因。

数字疼痛评分表

NPRS被建议用来代替使用圆圈填色的TPPS或者记录无数字曲线的VAS，来表示疼痛等级。NPRS将主观疼痛分为0~10级（0表示无痛，10表示可想象的最糟糕的疼痛）。虽然NPRS有助于捕捉压痛点和扳机点的压痛，但它还是不能解决如何避免在为患者定位时施加过大的按压力度的问题。尽管如此，像琼斯经历过的许多偶然性发现一样，解决这个难题的方法也来自自我实践中的一个偶然发现。

面对一名前斜角肌疼痛的患者，在接近最大化放松的时候，我记录到一次局部痉挛反应，或者称为肌束震颤。然而，当我尝试用琼斯的触诊技术确定最佳治疗体位时，局部抽动消失了。我发现，一旦前斜角肌放松，就会产生肌束震颤或振动的组织抽搐或痉挛。当我将舒适体位变化到别的体位时，肌束震颤就会减弱。反之，肌束震颤的振幅和频率都会增加。肌束震颤不仅为我明确了最佳定位，也告诉我保持体位的时长，这与琼斯建立的90秒原则（90-second rule）有很大的不同。如果在肌束震颤停止之前就改变了舒适的体位，虽然已经持续了90秒，TP的缓解也往往非常轻微。然而，如果一直保持舒适的体位，直到肌束震颤明显减弱或是完全消失，那么在记录中，大部分患者会表现为触诊痛感完全消失。这些观察结果促使我开始应用肌束震颤反应法——在完整的关节活动范围内移动从而确定最佳体位和时机，在扳机点或者压痛点最痛的点位上实施轻微按压（1千克）。早在1949年，胡弗（Hoover）就提出，当组织在活动范围内处于一个放松的姿态时，组织的束缚就会放松。这就是他所说的功能技术（functional technic），但是它不涵盖肌束震颤反应的应用。

肌束震颤反应法

在多年研究和应用肌束震颤或痉挛反应缓解组织疼痛后，我认为肌束震颤反应法是指导PRT中体位摆放和持续时间的最好方法。我在2006年首次提出肌束震颤反应法（FRM）（Speicher & Draper, 2006）这个名称。在评估阶段，医生用非常轻的力度就可能感觉到肌束震颤反应，但是如果没有感觉到，当找到最佳体位时，软组织就会出现肌束震颤的振幅和强度增强的情况。这个反应一旦发生，体位应保持，直到肌束震颤减弱为止。在这之后，组织就会恢复到中立休息体位，等待二次评估。

肌束震颤的表现如下。

- 过大的指压力量会带来阻滞。
- 如果一开始没出现肌束震颤，将组织放置在最放松的体位时，一般持续短时间（30~60秒）就会出现肌束震颤。
- 无论什么位置，深呼吸都会刺激肌束震颤的产生或者增强。
- 当肢体处于最佳体位时，在关节、组织不同部位的筋膜上进行按压、牵引或平移，会使肌束震颤增强。
- 如果组织或者肢体在回复至中立位的过程中再次出现肌束震颤，那么在触发肌束震颤的位点应再次应用技术进行处理。
- 经常由其他部位肌筋膜引发（例如，神经挤压）或是受其他区域的TP或MTrP的影响——如果组织在五分钟后无法停止肌束震颤。
- 肌束震颤反应终止和释放的时间与患者出现疼痛的时间相关。

FRM的发现和使用解决了PRT实践应用方面的很多困难。FRM帮助操作者确定最佳体位，并且不会引起患者明显的不适。明显的不适要么使组织紧张抵抗，要么产生镇痛效应，干扰治疗效果。此外，不引起患者的不适感，才能建立起患者的信任。FRM还为定位的应用提供了限定的时间段，这样可以减少保持体位所需的时间，更重要的是，告诉了医生关于压痛点或者肌筋膜扳机点何时获得放松，以便优化效果。然而，肌束震颤不仅出现在压痛点上，也一样出现在扳机点上。

有研究发现，在肌筋膜扳机点上会出现局部抽动反应（LTR, Local twitch responses），或肌束震颤（Dommerholt, Bron & Franssen, 2006）。用手拨扳机点或用干针进行针刺就可以看到抽动收缩的发生，这可以通过肌电图来监测。然而，格温和多摩尔霍特（Gerwin & Dommerholt, 2002）认为，扳机点出现的局部抽搐反应可以作为评估的判断，而不需要病人出现剧烈的反应。干针（dry needling）疗法对MTrP的应用结果被用在过程中产生LTR的时候和定位在扳机点的时候（Hong, 1994），从而使效果得到改善。洪、鸟越和于（Hong, Torigoe & Yu, 1995）发现，用针刺兔子的扳机点邻近位置——距离MTrP半厘米，与直接刺激扳机点相比，导致了LTR下降减少。因此，MTrP处理位置的边界可能会解释查伊托（Chaitow, 2002）的观点，他认为应用PRT时，轻的指压力会带来积极的治疗效果。如果一个TP是MTrP转化而来的，那么当施加极大压力的时候，它还是会变化，它还会引起LTR或肌束震颤来辅助肌筋膜紧张的放松，并且告诉从业者放松发生的时间。肌筋膜扳机点LTRs的识别和针刺疗法效果的反馈，为应用于PRT的肌束震颤反应法的进一步研究奠定了基础。

拮抗松弛术与体位放松技术

我总被提问，SCS和PRT如何区分（表1.1）？安布罗焦和罗思（D'Ambrogio & Roth, 1997）是第一个使用体位放松技术这个词语的人，并且提倡将其应用于肌肉骨骼功能障碍的消除。他们提出应当搜索患者全身的压痛点和扳机点，建立一个分布图，用于指导实践。我也认同这个整体法，而且PRT优于SCS，因为SCS倾向于坚持压痛点紧张是由这个机制所导致的观点，但并不是常常如此。还有，如果应用正确，琼斯最初的技术及其他研究者，像安布罗焦和罗思、戴格（Deig, 2001）、查伊托（Chaitow, 2002）、梅尔斯等人（Myers et al., 2006）、斯派克和德雷珀（Speicher & Draper, 2006a, 2006b）这样的实践者进行的后续研究和应用，可以被当作独立的应用，也可以与别的方法相结合。虽然扳机点和压痛点的形成可能是SCS机制的结果，但是许多触发因素，诸如压力、病理生理学异常、疾病状态和累积创伤可能也会引起扳机点和压痛点的产生（Simons & Travell, 1981）。

体位放松技术指南

考虑到许多触发因素能够导致躯体功能障碍，从业者在处理之前，必须为患者进行一次完整的生理学和生物力学评估，以确定疼痛的根源。根据SCS和PRT在躯体功能障碍评估和处理中的不同，我推荐下面的一些指导意见。

- 患者全程应当没有痛感和不适感。
- 用FRM指导定位和持续时间。
- 首先处理痛觉最敏感的扳机点或者压痛点。
- 如果敏感程度相同的压痛点集中在一起，则处理集中区域的中心。
- 如果有排成一列的压痛点，则处理这一列中最敏感的点。如果所有的点敏感程度相同，那就处理这一列的中心，这样可以缓解这一整列的疼痛。
- 对于身体前侧的组织，一般在屈曲位（flexion）进行处理；对于后侧的组织则在伸展位（extension）进行处理；对于侧面的组织则在侧屈位或者旋转时进行处理。但是，所有体位的处理方法都应当包括多平面的组织手法；如果可能的话，对于关节或者组织的牵引、按压和平移应当被用于加强放松的效果。
- 如果没有获得明显的疼痛缓解（75%~100%），那么重复之前的步骤，使组织复位更慢一些，并且考虑是否是其他原因引起的疼痛（比如神经损伤），或者考虑再处理其他区域（比如压痛点对侧）。
- 告知患者在PRT应用之后，会出现长达48小时的深部疼痛，至少24小时内不能参加剧烈运动，以预防再形成组织紧张，48小时后将会获得最大程度的疼痛缓解。

▶ 视频1.1：肌筋膜分布图绘制流程

▶ 视频1.2：常规触诊流程

表1.1 SCS与PRT的不同点

领域	SCS	PRT
评估方法	局部	全身
TPs和MTrPs的评估	通过触诊定位	通过PRM和组织放松的感觉定位
治疗持续时间	保持体位90秒	保持体位直到肌束震颤衰退
手指按压的应用	有可能涉及，也可能不涉及亚极量手指按压的应用	应用亚极量的手指按压
关节手法的应用	有可能涉及，也可能不涉及关节手法的应用	可以尝试关节手法
筋膜手法的应用	有可能涉及，也可能不涉及筋膜手法的应用	可以尝试筋膜手法

治疗
常规PRT评估流程

1. 进行一次完整的病史及体格检查。

2. 如果病史和体格检查正常，进行一次生物力学评估，以检查病理的组织负荷模式。

3. 如果时间允许，可通过触诊确定相关的TPs和MTrPs，而后绘制全身的分布图；如果时间不足以绘制全身分布图，那就在随后的阶段确定其他的组织受限。

4. 用NPRS记录治疗前后的触诊压痛。

5. 触诊使用的力量大小将决定肌束震颤、肌肉触感（texture）和肌肉弹性的级别。通常，大约1千克的轻触诊（足以导致皮肤产生一个小凹陷）对于表浅的组织足够了。

6. 触诊组织的全长度或区域，以及起点和嵌入点，来确定明显的压痛点和扳机点的位置，或者它们聚集的位置。

7. 一旦定位明显的压痛点和扳机点，便减轻触诊力度至次最大压力，防止掩盖肌束震颤反应。

8. 一旦治疗完成，再次评估明显的压痛点及其周围的压痛点。

触诊
常规组织放松和肌束震颤评估流程

1. 用次极大的指压力按压压痛点或扳机点（使皮肤轻微凹陷）且贯穿全程，来评估组织放松和肌束震颤。过大的压力会抑制肌束震颤的产生。

2. 对于肌腱结构，诸如跟腱和胸锁乳突肌腱，触诊评估应当包括钳夹法（pincing）的应用。钳夹法涉及食指和拇指在肌腱后缘轻微按压的应用，同时按住肌腱向上滚动钳夹手指。钳夹一根肌腱或者一部分组织，不是静止地钳夹着组织，而是施加轻微的压力，使肌腱在钳夹指下方滚动。

3. 使用肌束震颤反应法（FMR）和组织放松的感受来确定最佳治疗体位和治疗持续时间。

4. 当肌束震颤减弱使得放松效应增强时，让患者深呼吸（Busch et al.）。肌束震颤一般会在深呼吸的时候相应地增强和衰减。

5. 如果定位时未出现肌束震颤，那就找到组织最放松的体位，让患者深呼吸，然后等待收缩出现，这一般耗时60秒。如果肌束震颤罕见地没有出现，则保持体位至少3分钟。感知肌束震颤的能力是后天习得的，如果想尽快地掌握该技能，应从肌束震颤反应很强的斜方肌扳机点开始评估。

6. 如果可以的话，在相应的关节和组织上按压、牵引和平移，来促成进一步的组织放松。

7. 保持体位，直到肌束震颤反应明显减弱或消失。

8. 保持触诊手指位于治疗区域的同时，缓慢地使组织回到中立位，等待再次评估。

9. 如果重新定位时肌束震颤反应再次出现，那就在出现肌束震颤反应的位置再次处理。

在6~8个连续的PRT疗程后，大多数身体状况都可以解决，但是使疼痛有效缓解的治疗时机、持续时间和方法总在变化。当急性症状发作时，很快就进行处理，一般需要1~2个疗程。一周内至少规范地使用一次PRT，以评估患者的反应，为其他方法的介入留下充足的时间。我在近

10年的实践应用中发现，一周1~2次治疗的情况下，患者反馈最好，但是不能在剧烈运动之前或重症康复期之前进行，特别是在治疗过程早期。而且我观察到，在治疗性运动后应用PRT有助于预防组织受限的再次形成。当PRT在关节牵引前使用时，会产生更好的疗效，因为关节不再受组织或神经机制限制。

最后，疗程的持续时间以及循环中PRT的应用时机取决于从业者的目标。一次全面的PRT疗程一般持续1~2个小时，但是在急性期，一次单独的放松可能只需5~10秒。一旦放松达到效果，还有很多方法延长它的时间，直到患者再次就诊。患者可以完成尽可能多的自我应对，直到感觉有效为止。允许并提倡使用冷疗、热疗或者其他补充的缓解疼痛的方式促进愈合过程。但是，这些方式会混淆对PRT作用的评估结果，因此，长期存在症状的患者、外科干预的患者，以及患有并发症的患者可能需要进一步补充干预。如果3个疗程后患者的疼痛或者状况没有改善，从业者应当考虑重新评估，选择直接使用手法治疗，或是转诊，确定另外的触发因素或原因。

正骨术的理念中提到，在正确的条件下，身体有自我修复和愈合的能力，并且直接或间接手法治疗的应用可能有助于这个自愈过程（Still，1902）。

常规PRT的适应证和禁忌证

适应证

- 急性、亚急性、慢性疼痛
- 神经痛
- 躯体牵涉性疼痛
- 肌肉痉挛
- 组织过度紧张
- 活动范围受限
- 关节活动度减小
- 纤维肌痛
- 中枢敏感化综合征
- 末梢神经敏感化综合征
- 脑震荡综合征
- 头痛
- 肌筋膜疼痛综合征
- 累积性创伤
- 淋巴损伤
- 灌注不足
- 肌无力
- 内脏功能障碍

禁忌证
绝对禁忌：

- 开放性损伤
- 急性神经根压迫
- 感染
- 深静脉血栓
- 治疗期内的疼痛或神经症
- 骨折愈合期
- 动脉瘤
- 急性风湿病
- 血肿
- 急性脑震荡

相对禁忌：

- 椎间盘膨出
- 椎管狭窄
- 缝合术后
- 运动神经元疾病史

警惕：
在为椎动脉压迫型颈椎病患者进行治疗时，对于颈椎伸展动作应进行监测。

PRT被看成一种间接疗法，因为它不是直接在组织受限的部位施加较大的外力，改善组织受限，比如关节手法。然而在一个955名骨科医生参与的调查研究中，96%的人首选直接使用手法治疗而不是间接疗法（Johnson & Kurtz, 2003）。作者没有深入探究这种偏好的原因，而是将其归因于时间和报销的限制，以及相关机构对直接手法治疗的认可。即便如此，他们依旧主张，有效的正骨手法治疗常常需要操作者整合多种直接和间接的疗法来应对复杂的病例。

总结

体位放松技术是对于患者由疼痛、痉挛和活动范围受限导致的躯体功能障碍的一种特殊的干预方法。然而，PRT最大的作用就是缓解躯体功能障碍，它不可能成为一种独立的治疗方法。即便如此，它还是一个非常有效的工具，它通过减轻疼痛和恢复正常的组织长度来解锁愈合的过程。通过利用书中概述的肌束震颤反应法、简明的图表、方法和步骤，PRT应当给患者带来有效且持续的放松。但是组织可能不仅需要放松，还需要修复或恢复。手法治疗的经典观点一直沿用至今，也就是我提到的手法治疗中的3R原则。本书聚焦于3R中的第一个——放松，我认为这是解锁治愈过程的关键所在。有了放松，便会出现复位和组织维护。琼斯医生提供了第一把"钥匙"，我们只需要学习如何正确地使用它，以打开治愈患者的大门。

第 2 章

体位放松技术的研究与原理

本章目标

在阅读本章内容后，你应该做到以下几点。

❶ 理解感觉刺激在神经系统中如何传导，以及它们对躯体功能障碍发展和维持的影响。

❷ 描述肌梭和高尔基腱的基本功能，以及它们如何作用来缓解组织损伤。

❸ 清楚 γ 运动神经元系统如何影响肌梭的敏感性和疼痛。

❹ 论述躯体功能障碍方面现行和新兴的理论。

❺ 理解体位放松技术（PRT）帮助解决躯体功能障碍的神经生理学基础，以及如何将它应用于临床实践。

对于PRT如何通过支配躯体神经系统来促进组织愈合的认识，是最近才开始出现的。躯体神经系统有着感受和反馈愉悦及痛苦刺激的能力。身体通过触觉、温度觉、疼痛和躯体位置或本体感觉来感知及传导刺激（Bear, Connors & Paradiso, 2007）。本章基于基本的神经生理学发展进程及现行新兴的躯体功能障碍理论，探索这四种知觉如何影响身体系统。同时也解释了为什么躯体功能障碍会导致骨科损伤的发生和发展，并对目前已有临床应用理论及研究加以讨论。

神经生理学基础

在讨论刺激如何导致并维持一般躯体功能障碍前，应先理解外部刺激如何在神经系统中传导。位于脊柱外的神经元被称为一级神经元，在脊髓内的神经元是二级神经元，在皮质内的神经元是三级神经元（见图2.1）。从外周传入的感觉信息（一级神经元）被传导至脊髓后角（二级神经元）。愉悦和痛苦的信息进入后角，随后通过中间神经元连接绕进脊髓节段腹侧或前角。足够强的感觉刺激可以同时激活和抑制位于本节段腹侧的α运动神经元。此外，α运动神经元的激活可以同时引起同节段神经控制的躯体及内脏组织的运动性反馈。

众所周知，一旦组织被激活，抑制也会同时出现（Byrne, 1997）。从业者在使用本体感觉神经肌肉促进牵拉（PNF）时经常会应用上述原理，这是通过对角线模式的收缩，伴随着静态拉伸改善本体感受器，使组织获得更大程度的放松（Herbert & Gabriel, 2002）。如果有个别脊髓节段的组织极度兴奋，那么受此节段神经支配的另一部分组织就也会被抑制。能直接控制组织促进或抑制的感觉信息到达运动神经通路后会形成一个反射弧，被称为牵张反射，或者拉伸反射（见图2.2）。体格检查时的深部腱反射的检查会激活牵张反射（如膝跳反射），简单讲就是，当组织被突然、快速地牵拉时就会产生非自主的肌肉收缩反应；此外，疼痛也可以激活牵张反射。虽然肌肉拉伸反射仅局限于第一级和第二级神经元水平，但无论是起源于疼痛还是无痛组织的感觉信息，都会通过其他两个初级神经通路上传至大脑皮质。

触觉通过脊髓后索–内侧丘系路径传导，但痛觉和温度觉主要通过脊髓丘脑侧束传导（见图2.1）。痛觉如何在脊髓节段传导是需要特殊考虑的，因为痛觉刺激传递至脊髓时，它不只是引起刺激的同侧运动传出反应，而且会产生对侧躯体的运动抑制效应（Kandel, Schwartz & Jessell, 2000）。例如，回缩反射（withdrawal reflex）（接触到火炉），对身体两侧前群肌肉和后群肌肉的兴奋和抑制的控制使人体后退并离开伤害源。脊髓节段平面上的脊髓交叉反射促使对侧身体发生协同收缩反射

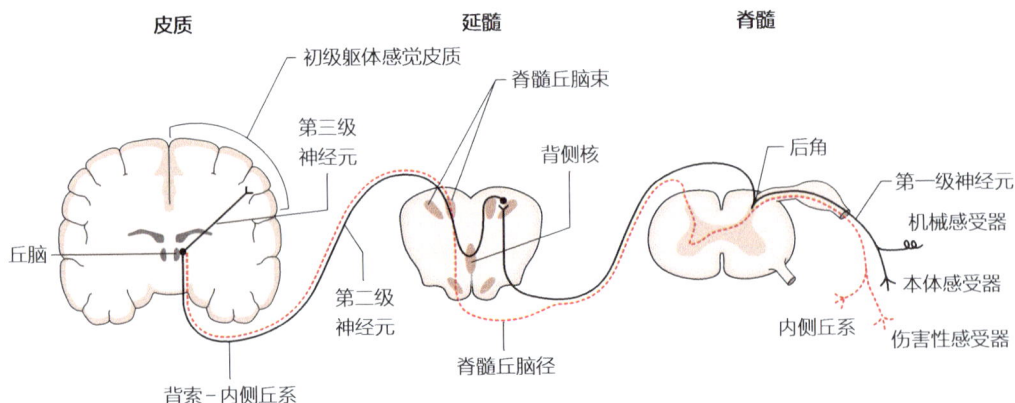

图2.1　躯体系统神经元级别构成

（Kandel et al., 2000）。这种现象有助于解释为什么在意料之外的突然活动后，主动肌和拮抗肌都会产生压痛点和扳机点，以及琼斯（Jones, 1973）创造的拮抗松弛术（SCS）的原理。

痛觉通路的节段性交叉也会激活对侧的α运动神经元，这就解释了为什么人们总会在非治疗侧出现损伤（压痛点和扳机点），也就是镜像改变。此外，节段间上行和下行神经元传导的痛觉信息来自上一个或下一个易化平面（facilitated segment）（Bailey & Dick, 1992）。这也解释了为什么一个易化节段平面的激活可以引起多个脊髓平面组织的兴奋和抑制。

当痛觉从易化平面传至更高级的神经元，如脑干网状结构和躯体感觉皮层时，脑干部位在处理痛觉反应过程中扮演了重要的角色，躯体感觉皮层则是感知疼痛的关键。中脑导水管周围灰质中（PAG）的脊髓神经元以及脑干中缝核投射到后角，并在后角神经纤维终止处抑制痛觉感受器纤维的活动（Aδ和C纤维）（Hcoking, 2013）。也有人提出，这些高级神经元调节了γ运动神经元的活性（Capra, Hisley & Masri, 2007），即调节了肌梭对牵张和速度变化的敏感性（Kandel et al., 2000）。

γ运动神经元位于脊髓节段腹侧角（ventral）（前角），与α运动神经元并行。但与α运动神经元不同的是，γ运动神经元不能使梭外肌（横纹肌）纤维收缩来产生关节运动，而是使梭内肌纤维收缩，来调节肌梭对牵张的敏感性，但是不同纤维的激活对肌梭的调节方式也是不同的。

肌梭

肌梭的结构和对拉伸的反应都类似于弹力绳。如果弹力绳被拉伸，它的外鞘就会被拉长，同时内部的线缆也会产生反弹。肌梭的每一股内部纤

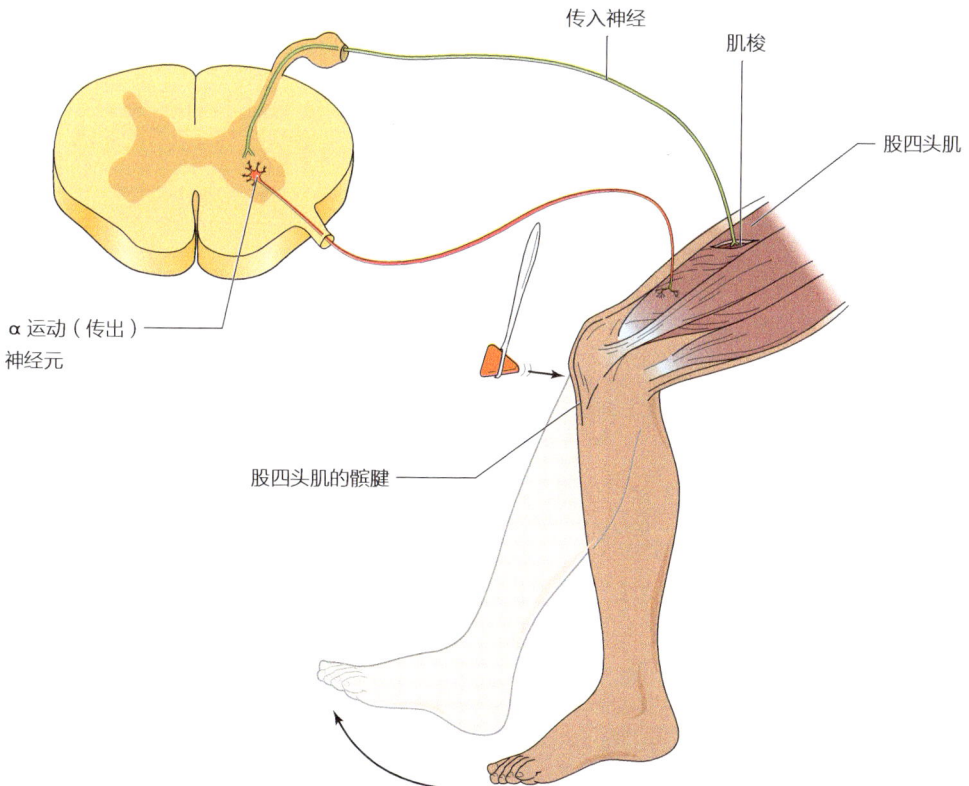

图2.2 牵张反射

维都有一个特定的功能。梭袋纤维主要对快速牵拉刺激敏感，而核链纤维对静息长度和关节位置觉敏感（Bear et al., 2007）。梭内肌纤维和梭外肌纤维相互平行排布，由于梭内肌纤维是梭外肌纤维的内部组成部分，梭外肌纤维长度的变化会造成肌梭的反应，反之亦然。肌梭产生反弹或从拉伸中回弹的能力，是以其感觉传入纤维的走向为基础的。弹力绳末端的金属线圈类似于主要的传入神经纤维（Ia纤维）缠绕着肌梭的梭内肌纤维的排列方式（见图1.2）。Ia纤维的环状螺旋形末梢包裹着所有的梭内肌纤维（动态的、静态的和链状的），并将肌梭的改变最快地传递到第二级神经元。另外，Ⅱ型传入纤维的反应速度较慢，因为它们并不与动态的核袋纤维相连，而是与肌梭的静态核袋纤维和核链纤维相连接。Ⅱ型传入纤维及其各自对应的梭内肌纤维主要将身体位置和静息状态组织长度信息传导至第二级神经元。有人提出，高级神经元γ量的增加使肌梭传入神经过度活跃，从而导致持续的牵张反射（Korr, 1975）。豪厄尔等人（Howell et al., 2006）观察到，当对人体的三头肌和其周围组织进行SCS干预时，三头肌的牵张反射会显著减少。

高尔基腱器官

另一种与肌梭协同工作以控制肌肉收缩的本体感受器是高尔基腱器官（GTO）。GTO位于肌肉肌腱的结合处，但与肌梭不同，它只对肌腱组织内的张力变化做出反应（见图2.3）。GTO像肌梭运动中的刹车器，Ib传入神经冲动所产生的GTO张力，可以抑制α运动神经，从而阻止活跃的牵张反射引起的组织损伤（Moore, 2007）。作用于腱复合体的张力越大，α运动神经元的抑制作用就越大（Moore, 2007）。肌梭和GTO对组织拉伸和张力的变化提供了非常有效的本体感觉反馈和调节，但同时γ运动神经元系统也起了重要作用。

γ运动神经元系统

γ运动神经元系统的活动受到视觉、感觉和运动的影响（Bear et al., 2007）。它主要负责调节肌梭对动态拉伸及静态长度的敏感性，但不直接调节GTO。γ运动活性会在人进行剧烈运动时提高，比如在举重或跳跃时，在身体需求下启动肌梭（Kandel et al., 2000）。痛觉也会调节γ运

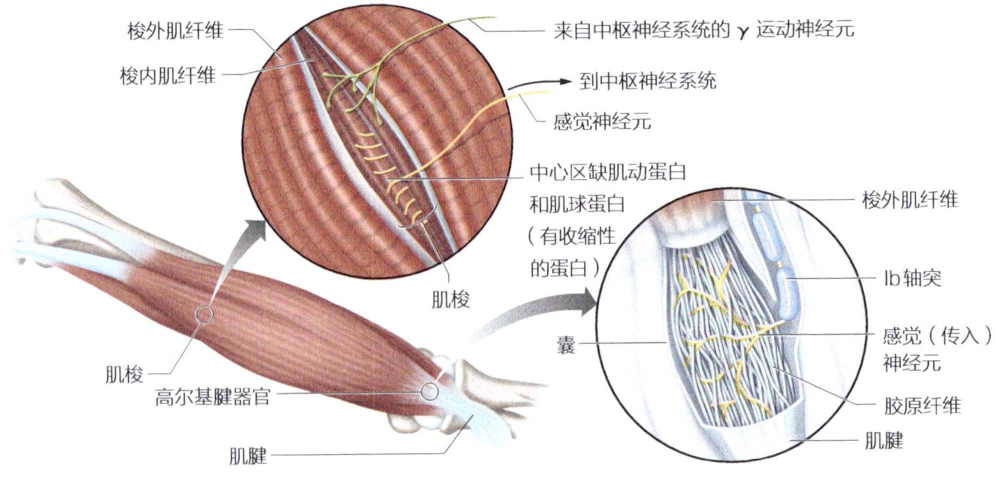

图2.3 肌梭与高尔基腱器官

梭外肌纤维
梭内肌纤维
来自中枢神经系统的γ运动神经元
到中枢神经系统
感觉神经元
中心区缺肌动蛋白和肌球蛋白（有收缩性的蛋白）
肌梭
肌梭
高尔基腱器官
肌腱
梭外肌纤维
Ib轴突
感觉（传入）神经元
胶原纤维
肌腱
囊

动神经元的活动。

减轻动物脊神经支配肌肉的疼痛已经被证明可以增强和减弱静息状态下的梭内肌纤维的γ活性（Appelberg et al., 1983；Thunberg et al., 2002）。基于这些观察结果，约翰逊和索卡（Johansson & Sojka, 1991）提出了一种病理生理学的疼痛模型。他们的假设是，肌梭的运动纤维活性增加是引起肌肉自主静态收缩时炎性代谢物质积累的原因，此时Aδ和C纤维被激活，从而增加肌梭传入纤维的神经放电，改变肌梭在活动状态而非静息时对拉伸的敏感度。然而，仍旧缺乏关于炎症代谢产物对疼痛刺激和γ运动神经元刺激的有效证据。卡普拉等人（Capra et al., 2007）发现，只有在静息状态下，大鼠下颌疼痛的化学刺激才能增强和减弱γ运动神经元的活性，而与下颌张开和关闭的状态无关。在干预组中，观察到静态γ-肌梭运动（gamma-fusimotor）活性的增加，但在自主肌肉活动中，动态γ运动神经元活性水平未见任何变化。这些发现既支持了约翰逊和索卡的肌梭运动刺激的疼痛模型，又有所混淆。

已有研究证明，对化学敏感的痛觉传入神经（痛觉纤维）可以抑制或促进脊神经支配的肌肉静态γ肌梭运动纤维的活性（Appelberg et al., 1983；Thunberg et al., 2002），但并非在自发性下颌肌肉收缩时（Capra et al., 2007）。在最初的伤害被消除之后，由于疼痛而产生的炎症代谢物，可能会通过对静态γ肌梭运动活性的调节持续影响肌梭的功能和敏感性。

然而，在无痛的情况下，动态和静态的γ运动神经元的活性随着肌肉收缩而增强（Byrne, 1997），想想当弹力绳松弛的时候会发生什么，因为绳索的纤维不再被拉长，所以也就不需要回弹。当肌梭上没有拉伸刺激时，神经编码或肌梭传入纤维的活动就会停止，但γ运动神经元活动会增强，使肌梭收缩（重置其静息长度），为另一个牵张刺激做好准备（Bear et al., 2007；Byrne, 1997）。肌梭抑制（spindle silencing）与γ活化之间的相互作用被称为α-γ联合活化（alpha-

gamma coactivation），以维持肌张力或肌梭准备状态（Kandel et al., 2000）。

肌梭和γ系统对肌肉松弛状态下的反应在一定程度上解释了PRT如何消除身体功能的障碍。当组织被缩短或保持一个舒适的体位时，肌梭的传入纤维放电就会停止，肌牵张反射以及梭外肌纤维的α运动神经元刺激会被阻断。当肌梭活动停止时，肌梭内的γ神经元活跃，为肌梭重塑休息位长度（Matthews, 1981），并有助于恢复肌梭的敏感性。有人认为，当γ的驱动力或量（gamma drive or volume）较高时，肌梭的敏感性会增加，从而使其对单突触的牵张反射（Korr, 1975）产生超敏性。在对足底筋膜炎患者进行的SCS治疗（Howell et al., 2006）中观察到，肌梭的牵张反射敏感性下降，但这种间接疗法对γ系统的影响尚未在人体中完成评估。本体感觉理论（Korr, 1975）指出，当γ量高时，本体感受器（肌梭）在休息状态下功能失调，并引发骨科损伤（压痛点或触痛点）。有研究者观察到，静息状态下的大鼠对疼痛的静态γ-肌梭运动改变（Capra et al., 2007）。此外还有研究发现，当使用间接的体位放松技术治疗缩短的足底肌梭时，反射性活动就会减少（Howell et al., 2006），这些都支持了科尔的理论。

躯体功能障碍和骨科损伤

从最早开始，躯体功能障碍是基于骨科损伤这一概念的。科尔（Korr, 1947）提出，由关节紊乱导致的身体稳态失衡，也称为骨科损伤（osteopathic lesion）。根据科尔的描述，骨科损伤具有以下5个特征。

1. 肌肉和脊柱的感觉过敏。
2. 高激惹性，反映在肌肉活动的改变和肌肉收缩状态的改变。
3. 肌肉组织、结缔组织（筋膜）和皮肤组织结构的改变。
4. 局部循环的改变以及血液和组织间物质交换的改变。

5. 内脏和其他自主功能的改变。

这一病变被认为与脊髓节段的超敏性有关（Hocking, 2013; Korr, 1947），并且会降低该节段的刺激阈值（Hubbard & Berkoff, 1993）。即使当身体处于静息状态时，损伤相关的运动神经元也很容易被激活，并产生肌肉收缩（Hong & Yu, 1998; Hubbard & Berkoff, 1993; Kostopoulos et al., 2008）。科尔提出，体位、机械因素及其导致的肌肉和结缔组织之间长度张力关系改变的关节紊乱，是导致脊髓前角细胞致敏的罪魁祸首。而组织长度的变化直接影响本体感受器（如肌梭、机械性感受器和痛觉感受器），进而控制传出运动神经元以影响梭外肌组织。科尔提出，当骨科损伤出现时，不但从本体感受器中接受传入（感觉）脉冲的脊髓节段会被过度刺激，而且，这个脊髓节段的邻近节段和所有从过度刺激的节段接收到传出兴奋的组织也会变得异常敏感。迄今为止，人们一直对病变发生的原因、病变如何进展以及病变为何持续发生等问题进行猜测和争论，从而产生了大量的理论和颇有前瞻性的研究，以解答这些问题。

综合假说理论

一般认为，体位放松技术减轻躯体功能障碍主要是通过调节神经系统来减少异常的神经活动、调整炎症过程和循环来实现的。最早关于躯体功能障碍的一些理论，如科尔的本体感觉理论（Korr, 1975），认为肌梭是罪魁祸首（primary culprit）。后来的理论发展到一个更综合的角度，从综合假说开始（Simons, Travell & Simons, 1999），提出了本体感受器、中枢神经系统（CNS）和生物力学因素一起作用，引起并持续身体机能障碍，尤其是扳机点的形成。综合假说理论的关键在于，运动终板的电活动（神经肌肉接头，即 α 运动神经元与肌肉的结合点）由于乙酰胆碱（ACh）在连接处突触间隙的过度释放而变得功能失调。

霍金（Hocking, 2013）认为，扳机点的激活和持续是由位于前角的 α 运动神经元来调节的，

而不是运动终板。霍金的中央调节假说（central modulation hypothesis）认为，神经肌肉接头处过度的 ACh 释放会导致运动终板干扰或者神经活动的增强，但神经肌肉接头处 ACh 释放的增加，是由于中枢持续不断地对 α 运动神经元刺激，而不是运动终板的刺激。随着时间的推移，这将导致 α 运动神经元去极化水平的降低以及 ACh 在运动末端的自主释放。霍金（Hocking, 2013）断言，"α 运动神经元去极化水平降低是造成局部扳机点（TrP）持续存在的能量危机的原因，而不是结果。"

有人提出，ACh 释放和摄取规律的破坏以及缺氧的组织环境会导致三磷酸腺苷（ATP）的消耗及 ATP 能量危机（McPartland, 2004; Simons, Travell & Simons, 1999）。ACh 的释放激活了突触后膜烟碱型 ACh 受体（nAChRs），激发了动作电位，引起梭外肌纤维的收缩（Matthews, 1981）。麦克帕兰德（McPartland, 2004）解释道，由于损伤、易感基因或者其他损伤机制引起 ACh 的过度释放，可能会引起肌肉的持续收缩，压迫肌肉内部的感觉神经。正如挤压橡胶水管截断水流一样，增加的 ACh 释放量及其造成的肌肉持续收缩会压迫局部血管，导致组织中氧和 ATP 数量减少。

ATP 在调节肌肉收缩方面起着至关重要的作用。ATP 是钙泵的能源，可以使钙重新进入肌浆网，并且通过协助肌动蛋白和肌球蛋白偶联（附着）和解偶联（分离）（Bear et al., 2007）来促进肌肉收缩。此外，ATP 抑制了 ACh 的释放（Dommerholt, Bron & Franssen, 2006）。当肌肉强力收缩时，肌肉收缩需求增加。如果肌肉收缩的能源（ATP 和 O_2）缺乏，就无法满足能量需求，会引发局部组织促炎代谢物的释放（例如，前列腺素、白三烯、P 物质），进而使痛觉感受器敏化（Mcpartland, 2004）。促炎症代谢物的释放也可能导致血管内皮功能不全，以及组织的低灌注（Larsson et al., 1999; Maekawa, Clark & Kuboki, 2002），产生线粒体损伤、细胞氧化压力不足以及组织水肿（Rosas-Ballina et al., 2011），这些都是

由扳机点的形成所造成的（McPartland & Simons, 2006）。

西蒙斯等人（Simons et al., 1999）假设，一旦扳机点形成，它就会引发中枢神经系统的痛觉输入，从而导致脊髓节段中枢的敏化。中枢敏感源于脊髓后角上持续大量的痛觉输入，从而引起来自二级神经元的疼痛异位电活动脉冲（Mcpartland, 2004）。脊髓产生的异常的痛觉脉冲即使在引起损伤的外力去除后，或是组织不再处于急性损伤时仍会发生。幻肢痛是一个典型的例子，它是被截肢者仍会认为已经不存在的肢体上有疼痛的感觉。格温，多摩尔霍特和沙（Gerwin, Dommerholt & Shah, 2004）通过对近期一些著名的扳机点形成因素的研究，扩大了扳机点形成的

综合假设，也提供了一些新的观点来解释为什么扳机点持续存在。

扩充的综合假说

格温等人（Gerwin et al., 2004）提出的扩展模型（见图2.4）根据沙（Shah, 2003）提出的模型构建，增加了大量的数据证据支持西蒙斯等人（Simons et al., 1999）提出的综合假说（integrated hypothesis）的基本原则。他们进一步讨论了异常的肌肉收缩、组织酸度、钙蛋白与基因相关肽（CGRP）和低灌注的作用，这可能有助于解释为什么损伤愈合急性期之后仍旧会持续出现躯体功能障碍（全面的回顾请参阅格温等人2004年的研究）。

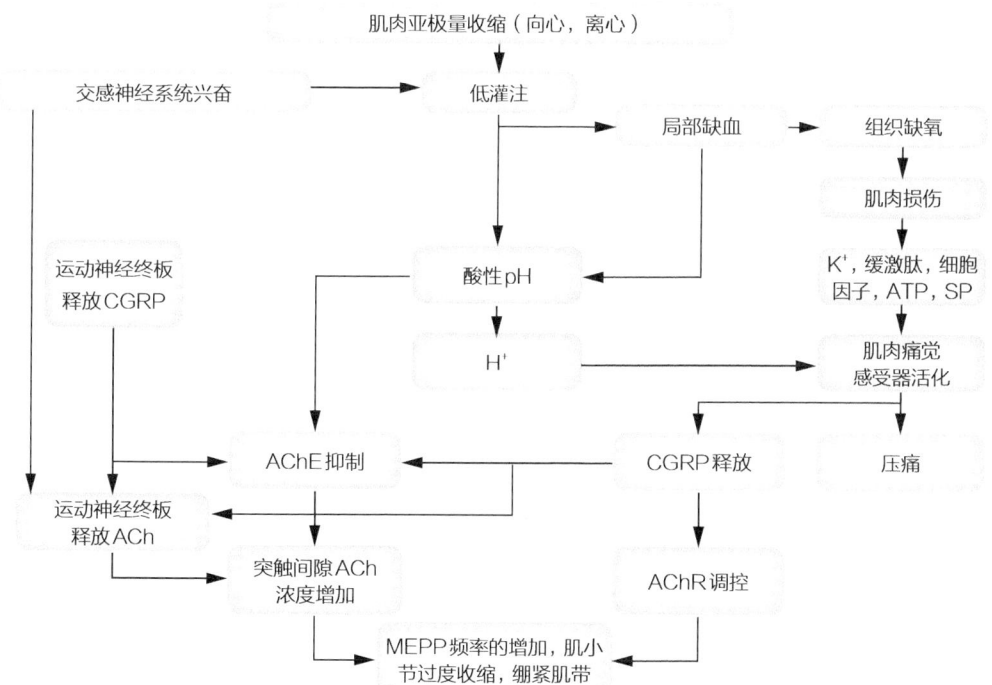

图2.4　格温等人（Gerwin et al., 2004）关于扳机点形成的扩大综合假说示意图。ACh：乙酰胆碱；AChE：乙酰胆碱酯酶；AChR：乙酰胆碱受体；ATP：三磷酸腺苷；BK：缓激肽；CGRP：降钙素基因相关肽；H⁺：氢离子；K⁺：钾；MEPP：微终板电位；SP：P物质

格温等人（Gerwin et al., 2004）将躯体功能障碍的开始归因于一种不习惯的或未预料的肌肉最大的向心或离心收缩。在肌肉组织中（Stauber et al., 1990），反复出现的离心收缩会损伤肌肉组织环境内的肌小节和血管网络。损伤的肌纤维和血流供应导致炎症介质的释放，不仅会干扰肌节的刺激–收缩偶联系统（Proske & Morgan, 2001），还会限制组织的氧气供应，从而造成这些组织的毛细血管受限（McPartland & Simons, 2007）。毛细血管的受限和损伤可能损害细胞和组织的灌注，导致更大的组织酸度，或更低的组织pH（Sluka, Kalra & Moore, 2001；Sluka et al., 2003），由此激活痛觉感受器。痛觉感受器则会激发运动终板中降钙素基因相关肽（CGRP）的释放（Gerwin et al., 2004；Shah et al., 2003）。

CGRP是一种氨基酸肽，它具有强大的舒张外周血管的能力，但它与P物质（substance P）一起，也与神经炎症反应的介导有关（O'Halloran and Bloom, 1991）。CGRP与ACh并存于运动神经突触之中，当CGRP升高时，运动终板上的ACh也就升高了，因为CGRP促进了乙酰胆碱受体（AChR）的磷酸化，并延长了ACh与突触后膜上的受体通道结合的时间（Gerwin et al., 2004；Shah et al., 2003）。典型的情况是，乙酰胆碱酯酶（AChE）在突触后终板中分解乙酰胆碱（Mcpartland & Simons, 2006），但AChE的产生依赖pH，当pH低的时候，AChE的量就会减少（Gerwin et al., Kovyazina et al., 2003）。因此，由于AChE的量是有限的，ACh不能被有效地从突触后受体上移除，神经肌肉结合处的ACh量会持续升高。同时，由于ATP和氧含量低，它的释放也受到抑制。为了使ACh在突触间隙中增加，CGRP也降低了AChE对ACh的限制，但当pH降低时，CGRP的释放会增加，进一步限制了ACh的分解和抑制。

总的来说，格温等人（Gerwin et al., 2004）认为，在某种程度上，CGRP水平的升高产生并增加了ACh，最终逐渐形成扳机点。这是由于后角上出现大量的痛觉感受器信号，随着时间的推移的

会导致神经发生塑化（neuroplastic），这些变化会持续地激活脊髓区域内的痛觉感受器区域，但也会激活易化节段的上方和下方。这是由脊髓节段的皮质束的排列方式决定的。之前的理论强调了肌肉收缩、低灌注、神经活性肽、疼痛和本体感受功能障碍作为多个脊髓节段的躯体功能障碍发生和持续的主要原因。然而，斯派克和德雷珀在2006年提出，代谢、神经化学和本体感受对肌动蛋白–肌球蛋白的结构性功能障碍影响，导致了躯体功能障碍的发生和持续。

机械偶联理论

斯派克在2006年提出的机械偶联理论（MCT）认为，代谢、神经化学和本体觉造成了肌梭运动复合体的结构功能障碍（见图2.5），从而产生并维持了躯体功能障碍。基于ATP能量危机（ATP energy crisis），ATP水解和肌丝偶联的影响，MCT将之前的躯体功能障碍模型进行了扩充。在稳态条件下，粗大的肌球蛋白丝在与较细的肌动蛋白丝有规律地结合、分开，从而产生肌肉收缩（Matthews, 1981）。正如万登布姆（Vandenboom, 2004）所描述的那样，机械偶联过程的规律是由化学能转化为机械能来驱动的：

> 在兴奋/收缩偶联（ECC）过程中，从肌浆网（SR）中释放的钙离子（Ca^{2+}）与肌钙蛋白C（TnC）结合，激活细肌丝，使肌球蛋白与肌动蛋白发生反应。这种肌原纤维复合物的形成，使肌球蛋白能够将三磷酸腺苷（ATP）水解后的自由能量转化为牵动细肌丝的滑动。

万登布姆（Vandenboom, 2004）在肌纤维疲劳方面的基础研究，可以帮助我们进一步了解机械偶联过程中的干扰是如何引发躯体功能障碍并使其持续发生的。肌浆网（SR）中钙离子（Ca^{2+}）浓度的增加会增强肌原纤维的收缩性（McPartland & Simons, 2007；Proske & Morgan, 2001），Ca^{2+}浓度在疲劳情况下的减少（Vandenboom, 2004）与肌肉功能和力量的减少有关（Proske & Morgan, 2001）。

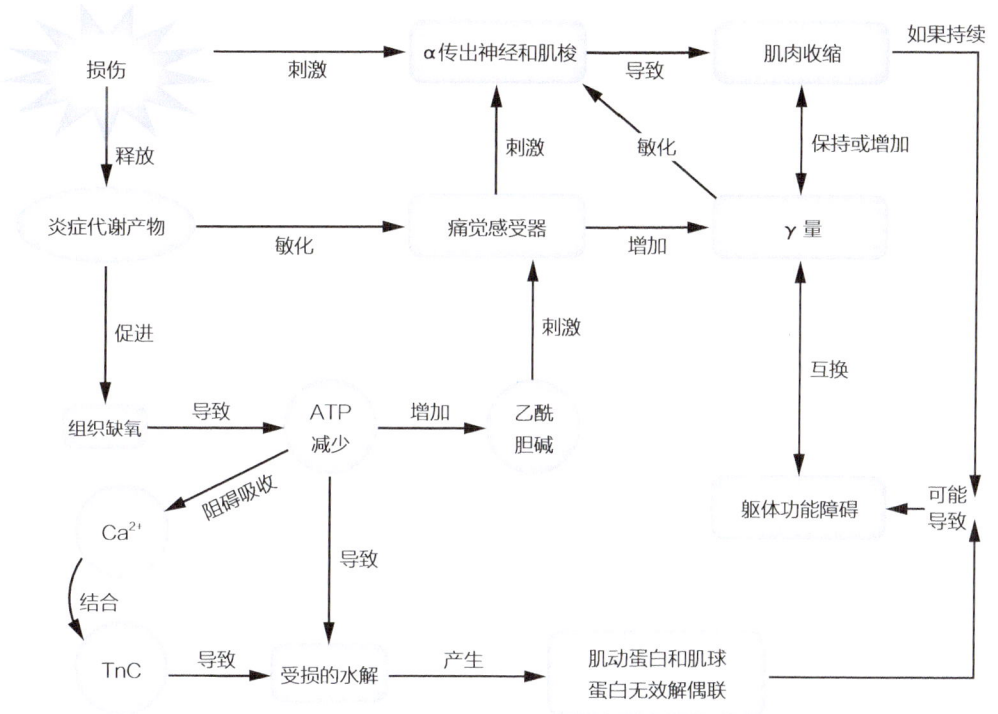

图2.5 机械性偶联理论

无论在SR中Ca^{2+}是增加还是减少，其含量的改变都会引发SR功能障碍，进而削弱肌原纤维蛋白功能（Proske & Morgan, 2001）。粗肌球蛋白水解（分解）ATP，释放自由能，为横桥的摆动供能，产生肌肉收缩（Vandenboom, 2004）。肌球蛋白的头部包含了控制肌动蛋白丝结合能力的核苷酸位点（Matthews, 1981）。调节细肌动蛋白微丝的一个调节蛋白链，位于原肌球蛋白，构成了原肌球蛋白复合物（见图2.6），这个复合物包含了亚单位蛋白质TnC，它在肌球蛋白丝上调节肌动蛋白的核苷结合位点，通过一系列的神经化学反应（Matthews, 1981）来隐藏和暴露位点。钙和TnC的相互作用在这些结合位点的暴露中以及后续肌肉收缩的调控中起着不可或缺的作用。

正如前面所讨论的，当肌浆网中Ca^{2+}水平较高、ATP水平较低时，一场能源危机，或者万登布姆（Vandenboom, 2004）所说的一场化学危机，就要发生了。麦基洛和格里夫斯（McKillop &

Geeves, 1993）提出了一种模型，以说明Ca^{2+}与TnC的结合如何影响肌球蛋白和肌动蛋白丝的相互作用。当钙离子含量低时，肌动蛋白丝与肌球蛋白头部的结合就会受阻，从而削弱肌球蛋白生成牢固连接横桥的能力。然而，"在Ca^{2+}水平高的情况下，横桥的牢固连接对肌动蛋白有很高的亲和力，可以产生力量并牵引细肌丝进行滑动"（Vandenboom, 2004）。

霍杜斯等人（Houdusse et al., 1997）强调，在钙离子存在时，TnC就会作为一种ATP水解作用的开关。当ATP在横桥处释放能量时被水解，Pi（无机磷酸盐）和ADP（腺苷二磷酸）作为副产物被释放，协同ATP调节肌球蛋白和肌动蛋白丝的偶联和分离（Vandenboom, 2004）。然而，万登布姆指出，如果在pH降低的情况下ADP的释放受到抑制，那么ATP就无法使肌丝分离，形成一种"僵直横桥（rigor cross-bridge）……不能产生进一步的力量"。不充分的偶联及解偶联过程会使肌丝复合体出现结构性功能上的障碍和变形，使其持续处于偶联状态，这可能导致与骨性损伤相关的顽固紧绷肌带或结节。ATP帮助启动肌球蛋白–肌动蛋白复合物再偶联（recoupling）或附着，就像γ运动神经元帮助肌梭处于一个接收外来刺激最佳的准备状态一样。

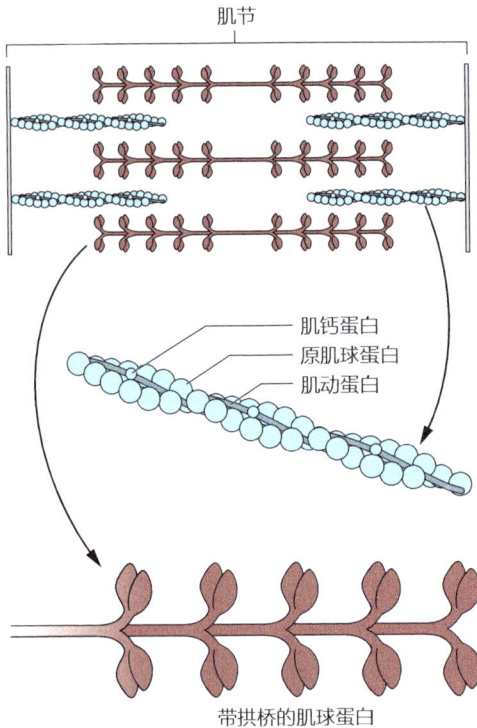

图2.6 原肌球蛋白–肌钙蛋白复合体

不充分的ATP、TnC和钙结合，导致肌球蛋白–肌动蛋白微丝的解偶联效率低下。这就可以解释，为什么当髋部扳机点和压痛点通过SCS治疗（Wong & Schauer-Alvarez, 2004）消除后，肌肉力量会增加。由于肌球蛋白–肌动蛋白微丝解

偶联，不仅结构位置上产生了变化，ATP、Pi和ADP的平衡也被重塑进而更好地协助偶联过程。然而，如果在TnC存在时，钙和ACh的水平仍然很高，肌纤维会持续结合，从而导致肌纤维的疲劳，使肌球蛋白–肌动蛋白丝发生低效率偶联（Vandenboom, 2004）。通过证实当组织受损时会发生一连串神经代谢活动，机械偶联理论建立在现有的躯体功能障碍模型上。ATP水解障碍及其对肌球蛋白–肌动蛋白横桥偶联影响的发现，可能会深化这一机制的研究以及其他引发躯体功能障碍并使其持续机制的研究。尽管躯体功能障碍及其相关的扳机点和压痛点的理论基础正在形成，但仍需要进一步的研究来验证这些观点，并探索如何将它们转化为治疗躯体功能障碍的实践应用。

基于我的PRT实践经验及PRT应用指南，在本书中没有收录琼斯最早提出的传统压痛点定位法，以鼓励医生在临床上全面查体。尽管在患者和人群中已经识别出了常见的压痛点和扳机点的位置，但是大多数的操作者经常会在检查过程中惊奇地发现未记录过的位点。在没有全面地检查、评估和研究的情况下，关键的显性压痛点和扳机点可能会被忽略。在某种程度上，这就是为什么本书在研究身体损伤的时候抛弃了传统的逐点方法，而指向更具探索性方法的原因，也是为什么强调特殊组织结构触诊的原因。虽然在这一章或本书全文中并没有提到所有可以用PRT治疗的组织，但提到了那些容易触诊到并经常受到身体病变影响的组织。然而，在确定患者躯体功能障碍的源头和成因时，从业者的训练和实践经验是最重要的。

临床意义

将PRT看作应对躯体功能障碍的万能药可能很诱人，但它只是一种促进解决躯体功能障碍的工具，是一种通用且功能强大的工具。在处理急性炎症过程中，PRT可用于抑制肌肉痉挛，改善血液流动，以及限制能导致骨性病变形成的神经化学效应。早期控制这些病变的形成可以控制中枢敏化、局部缺血和组织萎缩的情况。急性期治疗的主要手段是通过控制炎症反应，保护组织避免受到进一步损伤（Knight & Draper, 2012）。通过减轻炎症介质和ACh的释放和限制及毛细血管的收缩，从业者可以帮助患者避免进入慢性炎症的无底洞，从而为患者进入组织修复期提供一个最佳的条件。

为了在组织修复期达到充分的组织愈合，需要充足的血流量来供应营养。最重要的是，必须有效地控制疼痛，使躯体能够进行一定幅度的活动，以支持体内的吞噬作用和纤维组织增生（Knight & Draper, 2012）。然而，当损伤发生时，关节活动度通常会受到限制（Jones, 1973），形成不规则的疤痕，且往往会削弱组织能力，使其在紧张时更容易受到进一步的损伤。如果疼痛不被控制，那么患者很可能会再次进入炎症阶段，延迟愈合，产生不期望的疤痕组织。此外，由直接疗法造成的不受控制或预期的疼痛，则可能会使躯体功能障碍扩散到身体的其他部位，从而影响力量、关节活动度和功能运动模式。如果在此阶段应用PRT治疗，血液循环会得到改善，从而促进纤维组织增生并使组织获得营养。此外，如果血运充足，躯体功能障碍的主要元素——ACh，也将被边缘化。

对于那些没有进入组织修复期而陷入慢性炎症状态的患者，PRT可以帮助他们消除这种影响。PRT通过降低γ值改善其持续引发的肌牵张反射，抑制肌梭的异常神经放电，以及增加缺血组织灌注，阻断牵张反射，重置II型肌梭传入的神经活动模式，从而缓解损伤导致的肌腱紧张，降低GTO的抑制，并可能重新调整疼痛区域并解决后角α运动神经元的中枢敏化。

总结

了解感觉和疼痛如何影响身体系统的神经生理学基础，我们就可以解释躯体功能障碍发展和持续的原理，以及它们对PRT实践应用的影响。体位放松技术应用者应理解、学习，并将PRT应用到多种由躯体功能障碍导致的疾病中。"没有痛苦就没有收获"这个古老的概念并不适于当前的实践应用和训练环境。虽然直接疗法占有一席之地，但在我们理解了疼痛是如何在身体系统中传播之后，选择使用如PRT这样的间接技术以达到同样或者更好的效果，可能会更具有吸引力。疼痛不会驻留在它产生或被感知的地方，而是在整个身体系统弥散，跨过脊髓并易化多个脊髓节段水平以及躯体和内脏神经支配的组织。另外，疼痛，无论是感知还是发生，也会激活其他的脊髓反射，比如，脊髓交叉反射可以使拮抗肌或其他非疼痛身体部位产生压痛点和扳机点。尽管急性疼痛或由从业者诱发的疼痛可能是由于扳机点导致的，但多重代谢、神经化学以及本体感受的影响是产生并维持躯体功能障碍以及由此导致的肌梭运动复合体的结构功能障碍的原因。

科尔的本体感受理论（Korr, 1975）为其他的躯体功能障碍理论奠定了基础。西蒙斯等人（Simons et al., 1999）综合了扳机点形成的假设，并概括了科尔关于"肌梭功能失调"的观点。然而，西蒙斯（Simons, 1999）认为，肌梭功能障碍的罪魁祸首是运动终板功能障碍和神经中枢敏化。该理论自引入以来一直得到支持，并得到了扩展。格温等人（Gerwin, 2004）提供了另外的证据，通过他们的扩展模型来支持综合假说，并提出，另外的机制可能会导致扳机点的形成和持续，诸如异常的肌肉收缩、组织酸度、降钙素、基因相关肽（CGRP）和低灌注等。斯派克证实了这些躯体功能障碍理论，并将其纳入了他的机械偶联理论（Speioher, 2006）。这一理论强调了代谢、神经化学及本体感受器是如何协同工作并影响肌梭运动复合体功能障碍的发生与发展；如何导致肌球蛋白-肌动蛋白的低效偶联与解偶联。虽然本书并没有陈列所有关于躯体功能障碍的理论，但这些理论已提供了如何将PRT应用于急性和慢性疾病中的总体方案指南。

不管在康复的哪个阶段使用，PRT都是一种无痛的干预，都可以限制疼痛和痉挛，并恢复活动范围。越来越多的证据支持这种技术用于处理和预防所有人群的躯体功能障碍（见表2.1）。随着越来越多的证据支持这一技术的疗效，我想，我们或许应该回过头来看看，为什么花了这么长时间才使PRT治疗成为我们在实践过程中可以使用的有效技术。

表2.1 主要的躯体功能障碍性神经代谢活动

神经代谢情况	升高↑	降低↓	支持的文献	潜在的PRT影响
炎症代谢产物	X		麦克帕特兰德（Mcartland, 2004）、施瓦茨和摩根（Proske & Morgan, 2001）及瑞诺霍尔等人（Reinöhl et al., 2003）的研究	减小
组织pH		X	格温等（Gerwin et al., 2004）、斯卢卡等人（Sluka et al., 2001）及斯卢卡等人（Sluka et al., 2003）的研究	增加
牵张反射弧活性	X		豪厄尔等人（Howell et al., 2006）及怀恩等人（Wynn et al., 2006）的研究	减小
γ活性	X		阿培尔伯格等人（Appelberg et al., 1983）、卡普拉等人（Capra et al., 2007）及桑伯格等人（Thunberg et al., 2002）的研究	减小
乙酰胆碱ACh	X		多尔扎尔等人（Dolezal et al., 1992）、多摩尔霍特等人（Dommerholt et al., 2006）、前川等人（Maekawa et al., 2002）、西蒙斯等人（Simons et al., 1999）及韦斯勒（Wessler, 1996）的研究	减小
乙酰胆碱受体AChR	X		多尔扎尔等人（Dolezal et al., 1992）、格温等人（Gerwin et al., 2004）及麦克帕特兰德和西蒙斯（Mcpartland & Simons, 2006）的研究	减小
乙酰胆碱酯酶AChE		X	格温等人（Gerwin et al., 2004）、科瓦兹纳等人（Kovyazina et al., 2003）及麦克帕兰德和西蒙斯（Mcpartland & Simons, 2006）的研究	增加
三磷酸腺苷ATP		X	多摩尔霍特等人（Dommerholt et al., 2006）、麦克帕特兰德和西蒙斯（Mcpartland & Simons, 2007）、瑞诺霍尔（Reinöhl, 2003）及韦斯勒（Wessler, 1996）的研究	增加
钙离子释放	X		麦克帕兰德和西蒙斯（Mcpartland & Simons, 2007）、施瓦茨和摩根（Proske & Morgan, 2001）及万登布姆（Vandenbloom, 2004）的研究	减小
肌钙蛋白TnC钙结合		X	霍杜斯等人（Houdusse et al., 1997）、麦基洛和格里夫斯（Mckkilop & Greeves, 1993）及万登布姆（Vandenboom, 2004）的研究	减小
伤害性感受	X		麦克帕兰德（Mcpartland, 2004）及瑞诺霍尔等人（Reinöhl et al., 2003）的研究	减小
运动终板活性	X		洪和于（Hong & Yu, 1998）、哈伯德和伯克夫（Hubbard & Berkoff, 1993）及科斯托普洛斯等人（Kostopoulos et al., 2008）的研究	减小
组织灌注		X	格温等人（Gerwin et al., 2004）、拉尔松等人（Larsson et al., 1999）、前川等人（Maekawa et al., 2002）及罗塞斯·巴利纳等人（Rosa–Bllina et al., 2011）的研究	增加
降钙素基因相关肽CGRP释放	X		多姆纳尔和布卢姆（Domhnall & Bloom, 1991）、格温等人（Gerwin et al., 2004）及沙等人（Shah et al., 2003）的研究	减小

第 2 部分

针对不同解剖区域的PRT

这部分介绍了下肢，骨盆，脊柱，上肢和颅骨的治疗方法。足部被分为足背部和足底结构，骨盆被分为前侧和后侧结构。根据位置，脊柱被分为颈椎、胸椎和腰椎。上肢部分，肩关节、腕关节和手被分为前侧和后侧结构，肘关节和前臂被分为前方、内侧、外侧和后方结构。颅骨治疗被分为骨性和肌肉结构。这部分列出了结构的起点、止点、功能和神经支配，为从业者确定病因提供帮助。另外，这部分还提供了与体位放松技术的应用流程相匹配的组织结构定位和触诊方法说明。术语近侧和远侧用于指导从业者在应用PRT治疗时手的摆放。近侧手是离治疗侧或组织较近的手，远侧手是离治疗侧或组织较远的手。这部分还包括对患者自我治疗的指导。每个身体部位的常见损伤情况也被列出，以指导从业者应用PRT处理这些损伤。附录中的肌筋膜搜索与定位评估表可以帮助从业者把握并评估治疗结果，同时可以帮助确定肌筋膜的病变模式，从而制订个性化的治疗路线图。

第 3 章

足部

本章目标

在阅读本章内容后，你应该做到以下几点。

❶ 了解造成足部功能障碍的因素。

❷ 定位并触诊需要应用PRT进行治疗的足部结构。

❸ 应用PRT治疗足部功能障碍。

❹ 了解如何根据肌筋膜损伤模式来治疗常见的损伤，如足底筋膜炎。

在竞技运动和休闲体育中，下肢损伤的发生率与其潜在的经济支出是一样惊人的。史布亚等人（Shibuya et al., 2014）在报告中指出，2007年至2011年，美国发生了280 933例足部和踝关节骨折和脱臼，其中，92.74%的损伤与工作无关，55.7%发生在脚脚踝位，而足部病例最常发生的部位是距骨（12.5%）。单考虑骨折的发生概率，美国五分之一的中年和老年人患有足部疼痛也就不足为奇了（Thomas et al., 2011）。当对存在下肢损伤和躯体功能障碍的病人进行评估时，虽然技术水平、鞋型和赛场地面等外在因素非常重要，但其解剖排列、肌肉紧张度、关节活动度及力量和组织的不平衡等因素，最有可能受到PRT的影响。墨菲、科恩诺利和贝隆（Murphy, Connolly & Beynnon, 2003）的文献综述显示，关于这些因素的前瞻性研究并没有达成共识；但是，文献显示这些因素可能在下肢（LE）损伤的易感性及躯体功能障碍的发生中起到一定作用。如果躯体功能障碍使力量减弱，那么这种结果是显而易见的，正如王和肖尔·阿尔瓦雷茨（Wong & Schauer-Alvarez, 2004）的髋部研究所发现的，躯体功能障碍也会影响下肢关节和组织的稳定性和功能，特别是足部的功能。

然而，髋关节并不是下肢运动的唯一起动器。下肢远端运动和足部形态或姿势对于跟腱病、髋股综合征、内侧胫骨应力综合征（MTSS）和髂胫带摩擦综合征等下肢损伤的影响，引起了相当高的关注（Dowling et al., 2014; Neal et al., 2014）。然而，大多数足部研究都是回顾性的，并且只涉及静态足部姿势的分析，这可能在患者运动时缺乏实践意义（Dowling et al., 2014）。

长期以来的理论假设是，舟骨过度下降或扁平足会增加MTSS的风险，而高弓足或弓形足会导致肢体僵硬。这两种足部形态都被认为会增加下肢损伤的风险（Neal et al., 2014; Tong & Kong, 2013）。然而，足部姿势的评估方法，如舟骨跌落试验和足部姿态指数，都是由多种混合的因果导致的，这意味着当患者行走时，这些评估方法的敏感性较低，无法检测到患者的动态变化（Dowling et al., 2014）。

到目前为止，关于无论是静态还是动态的足部姿势与下肢损伤风险的系统性综述显示，两者间的关系是十分有限的。然而，尼尔等人（Neal et al., 2014）在报告中提供了有力的证据，证明具有静态足外翻姿势的患者，患上MTSS的风险增加，但支持这些患者具有髋股疼痛倾向的证据则非常有限。此外，道林等人（Dowling et al., 2014）发现了动态足部功能是导致下肢受伤的危险因素的有限证据。作者明确指出，下肢运动学的临床评估是具有挑战性的，因为大多数医生都不具备复杂的运动学分析技术及在使用和解释结果方面的专业知识。基于下肢损伤的多因素特性及在临床环境中评估的困难程度，运动学的研究结果可能与临床不相关。然而，在临床环境中，年龄和身体成分是很容易评估的。

正如第3章所讨论的，老年人口可能更易患上老化过程带来的损伤。根据希尔等人（Hill, 2008）的研究，足部损伤折磨着超过30%的老年人，这与老年人易摔倒有关（Spink et al., 2011）。在系统性回顾中，力量、关节活动度、平衡性和灵活性的降低被评估为潜在的风险因素，这些因素可以通过使用脚踝（FA）运动干预计划改善。然而，调查人员发现，支持使用FA运动干预计划降低这一人群摔倒风险的证据非常有限。只有平衡性和灵活性有显著的改善（Schwenk et al., 2013），才可能会改善足功能，降低摔倒的风险。

肥胖患者可能更易因关节负荷增加而患上骨关节炎。在肥胖人群中也发现了足部功能异常（Butterworth et al., 2014）。作者发现，在步行过程中，肥胖与平衡性降低、动态外翻和足底压力增加等有很大的相关性。然而，因为在不同研究中对足部结构的评估方法不同，所以不能确定身体成分（脂肪团）和足部结构之间的直接关系。

应用PRT的常见解剖部位和情况

- 纤维肌痛
- 扭伤和拉伤
- 骨关节炎

背部结构

- 跖趾关节扭伤
- 莫顿神经瘤
- 骨关节炎

足底结构

- 足底筋膜炎
- 跖骨痛
- 莫顿神经瘤

- 肌腱炎
- 滑囊炎

- 足背挤压综合征
- 草皮脚趾伤

- 籽骨炎
- 骨刺

巴特沃斯等人（Butterworth et al., 2013）认为，肥胖人群经历的足部疼痛可能不仅因为足部力学发生改变，还因为"由脂肪组织产生的代谢物和炎症介质"，如果二者同时存在，可能导致这一人群的下肢躯体功能障碍。

在我观察了成千上万的下肢躯体功能障碍患者后发现，大部分的损伤是由生物力学负荷模式造成的，如长时间的站立姿势，较弱的髋外展肌，腿部长度的差异，肌肉的不平衡，过重的体重及陈旧性损伤。躯体或肌筋膜损伤模式通常可用过载组织的功能性或结构性异常表现出来；组织的这一反应是为了防御损伤而形成的。然

而，从业者必须考虑评估过程中的其他诱因，以确定和处理任何潜在的疾病过程、内脏易化或神经紊乱。

不幸的是，在这一时期，很少有文献探讨PRT对下肢的内在和外在因素的影响。PRT文献主要关注面部、脊椎、骨盆和上肢的疼痛状况（Wong, 2012）。

体位放松技术研究开始在解释其如何显著地缓解疼痛和纠正躯体功能障碍方面获得成效。但是，在PRT文献的空白被填补之前，实践经验和患者反馈将指导体位放松技术应用者如何用PRT治疗下肢躯体功能障碍。

足骨间背侧肌

足骨间背侧肌是双羽肌，每一块都有两个头。它们收缩会引发中节足趾的动作。虽然大部分的内在蚓状肌都位于足底，但它们与骨间背侧肌相关，可以沿着跖骨间隙一起被触诊到。

起点： 跖骨（第一至第四）。

止点： 第一：第二趾骨近端内侧面和趾伸肌腱；第二至第四：近端趾骨和趾伸肌腱。

功能： 足趾外展，跖趾（MP）关节伸展。

神经支配： S2~S3（足底外侧神经）。

足骨间背侧肌

触诊流程

- 将患者足部置于放松位。
- 用一只手稳定患者前脚掌。
- 用另一只手的手指在患者跖骨之间施加适当的压力。
- 在患者跖骨干上，触诊其整个骨间背侧肌。
- 记录患者肌肉上每一个压痛点和肌束震颤反应点的位置。
- 一旦确定了最明显的压痛点或肌束震颤反应点（或者两个都确定），在整个PRT应用过程中，在该位置上用手指指腹保持轻压，直到二次评估为止。

足骨间背侧肌触诊流程

PRT应用流程

- 患者俯卧且膝关节屈曲90°，用大腿或垫枕支撑着患者的胫骨。
- 用远侧手或前臂的尺骨对患者前脚掌施加向下的压力，将患者踝关节压到背屈状态。
- 用近侧手的手指来评估和监测治疗部位和肌束震颤反应点。
- 用远侧手或前臂分区域进行足外翻和内翻（将患者第四跖骨和第五跖骨外翻，第一至第三跖骨内翻）。
- 交替：用远侧手握住患者前脚掌外侧面来定位及施力。
- 需治疗的相关组织：跖骨。

足骨间背侧肌PRT应用流程

▶ 视频3.1：足骨间背侧肌PRT应用流程

楔 骨

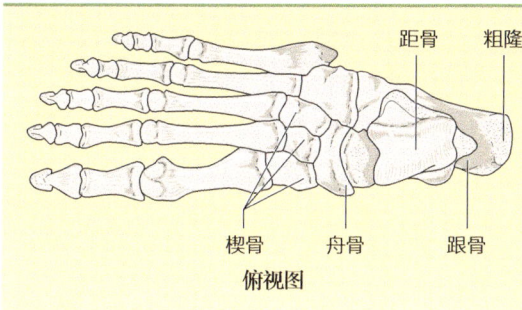

三块楔骨组成了中足。每一块都在相应的跖骨后面（第一楔骨在第一跖骨后面，以此类推），所有楔骨都与舟骨相连。第一楔骨是胫骨前肌和胫骨后肌的附着部位。楔骨是中足部韧带损伤的常见部位。

俯视图

触诊流程

- 使患者的足部处于轻微背屈的姿势，以放松其足背部的伸肌肌群。
- 沿患者第一跖骨骨干，一直触诊到它的近端基底部。
- 将手指滑至患者关节间隙或第一个跖骨近端和第一个楔骨之间的凹槽中。
- 向内移动至患者第二或中间楔骨，在触摸到第二楔骨的时候，可以感觉到一个明显的突起。
- 继续将手指从患者中间的楔骨的脊向外滑动到另一凹槽，会在第三个跖骨后面找到第三个或外侧的楔骨。
- 记录患者楔骨之间的任何压痛点或肌束震颤反应点的位置。
- 一旦确定了最明显的压痛点或肌束震颤反应点，在整个PRT应用过程中，在该位置上用手指指腹保持轻压，直到二次评估为止。

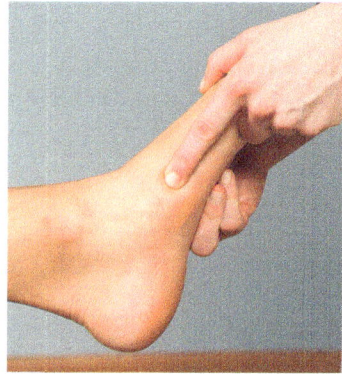

楔骨触诊流程

PRT应用流程

- 患者俯卧位膝关节屈曲90°，用大腿或垫枕支撑着患者的胫骨。
- 用远侧手或前臂在患者中足处施加向下的压力，将其踝关节移动至背屈状态。
- 用远侧手或前臂外翻和内翻患者中脚掌（让第一和第二楔骨更大程度地内翻，第三楔骨更小程度地内翻），以进行微调。
- 交替：用远侧手抓住患者中脚掌进行固定。
- 需治疗的相关组织：楔骨韧带、距骨。

楔骨PRT应用流程

距 骨

距骨
舟骨
楔骨

籽骨　　　　载距突　　　　跟骨

内侧视图

距骨是一种由骨体、颈部和头部构成的立方体形状的骨。距骨的后部比前部窄，当踝关节背屈时，在踝关节内形成一个楔形角。这个角将踝关节移动到一个封闭的位置，增加了踝关节的稳定性，同时限制了踝关节内翻和外翻活动。

触诊流程

- 让患者踝关节处在一个放松的打开的姿势（跖屈）。
- 将手指放在患者踝关节的中心，即脚踝伸肌腱间表面上，这个位置在距骨前穹隆的上方。
- 在患者距骨表面上触诊时，通过踝关节背屈和跖屈活动，感受前穹隆的滚动。
- 患者距骨的内侧头和外侧头可以通过在其前穹隆任何一个方向滑动手指被触诊到。为了更充分地暴露每一侧，将足内翻以露出外侧头，外翻来暴露内侧头。另外，内侧头的位置正好位于舟骨结节的近端。
- 记录患者距骨上的所有压痛点和肌束震颤反应点的位置。
- 一旦确定了最明显的压痛点或肌束震颤反应点，在整个PRT应用过程中，在该位置上用手指指腹保持轻压，直到二次评估为止。

PRT应用流程

- 让患者俯卧且膝关节弯曲60°~90°，用大腿或垫枕支撑着患者的胫骨。
- 用远侧手握住患者跟骨，并向下施加压力，同时将脚踝移动到背屈状态。
- 用远侧手控制患者踝关节的内翻、外翻和旋转角度来微调治疗位置。
- 需治疗的相关组织：趾伸肌腱。

距骨触诊流程

距骨PRT应用流程

趾长伸肌腱

伸肌上支持带

姆长伸肌

腓骨肌下支持带

伸肌下支持带

趾短伸肌

姆短伸肌

正视图

这4个趾长伸肌腱位于足背姆长伸肌腱外侧，并在近端与踝关节相连，形成了趾长伸肌的共同肌腱。这块肌肉被夹在胫骨前肌和腓骨肌中间。

起点：胫骨外侧髁，腓骨干内侧轴上四分之三，骨间膜，小腿深筋膜。

止点：第二至第五趾中间和远端趾骨。

功能：第二至第五趾伸展，踝关节背屈（辅助作用），足外翻（辅助作用）。

神经支配：L5~S1（腓深神经）。

触诊流程

- 将患者脚踝和足部保持在一个放松但稍微背屈的姿势下。
- 让患者脚踝背屈，并伸展足趾，以显露出伸肌腱。
- 拨动或者轻弹患者肌腱。
- 记录患者肌腱之间和肌腱上的任何一个压痛点和肌束震颤反应点的位置。
- 一旦确定了最明显的压痛点或肌束震颤反应点（或者两个都确定），在整个PRT应用过程中，在该位置上用手指指腹保持轻压，直到二次评估为止。

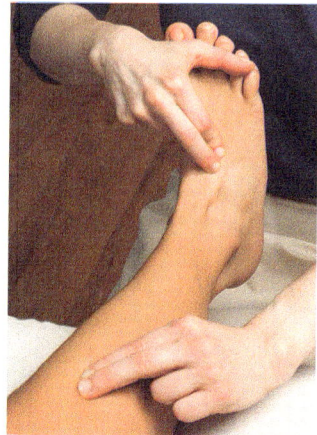

PRT应用流程

- 患者俯卧且膝关节弯曲到90°，用大腿或垫枕支撑着胫骨。
- 用远侧手握着患者跟骨，把同一只手的前臂放在患者足底，重点放在第二至第五跖骨上，或者在其所在范围内。
- 用前臂加压使患者足部呈背屈且足趾伸展状态。
- 用远侧前臂对患者足部进行内翻和外翻的微调。
- 需治疗的相关组织：楔骨韧带、姆长伸肌。

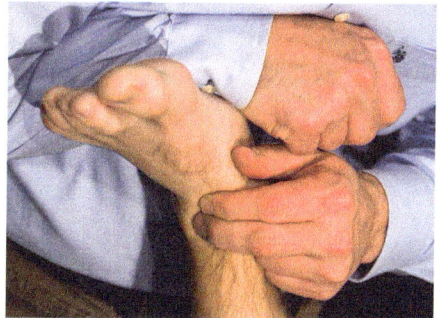

趾长伸肌腱触诊流程

趾长伸肌腱PRT应用流程

趾短伸肌

腓骨长肌
腓骨短肌
第三腓骨肌
腓骨肌上支持带
腓骨肌下支持带

趾长伸肌
伸肌上支持带
伸肌下支持带
趾短伸肌

外侧视图

趾短伸肌位于趾长伸肌腱下方，并位于足背外侧与外踝相距约2厘米。当足趾和踝关节伸展时，它小而圆的肌腹就会变得很明显。

起点： 跟骨背侧面，外侧跟距韧带，伸肌支持带下方。

止点： 通过趾长伸肌腱附着第二至第四趾，有些人认为姆伸肌腱是趾短伸肌的一部分。

功能： 第二至第四趾MP外展，姆趾MP外展。

神经支配： L5~S1（腓深神经外侧支）。

触诊流程

- 将患者足部和踝关节处于一个放松且轻度背屈的姿势。
- 在患者趾伸肌腱下方从外踝远端向小趾移动大约4厘米。
- 让患者将足趾和脚踝外翻并伸展，将趾短伸肌肌腹带出至骰骨外。
- 记录患者肌肉上任何压痛点和肌束震颤反应点的位置。
- 一旦确定了最明显的压痛点或肌束震颤反应点，在整个PRT应用过程中，在该位置上用手指指腹保持轻压，直到二次评估为止。

PRT应用流程

- 患者俯卧并屈膝90°，用大腿或垫枕支撑着患者的胫骨。
- 用远侧手握住患者足跟，将同侧手的手腕和前臂放置在患者足底。
- 用远侧手、手腕和前臂移动患者踝关节到背屈和明显的外翻状态。
- 外旋患者踝关节，并用远侧手、手腕和前臂施加向下的压力。
- 需治疗的相关组织：腓侧韧带。

趾短伸肌触诊流程

趾短伸肌PRT应用流程

足底腱膜

足底腱膜，又叫足底筋膜，是一种覆盖大部分足底肌肉的致密的三角形无血管的结缔组织。足底筋膜在步行时使足弓保持稳定。

起点： 跟骨足底面，起点的中央部分在跟骨结节中间，这是兴奋多发点。

止点： 足趾两边的近端趾骨。

功能： 通过绞盘机制稳定足弓；在步态周期蹬足跟时辅助稳定足跟。

神经支配： S1~S2（胫神经、中央和外侧支）。

足底筋膜

跟骨

足底

触诊流程

- 患者俯卧，保持足部放松姿势。
- 请患者将大脚趾拉向胫骨，使足底腱膜的纤维突出，以便触诊。
- 从远端止点向患者跟骨内侧的近端起点用稳固的力前推。
- 记录患者组织上，尤其是跟骨起点处的任何压痛点和肌束震颤反应点的位置。
- 一旦确定了最明显的压痛点或肌束震颤反应点，在整个PRT应用过程中，在该位置上用手指指腹保持轻压，直到二次评估为止。

足底腱膜触诊流程

PRT应用流程

- 患者俯卧，膝关节屈曲60°，用大腿或垫枕支撑着患者的胫骨。
- 将患者足趾放置于你的优势侧肩部，促使趾骨屈曲。
- 用远侧手移动患者踝关节到明显的跖屈状态。
- 用远侧手对患者跟骨施加足向牵引。
- 用远侧手，根据损伤位置，使患者足跟内旋、外旋。
- 需治疗的相关组织：跖方肌、趾短屈肌、趾长屈肌。

足底腱膜PRT应用流程

▶ 视频3.2：足底腱膜PRT应用流程

自我治疗流程

- 如果膝和髋关节足够灵活，可将足放至对侧大腿上；如果灵活度不够，不能完成这个姿势，就将足放至对侧胫骨上。
- 握住前脚背和足趾，用杯状或摇摆运动来活动它们，使它们屈曲和外展。
- 将另一只手的手指放置于踝关节前部上方，拇指放在足跟后面。
- 向内屈曲挤压前脚掌和足趾的同时，将跟骨转向足趾以放松足底筋膜。如果任意一只手的手指可以触及压痛区，那就将手指放置在区域上方，以探明组织的肌束震颤反应。

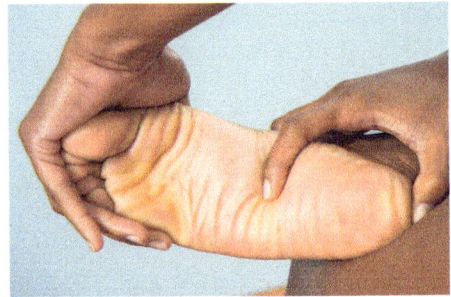

足底腱膜自我治疗流程

踇短屈肌

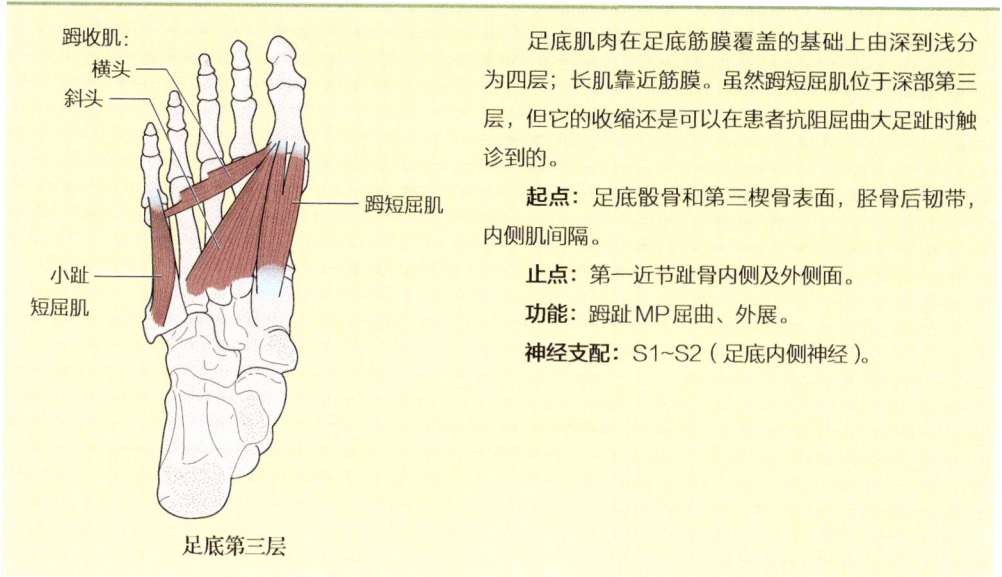

踇收肌：
横头
斜头
踇短屈肌
小趾
短屈肌

足底第三层

足底肌肉在足底筋膜覆盖的基础上由深到浅分为四层；长肌靠近筋膜。虽然踇短屈肌位于深部第三层，但它的收缩还是可以在患者抗阻屈曲大足趾时触诊到的。

起点： 足底骰骨和第三楔骨表面，胫骨后韧带，内侧肌间隔。

止点： 第一近节趾骨内侧及外侧面。

功能： 踇趾MP屈曲、外展。

神经支配： S1~S2（足底内侧神经）。

触诊流程

- 患者俯卧，足部放松。
- 用力将患者踇短屈肌从近端第一跖骨头，向足底舟骨移动。
- 记录患者肌肉上的任何压痛点和肌束震颤反应点位置。
- 一旦确定了最明显的压痛点或肌束震颤反应点，在整个PRT应用过程中，在该位置上用手指指腹保持轻压，直到再次评估。

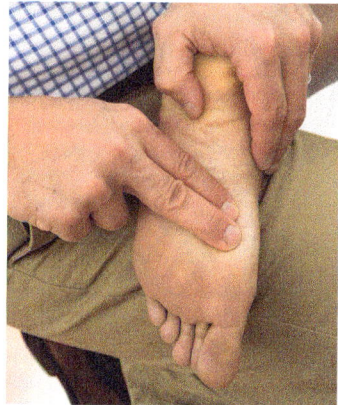

踇短屈肌触诊流程

PRT应用流程

- 将患者的足趾和前脚掌放在你的髋部，使其足趾屈曲。
- 使患者踝关节处于跖屈状态。
- 用远侧手对患者跟骨进行足向牵引，如果可能的话，同时将同一只手的食指置于患者姆短屈肌上方。
- 用近侧手使患者第一跖骨处于跖屈状态，同时内旋。
- 双手可以在患者前后脚掌上施加外翻力进行微调。
- 需治疗的相关组织：足底筋膜、跖方肌、趾短屈肌和趾长屈肌、姆长屈肌、骨间足底肌、蚓状肌。

▶ 视频3.3：姆短屈肌PRT应用流程

自我治疗流程

用与足底筋膜自我治疗一致的方法，但应避免增加第一跖骨的跖屈和旋转载荷。

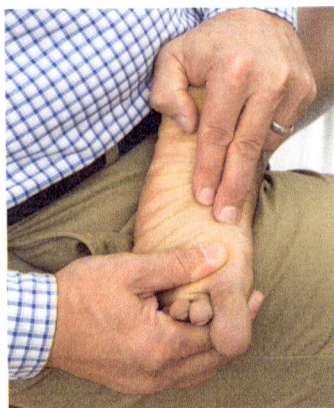

姆短屈肌PRT应用流程

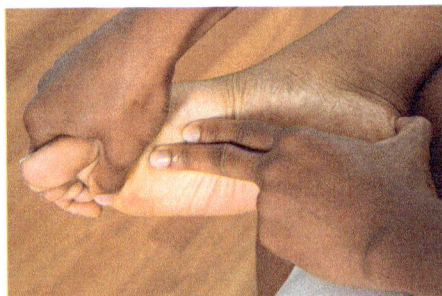

姆短屈肌自我治疗流程

蹈展肌

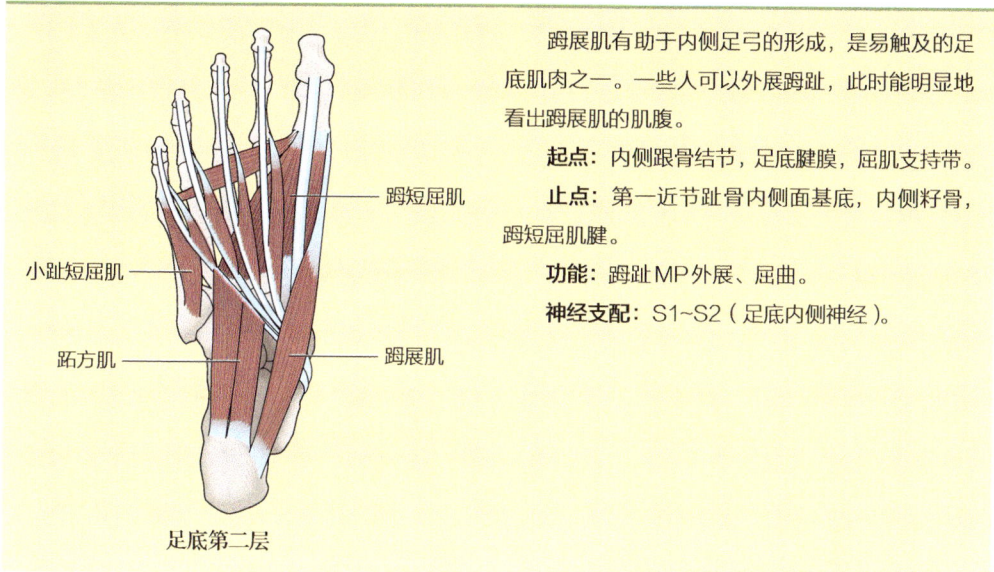

蹈短屈肌

小趾短屈肌

跖方肌

蹈展肌

足底第二层

蹈展肌有助于内侧足弓的形成，是易触及的足底肌肉之一。一些人可以外展蹈趾，此时能明显地看出蹈展肌的肌腹。

起点：内侧跟骨结节，足底腱膜，屈肌支持带。

止点：第一近节趾骨内侧面基底，内侧籽骨，蹈短屈肌腱。

功能：蹈趾MP外展、屈曲。

神经支配：S1~S2（足底内侧神经）。

触诊流程

- 患者足部保持放松的跖屈姿势，并且伸出治疗床或你的大腿。

- 在足跟内侧后面触诊患者蹈展肌肌腹，并直至蹈趾。

- 患者蹈趾抗阻跖屈会显出肌腹，以便触诊。

- 记录患者肌肉及其附着点上的所有压痛点和肌束震颤反应点的位置。

- 一旦确定了最明显的压痛点或肌束震颤反应点，在整个PRT应用过程中，在该位置上用手指指腹保持轻压，直到二次评估为止。

蹈展肌触诊流程

PRT应用流程

- 让患者俯卧，膝关节屈曲60°，将踝关节置于你的大腿上。
- 使患者踝关节处于显著跖屈状态。
- 用近侧手握住患者足跟，远侧手握住患者前脚掌，在足中段施加外翻力。
- 用双手的任意一根手指来监测组织损伤。
- 在施加外翻力的同时，用近侧手内翻患者足跟。
- 用近侧手在患者足趾处对跟骨施加压力。
- 用远侧手在患者近端跖骨上施加以使其屈曲内旋。
- 需治疗的相关组织：足底舟骨、足底筋膜、趾方肌、趾短屈肌和趾长屈肌、姆长屈肌、骨间足底肌、蚓状肌。

自我治疗流程

应用足底筋膜的自我治疗流程，但是要注意，在将第一跖骨屈曲及内旋时，应用时使跟骨内翻以外翻前足。

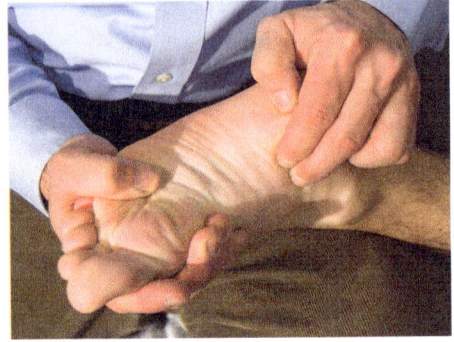

姆展肌PRT应用流程

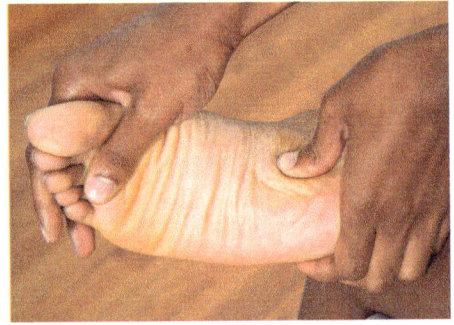

姆展肌自我治疗流程

小趾展肌

小趾展肌是沿着足外侧缘走行的一块特殊肌肉。它沿着第五趾骨和跖骨的走向，使小趾既可以屈曲又可以外展。

起点： 跟骨结节内外侧突，足底筋膜及肌间隔。

止点： 第五近节趾骨基底外侧面。

功能： 蹑趾外展，小趾MP关节屈曲。

神经支配： S1~S3（足底外侧神经）。

蹑短屈肌

小趾短屈肌

趾短屈肌

小趾展肌

蹑展肌

足底第一层

触诊流程

- 患者足部保持放松的跖屈姿势，并且伸出治疗床或你的大腿。

- 在患者足跟外侧和小趾跖面外侧之间触诊患者小趾展肌。

- 患者抗阻外展及屈曲小趾会使小趾展肌收缩突出，以便触诊。

- 记录患者肌肉及其附着点上的所有压痛点和肌束震颤反应点位置。

- 一旦确定了最明显的压痛点或肌束震颤反应点，在整个PRT应用过程中，在该位置上用手指指腹保持轻压，直到二次评估为止。

小趾展肌触诊流程

PRT应用流程

- 让患者俯卧，踝关节屈曲，置于你的大腿上。
- 使患者踝关节处于轻度跖屈状态。
- 将近侧手放在患者前脚掌上，远侧手握住患者足跟，用双手的任意一根手指监测损伤。
- 用远侧手从患者足跟向其足趾施加压力，促使趾骨屈曲。
- 用双手通过内收患者前脚掌和后脚掌，在足中段施加内翻力（第五跖骨应靠近跟骨）。
- 用近侧手使患者前脚掌内旋，进行微调。
- 需治疗的相关组织：骰骨底部、足底筋膜、跖方肌、趾长屈肌。

▶ 视频3.4：小趾展肌PRT应用流程

小趾展肌PRT应用流程

自我治疗流程

应用足底腱膜的自我治疗流程，在屈曲、内收、旋转前脚掌，靠近足跟的时候，应注意将足跟往足趾的方向压。

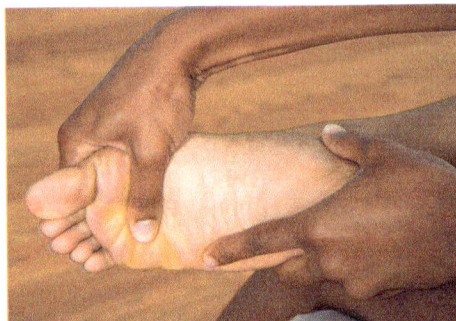

小趾展肌自我治疗流程

骨间足底肌和蚓状肌

　　骨间足底肌和蚓状肌是深部内在肌，附着于跖骨足底面而不是在跖骨之间，和骨间背侧肌一样。它们被编成一组是因为这两个肌肉的PRT治疗能够同时影响并使它们放松。深触诊会引发这些结构的压痛点，在治疗过程中也会感觉到它们的肌束震颤反应。

起点： 骨间足底肌：第三至第四跖骨足底面；蚓状肌：趾长屈肌腱。

止点： 骨间足底肌：同一足趾近节趾骨内侧、背侧趾膨大；蚓状肌：第二至第五近节趾骨、趾长伸肌腱背侧膨大。

功能： 骨间足底肌：第三至第五趾内收，MP屈曲，协助趾间关节（IP）伸展；蚓状肌：MP屈曲，协助近端指间关节伸展。

神经支配： 骨间足底肌：S2~S3（足底外侧神经）；第一蚓状肌：L5~S1（足底内侧神经）；第二至第四蚓状肌：S2~S3（足底内侧神经深支）。

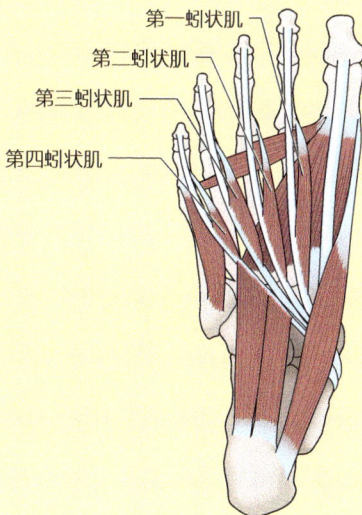

骨间足底肌

第一蚓状肌
第二蚓状肌
第三蚓状肌
第四蚓状肌

足底第二层

触诊流程

- 使患者足部保持放松的跖屈姿势，伸出治疗床或你的大腿。
- 当患者足趾抗阻屈曲时，触诊跖骨足底面的那些肌肉收缩时的密度或坚硬度。
- 记录患者肌肉和跖骨干上的所有压痛点和肌束震颤反应点的位置。
- 一旦确定了最明显的压痛点或肌束震颤反应点，在整个PRT应用过程中，在该位置上用手指指腹保持轻压，直到二次评估为止。

PRT应用流程

- 患者俯卧且膝关节屈曲60°，将踝关节放在你的大腿上。
- 使患者足部最大限度地跖屈，用远侧手握住前脚掌，同时用近侧手监测损伤。
- 患者足趾屈曲的同时，用远侧手压迫其跖骨干。
- 用远侧手施加旋转以进行微调。
- 需治疗的相关组织：趾短屈肌和趾长屈肌、踇长屈肌和踇短屈肌。

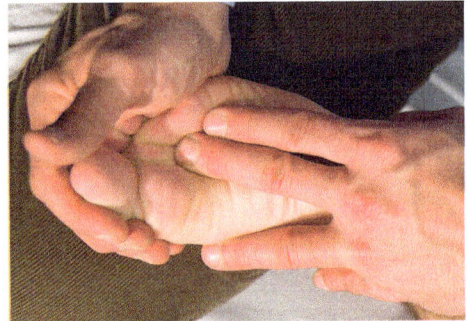

▶ 视频3.5：骨间足底肌和蚓状肌PRT应用流程

自我治疗流程

- 使用足底筋膜自我治疗时，不要将足跟移向足趾。
- 当应用足趾屈曲和旋转时，应该注意将跖骨相互挤压在一起。

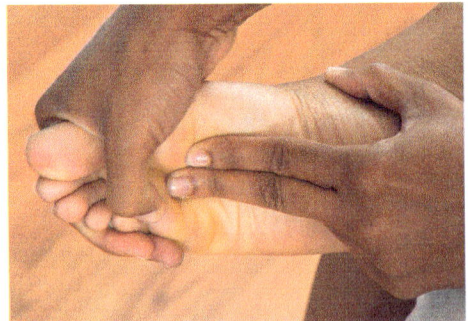

骨间足底肌和蚓状肌触诊流程

骨间足底肌和蚓状肌PRT应用流程

骨间足底肌和蚓状肌自我治疗流程

跖 骨 痛

跖骨痛或前脚掌痛，应考虑是其他情况导致的一种症状，例如莫顿神经瘤（Bauer et al., 2014）。这种疾病也可能由于高强度运动导致急性发作，但是它典型的起因是长时间动力学链代偿导致足底结构超负荷。从业者必须首先确认原因，以实现长久的效果。如果足部损伤持续被激惹，那么可能会出现反复发作的情况。

常见症状

- 跖骨头间疼痛。
- 跖骨头间有压痛点。
- 受到影响的结构负重能力降低。

常见诊断

- 莫顿神经瘤。
- 籽骨骨折。
- 跖骨应力性骨折。
- 蹞趾僵化。

治疗方法

- 确定患者症状的根源（例如，错误的生物力学，特别是第一、第二跖骨，跖疣，长短腿，训练改变，外观改变，鞋的改变）。
- 考虑是否需要影像学或MRI介入以制定前足及中足骨折，还有神经压迫情况。
- 按顺序筛查并对治疗部位及其顺序表中出现的结构进行治疗。但是，应最先处理最明显的压痛点。
- PRT之后进行超声波热疗或激光治疗，关节和（或）神经松动术及肌筋膜按摩。
- 使用开链及闭链训练来增强足内侧、胫前、髋部以及核心肌群的力量。

治疗部位及其顺序
1. 骨间足底肌和蚓状肌
2. 蹞短屈肌
3. 足底腱膜
4. 蹞展肌
5. 小趾展肌
6. 骨间背侧肌
7. 胫骨后肌
8. 腓肠肌内侧头
9. 比目鱼肌
10. 腘肌

- 使用PNF拉伸小腿三头肌复合体和足底组织。
- 考虑使用跖骨护具伸展并抬高跖骨，但是要结合患者反馈进行使用。
- 提出其他损害因素或者条件。
- 缓慢进阶患者的体力活动。

自我治疗方法

- 每天或者在疼痛时进行自我放松。
- 每天训练之后，使用PNF拉伸足底结构和小腿三头肌复合体。如果伸展时疼痛，就不要再进行，因为这样做会导致组织损伤加重。
- 每天拉伸后进行5~8分钟自我按摩。
- 疼痛时对受影响区域进行冰按摩。如果热按摩可以使组织更好地放松，那就使用热按摩（如温涡流或温浴）（注意：向从业者咨询自己所处的愈合阶段，这将决定使用热敷还是冰敷）。

足底筋膜炎

当足弓被激惹时，绞盘机制的参与会对足底组织造成压力（Bolgla & Malone, 2004），这可以激活牵张反射，并重启炎症过程。因此，从业者必须研究如何最大限度地限制牵张反射的再次发生，以防止患者每次在行走或承受体重时进入慢性炎症循环。PRT与传统疗法相反，它不使用侵入性的伸展方案来治疗这种疾病，而是在伸展前放松受损伤的组织，并避免因任何干预而引起疼痛，因为疼痛往往会重新引起牵张反射和组织损伤。

常见症状

- 足跟内侧或（和）足弓内疼痛，特别是在刚起床后步行时。
- 在着陆及足抬离时剧烈灼烧样疼痛，或静息时持续性钝痛，或者都有。
- 疼痛随着负重停止而减弱。

常见诊断

- 足跟骨刺。
- 后侧踝管综合征。
- 跟骨骨折。

治疗方法

- 确定患者症状的根源（例如，错误的生物力学，运动错误，足跟骨刺，长短腿，训练、表面、鞋子的改变）。
- 考虑进行生物力学分析来评估可能使足底筋膜超负荷的错误机制。
- 如果疼痛定位在足跟部且是慢性的，考虑需要一张X光片来排除骨刺和跟骨骨折。
- 按顺序排查并对治疗部位及其顺序表中出现的结构进行治疗。优先处理最明显的压痛点。

治疗部位及其顺序

1. 足底腱膜
2. 姆短屈肌
3. 骨间足底肌和蚓状肌
4. 骨间背侧肌
5. 胫骨后肌
6. 腓肠肌内侧头
7. 比目鱼肌
8. 腘肌
9. 半腱肌
10. 鹅足
11. 髂胫束
12. 大收肌
13. 臀中肌
14. 梨状肌
15. 腰大肌

- PRT之后进行超声波热疗、PNF拉伸及足底肌筋膜按摩。
- 在康复初期，使用KT带或弓形带有助于减轻一些患者的疼痛。
- 如果出现顽固的组织粘连，则应用仪器化软组织松动术（ISTM）。
- 使用开链或闭链训练来增强足内侧、胫前、髋部以及核心肌群力量，注意控制行走时离心性的内旋。
- 让患者在最初阶段使用临时的或定制的矫正器，尤其是在刚起床后的步行及一天中的步行以防止组织的再次激惹。
- 缓慢进阶患者的体力活动。

自我治疗方法

- 每天或者疼痛时进行自我放松。一些患者反馈，通过醒来后自我放松训练能得到明显的缓解。

- 醒来后在床下走动时，使用支撑鞋使足弓变平。

- 每天训练之后进行PNF，拉伸足底结构和小腿三头肌复合体。如果伸展时疼痛，就不要再进行，因为疼痛动作会导致组织损伤加重。

- 如果有帮助的话，可以使用夜间固定夹或足底筋膜炎袜。

- 每天拉伸后，进行5~8分钟自我按摩。

- 疼痛时对受影响区域进行冰按摩。如果热按摩可以使组织更好地放松，那就使用热按摩（如温涡流或温浴）（注意：向从业者咨询自己所处的愈合阶段，这将决定使用热敷还是冰敷）。

总结

通常情况下，下肢损伤状况是由内在和外在因素造成的，如生物力学或结构异常、鞋子或接触表面的变化，髋部近端肌肉的薄弱。越来越多的证据表明，足的结构、年龄和肥胖都是足部疼痛和躯体功能障碍的风险因素。因此，对这些因素和其他原因进行评估是必要的。从业者还必须考虑可能的神经性疾病，如椎间盘的病理状态或可能呈现出典型的下肢疼痛症状的其他疾病。无论疾病的起因是什么，确定躯体功能障碍的根源很重要。然而，足部的状况，如足底筋膜炎，通常是异常的代偿性步态导致的，这种代偿机制所产生的负荷超出了组织的适应能力。一次彻底的扫描和测绘流程后通常会揭示出一个代偿模式，这个模型可以与步态分析和标准的骨科检查的结果相关联。

踝关节和小腿

踝关节与小腿的损伤是很常见的，同时，初次和反复受伤都会造成长期的不良影响。史密斯、哈里斯和克劳（Smith, Harris & Clauw, 2011）提出，即使是轻微的踝关节扭伤，也可能会导致肌纤维疼痛的发生。在众多下肢损伤病例中，踝关节扭伤是最常见的（Doherty et al., 2015; Swenson et al., 2013）。据报道，在2010年美国一共有3 140 132起踝关节扭伤病例发生，发病率为2.15‰（Waterman et al., 2010）。踝关节扭伤大多数发生于10~19岁人群，而处于15~24岁的男性是最高发人群（Waterman et al., 2010）。

大多数的踝关节扭伤病例（49.3%）发生在体育竞技活动中，其中篮球运动员损伤发生最多（41.1%）（Waterman et al., 2010）。一个对美国高中运动员（包括橄榄球、足球、排球、篮球、摔跤、棒球和垒球运动员）的系统性综述表明，在2005/2006及2010/2011年，运动员踝关节扭伤的病例有1 370 545起，占了所有受伤病例的16.7%（Swenson et al., 2013）。沃特曼等人（Waterman et al., 2010）认为，踝关节扭伤更多地发生在年轻的男性身上。但是，与他们的研究结果相反，斯文森等人（Swenson et al., 2013）发现，在一些不分性别的运动项目中，如足球，与男性相比，女性更有可能（RR=1.46）发生踝关节扭伤。作者解释，由于运动发展不足，髋关节外展肌肌力弱，或者受到激素分泌的影响，女性会比男性更容易发生踝关节扭伤。同时，多尔蒂等人（Doherty et al., 2015）也发现，女性踝关节扭伤的发生率（13.6‰）高于男性（6.94‰）。再者，踝关节扭伤的发生率在儿童时期是最高的，但是随着年龄的增长，发生率会逐渐下降。与斯文森等人（Swenson et al., 2013）的观点不一致，多尔蒂等人（Doherty et al., 2015）认为，不同性别之间的踝关节扭伤发生率差异，与神经肌肉、激素分泌或者解剖上的差异无关；而更可能与其训练方式相关联。然而，这个无关性别的、导致踝关节扭伤的重要因素其实是以往的扭伤史。据斯文森等人（Swenson et al., 2013）报道，在所有的踝关节扭伤病例中，有15.7%的病例是反复发作的。

最常见的踝关节扭伤是因踝关节横向移位或旋转导致的扭伤，可归因于缺乏骨阻挡和外侧韧带较脆弱（Doherty et al., 2015）。踝关节扭伤致残不仅影响竞技比赛，也会影响学业、工作及军事任务的执行。踝关节扭伤可能会发展为慢性踝关节不稳（Doherty et al., 2015）和踝关节骨性关节炎（Valderrabano et al., 2006）。为了避免其长期存在引起早发型后遗症（骨关节炎和纤维肌痛症），我们十分有必要尽早发现踝关节损伤并采取一些预防措施。

踝关节扭伤后，一旦该部位被诊断出骨折，无论是在现场还是在急救室（ED），都应该谨慎、及时地运用PRT进行处理，以避免患者出现躯体功能障碍。在一个由艾森哈特，加尔塔和延斯（Eisenhart, Gaeta & Yens, 2003）完成的前瞻性随机对照试验中，对无骨折的55名踝关节扭伤的成年人进行单次的骨科手法治疗（OMT），这些治疗均由急救室（ED）的骨科治疗师来实施。这个治疗包括PRT、肌肉能量技术和关节松动术。在实验组（N=28），与接受了基本处理（冰敷，外用消炎药并装矫正架）的对照组相比，他们在接受处理后，疼痛减轻，肿胀减轻，并且活动度得以增加。一周后，对其中75%的人进行随访发现，接受了OMT的患者的关节活动度明显地大于对照组的患者。作者把这一效果归功于脚踝关节运动的改善，从而达到消肿和减轻疼痛的作用，这能使患者更快地恢复骨骼的基本功能。因此，长时间接受OMT或者手法治疗会比一次性更有效。

克莱兰等人（Clelan et al., 2013）进行了这样一个实验：每周2次，为期4周的对距小腿关节、近端及远侧胫腓关节的低速和高速关节手法治疗，是否会比仅仅接受家庭康复训练的效果更好，且能更大程度地缓解疼痛。尽管接受手法治疗的患者在4周及6个月后，在疼痛和功能方面都取得了很大的效果，但两组患者的实验结果差异还不足以达到最小临床显著差异值（MCID）。

不过6个月后发现，仅接受了家庭康复训练的患者的踝关节扭伤复发率是接受手法治疗的患者的两倍，虽然这个结果在统计学上无意义，但却说明了手法治疗在预防再次扭伤方面的作用。关节松动术配合功能训练来治疗踝扭伤，比单独进行康复训练会更有帮助。但是研究者认为，出现这些差异是由于一些患者并未按要求完成家庭康复训练，而手法治疗则是在治疗师监督下完成，并且他们认为，由于缺乏"安慰剂"对照，这个结果并不能说明手法治疗更好。

除了急性踝关节损伤以外，发生在踝关节和小腿的反复创伤也可能导致该部位发生慢性炎症，如跟腱止点病变、胫骨内侧应力综合征（MTSS）。这些疾病让人很容易发生骨折。富兰克林–米勒等人（Franklyn–Miller et al., 2012）记录到，新兵的下肢损伤率为20%~50%，而未从事军事训练的人的下肢损伤率为25%~65%。在新兵的下肢损伤案例中，最常见的是下肢应力性骨折（Zadpoor & Nikooyan, 2011）。尼尔森等人（Nielsen et al., 2012）指出，大多数与跑步有关的损伤（RRIs），包括下肢骨折和过劳性损伤，可能不仅由以往损伤决定，还受到错误训练方式的影响（尤其体现于初学者）。尽管他们的研究结果还不能准确地证实训练错误会导致RRIs，纽尔曼等人（Newman et al., 2013）发现，MTSS的发生与跑龄短有很大的相关性。

许多因素都可能增加脚踝和下肢受伤的风险。早期的预防措施，如减少训练错误和增强外展肌的力量和本体感受器功能，能够有效地抑制损伤的发生。然而，下肢损伤总是很难避免。因此确定在早期进行PRT干预是否会在更短的时间内得到更好的结果十分重要。由于PRT能够减轻疼痛、恢复关节活动度、增强力量并改善组织结构，因此患者可能从PRT干预中受益。然而，PRT是如何直接改善下肢和踝关节损伤的？还有，PRT应如何与其他疗法相配合使用？这些还有待研究。

应用PRT的常见解剖部位和情况

前侧结构

- 疲劳性筋膜室综合征
- 脚踝扭伤
- 非急性挫伤

后部结构

- 疲劳性筋膜室综合征
- 跟腱病变
- 跟骨后滑囊炎
- 距后三角骨

内侧结构

- 踝管综合征
- 胫骨内侧应力综合征

横向结构

- 腓骨头位移
- 腓骨肌腱炎
- 腓神经压迫症

胫骨前肌

- 缝匠肌
- 胫骨前肌
- 腓肠肌
- 趾长伸肌
- 比目鱼肌

正视图

胫骨前肌肌腹位于胫骨上方三分之二处并向外覆盖其胫骨腓。这块肌肉的肌腱是小腿最突出的结构之一，并且横穿踝关节止于内侧。在步态周期的初始阶段，胫骨前肌和肌腱可以帮助消减踝关节的旋前角度。

起点： 胫骨结节外侧及胫骨外侧上三分之二骨面。

止点： 第一（内侧）楔骨，第一跖骨基底。

功能： 踝关节背屈，足内翻、内收（旋后）；行走时支撑足弓。

神经支配： L4~L5和S1（腓深神经）。

触诊流程

- 患者可以仰卧或者俯卧，但是需确保该组织处于放松状态。
- 找到患者骨嵴或胫骨嵴后，向外侧触诊其上方三分之二处，找到胫骨前肌。
- 患者踝关节抗阻背屈及内翻，使肌腹突出置于手指下。
- 一旦找到患者肌腹，则沿肌腹拨动并找到它的肌腱部位。
- 注意每个压痛点或者发生肌束震颤反应的肌肉或肌腱的位置，以及其附着点。
- 一旦确定了最明显的压痛点或肌束震颤反应点，在整个PRT应用过程中，在该位置上用手指指腹保持轻压，直到二次评估为止。

PRT应用流程

- 让患者俯卧，膝关节屈曲90°，并用你的大腿或垫枕支撑患者的胫骨。
- 用远侧手使患者踝关节处于明显的跖屈内翻位。
- 用远侧手在患者跟骨处施加向下的压力。

胫骨前肌触诊流程

- 用远侧手向外翻转患者跟骨。
- 需治疗的相关组织：胫骨前肌腱、趾长伸肌。

▶ 视频4.1：胫骨前肌PRT应用流程

自我治疗流程

- 将需要治疗的一侧放到对侧大腿上。
- 用手抓住足跟，并将其踝关节和足部置于跖屈并内翻位，直至感觉到最放松的位置和发生肌束震颤反应的位置为止。
- 一旦找到最放松的姿势或者肌束震颤反应最强烈的位置时，外旋踝关节，然后通过向上按压跟骨来向膝关节方向按压踝关节，直到肌束震颤反应感开始消退减弱为止。

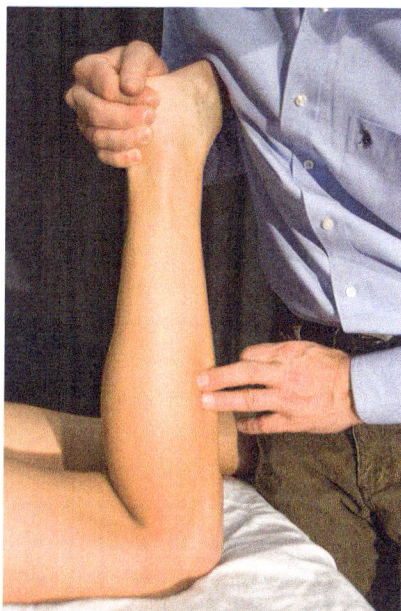

胫骨前肌PRT应用流程

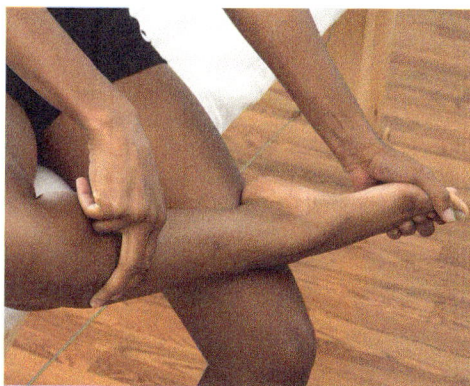

胫骨前肌自我治疗流程

趾长伸肌

缝匠肌

胫骨前肌

腓肠肌

趾长伸肌

比目鱼肌

正视图

趾长伸肌位于胫骨前肌和腓骨肌之间。这块肌肉的肌腱在踝关节下方开始产生分支，从而形成第三腓骨肌。

起点： 胫骨外侧髁，腓骨近端内侧面，小腿骨间膜。

止点： 第二到第五趾的远节趾骨和中节趾骨。

功能： 第二到第五趾伸展；协助踝关节背屈和足外翻。

神经支配： L5~S1（腓深神经）。

触诊流程

- 让患者仰卧，膝关节屈曲，然后找到其胫前肌肌腹。
- 手从患者胫前肌向外侧滑到趾长伸肌处，能够感受到腓骨肌群就在趾长伸肌的后方或者侧面。
- 在触诊步骤中，让患者抗阻伸展足趾（第二到第五）。
- 顺着患者肌肉的肌腹向上可以找到该肌肉的肌腱。
- 注意每个压痛点或者发生肌束震颤反应的肌肉的位置，以及其附着点。
- 一旦确定了最明显的压痛点或肌束震颤反应点，在整个PRT应用过程中，在该位置上用手指指腹保持轻压，直到二次评估为止。

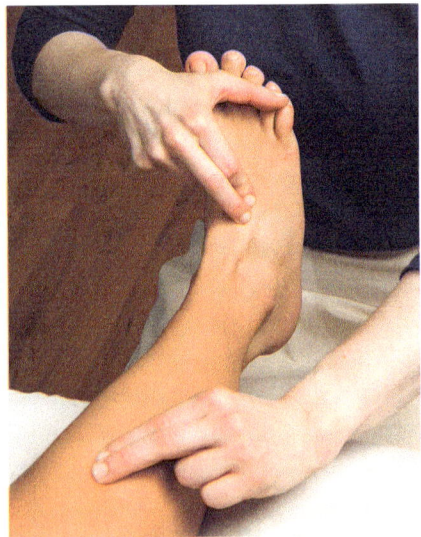

趾长伸肌触诊流程

PRT应用流程

- 患者俯卧，膝关节屈曲70°到90°，将其胫骨放在你的大腿或垫枕上。
- 用远侧的前臂或者躯干使踝关节背屈时，用远侧手抓住跟骨。
- 用远侧的前臂或者躯干使患者的足趾伸展。
- 向下对跟骨加压时，用远侧手外翻踝关节。

- 用远侧手或者躯干外旋患者胫骨。
- 需治疗的相关组织：趾长伸肌前肌腱、腓骨肌和腓骨肌腱，小腿骨间膜。

自我治疗流程

- 将损伤的小腿放到对侧大腿上。
- 用手抓住足跟，使踝关节和足部背屈外翻，直至感觉到最放松的位置和发生肌束震颤反应的位置为止。
- 一旦找到最放松的姿势或者肌束震颤反应最强烈的部位，外旋踝关节，然后通过向上按压跟骨来向膝关节方向按压踝关节，直到肌束震颤反应感开始消退减弱为止。

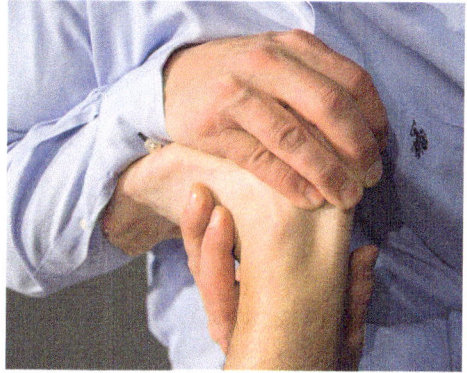

趾长伸肌PRT应用流程

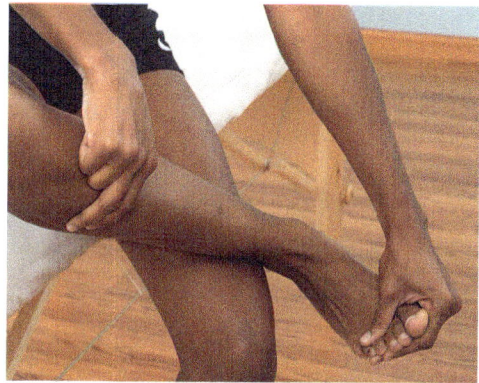

趾长伸肌自我治疗流程

距腓前韧带

胫腓后韧带
距腓后韧带
跟腓韧带
胫腓前韧带
跟腓前韧带
跟骰韧带

外侧视图

距腓前韧带（ATF）是踝关节最脆弱，最容易撕裂、受伤外侧韧带之一。该韧带撕裂的最常见原因是负重状态下，踝关节过度跖屈内翻。

起点： 外踝前表面。

止点： 距骨颈外侧部。

功能： 稳定踝关节，防止踝关节内翻；在踝关节跖屈位防止距骨前脱位。

触诊流程

- 因为ATF是由踝关节的关节囊增厚所形成的，所以很难找到它的边界，但是能够找到它的位置。
- 手从患者外踝前附着部向距骨颈移动。
- 注意每一个压痛点或者发生肌束震颤反应的韧带的位置，以及其起点和止点。
- 一旦确定了最明显的压痛点或肌束震颤反应点，在整个PRT应用过程中，在该位置上用手指指腹保持轻压，直到二次评估为止。

PRT应用流程

- 患者处于侧卧位，同时膝关节屈曲。
- 将患者踝关节外侧放在稳固的垫枕上，使其被支撑住。
- 用远侧手或腿使患者的踝关节背屈，并且向下压其跟骨，使足外翻并侧向滑动。
- 用远侧手外旋患者跟骨。
- 需治疗的相关组织：跟腓韧带、胫腓后韧带、腓骨肌和腓骨肌腱、趾短伸肌。

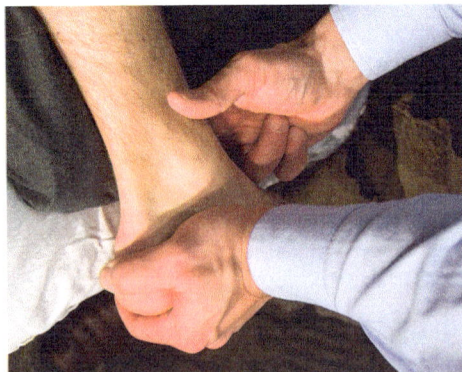

▶ 视频4.2：距腓前韧带PRT应用流程

距腓前韧带触诊流程

距腓前韧带PRT应用流程

三角韧带

　　三角韧带由4根韧带组成，它们从内踝扇形延伸到各自的附着点，并以其附着点来命名：胫距后韧带、胫跟韧带、胫舟韧带及胫距前韧带。即使三角韧带位于屈肌支持带和屈肌总腱下方，其前方纤维及后方纤维均能被区分开。三角韧带通常不会受伤，因为腓骨远端骨性结构对踝关节外翻有限制作用。

胫距前韧带
胫舟韧带
胫距后韧带
胫跟韧带

内侧视图

起点：内踝前部和下部。

止点：胫距后韧带：内侧结节；胫跟韧带：跟骨载距突；胫舟韧带、胫距前韧带：距骨顶前内侧。

功能：稳定踝关节，防止后足外翻；支撑弹簧韧带；防止距骨向外移位；防止距骨外翻。

触诊流程

- 使患者踝关节处于中立、放松的位置。
- 在患者内踝顶端和根骨载距突的交接处，沿着跟胫韧带的增厚部位进行拨动。
- 使患者三角韧带的后部和前部韧带大约成45°朝向跟胫韧带，同时可以在内踝远端感受到它们的止点。
- 一旦确定了最明显的压痛点或肌束震颤反应点，在整个PRT应用过程中，在该位置上用手指指腹保持轻压，直到二次评估为止。

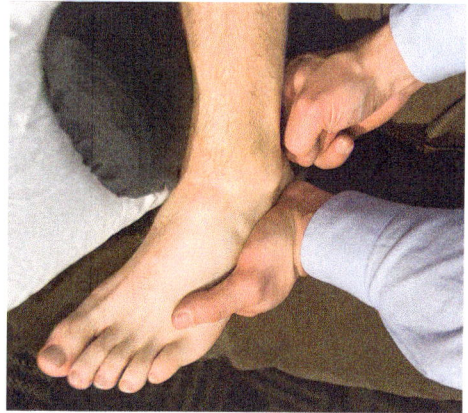

PRT应用流程

- 患者侧卧，膝关节屈曲。将患者踝关节外侧放在固定支架上，让支架支撑住踝关节。
- 用远侧手使患者的踝关节背屈，并且向下压跟骨，使足部向内翻或向内侧滑动。
- 用远侧手有节奏地向内和向外转动患者踝关节来加以调整。
- 需治疗的相关组织：跳跃韧带、胫骨后肌、趾长屈肌、屈肌支持带内侧、踇长屈肌。

三角韧带 PRT 应用流程

胫骨后肌和胫骨后肌腱

胫骨后肌位于小腿后侧间室的深层，但它的肌腱和远端肌纤维就在内踝后侧。这块肌肉在行走时可以帮助维持足弓稳定。

起点： 小腿骨间膜后表面，靠近胫骨骨干后外侧上三分之二处，腓骨头和干的内侧缘。

止点： 舟骨结节，楔骨，骰骨，第二到第四跖骨基底部。

功能： 足部内翻；协助踝关节跖屈。

神经支配： L4~L5，有时候S1（胫骨神经下方分支）。

腘肌

腓骨长肌

胫骨后肌

趾长屈肌

姆长屈肌

腓骨短肌

深层结构图

触诊流程

- 患者俯卧或仰卧，膝关节屈曲，使腓肠肌和比目鱼肌处于放松状态。
- 手沿着患者胫骨骨干上方，向下触诊至胫骨尖后侧并向内踝处找到肌腱。
- 触摸到患者胫骨、腓肠肌和比目鱼肌之间的空隙后，继续沿着胫骨骨干向上触诊。
- 在患者胫骨骨干上滚动手指，通过对趾长屈肌施加压力的方式来间接给胫骨后肌施力。
- 注意每个压痛点或者发生肌束震颤反应的肌肉、肌腱的位置，以及其附着点。
- 一旦确定了最明显的压痛点或肌束震颤反应点，在整个PRT应用过程中，在该位置上用手指指腹保持轻压，直到二次评估为止。

胫骨后肌和胫骨后肌腱触诊流程

PRT应用流程

- 患者俯卧，膝关节屈曲约60°，并处于放松状态。
- 用远侧手握住患者的跟骨，该手的背部朝外。

- 用近侧手监测该部位的损伤。
- 以患者的跟骨为支撑点，用远侧手大幅度地转动患者的小腿和踝关节，使其处于内旋位。
- 用远侧手使患者踝关节处于明显的跖屈及内翻位。
- 用远侧手朝着患者膝关节的方向按压跟骨的头部。
- 用远侧手内旋患者的跟骨以进行微调。
- 需治疗的相关组织：趾长屈肌、姆长屈肌、比目鱼肌、三角韧带复合体。

▶ 视频 4.3：胫骨后肌和胫骨后肌腱 PRT 应用流程

自我治疗流程

- 将需要治疗的一侧放到另一侧的大腿上。
- 用手抓住足跟和前足，使踝关节处于明显的跖屈及内翻位置下。调整位置，直至感受到相关部位处于最放松的状态并有肌束震颤反应发生时停止。
- 一旦找到最放松和发生肌束震颤反应的位置，内旋脚踝，然后向上推跟骨，施以膝盖的方向的压力，直到感觉肌束震颤反应消退减弱为止。

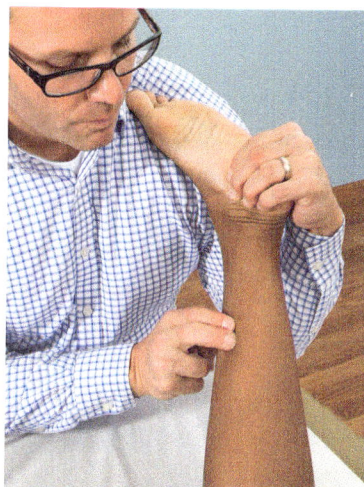

胫骨后肌和胫骨后肌腱 PRT 应用流程

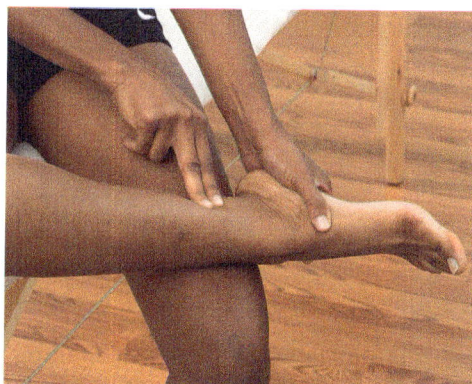

胫骨后肌和胫骨后肌腱自我治疗流程

跟　腱

腓肠肌内侧头

腓肠肌外侧头

比目鱼肌

跟腱

屈肌支持带

后部浅层结构图

阿基里斯腱，又称作跟腱，由比目鱼肌和腓肠肌延续而成，它是职业运动和业余运动中经常受到刺激的部位。腱膜广泛、均匀地分布在肌腱的连接处，它与跟骨呈索状相连。因此，应在近端触诊来判断其是否完好。然而，在足跟上方肌腱的位置不断地上下拨动和滑动，可检验肌腱及肌腱鞘是否有损伤。

起点： 腓肠肌下方纤维，比目鱼肌。

止点： 跟骨。

功能： 跖屈；稳定踝关节。

触诊流程

- 患者俯卧，膝关节屈曲并用踝关节支撑，从而放松小腿三头肌复合体。
- 开始时，在靠近跟腱的位置对患者跟骨后侧进行触诊。一旦找到跟腱的位置，上下来回轻轻地拨动和滑动肌腱鞘和肌腱处。
- 使患者的踝关节跖屈的同时，轻轻地按压其肌腱两侧，以评估肌腱在腱鞘中的滑动情况。
- 一旦靠近患者肌腱平坦处，就可以拨动该区域。
- 注意每个压痛点或者发生肌束震颤反应的肌腱的位置，以及其附着点。
- 一旦确定了最明显的压痛点或肌束震颤反应点，在整个PRT应用过程中，在该位置上用手指指腹保持轻压，直到二次评估为止。

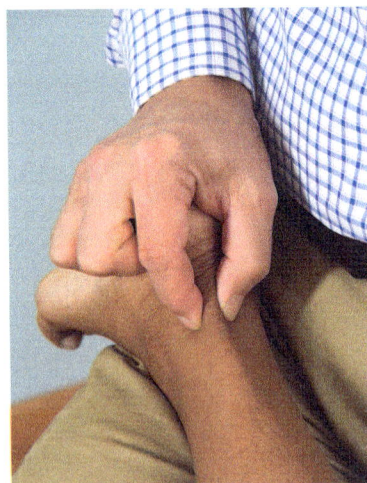

PRT应用流程

- 患者俯卧，膝关节屈曲20°~30°。
- 将患者的踝关节放在大腿或垫枕上，并使其处于跖屈状态。
- 将近侧手的一根或两根手指放在压痛点上。

跟腱触诊流程

- 在下压患者跟骨的同时，用远侧手的手指移动跟骨后侧和肌腱鞘的头部。
- 足向牵引患者距小腿关节，同时用治疗手的手掌在后足处加压及旋转。在这个治疗中，可以通过将患者大腿拉离膝关节或使用远侧手来促进这一过程。
- 根据损伤位置，用远侧手内翻或外翻患者踝关节。
- 用远侧手旋转患者跟骨以进行微调。
- 需治疗的相关组织：腓肠肌、比目鱼肌。

▶ 视频4.4：跟腱PRT应用流程

自我治疗流程

- 将需要治疗侧的踝关节放在另一侧大腿上。
- 将踝置于最大跖屈位。
- 将手指放在压痛区域。
- 用手掌心向上按压及旋转跟骨，同时用拇指和食指向上移动筋膜和肌腱。
- 向外侧翻转、向内侧翻转和旋转踝关节来微调姿势。
- 通过感受是否发生肌束震颤反应的方式，找到组织最舒服的姿势。
- 保持这个最舒服的姿势，直到肌束震颤反应消退为止，或者维持这个姿势3~5分钟。

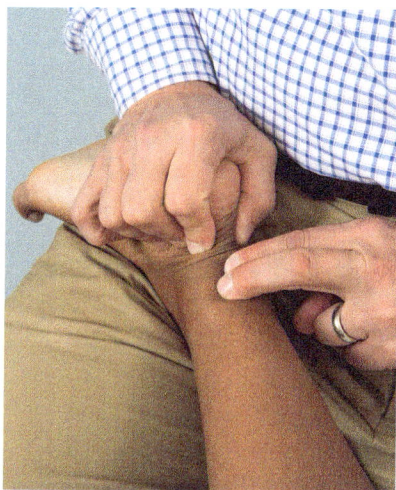

跟腱PRT应用流程

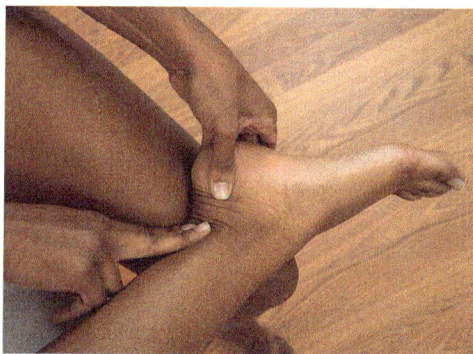

跟腱自我治疗流程

比目鱼肌

跖肌

腘肌

比目鱼肌

跟腱

中层结构图

比目鱼肌位于腓肠肌深部。这块肌肉非常厚实宽大，但是只跨过一个关节，即踝关节。其下方的纤维在跟腱边缘广泛分布，因此，可以通过触诊检测它的位置。然而，还可以运用深部触诊法检测腓肠肌头，从而知道这个组织的位置。比目鱼肌最主要的作用为防止站立时胫骨向前移动，同时在行走时保持踝关节的稳定。在病人的膝关节屈曲时，使其踝关节发生跖屈可以让比目鱼肌与腓肠肌独立开来。

起点： 腓骨后方近端，靠近胫骨近端后内侧的三分之一处，胫骨比目鱼肌线。

止点： 穿过跟骨的跟腱。

功能： 踝关节跖屈，足外翻。

神经支配： S1~S2（胫神经）。

触诊流程

- 患者俯卧位且膝关节屈曲，同时将脚跟支撑起来，以便放松小腿三头肌复合体。
- 找到患者跟腱的位置，手指在其边缘滑动以找到比目鱼肌的下部。
- 在对患者比目鱼肌下方部位进行触诊时，让患者踝关节跖屈以使其收缩。
- 向下按压患者腓肠肌头来对其比目鱼肌深部进行触诊。
- 注意每个压痛点或者发生肌束震颤反应的肌腱的位置，以及其附着点。
- 一旦确定了最明显的压痛点或肌束震颤反应点，在整个PRT应用过程中，在该位置上用手指指腹保持轻压，直到二次评估为止。

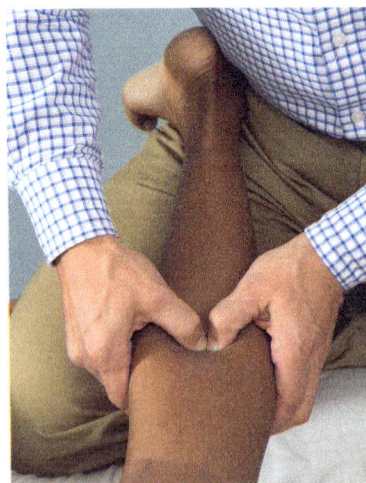

PRT应用流程

- 患者应处于俯卧位。
- 在靠近患者小腿的位置坐着或站着。
- 屈伸患者膝关节以找到最放松的姿势，通常是屈曲60°~90°。

比目鱼肌触诊流程

- 当找到患者合适的膝关节屈曲角度后，用远侧手跖屈和背屈踝关节，以便再次找到让其最舒服的姿势，或者发生肌束震颤反应的位置。

- 用远侧手或躯干大幅度地向下按压患者跟骨。当沿着胫骨的方向向下按压时，需下沉你的手肘，以防止手肘过度劳累。

- 根据损伤位置，用远侧手内翻或外翻患者踝关节。

- 用远侧手旋转患者跟骨以进行微调。

- 需治疗的相关组织：胫骨后肌、趾长屈肌、跗长屈肌、腓肠肌、跟腱。

▶ 视频 4.5：比目鱼肌 PRT 应用流程

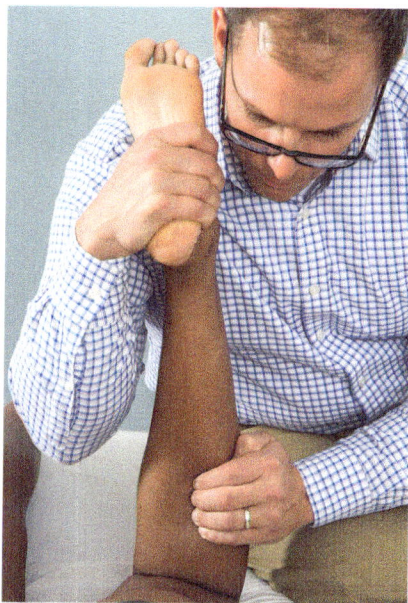

比目鱼肌 PRT 应用流程

腓肠肌

腓肠肌是双关节肌，它跨越膝关节和踝关节。它的两个头起源于股骨髁，并在末端汇聚从而形成跟腱。腓肠肌下方有更强壮的比目鱼肌，也汇入跟腱，一起形成小腿三头肌复合体。在行走时，腓肠肌对稳定踝关节起着不可或缺的作用。

起点： 股骨后髁。

止点： 通过跟腱，止于跟骨，腓肠肌的纤维多数从侧方插入跟骨。

功能： 踝关节跖屈；协助膝关节屈曲。

神经支配： S1~S2（胫骨神经）。

后侧浅层结构

触诊流程

- 患者俯卧屈曲膝关节，将脚踝支撑起来，以放松小腿三头肌复合体。
- 单独对患者三头肌的每个头进行触诊。在对患者膝关节后方的肌腱向上进行触诊的过程中，用一只手提供向上的支撑力，分别向外支撑其外侧头和向内支撑其内侧头。
- 一旦确定了最明显的压痛点或肌束震颤反应点，在整个PRT应用过程中，在该位置上用手指指腹保持轻压，直到二次评估为止。

PRT应用流程

- 患者俯卧，同时膝关节屈曲20°~30°。
- 将患者的踝关节放在你的大腿或者垫枕上，并使其处于跖屈位。
- 根据损伤位置，用远侧手外翻（针对患者腓肠肌内侧头）或内翻（针对患者腓肠肌外侧头）踝关节。
- 用远侧手足向牵引患者距小腿关节，同时在其后足加压及旋转。
- 用远侧手旋转患者跟骨以进行微调。
- 需治疗的相关组织：胫骨后肌、趾长屈肌、踇长屈肌、比目鱼肌、跟腱、腓肠肌腱。

腓肠肌触诊流程

腓肠肌PRT应用流程

▶ 视频4.6：腓肠肌PRT应用流程

跟腓韧带

跟腓韧带是一条处于关节外的索状韧带，它跨过距小腿关节和距跟关节。由于多次发生脚踝内翻扭伤，使跟腓韧带紧绷，从而导致距腓前韧带的断裂。

起点： 外踝顶端。

止点： 跟骨外侧表面。

功能： 防止踝关节内翻；保持距下关节稳定。

标注：胫腓后韧带、距腓后韧带、跟腓韧带、跟骰韧带、分歧韧带

外侧结构图

触诊流程

- 患者踝关节处于中立、放松的位置。
- 找到患者内踝的尖端，手指从该尖端滑到骨头下方。韧带纤维位于腓骨结节后方，斜向走行并止于跟骨。
- 沿着患者韧带纤维的方向弹拨，同时注意其索状结构。
- 注意每个压痛点，或者发生肌束震颤的韧带及其起源和正点处。
- 一旦确定了最明显的压痛点或肌束震颤反应点，在整个PRT应用过程中，在该位置上用手指指腹保持轻压，直到二次评估为止。

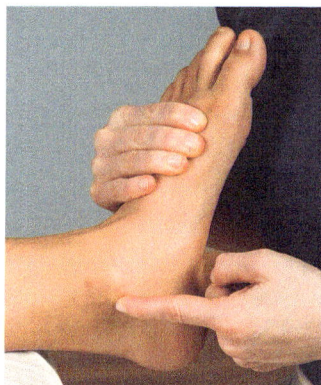

PRT应用流程

- 患者侧卧，膝关节屈曲。
- 将患者的内踝作为支撑点，可将其放在垫枕上方或者下方。
- 用远侧手使患者的踝关节背屈，并且在向外翻转跟骨时，向下压跟骨，使得跟骨侧滑。
- 用远侧手旋转患者跟骨以便进行微调。
- 需治疗的相关组织：距腓前韧带、距腓后韧带、腓骨肌腱。

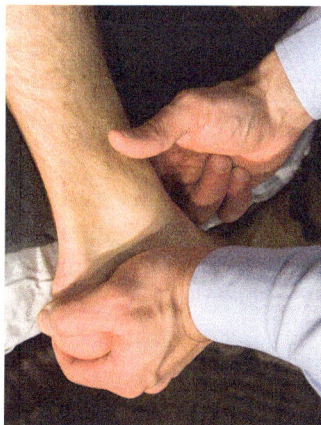

跟腓韧带触诊流程

跟腓韧带PRT应用流程

69

腓骨长肌和腓骨短肌

腓骨肌在尝试阻止脚踝向内翻转时经常会受伤。第一跖骨附着的肌腱被猛烈牵拉通常会导致这个部位发生撕脱骨折。腓骨短肌在腓骨长肌深部，但是腓骨短肌的神经纤维分布在脚踝下方三分之一处的腓骨长肌腱的两边。

起点： 腓骨长肌：腓骨头，腓骨骨干上三分之二处；腓骨短肌：腓骨骨干下三分之二处。

止点： 腓骨长肌：第一跖骨和第一楔骨基底部的侧方；腓骨短肌：第五跖骨结节。

功能： 足外翻；协助踝关节跖屈；支撑足的纵弓和横弓；腓骨长肌还能协助降低第一跖骨。

神经支配： L5~S1（腓骨表面神经）。

腘肌

胫骨后肌

趾长屈肌

腓骨长肌

跨长屈肌

腓骨短肌

深层结构图

触诊流程

- 患者俯卧或者仰卧，膝关节屈曲。
- 找到患者腓骨头。它是一块位于膝关节外侧下方的圆形骨头。
- 向下沿着患者外踝所在线，从腓骨头处滑落寻找腓骨长肌。
- 从患者腓骨长肌拨动至其后方的凹陷处，或者腓肠肌与其前侧凹陷之间的边缘处，或者趾长伸肌边缘处。
- 继续拨动并让患者翻转足部以调整位置。
- 继续向下拨动患者腓骨长肌，直至其肌腱处。
- 当治疗至患者腓骨长肌腱的位置时，用手指滑过腓骨短肌肌群上方的肌腱两侧，接着在其肌腱的远端用同样的方法治疗这个肌群。
- 注意每个压痛点或者发生肌束震颤反应的肌肉、肌腱位置，以及其附着点。
- 一旦确定了最明显的压痛点或肌束震颤反应点，在整个PRT应用过程中，在该位置上用手指指腹保持轻压，直到二次评估为止。

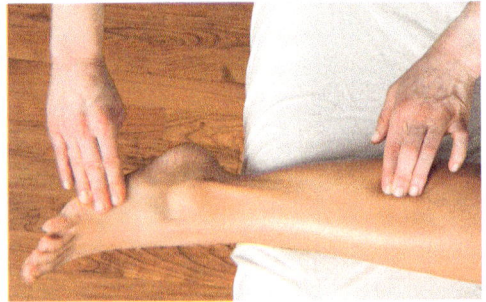

腓骨长肌和腓骨短肌触诊流程

PRT应用流程

- 让患者俯卧，膝关节屈曲90°，同时用你的大腿或者垫枕来支撑患者的胫骨。
- 用远侧手使患者的踝关节发生背屈和跖屈，从而找到最佳的治疗姿势。
- 用远侧手大幅度地外翻患者的踝关节，与此同时，用力地按压跟骨。
- 用远侧手外旋患者的胫骨。
- 用躯干外翻患者的前足来进行微调。
- 需治疗的相关组织：腓骨肌腱、第三腓骨肌、趾短伸肌。

▶ 视频4.7：腓骨长肌和腓骨短肌PRT应用流程

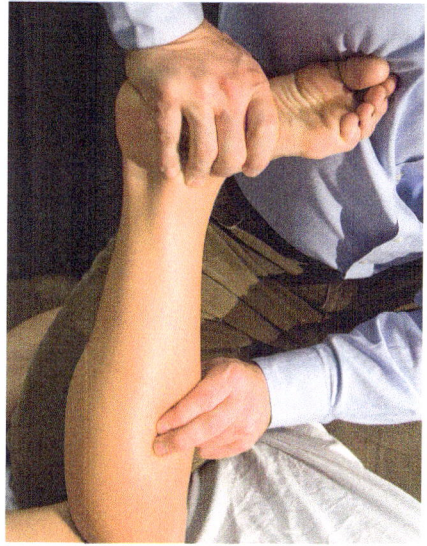

腓骨长肌和腓骨短肌PRT应用流程

胫骨内侧应力综合征

胫骨内侧应力综合征，又称胫夹痛，通常是由多种原因导致的。一般来说，最根本的原因是女性、缺乏跑步经验、体重过重、舟状骨脱位（Newman et al., 2013）及行走时支撑相是过度内翻（Dowling et al., 2015）。而髋关节动态力量不足也是一个因素。长时间的足旋前姿态，加上步行中髋膝关节的稳定性及控制不足，会导致对胫骨内侧肌群的离心收缩要求增大，进行发生躯体功能障碍。

常见症状

- 走路时及步态的支撑相会伴有疼痛，且疼痛随使用增加而加重。
- 胫骨后中部有压痛点，特别是胫骨内侧软组织的上方。
- 不活动时疼痛逐渐消退。

常见诊断

- 应力性骨折。
- 肌腔隙症候群。
- 坐骨神经痛。
- 肌肉劳损。
- 腘动脉压迫综合征。
- 深静脉血栓（DVT）。
- 肿瘤。
- 传染病。
- 胫骨骨膜炎。

治疗方法

- 确定患者的基本情况（比如，错误的生物力学、训练错误、长短腿、臀部肌肉薄弱、走不同材质的路和穿不同的鞋子）。
- 如果压痛感局限于骨骼上，考虑是否需要拍一张MRI或者做骨骼扫描，以便得知发生骨折的部位。
- 分析全部成因或者情况，比如胫骨过度内翻。

治疗部位及其顺序

1. 胫骨后肌和趾长屈肌
2. 胫骨前肌
3. 腓肠肌内侧头
4. 比目鱼肌
5. 腘肌
6. 姆长屈肌
7. 肌腱
8. 髂胫束
9. 大腿内收肌
10. 骶髂关节
11. 臀中肌
12. 腰大肌

- 按照治疗部位及其顺序表的顺序排查和治疗受损伤部位。但是，优先处理最痛的部位。
- 在PRT应用过程中，配合使用超声波热疗或激光，并用PNF伸展胫骨肌内侧和后方部位及对肌筋膜进行按摩。
- 对于某些患者来说，运用KT带或者普通胶布包扎胫骨处，可以在初期减轻其疼痛感。
- 如果一些顽固组织粘连在一起，可以运用仪器辅助软组织松解术（ISTM）。
- 如果怀疑这个受伤组织是由训练错误、行走方式错误或者生物力学错误所致，可以考虑对患者的步态进行生物力学评估。
- 根据步态分析结果，对足部、胫骨、髋部和核心肌肉进行开链和闭链运动以便对该部位进行强化和代偿，尤其注意患者胫骨的离心内旋活动。
- 在康复初期，让患者使用临时或者定制的矫正器，以减轻内侧柔软组织的负担。

- 如果在行走时患者的步态发生改变，可以让其使用临时的辅助器或者矫正器，以减轻另一边的肢体、臀部和盆骨关节的负荷。
- 运用水中运动治疗或者辅助运动的抗重力装置，缓慢地提高患者的身体活动能力。

自我治疗方法

- 持续低强度的脉冲超声波可能有帮助。
- 每天对胫骨后肌进行放松，或者在其疼痛时进行放松。
- 每次运动之后，对胫骨前肌内侧和腓肠肌、比目鱼肌的复合体使用PNF治疗，以进行放松。如果在此过程中感受到疼痛，应立刻终止，否则会造成组织的进一步损伤。
- 每天在放松之后，继续对这些部位进行5至8分钟自我按摩。
- 如果这些部位再次疼痛，可以用冰块给胫骨进行冰按摩。一般来说，慢性病症的患者用热按摩效果会更好（比如，用热水浸泡或用按摩浴缸）。（注意：在决定用热按摩还是冰按摩之前，先咨询从业者。）

跟腱病变（非止点性）

非止点性的跟腱病变在运动员和业余运动员中十分常见（Peters et al., 2015）。根据墨菲、柯里和马茨金（Murphy, Curry & Matzkin, 2013）所说，跑步者从穿鞋向裸脚跑步转换时，受伤的可能性会高于其他人。另外，跑步者在改变技术从足跟落地到脚掌的过程中，同样很容易患上跟腱病变。当患者通过改变鞋型或有意进行从足跟着地到中脚掌着地的步态调整时，也会给跟腱增加额外的离心负担（Giandolini et al., 2013）。一般来说，错误的训练动作、步态周期中的生物力学改变或突然换鞋、支撑面，都极易激惹跟腱，造成超越其适应能力的负荷（Nielsen et al., 2012）。虽然最初的肌腱损伤会引起炎症反应，但是肌腱炎、慢性肌腱炎或者腱鞘炎则更加常见。如果放任不管，会使肌腱的止点退行性改变，或者在肌腱没有炎症反应的一般症状下发生断裂。

常见症状

- 走路及足尖离地时有疼痛感。
- 脚踝后方肌腱边缘肿胀。
- 跟骨止点处或者肌腱处有压痛点。

常见诊断

- 跟骨骨折。
- 跟骨后滑囊炎。
- 跟腱撕裂。
- 比目鱼肌拉伤。
- 哈格隆德畸形。

治疗方法

- 确认患者的基本情况（比如，错误的生物力学、训练错误、长短腿、支撑平面及鞋子的改变）。
- 如果足跟有慢性疼痛，可以考虑用照X光去判断是否有哈格隆德畸形和跟骨骨折。

治疗部位及其顺序

1. 跟腱
2. 胫骨后肌
3. 腓肠肌内侧头
4. 腓肠肌外侧头
5. 比目鱼肌
6. 腘肌
7. 踇短屈肌
8. 骨间足底肌和足底蚓状肌
9. 骨间背侧肌

- 分析全部成因和情况，比如鞋子太紧，给足跟造成过度压力。
- 按照治疗部位及其顺序表的顺序排查和治疗受损部位。但是，优先处理最明显的压痛点。
- 在PRT应用过程中，配合使超声波热疗或激光，同时用PNF伸展跟腱并对其进行按摩。
- 对于某些患者来说，运用KT带，可以在治疗的初期减轻其疼痛感。
- 患者可以每天使用贴附式低强度脉冲超声波装置。
- 如果一些顽固组织粘连在一起，可以运用ISTM进行治疗。
- 在可承受范围内进行离心训练。
- 如果怀疑这个受伤组织是由于训练错误、行走方式错误或者生物力学错误所致，可以考虑对患者的步态进行生物力学评估。
- 根据步态分析的结果，对足部、胫骨、髋部和核心肌肉进行开链和闭链运动强化，以便对该部位进行强化和代偿。
- 如果可以的话，让患者使用临时或者定制的矫正器，以减轻跟腱的负担。

- 如果在行走时患者的步态发生改变，可以让患者使用临时的辅助器或者矫正器，以减轻另一边的肢体、髋关节和骨盆的负荷。
- 运用水中运动治疗或者辅助运动的抗重力装置，缓慢地提高患者的身体活动能力。

自我治疗方法

- 每一天或者在该部位发生疼痛时进行自我放松。
- 每次运动之后，对阿基里斯腱和腓肠肌、比目鱼肌的复合体使用PNF技术，以便进行放松。如果在此过程中感受到疼痛，应立刻终止，否则会造成组织进一步损伤。
- 每天在放松之后，继续对这些部位自我按摩5至8分钟。
- 如果这些部位再次疼痛，可以用冰块给阿基里斯腱或止点处进行冰按摩。一般来说，慢性病症的患者用热按摩效果会更好（比如，用热水浸泡或用按摩浴缸）。（注意：在决定用热按摩还是冰按摩之前，先咨询从业者。）

总结

由于踝关节和下肢的损伤都会造成终生伤害，所以尽早处理和提前预防极其重要。考虑到踝关节扭伤在下肢受伤病例中最为常见（Waterman et al., 2010），并且它有可能会发展为骨性关节炎（Valderrabano et al., 2006）、慢性踝关节不稳定（Doherty et al., 2015）和纤维肌痛症（Simons et al., 2011），所以应用PRT处理这一损伤极为重要。但是，受伤后肯定会出现疼痛感。受伤早期，限制周围神经及中枢神经敏化可以减缓纤维肌痛症（Simons et al., 2011）和躯体功能障碍的发展如果不加以抑制，则会影响运动系统的协调、启动和反应功能。

巴斯蒂安等人（Bastien et al., 2015）发现，尽管是愈合的。这种小腿、膝和髋关节运动方式的缺陷性改变表明，在最初扭伤产生的疼痛和组织功能障碍已经导致了运动模式的重建。再者，躯体功能障碍可能会导致反复的踝关节扭伤发生，但是这种躯体功能障碍在第一次扭伤时并不存在。讨论发现，加强髋关节近端的肌群可能会减少下肢受伤的可能性，因为髋是控制下肢关节的最主要的部位（Dowling et al., 2015）。如果缺少足够的控制，可能给下肢结构增加额外的负担和扭伤。患者使用矫形器进行矫形也可以减少下肢关节的负荷量（Dowling et al., 2015；Franklyn-Miller et al., 2011）。但是，证据表明，对于大多数人来说，纠正错误动作是预防运动相关损伤的最好方法（Nielsen et al., 2012）。

不考虑受损伤及人群，在小腿和踝关节受伤时应该首先治疗疼痛和肿胀部位。二者都需要PRT或关节松动术的辅助，或者两种方法结合使用。应该尽早确认是否存在力量和平衡不足，以及缺乏足部控制力，以便进行整合治疗，从而减少目前病痛的影响、降低疾病的复发率及未来踝关节和小腿损伤的发生。

膝关节和大腿

膝关节损伤在小孩子和年轻人中很常见（Di-Fiori et al., 2014; Kraus et al., 2012; Swenson et al., 2013），但是中年人和老年人发病人数也越来越多（Gage et al., 2012）。1999年至2008年，在美国急救室里有6 664 324起膝关节受伤案例，膝关节受伤率为2.29‰。15岁至24岁的人群受伤率最高（3.83‰）。25岁至44岁的人群中，膝关节受伤的人最多，并且与前一年相比，年龄超过64岁的人受伤率增长最高，损伤通常发生在楼梯、斜坡和地板上。小于24岁的人通常在专业运动和业余运动过程中发生膝关节损伤（73%）；大于25岁的人主要在家里发生膝关节损伤（42%）。虽然从数据分析，大多数发生膝关节和大腿损伤的案例都是运动人群，且以女性为主，但是盖奇等人（Gage et al., 2012）认为，膝和大腿受伤的发生率与性别无关，并且不论是老年人还是年轻人，膝关节损伤都是不容忽视的。

研究人员指出，在青少年时期发生的膝关节和大腿受伤更有可能伴随其一生（Foss et al., 2012），从而使其错过奖学金、参与竞技体育及休闲运动的机会。严重的话可能导致其长期残疾，从而影响其参加运动、工作以及日常生活的能力（DiFiori et al., 2014）。福斯等人（Foss et al., 2012）在观察了307个美国中学女足选手和112个高校女足选手3个季节后发现，膝关节前侧疼痛是最多的（26.6%）。基于这个研究结果和以前对于膝关节前侧疼痛的报告，福斯等人（Foss et al., 2012）认为，在青少年时期患有膝关节前侧疼痛的女性在接下来的15年中都会持续复发，并且有45%的女性甚至会面临更加严重的后果。

膝关节损伤史是造成未来受伤的最重要风险因素（DiFiori et al., 2014; Murphy, Connolly & Beynonn, 2013）。休伊特、迪和迈尔（Howett, Di & Myer, 2013）预测，神经肌肉系统受损和生物力学异常是初次及未来膝关节损伤的预测，并且这些最初的膝关节伤病在之后的很长时间内会成为下一次膝关节受伤的诱发因素。一般来说，体育活动能够强身健体，但是，运动员所进行的剧烈的体育活动会增加膝关节炎（OA）的风险（Neogi & Zhang, 2014）。再者，膝内翻和膝外翻形态会增加膝关节炎（OA）的风险（Felson et al., 2013）。这些都要求卫生保健中心的专业人员将重点放在预防措施和尽早查明导致其发生的外在因素上，比如运动强度和生物力学异常，并对此进行预防。

根据美国的范、先和米德尔库普（Van, Siem & Middelkoop, 2007）的系统性综述，跑步者中与跑步相关的损伤发生率为19.4%到79.3%，其中有7%到50%是膝关节受伤。克罗韦尔和道比什（Crowell & Davis, 2011）推断，大多数与跑步有关的受伤（RRIs）是由于不正常的跑步姿态给下肢增加负荷造成的，而且，其中大多数人通过重新训练并达到正确的跑姿后，RRIs的发生率下降了。狄佛利等人（DiFiori et al., 2014）认为，导致青少年膝关节损伤的最关键因素是运动强度不适（高强度），也可能是在体育运动后疲劳。如果不尽早进行矫正，运动中异常的步态和过大的强度都可能导致膝关节和大腿受伤。在美国，每年有超过2 700万的青少年参加团队体育项目（DiFiori et al., 2014），他们的膝关节损伤的发生率非常高，其中既包括急性损伤，也包括由过度使用所致的劳损。这表明，我们迫切需要提高循证基础下的预防能力。

2005年至2011年，在美国有15.1%的高校运动员在传统的体育活动（如足球、篮球、棒球、垒球、排球和摔跤）中发生膝关节损伤；其中大多数（48.2%）是韧带扭伤（Swenson et al., 2013）。据统计，仅仅在美国每年发生前交叉韧带（ACL）损伤的病例就已经使美国蒙受巨大的经济损失。康复过程、手术过程和损失工作的时间高达1亿美元（Simons et al., 2012）。每年在美国将近有100 000起ACL受伤病例发生（Sadohgi, von Keudell & Vavken, 2012），女性占比更大。髋外展肌无力是造成ACL受伤的主要原因之一，尤其是对于女性而言（Leetun et al., 2004），尽管当今的研究人员认为，女性ACL损伤可能由多种内在因素和外在因素影响（Murphy et al., 2003; Simons et al., 2012）。

研究人员认为，人们可能低估了在青少年中由于过度使用对其一生及未来损伤的影响（DiFiori et al., 2014）。因此，我们已经把关注点放在为青少年运动员量身定制预防膝关节损伤或ACL损伤的措施上，尤其是针对女性运动员，从而达到控制膝关节损伤发病率的效果（Howett et al., 2013）。但是，目前还没有有效预防ACL受伤的相关文献。到目前为止，有文献将预防受伤计划提上了议事日程。基于系统性综述，格林等人（Grimm et al., 2012）发现，并没有证据可以证明预防方案可以减少ACL损伤和膝关节损伤的发生率。米歇尔迪斯和库曼塔迪奇斯（Michealidis & Koumantaski, 2014）发现，在参与足球和手球的女性中，只有有限的证据可以证明ACL预防措施有效，并且诺伊斯和巴伯-威斯汀（Noyes & Barber-Westin, 2014）报道，有3个神经肌肉训练方案成功地大幅度地降低了青少年女性运动员发生非接触式ACL受伤的发生率。哈格隆德等人（Hagglund et al., 2013）发现，参加了神经肌肉系统训练方案的女性足球运动员与对照组中的瑞典女性足球运动员相比ACL

和严重膝关节损伤率降低了88%。研究人员在其他研究中把ACL损伤率和膝关节损伤率混合在一起考虑的方法降低了该方案的效果。那么，膝关节受伤（初次或者反复的）的高发病率可能在某方面与躯体功能障碍有关吗？

目前还没有研究对PRT对膝关节和大腿的骨科方面伤害的影响进行测试，但一些研究是关于PRT对腘绳肌灵活性的影响。伯明翰等人（Birmingham et al., 2004）是第一批探究健康人群进行体位放松术（SCS）是否会提高其腘绳肌灵活性的团队。但是，在研究中，进行SCS处理的组和对照组的结果并没有差异。相反，卡安迪尔潘等人（Kaandeepan et al., 2011）观察到，在坐姿体前屈测试中，接受过PRT治疗的健康女性的腘绳肌灵活性得到了很大的提高。对照组的人员通过被动拉伸，其腘绳肌灵活性也有所改善。虽然灵活性提高并不代表可以降低受伤风险（Herbert & Gabriel, 2002），但是卡安迪尔潘等人在2011年的研究已经迈出了成功的一大步。在未来的研究中需要证实这个躯体功能障碍是否会导致膝关节和大腿损伤这一假设。除此之外，还需要检测躯体功能障碍对膝关节和大腿的患病率的影响。

应用PRT的常见解剖部位和情况

前侧结构
- 髌股疼痛综合征
- 胫骨结节骨骺炎
- 髌骨软化症

后部结构
- 贝克囊肿
- 关节囊损伤

内侧结构
- 鹅足肌腱炎
- 半月板损伤

外侧结构
- 髂胫束摩擦综合征
- 半月板受伤
- 腓骨头脱位
- 髌股疼痛综合征

髌 腱

髌腱 —— 缝匠肌

胫骨前肌 —— —— 腓肠肌

趾长伸肌 ——

伸肌上支持带 —— —— 比目鱼肌

腓骨肌下支持带 —— —— 跨长伸肌

趾短伸肌 —— —— 伸肌下支持带

—— 跨短伸肌

前侧结构图

髌腱，又称髌韧带，是股四头肌腱的延伸部分。股四头肌腱包围着髌骨。髌腱从髌骨下端一直延伸到胫骨结节处，同时还经过膝关节前方。

起点：股四头肌腱。

止点：胫骨结节。

功能：为膝外翻、屈曲提供力量；保持胫股关节的平衡。

触诊流程

- 患者仰卧，同时保持一个放松的、髋关节屈曲的姿势。
- 找到患者髌骨下端位置，并用手指从该处开始向下滑行触摸，至髌腱处。
- 在患者胫骨结节止点处拨动髌腱。
- 确保对患者髌腱的内侧和外侧缘，以及髌前纤维进行触诊。
- 注意每个压痛点或发生肌束震颤反应的肌腱的位置及其起点和止点。
- 一旦确定了最明显的压痛点或肌束震颤反应点，在整个PRT应用过程中，在该位置上用手指指腹保持轻压，直到二次评估为止。

髌腱触诊流程

PRT应用流程

- 患者仰卧。
- 在患者膝关节处的股骨下方放置一个垫枕或毛巾卷。
- 用远侧手在患者髌骨上方的股骨远端施加一个向后滑动的力，注意不要压到髌骨。
- 用远侧手向下轻柔地移动髌骨。
- 用远侧手旋转患者髌骨和股骨，以进行微调。
- 需治疗的相关组织：股四头肌腱、髌骨支持带、关节囊。

▶ 视频5.1：髌腱PRT应用流程

自我治疗流程

- 膝关节伸直的长坐位。
- 在股骨下方和膝关节上方放置一个垫枕或毛巾卷。
- 在髌骨上方股骨远端施加向后滑动的力，注意不要压到髌骨。
- 用手轻柔地向下推动髌骨。
- 用手旋转髌骨和股骨，以进行微调。
- 保持这个姿势不变，直到肌束震颤反应开始消退，或者保持这个姿势3~5分钟。

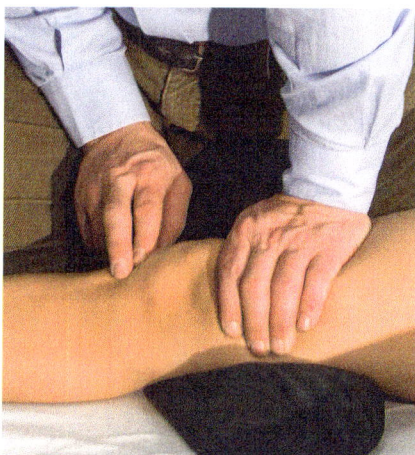

髌腱PRT应用流程

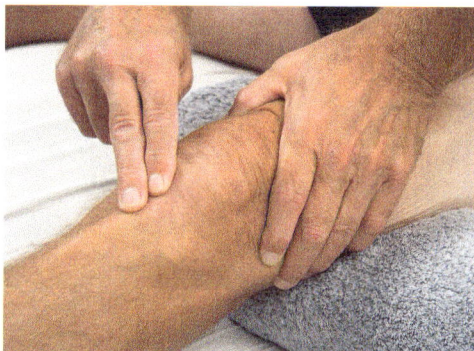

髌腱自我治疗流程

股四头肌腱

股四头肌腱汇聚在股直肌、股内侧肌、股中间肌和股外侧肌的远端。绝大多数肌腱的纤维都由股直肌和股外侧肌组成。股四头肌腱并不像髌骨肌腱一样经常受伤，但是股内侧肌和股外侧肌之间的肌肉不平衡会诱发其产生疼痛。

起点：股四头肌的肌腱结合处。

止点：髌骨上方。

功能：稳定髌骨；传导膝关节力量并缓冲膝关节运动。

图中标注：
- 股四头肌腱
- 股四头肌腱纤维分布区域
- 胫侧副韧带
- 髌韧带

触诊流程

- 患者保持短坐姿势，同时膝关节完全伸直。
- 用两根手指弹拨患者纤维，注意膝关节明显的边界和内外侧的凹陷处。
- 注意每个压痛点或发生肌束震颤反应的肌腱的位置以及其起点和止点。
- 一旦确定了最明显的压痛点或肌束震颤反应点，在整个PRT应用过程中，在该位置上用手指指腹保持轻压，直到二次评估为止。

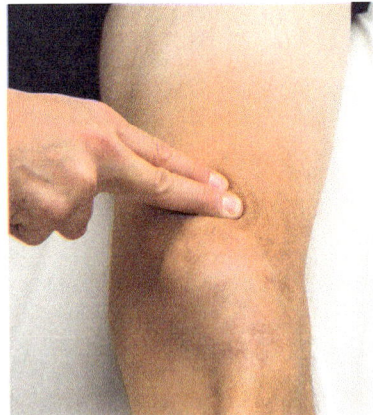

股四头肌腱触诊流程

PRT应用流程

- 患者仰卧，膝关节保持伸直，同时髋关节屈曲60°。并且将患者的小腿放在你的膝关节或者垫枕上。
- 用远侧手向下压患者髌骨下方的胫骨，使膝关节过伸。
- 同时，用远侧手将患者软组织向上方推动。
- 用远侧手旋转患者胫骨和髌骨，进行微调。
- 需治疗的相关组织：髌骨、髌腱、股四头肌。

自我治疗流程

- 将小腿和足部放在凳子或者长沙发的扶手上。
- 身体向前倾并把两根手指放在肌腱上，观察其肌束震颤反应和组织松弛的现象。
- 将另一只手的手掌放在髌骨下方的胫骨上，并往下压，然后将该部位组织朝着肌腱的方向推。
- 旋转胫骨和髌骨，进行微调。
- 保持这个姿势不变，直到肌束震颤反应开始消退，或者保持这个姿势3~5分钟。

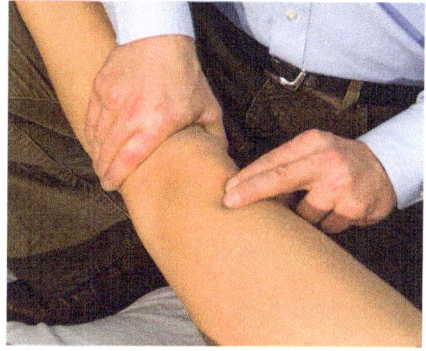

股四头肌腱PRT应用流程

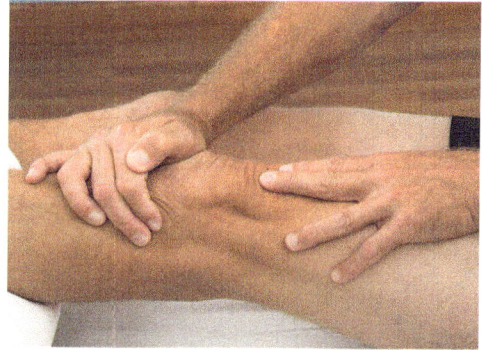

股四头肌腱自我治疗流程

股直肌

股直肌是唯一一个连接髋关节和膝关节的四头肌。其上方纤维是双羽状的，深部纤维平行分布且合并朝向大腿中心。

起点： 髂前下棘，髋臼，髋关节囊

止点： 股四头肌腱穿过髌腱，到胫骨结节末端。

功能： 膝关节伸展，髋关节屈曲。

神经纤维： L2~L4（股神经）。

触诊流程

- 患者仰卧，用垫枕支撑膝关节。
- 沿着患者肌腱在髂前上棘的附着点，直至髌骨上端的止点。
- 拨动纤维。这块肌肉约有两到三根手指的宽度。
- 在这个过程中，如果让患者抗阻屈膝屈髋，这块肌肉会更加明显。
- 注意每个压痛点或发生肌束震颤反应的肌肉和肌腱的位置，以及它们的附着点。
- 一旦确定了最明显的压痛点或肌束震颤反应点，在整个PRT应用过程中，在该位置上用手指指腹保持轻压，直到二次评估为止。

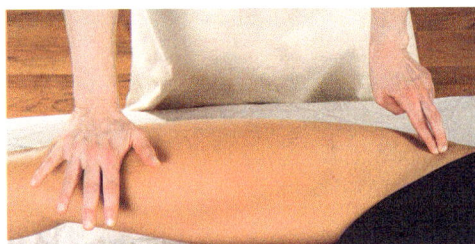

股直肌触诊流程

PRT应用流程

- 让患者仰卧，髋关节屈曲，同时将脚踝放在你的肩上。
- 用远侧手向后压患者髌骨上方的股骨，使其最大限度地伸展，同时朝着髋关节的方向推股四头肌。
- 用远侧手旋转该组织或股骨，或者使二者都进行旋转。
- 用躯干朝着患者髋关节的方向压股骨，进行微调。
- 需治疗的相关组织：股四头肌腱、内收肌、股骨肌。

▶ 视频5.2：股直肌PRT应用流程

自我治疗流程

- 将小腿和足放在一张凳子上或者长沙发的扶手上。
- 身体前倾，并且将一只手或双手放在髌骨上方的股骨上，同时向下推股骨，朝着髋关节方向拉股四头肌。
- 如果可能的话，在疼痛的位置监控肌束震颤反应和组织放松情况。
- 保持这个姿势不变，直到肌束震颤反应开始消退，或者保持这个姿势3~5分钟。

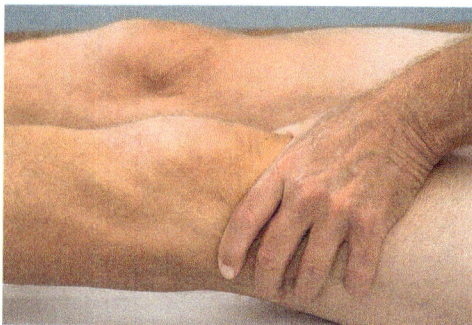

股直肌PRT应用流程

股直肌自我治疗流程

髌 骨

髌骨，人体中最大的籽骨，位于股四头肌腱内部。它位于膝关节前方，从而可以保护胫股关节，并且还是关节发力和运动的支点。髌骨还是多个组织的附着点。由于肌肉失衡、疼痛或者组织紧张，当髌骨在股骨滑车沟的轨迹不正常时，它的后表面及其边缘会产生疼痛。

图中标注：
- 股四头肌腱纤维分布区域
- 髌骨
- 胫侧副韧带
- 髌韧带

触诊流程

- 患者仰卧，保持短坐姿势，同时膝关节完全伸直。
- 轻轻地按压患者髌骨表面和边缘，小心不要向下压髌骨。
- 向上移动和倾斜患者髌骨至各个方向，以触及其边界，并轻轻地按压其内表面。
- 注意每一个压痛点的位置或者在该组织和周围发生肌束震颤反应的位置。
- 一旦确定了最明显的压痛点或肌束震颤反应点，在整个PRT应用过程中，在该位置上用手指指腹保持轻压，直到二次评估为止。

PRT应用流程

- 患者仰卧，保持短坐的姿势，膝关节完全伸直。
- 用远侧手朝着压痛点移动髌骨。
- 用远侧手倾斜或者旋转患者髌骨进行微调。

自我治疗流程

- 靠墙坐位，膝关节完全伸直。
- 朝着压痛区域移动、倾斜和旋转髌骨，以便最大限度地放松该区域组织，并且找到肌束震颤反应的位置，同时手指在该区域保持次大力按压。

髌骨PRT应用流程

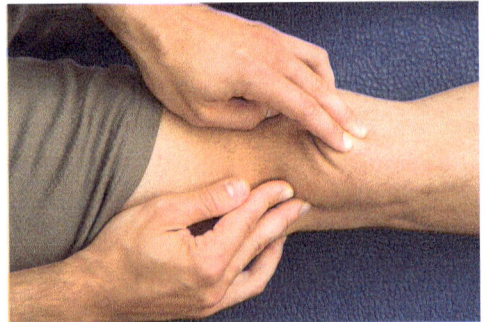

髌骨自我治疗流程

- 在治疗过程中保持这个姿势，直到肌束震颤反应消退，或者保持3~5分钟。

内侧副韧带

关节囊
腘斜韧带
腓肠肌内侧头
腓肠肌外侧头
内侧副韧带
外侧副韧带
半膜肌腱
弓状韧带
骨间膜

内侧副韧带（MCL）由浅层和深层纤维组成，以保持膝关节内侧稳定和旋转稳定。由于与半月板直接相连，其深层纤维可能会由于半月板撕裂而撕裂。

起点：内侧股骨髁后方。

止点：在关节间隙下方5厘米胫骨平台处，即在鹅足腱深面。

功能：防止膝外翻和旋转时对关节造成过大压力。

触诊流程

- 患者膝屈曲坐位使髂胫束后移。
- 朝着内侧关节线向内移动患者髌韧带。
- 在患者关节线处触诊韧带，并在股骨髁和胫骨髁上下拨动。
- 注意每一个压痛点或发生肌束震颤反应的韧带部位，以及其起点和止点。
- 一旦确定了最明显的压痛点或肌束震颤反应点，在整个PRT应用过程中，在该位置上用手指指腹保持轻压，直到二次评估为止。

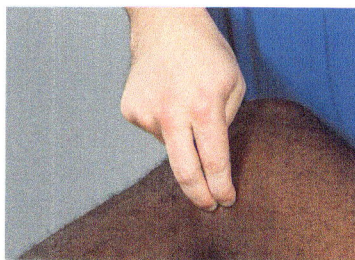

PRT应用流程

- 患者仰卧位。
- 将患者的膝盖放在你的大腿上，并使其屈曲约30°。
- 用近侧手内翻患者膝关节。
- 用远侧手内翻患者踝关节。
- 用远侧手内旋患者胫骨并给胫骨向上的压力以进行微调。
- 需治疗的相关组织：膝关节囊、髌韧带。

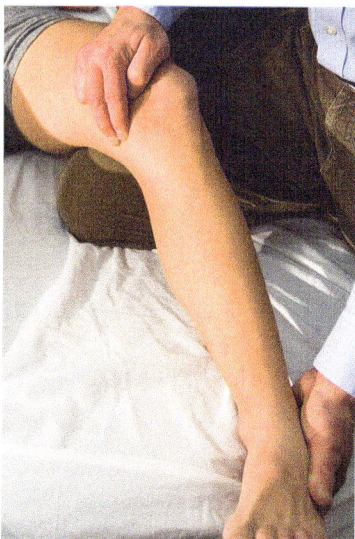

▶ 视频5.3：内侧副韧带PRT应用流程

内侧副韧带触诊流程

内侧副韧带PRT应用流程

鹅 足 腱

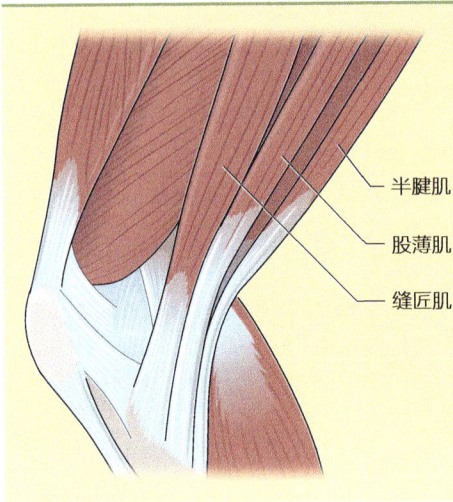

鹅足腱由3个互相连接的肌腱（缝匠肌、股薄肌和半腱肌）组成，位于膝盖内侧，它能够辅助膝关节在行走中控制旋转。髋关节的反复离心旋转或离心控制不足会引发鹅足滑囊炎和鹅足肌腱炎。

起点：相关肌肉组织的肌腱连接点。

止点：胫骨结节内侧。

功能：行走中控制膝关节旋转和维持稳定；协助髋关节外旋、屈曲。

半腱肌

股薄肌

缝匠肌

触诊流程

- 患者仰卧。

- 从患者胫骨结节内侧大约1英寸（约2.5厘米）处触诊并滑动到骨性止点。对于发育良好的患者来说，该部位所有的肌腱可以被视为一个位于膝关节内侧的整体。

- 用指腹轻轻地按压患者骨上的肌腱，并且向上从骨头的内侧到外侧拨动肌腱。

- 确保从它的骨性止点对股骨髁上方相关的每一个肌肉肌腱进行触诊。

- 注意每一个压痛点或发生肌束震颤反应的肌腱的位置，以及它们的附着点。

- 一旦确定了最明显的压痛点或肌束震颤反应点，在整个PRT应用过程中，在该位置上用手指指腹保持轻压，直到二次评估为止。

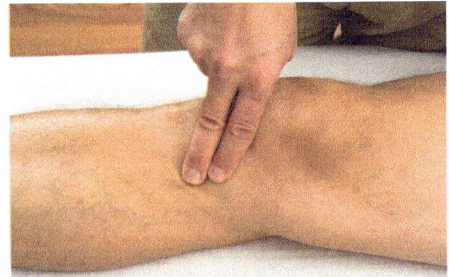

鹅足腱触诊流程

PRT应用流程

- 患者俯卧。
- 将患者膝关节放在治疗床外、你的大腿上，使其髋关节微微伸展。
- 用远侧手将患者的膝关节屈曲40°~60°。
- 用远侧手使患者的小腿内收，靠近膝关节内侧线。
- 用远侧手内旋患者踝关节处的胫骨。
- 用远侧手内翻患者的跟骨和脚尖。
- 用远侧手进行胫骨牵引，或者向上压胫骨进行微调。
- 需治疗的相关组织：内侧副韧带、胫骨后肌。

▶ 视频5.4：鹅足腱PRT应用流程

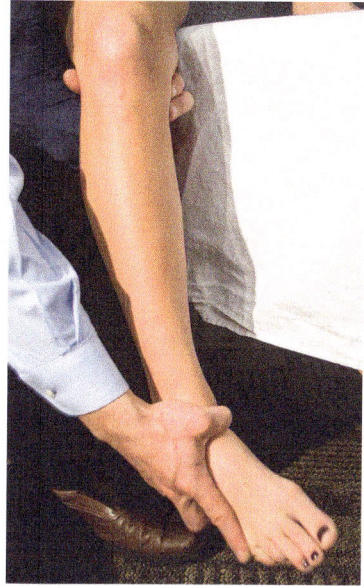

鹅足腱PRT应用流程

股内斜肌

在发育良好的人体上，股内斜肌（VMO）是膝关节内侧呈泪珠状肌肉。其斜向纤维（50°~55°）有助于抵抗外侧肌肉的拉力，从而保持髌骨平衡。这两块肌肉的不平衡会引起髌骨轨迹不良，进而导致肌肉疼痛和萎缩。

起点： 股骨、大收肌腱、内侧肌间隔。

止点： 髌骨、内侧股四头肌腱、髌韧带。

功能： 辅助膝关节末端伸展；维持髌骨稳定。

神经纤维支配： L2~L4（股神经）。

股直肌

股内侧肌

股外侧肌

股内斜肌

触诊流程

- 患者仰卧，保持短坐姿势。
- 将手指放在患者膝关节上方、髌骨的上方靠内侧的位置。
- 指导患者伸展膝关节以感受VMO纤维的收缩，并且指导其观察髌骨移动的轨迹。
- 注意每一个压痛点或发生肌束震颤反应的肌肉的位置，以及它们的附着点。
- 一旦确定了最明显的压痛点或肌束震颤反应点，在整个PRT应用过程中，在该位置上用手指指腹保持轻压，直到二次评估为止。

PRT应用流程

- 患者仰卧。
- 将患者的小腿放在你的大腿上。
- 用近侧手的拇指握住患者VMO的肌腹并将其沿对角线方向推向膝关节外下方。
- 用远侧手在患者髌骨下方、胫骨上方施加一个向后的力，使其膝关节过度伸展。

VMO触诊流程

- 用远侧手旋转患者胫骨进行微调。
- 需治疗的相关组织：膝关节囊、股四头肌腱、股直肌。

自我治疗流程

- 将小腿放在垫枕上或者长沙发的扶手上。
- 身体前倾，把一只手放在髌骨下方的胫骨上，并且把另一只手放在VMO肌腹上方。
- 向下压髌骨下方的位置，同时朝着膝盖外侧斜向推动肌腹。
- 旋转胫骨进行微调。
- 检测VMO疼痛部位中发生肌束震颤反应的位置和组织放松的部位。
- 在治疗过程中保持这个姿势，直至肌束震颤反应消退，或者保持这个姿势3~5分钟。

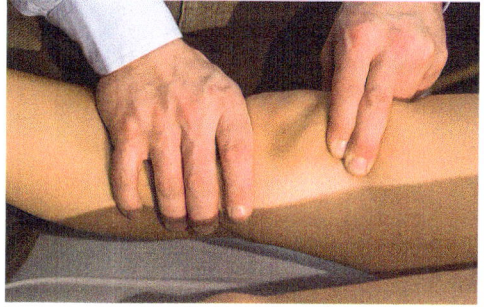

VMO的PRT应用流程

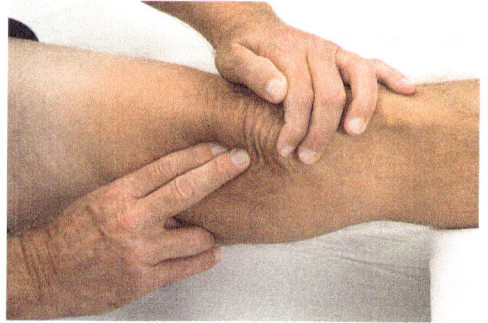

VMO自我治疗流程

内 收 肌

内收肌由大收肌，长收肌和短收肌、耻骨肌以及股薄肌组成。内收肌作为一个整体，在运动过程中保持骨盆复合体和下方关节的稳定；然而，在开链运动中，它们可以提供内收动力并辅助屈髋。

起点： 大收肌：耻骨下支、坐骨结节；长收肌：耻骨结节；短收肌：耻骨下支；耻骨肌：耻骨上支；股薄肌：耻骨下支。

止点： 大收肌：股骨粗线、收肌结节；长收肌：内侧唇中三分之一部分；短收肌：内侧唇前三分之一部分；耻骨肌：股骨耻骨肌线；股薄肌：胫骨髁下方胫骨内侧表面、鹅足。

功能： 大收肌：髋关节内收、伸展（下部纤维）和屈曲（上部纤维）及辅助髋关节旋转；长收肌：髋关节内收，辅助髋关节屈曲和旋转；短收肌：髋关节内收和屈曲；耻骨肌：髋关节内收，辅助髋骨屈曲；股薄肌：髋关节内收，关节屈曲，辅助膝关节内转。

神经纤维支配： 大收肌：上部和中部纤维，L2~L4（闭孔神经），下部纤维，L2~L4（坐骨神经）；长收肌：L2~L4（闭孔神经）；短收肌：L2~L4（闭孔神经）；耻骨肌：L2~L3（股神经和副闭孔神经）；股薄肌：L2~L3（闭孔神经）。

触诊流程

- 在患者耻骨下支的收肌结节处找到大收肌腱。这个肌腱由长收肌和股薄肌组成，同时也是腹股沟区域最大并且最明显的肌腱。
- 耻骨肌位于大收肌腱的外侧前方。
- 让患者仰卧，髋关节自然外旋，以便触诊内收肌。
- 指导患者抗阻内收髋关节，以分辨内收肌和股内侧肌组织。
- 从患者大腿内侧近端或远端向股骨处触诊内收肌。
- 注意每一个压痛点或者发生肌束震颤反应的肌肉的位置，以及它们的肌腱、起点和止点。
- 一旦确定了最明显的压痛点或肌束震颤反应点，在整个PRT应用过程中，在该位置上用手指指腹保持轻压，直到二次评估为止。

内收肌触诊流程

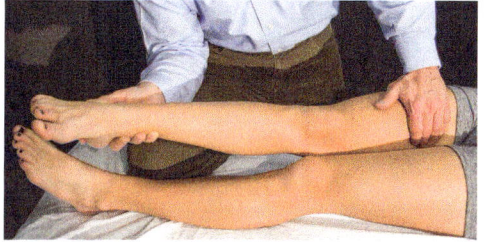

内收肌PRT应用流程

PRT应用流程

- 患者仰卧。
- 用远侧手使患者在直腿状态下屈髋，以找到内收肌最放松的姿势或发生肌束震颤反应的位置。当确定好之后，把患者的腿放在一个垫枕上或者你的大腿上。一般来说，损伤位置越靠近近端，髋关节就应进行更大程度的屈曲。
- 用远侧手将患者的腿移动到内收肌处。
- 用远侧手使患者的跟骨和足部明显地内翻。
- 用远侧手使患者的腿明显地内旋。
- 用近侧手朝着患者损伤的部位，在中部移动股四头肌和筋膜，同时用这只手的手指监测损伤部位。
- 用远侧手向上压患者的腿，以便进行微调。
- 需治疗的相关组织：股内侧肌、缝匠肌。

▶ 视频5.5：内收肌PRT应用流程

自我治疗流程

- 仰卧。
- 当用其中一只手去触诊肌腱区域以判断组织放松和发生肌束震颤的部位时，将这条腿放在另一条腿上或者内收位，以找到最舒服的姿势，同时也能够找到发生肌束震颤的部位。
- 髋关节内旋。

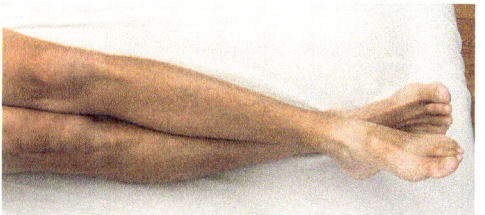

内收肌自我治疗流程

耻 骨 肌

耻骨肌是内收肌中最要强调的肌肉，因为髋骨前侧疼痛的起因通常是耻骨肌而非股直肌损伤。耻骨肌的肌腹会发生损伤，但通常会在肌肉的起点处。然而，无论哪个部位问题都可以用同样的PRT治疗步骤进行治疗。

起点：耻骨上支。

止点：股骨耻骨肌线。

功能：髋关节内收；协助髋关节屈曲。

神经纤维支配：L2~L3（股神经和副闭孔神经）。

耻骨肌
长收肌
股薄肌
大收肌
股内侧肌

前侧结构图

触诊流程

- 患者仰卧，髋关节微屈，用物体支撑患者的膝关节。
- 找到患者长收肌腱和股薄肌腱，然后向外侧移动到柔软的部位，这个部位就是耻骨肌股腹所在之处。
- 向下弹拨患者耻骨肌肌腹，然后沿着它向上找到其在耻骨上支的肌腱起点。
- 轻轻地对患者耻骨上支进行触诊。
- 指导患者在触诊耻骨肌的过程中内收髋关节，以更加容易地找出它的位置和肌腱起点。
- 一旦确定了最明显的压痛点或肌束震颤反应点，在整个PRT应用过程中，在该位置上用手指指腹保持轻压，直到二次评估为止。

PRT应用流程

- 让患者仰卧，站在患者需要治疗的腿部的一侧。
- 将患者不需要治疗的腿放在需要治疗的腿上，然后将它们都放在你的大腿上。也可以直接把患者需要治疗的腿放在大腿上。
- 用远侧手将患者髋关节屈曲90°，同时内收髋关节。

耻骨肌触诊流程

耻骨肌PRT应用流程

- 用远侧手或者身体向下压患者股骨。
- 需治疗的相关组织：大收肌、腰大肌、股直肌。

自我治疗流程

- 运用之前介绍的患者自我治疗内收肌的方法。

腘 肌

跖肌
腘肌
阿基里斯腱
趾长屈肌
屈肌支持带

后部中间结构图

腘肌是一块薄弱的屈膝肌，但它有助于在膝关节完全伸直的位置下解除扣锁状态并屈膝。一般来说，因为腘窝深度较深，不能对腘肌进行触诊。但是，当腘窝受损时，可以从股骨外侧髁处对其斜形走行的上部纤维进行触诊。

起点： 股骨外髁，腘弓状韧带，膝关节外侧半月板。

止点： 胫骨近端后表面。

功能： 膝关节屈曲，膝关节内旋（近端固定），髋关节外旋（固定胫骨）。

神经纤维支配： L4~S1（胫神经）。

触诊流程

- 患者俯卧，膝关节屈曲。
- 找到患者股骨外侧髁下端和腓骨头。
- 在患者腓骨头后方拨动肌腱，因为它是斜向走行的。
- 沿着对角线方向追溯患者胫骨，用指尖对腘窝进行触诊。
- 对患者胫骨粗隆后下部走行的过度收缩的腘肌上部纤维用深透的力进行触诊拨动。
- 一旦确定了最明显的压痛点或肌束震颤反应点，在整个PRT应用过程中，在该位置上用手指指腹保持轻压，直到二次评估为止。

PRT应用流程

- 患者俯卧，膝关节屈曲。
- 屈伸患者膝关节，一般治疗姿势为膝关节屈曲70°~90°。
- 用远侧手抓住患者的跟骨，然后用远侧手或者躯干向下用力地按压患者的小腿。
- 用远侧手内旋或外旋患者胫骨（内旋是为了治疗内侧受损部位；外旋是为了治疗外侧受损部位）。
- 需治疗的相关组织：腓肠肌、比目鱼肌、腘绳肌。

▶ **视频5.6：腘肌PRT应用流程**

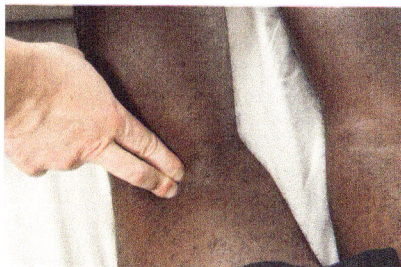

腘肌触诊流程

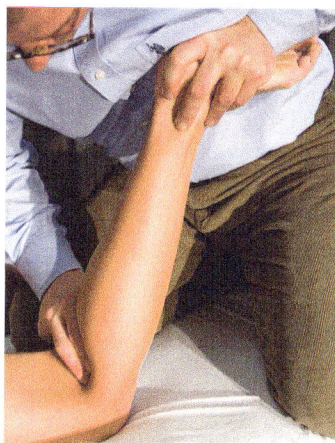

腘肌PRT应用流程

腘 绳 肌

　　腘绳肌是包括股二头肌、半腱肌、半膜肌的肌群，起着屈膝伸髋的作用。但是，在步态周期中，腘绳肌辅助控制膝关节旋转。因此，髋外展肌和旋转体肌弱会导致腘绳肌病理状态。腘绳肌病理一般牵拉多个组织，在诊断时应同时检查大收肌和骶结节韧带，因为它们在坐骨结节处相互联系。

- 股二头肌（短头）
- 股二头肌（长头）被切断移开
- 半腱肌
- 半膜肌

　　起点：股二头肌长头：坐骨结节，骶结节韧带；股二头肌短头：粗线外侧唇；半腱肌：坐骨结节；半膜肌：坐骨结节。

　　止点：股二头肌：腓骨头，经过腘绳肌腱外侧薄层连于胫骨髁外侧；半腱肌：胫骨内侧近端，鹅足腱；半膜肌：胫骨内侧髁后侧。

　　功能：股二头肌长头：膝关节屈曲、外旋及髋关节伸展外旋；股二头肌短头：膝关节屈曲、外旋；半腱肌：膝关节屈曲、内旋，髋关节伸展并辅助髋关节内旋；半膜肌：膝关节屈曲、内旋，髋关节伸展及辅助髋关节内旋。

　　神经纤维支配：L5~S2（坐骨神经）；除了股二头肌短头（腓侧分支）之外，所有的腘绳肌都由坐骨神经的胫骨分支来支配。

触诊流程

- 患者俯卧，膝关节屈曲，保持放松的姿势。
- 从患者腘窝开始，找到股二头肌腱，并沿着肌腱向上拨动，找到肌肉的位置。
- 当找到肌肉时，应加重触诊的压力。可以用

手指或者另一只手的拇指触诊大腿后侧中部来分离股二头肌的肌肉纤维。
- 继续用深透的压力向患者坐骨结节处拨动组织。
- 用治疗股二头肌相同的技术和方法来分开患者大腿后方内侧的半腱肌。

- 半腱肌的肌腱很难独立出来，但是其下部纤维处于半腱肌外侧及腘窝上方。
- 让患者抗阻屈膝以使腘绳肌更易触诊。
- 注意每一个压痛点或者发生肌束震颤反应的肌肉和肌腱的位置，以及其起点和止点。
- 一旦确定了最明显的压痛点或肌束震颤反应点，在整个PRT应用过程中，在该位置上用手指指腹保持轻压，直到二次评估为止。

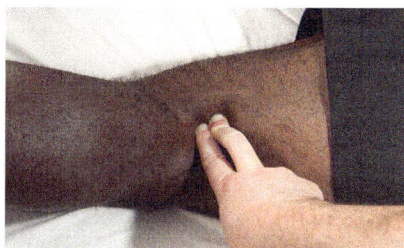

PRT应用流程

- 患者俯卧。
- 伸展患者髋关节并将其置于你的大腿或垫枕上。
- 一般来说，受损的部位越靠近近端，髋关节伸展程度应越高。
- 用远侧手让患者髋关节外展内旋来找到股二头肌，内收外旋来找到半腱肌。
- 一旦找到患者最佳的髋关节姿势，用远侧手屈曲患者的膝关节，一般来说，角度应为60°~70°。
- 用远侧手抓住患者的跟骨并外旋胫骨，同时向下轻轻地压以孤立股二头肌，内旋胫骨以孤立半膜肌。
- 用近侧手向患者臀褶下方的股骨后部施加向下移动的力。同时，用近侧手向患者远端膝关节处移动筋膜以找到最放松的姿势或使组织出现肌束震颤反应。如果可以的话，用近侧手的一个手指来监测损伤。
- 用远侧手使患者踝关节跖屈、跚趾屈以减轻坐骨神经的牵拉。
- 需治疗的相关组织：髋关节囊后侧、臀肌、骶结节韧带、胸腰筋膜。

▶ 视频5.7：腘绳肌PRT应用流程

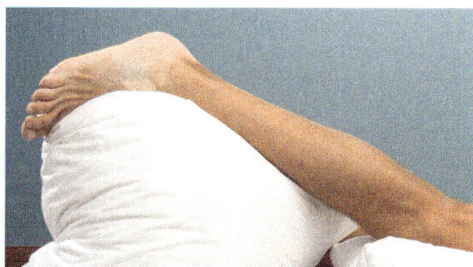

腘绳肌触诊流程

腘绳肌PRT应用流程

自我治疗流程

- 俯卧，髋关节伸展，膝关节屈曲。
- 在一张长沙发上躺下，股骨放在垫枕上，以便更好地屈曲髋关节，并把脚踝放在长沙发的扶手上，保持一个放松的姿势。
- 保持这个姿势3~5分钟，也可以热敷或冷敷20~30分钟，以便更好地放松这个部位并控制疼痛。

腘绳肌自我治疗流程

髂 胫 束

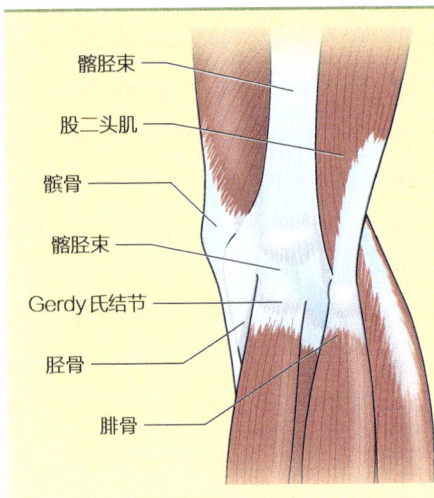

髂胫束起源于臀肌筋膜和髋骨外侧的阔筋膜张肌。髂胫束的前部纤维在它们靠近膝关节的位置处逐渐增厚，并呈索状止于股骨外侧髁。外侧髁通常是髂胫束受刺激的部位，这是由于髂胫束在跑步或者蹲下时，其紧绷的组织摩擦导致的。

起点： 臀肌筋膜，阔筋膜张肌。

止点： 伴有筋膜滑动的Gerdy氏结节连接到腓骨头和外侧髌韧带。

功能： 在膝关节内翻及旋转过程中稳定膝关节；辅助锁扣机制。

触诊流程

- 患者仰卧，站在需要触诊的髂胫束的对面。
- 双手平行地平放在患者股骨大粗隆下方的大腿外侧。
- 向上拉患者髂胫束，使其与腘绳肌分开。
- 在向上移动髂胫束、经过股外侧肌的同时，注意其运动和其缺少的部分，以及疼痛部位。
- 在靠近患者膝关节的地方继续用同一个步骤进行触诊；在测试更加密集的带状纤维时，需要用更强的力量对其进行拨动。
- 一旦确定了最明显的压痛点或肌束震颤反应点，在整个PRT应用过程中，在该位置上用手指指腹保持轻压，直到二次评估为止。

PRT应用流程

- 患者仰卧。
- 用远侧手抓住患者的踝关节内侧，并使髋关节屈曲20°。
- 用远侧手在患者髋关节的外展范围内移动其髋关节，并注意来自髋内收肌的组织阻力。如果组织阻力影响了正常的外展范围，应首先松解髋内收肌。
- 用远侧手外旋患者的腿部。
- 用远侧手外翻患者的跟骨。

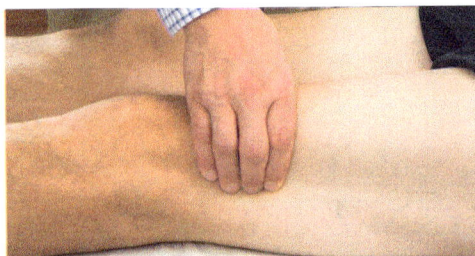

髂胫束触诊流程

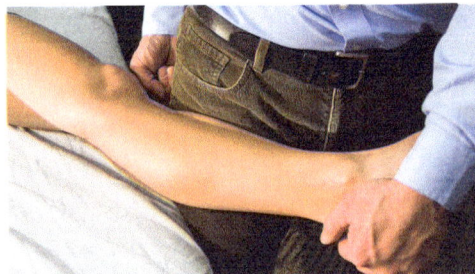

髂胫束PRT应用流程

- 在外翻患者膝关节时，将你的髋关节放在患者膝关节间隙下方作为支点。
- 用远侧手或身体压患者腿的近端进行微调。
- 需治疗的相关组织：臀中肌、阔筋膜张肌。

▶ 视频5.8：髂胫束PRT应用流程

外侧副韧带

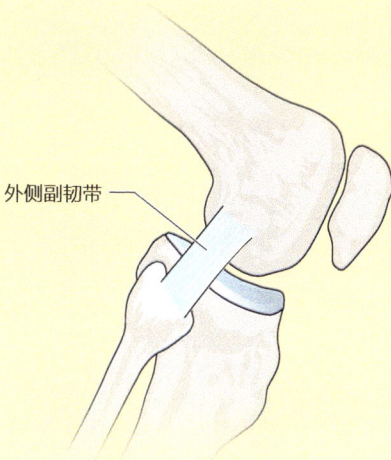

外侧副韧带（LCL），又称腓侧副韧带，主要抵制外侧压力或者膝关节内翻的压力。不同于内侧副韧带，外侧副韧带并不与膝关节囊或者外侧半月板相互联系。因此，外侧副韧带损伤通常不会伴随外侧半月板损伤；相反，外侧副韧带损伤与膝关节伸展过度相关，因为这条韧带是防止该方向活动过多的次要韧带。

外侧副韧带

起点： 股骨外上髁。

止点： 腓骨头。

功能： 抵制膝关节内翻及内旋压力。

触诊流程

- 如果可能的话，让患者将需要治疗的一条腿的脚踝放在另一条大腿上。
- 由于外侧副韧带穿过膝关节的外侧关节间隙，所以它可以很明显地呈现出来。
- 如果由于疼痛或者活动度不足而导致之前的动作无法完成，那么，让患者呈仰卧或者坐位膝关节屈曲的姿势，然后用指腹拨动外侧关节间隙。
- 注意每一个压痛点或者发生肌束震颤反应的韧带的位置，以及该韧带的起点和止点。
- 一旦确定了最明显的压痛点或肌束震颤反应点，在整个PRT应用过程中，在该位置上用手指指腹保持轻压，直到二次评估为止。

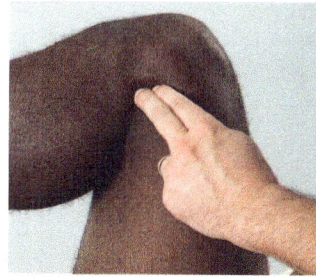

LCL触诊流程

PRT应用流程

- 患者仰卧。
- 将患者的膝关节屈曲30°并放在你的大腿上。
- 用远侧手抓住患者的脚踝处，使患者的膝关节外翻。
- 用远侧手使患者跟骨外翻。
- 用远侧手旋转患者的胫骨，并向上压胫骨进行微调。
- 需治疗的相关组织：髂胫束、腓骨肌。

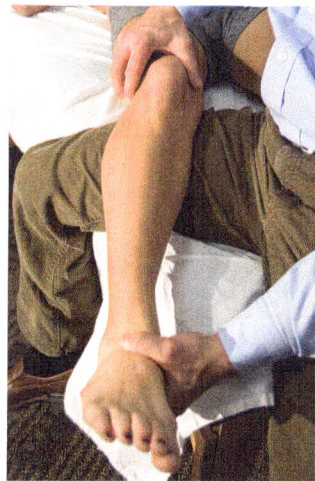

LCL的PRT应用流程

股外侧肌

股外侧肌是最大的股四头肌，同时有一部分被髂胫束覆盖。股外股内斜肌与股外斜肌的收缩时序和力量不平衡，通常会引起髌骨轨迹不良的发生。但是，髋外展肌过弱更有可能是导致髌骨轨迹不良的最主要的因素。

起点：股线外侧唇。

止点：通过股四头肌腱、髌韧带止于胫骨结节。

功能：膝关节伸展。

神经纤维支配：L2~L4（股神经）。

髂胫束

股中间肌
（股直肌下方）

股直肌

股外侧肌

股内侧肌

触诊流程

- 患者仰卧或侧躺，均可对股外侧肌进行触诊。
- 找到患者髂胫束的位置并进行滑动触诊，注意要在髂胫束后侧和前侧的股外侧肌的柔软部位移动。
- 患者可以主动地伸展膝关节，以便更好地观察纤维，从而有助于触诊的进行。
- 注意每一个压痛点或发生肌束震颤反应的肌肉的位置，以及其附着点。
- 一旦确定了最明显的压痛点或肌束震颤反应点，在整个PRT应用过程中，在该位置上用手指指腹保持轻压，直到二次评估为止。

PRT应用流程

- 患者仰卧。
- 将患者的小腿放在你的大腿上，并屈曲约30°。
- 用远侧手在患者髌骨下方的胫骨上端施加一个向后的力，使膝盖伸展到最大程度。
- 用近侧手向外拨动患者股外侧肌肌腹，同时用近侧手的一根手指检测其损伤的部位。
- 用远侧手外旋患者的膝关节并向外滑动髌骨进行微调。
- 需治疗的相关组织：髂胫束。

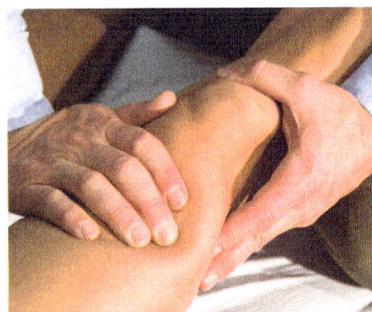

股外侧肌触诊流程

股外侧肌PRT应用流程

自我治疗流程

- 将小腿和足部放在凳子上或者长沙发的扶手上。

- 身体前倾并且将一只手放在髌骨下方的胫骨上，另一只手放在髌骨上方的股外侧肌上。

- 对髌骨下方施加向下的压力，同时向远离髌骨的对角线方向推动肌腹。

- 向外旋转腿部，并且向外侧滑动髌骨进行微调。

- 检测股外侧肌疼痛部位的肌束震颤反应点部位和组织放松的部位。

- 在治疗过程中保持这个姿势，直到肌束震颤反应消退，或者保持这个姿势3~5分钟。

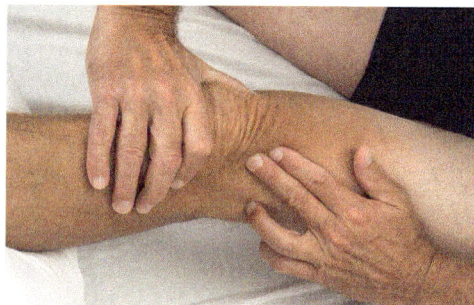

股外侧肌自我治疗流程

髌腱末端病

髌腱末端病，又称"跳跃者膝"或者髌腱炎，由其他情况一起造成的膝关节前侧疼痛，是由髌腱使用过度造成的（Larsson & Helander, 2012）。目前尚无关于髌腱病最优治疗的循证共识；但是，对症处理加上离心训练给我们带来了希望（Larsson & Helander, 2012）。髌腱末端病并不是炎症，但它是一种可以导致肌纤维紊乱和薄弱的退行性疾病（Rodriguez-Merchan, 2013）。丹尼尔森等人（Danielson, 2008）发现背部的腱旁组织受神经支配，并且有血液供应，而这为PRT治疗该组织提供了基础。

常见症状

- 髌腱疼痛。
- 在进行一些功能活动时疼痛加剧，特别是跑步、跳跃和变向时。
- 有时候髌腱和与胫骨结节的连接处有压痛点。

常见诊断

- 胫骨结节骨骺炎。
- 髌骨缺血性坏死。
- 胫骨应力性骨折。
- 软骨软化。

治疗方法

- 确定患者症状的根源（比如，错误的跳跃机制、错误的步态生物力学机制、训练错误、长短腿、臀部肌肉薄弱、接触平面或者鞋子的改变）。
- 如果胫骨结节上方或者胫骨平台上方有压痛点，可以考虑拍一张MRI或者做骨骼扫描，从而确定是否发生骨折。
- 按照治疗部位及其顺序表的顺序排查和处理受损部位。但是，优先处理最痛的部位。
- 在PRT应用过程中，配合使用超声波热疗或激光，并用PNF拉伸髌腱。
- 运用离心训练，并把专注点放在对运动或者工作的特定需求上（或者两者都有），并配合PRT和其他干预措施。

治疗部位及其顺序

1. 髌腱
2. 鹅足
3. 髂胫束
4. 胫骨后肌
5. 腘肌
6. 腓肠肌内侧头
7. 阔筋膜张肌
8. 大腿内收肌
9. 腰大肌

- 对于某些患者来说，运用KT带、普通胶布或者绷带包扎髌骨可以在治疗的初期减轻疼痛。
- 如果一些顽固组织粘连在一起，你可以运用辅助仪器软组织松解术（ISTM）。
- 如果怀疑这个受伤组织是由训练错误、行走方式错误或者生物力学错误所致，可以考虑对患者的步态进行生物力学评估。
- 根据步态分析的结果，对足部、胫骨、髋部和核心肌肉进行开链和闭链运动强化，以便对该部位进行强化和代偿，尤其注意对患者膝关节屈曲和胫骨向内旋转的离心控制。
- 在生物力学评估结果的基础上，用临时或者定制的矫正器可以减轻髌腱的负担。

自我治疗方法

- 每天对髌腱进行放松，或者在其疼痛时进行放松。
- 每次离心运动之后，或者每天坚持对髌腱使用PNF牵拉放松。如果在此过程中感受到疼痛，应立刻终止，否则会造成组织的再次损伤。
- 每天在放松之后，继续对这些部位按摩5至8分钟。

髂胫束摩擦综合征

关于导致髂胫束摩擦综合征的小腿外侧和膝关节疼痛的原因几乎没有任何共识（Lavine, 2010）。首先，在外侧股骨髁或者下方的疼痛被认为是由髂胫束过紧导致的股骨髁磨损发展而来的。但是，有证据表明，这是由该部位压力过大，内层滑囊和骨头受到激惹所致，而与髂胫束过紧和磨损无关（Lavune, 2010）。再者，相比较于其他，内在因素如过度内翻、髋外展肌过弱和下肢冠状面运动的增加等都不会增加这种疾病的患病率或者风险（Bauer & Duke, 2011; Lavine, 2010）。然而，在处理髂胫束及其筋膜的问题时，治疗压痛点和触痛点可以有所帮助，这一点已经基本达成了共识。

常见症状

- 走路、蹲下、向下跑和下楼梯时会疼痛。
- 在膝关节外侧、股骨外侧髁上，上方或者下方有压痛点；并且在 Gerdy 氏结节和腓骨头处也可能有压痛点。
- 奥伯测试（Ober's test）及诺布尔测试（Noble's test）结果为阳性。
- 薄弱的髋旋转及外展肌。
- 下肢冠状面运动的增加。
- 鹅足腱或者高弓内翻足。

常见诊断

- 应力性骨折。
- 间盘病变。
- 外侧半月板撕裂。
- 腘肌止点病变。
- 髌股疼痛综合征。

治疗方法

- 确定患者的基本情况（比如，错误的运动生物力学机制、训练错误、长短腿、臀部肌肉结构脆弱、接触平面或者鞋子的改变）。
- 如果骨头上有压痛点，可以考虑拍一张 MRI 或者做骨骼扫描，从而确定骨折发生的部位。
- 按照治疗部位及其顺序表的顺序扫描和治疗受损部位。优先治疗过程要从最痛的部位开始。

治疗部位及其顺序

1. 膝关节处的髂胫束
2. 鹅足
3. 腘肌
4. 内收肌
5. 大收肌
6. 缝匠肌腱
7. 臀中肌
8. 骶髂关节
9. 腰大肌

- 在运用 PRT 的同时，使用透热疗法、激光或超声波热疗进行辅助，或者对肌筋膜进行按摩。如果在过程中髂韧带过紧，用 PNF 牵拉髂韧带。
- 对于某些患者来说，运用肌效贴可以在初期减轻疼痛。
- 如果一些顽固组织粘连在一起，可以运用辅助仪器软组织松解术（ISTM）。
- 如果怀疑这个受伤组织是由于训练错误、行走方式错误或者生物力学错误所致，可以考虑对患者的跳跃机制和步态进行生物力学评估。
- 根据步态分析的结果中，对胫骨前肌、臀部肌肉和核心肌肉进行开链和闭链运动的强化，以便对该部位进行强化和代偿，尤其注意对其冠状面异常运动的控制。
- 在康复初期，让患者使用临时或者定制的矫正器，以减轻膝关节外侧组织的负担。
- 在疼痛阶段，尽量不要让患者跑步。患者只能做一些疼痛可以忍受的身体活动——没有疼痛的身体活动是最理想的。
- 通过水疗法或减重跑步装备慢慢进阶体力活动强度。

- 如果传统的干预措施没有效果的话，那就有必要进行黏液囊切除手术了。

自我治疗方法

- 每次离心运动之后，或者每天坚持对髂胫束和髋关节后侧肌群使用PNF牵拉治疗，以便进行放松。如果在此过程中感受到疼痛，应立刻终止，否则会造成其组织的再次损伤。

- 每天在放松之后，继续对这些部位进行按摩，

或者用泡沫轴按摩5至8分钟。但是，如果这样会导致极度疼痛，那就避免采取这个措施，因为这可能会造成组织再次受损。

- 冰敷或者热敷受累部位可以减轻该部位的疼痛感和痉挛。一般来说，有慢性病症的患者用热按摩效果会更好（比如，用热水浸泡或者用浴缸）。（注意：在决定用热按摩还是冰按摩之前，先咨询相关从业者。）

总结

在生命早期发生的膝关节或者大腿损伤可能导致神经肌肉控制及生物力学机制方面的改变，这会使患者在未来更容易受伤（Hewett et al., 2013）。多种因素可以致使该部位的损伤，如不适当的训练（DiFiori et al., 2004）、步态力学的改变（Crowell & Davis, 2011）和髋外展肌过弱（Leetun et al., 2004），但是目前还不能证实躯体功能障碍也有同样的影响。韩等人（Han et al., 2012）提出，潜在的和活跃的肌筋膜扳机点（MTrPs）可能会在四岁儿童的手肘处找到。贝茨和格伦华德（Bates & Grunwaldt, 1958）发现，三岁儿童身上的多处解剖部位存在肌筋膜扳机点，这些部位包括膝盖和大腿。考虑到骨科损伤对力量、关节角度、神经肌肉控制的影响，从业者应该把肌筋膜评估测试或者触诊作为处理流程的一部分，并用于测试年轻人当前及其一生的身体状况。再者，研究者应该测试骨病变是如何影响神经肌肉控制和运动生物力学机制的，以查明它们是否是造成膝关节和大腿受伤的诱发因素。

第 6 章

骨盆

本章目标

在阅读本章内容后，你应该做到以下几点。

❶ 了解造成骨盆功能障碍的因素。

❷ 定位并触诊需要应用PRT进行治疗的骨盆结构。

❸ 应用PRT治疗骨盆功能障碍。

❹ 了解如何根据骨盆损伤模式来治疗常见的损伤，如梨状肌综合征。

骨盆是人类运动的支撑基础，能够分散运动及日常活动中产生的外部冲击力，同时作为组织附着的中心点，为肌肉收缩发力提供保证（Speicher, Mattin & Desimone, 2006）。髋骨及其与骶骨的连接就如同汽车底盘一样。如果我们没有底盘，我们身体的各个环节就没有了连接点，我们就不能去往任何地方！由于骨盆的多种功能及复杂的依附组织，从业者通常会被这一区域的躯体功能障碍所困扰。

盆腔躯体功能障碍可能是由骨盆下方、内部或者上方的组织问题引起的。对下肢生物力学功能的代偿可能会导致骨盆组织的反复负载；骨盆上面的腰椎神经病理学问题也会与盆腔疾病的症状相似；另外，在骨盆内部，怀孕、盆腔疾病或者腰部疼痛都可能改变盆底肌的状态（Seidenberg & Bowen, 2010）。莫雷利和韦弗（Morelli & Weaver, 2005）发现，腹股沟疼痛的患者不只有一种相关损伤。令人惊讶的是，到目前为止，也仅有一项研究评估了摆位放松术（SCS）对盆腔躯体功能障碍的影响（Wong & Schauer-Alvarez, 2004），尽管这是唯一的一项研究。基于PRT潜在的神经生理学作用，它可能会减轻髋关节周围神经血管组织的张力，刺激血液流向肌腱，更重要的是，它能够消除或者减轻骨盆疼痛。

由于多种因素及损伤都能对骨盆造成影响，就可以理解为什么骨盆问题的评估和处理过程是十分复杂的。再者，许多稳定骨盆的核心肌群（如臀大肌、竖脊肌、腹直肌、腹横肌、盆底肌、多裂肌）也能为下肢提供稳定和功能（Leetun et al., 2004）。利顿等人（Leetun et al., 2004）测试了赛季前美国80名女性和60名男性篮球和田径

运动员的腰椎骨盆核心区稳定能力，以判断核心能力不足是否可以预测赛季中的下肢损伤率。回归分析显示，该研究中，只有髋外展肌和外旋肌的等长收缩值是可以预测赛季中下肢损伤的。尽管作者并没有对髋关节的功能性力量进行测试，但是他们的发现说明了女性运动员髋部外展肌及外旋肌力量的下降对下肢损伤的影响。

尤其对于女性来讲，髋外展肌弱是ACL损伤的一种潜在原因，这已经成为研究热点。当今学者普遍认为，多种内在与外在因素的结合是导致ACL损伤增加的主要原因。然而，其中一个原因可能是腰椎骨盆区核心稳定性不足，这也是导致髋外展肌力弱的一个原因。

一项对769名挪威男性业余足球运动员的回顾性研究显示，只有以往损伤史及髋外展肌力弱是导致腹股沟损伤的因素（Engebretsen et al., 2010）。曾经有过腹股沟损伤的人再次损伤的概率是其他人的两倍。而且，如果伴有髋外展肌力弱，这个损伤风险可高达四倍。安德森等人（Anderson et al., 2001）强调他们的研究表明了内收肌和腹直肌之间肌肉不平衡的潜在影响；他们发现，腹股沟拉伤是内收肌力量不足、激活延迟或腹肌激活不足的潜在结果。华伦特等人（Valent et al., 2012）的研究结果与上述观点一致。他们指出，这两个肌群的不平衡能够导致耻骨联合处的剪切力，从而引发内收肌止点病变和腰部疼痛。

由于骨盆和腰部的联系密切，核心稳定性不足通常会导致竞技体育和职业运动员在运动时发生腰部疼痛。皮特等人（Peate et al., 2007）发现，在对433名消防员实施核心稳定性训练计划后，

患者注意事项

在对一些敏感的解剖区域，如耻骨进行诊断时，从业者必须向患者解释对这个部位进行触诊的原因以及将怎么做，在得到患者的允许后进行检查。另外，如果患者是一名未成年人，无论是要对这些敏感区域进行检查还是问题处理，都需要有与其同性别的另一位同事进行监护。其父母如果觉得不太方便，可以在从业者的指导下，自己帮助孩子完成检查。

员工由于下肢及腰部损伤导致的缺勤及工伤率分别减少了44%和62%。鲁伯特等人（Rupert et al., 2009）报告说，10%到27%的慢性腰痛患者中存在骶髂关节病变。但是，直至现在，用核心肌群的运动控制疗法处理非特异性腰痛问题还未得到广泛的认可。

在一篇系统性综述中，马塞多等人（Macedo et al., 2009）发现，与不进行任何干预相比，在康复过程中运用运动控制练习可以显著改善腰部疼痛。但是，与手法治疗与单独训练（如普拉提）相比，没有显著差异。格拉德威尔等人（Gladwelll et al., 2006）发现，进行为期6周的普拉提训练组与控制组相比，可以显著降低腰部疼痛，改善运动功能、柔韧性及本体感觉。

但是，在一篇关于普拉提治疗腰痛的系统性综述中，博萨奇、莱兹斯和哈格纳·德伦格乌斯卡（Posadzki, Lizis & Hagner–Derengowska, 2011）表明，格拉德威尔的研究以及其他的三个研究，因为实验对象数量过少，其证据等级不高。但是，他们的研究结果对于改善核心稳定性来控制腰痛这一趋势给出了积极的态度。总而言之，造成盆腔躯体功能障碍的原因有很多。因此，从业者有必要诊断出患者骨盆躯体功能障碍的起源，明确需要纠正的改变因素，同时也要考虑到骨盆作为中心结构，其损伤可能会导致人体在运动、工作及生活中的一系列改变。

应用PRT的常见解剖部位和情况

前侧结构

- 肌肉拉伤
- 大转子处滑囊炎
- 骨关节炎
- 运动型疝气
- 内收肌腱炎或肌腱变性
- 髋关节弹响综合征
- 髂骨前旋

后侧结构

- 肌肉拉伤
- 坐骨结节滑囊炎
- 骨关节炎
- 梨状肌综合征
- 骶髂关节功能紊乱
- 骶髂关节卡索
- 腰痛
- 髂骨后旋

腰大肌

椎间盘
第十二肋骨
腰小肌
腰大肌
腰方肌
髂肌
耻骨联合

髂腰肌由髂肌和腰大肌组成，它们合作完成髋关节的屈曲，同时稳定腰椎。但是，与髂肌不同，部分腰大肌可被触及，而腰大肌在行走时控制髋关节和膝关节的旋转。腰小肌通常观察不到，且不能触到。因此，只详细讲解腰大肌的触诊和治疗。

起点： L1~L5横突，T12~L5椎体。

止点： 股骨小转子。

功能： 起点固定，使髋关节屈曲；止点固定，使躯干前屈，髋关节外旋，腰椎屈曲，躯干同侧屈。

神经支配： L1~L4（腰丛）。

触诊流程

- 让患者仰卧，膝关节屈曲并放在你的腿上或垫枕上。对于脂肪组织过多或者肌肉量过大的患者，用一个健身球来辅助其固定姿势。
- 腰大肌从髂前上棘（ASIS）斜向分布到肚脐处。手指交叠沿肌纤维方向触诊。
- 在患者呼气时，将其腹直肌拨开后，慢慢向深部按压纤维。
- 弹拨患者腰大肌的纤维。
- 让患者屈曲髋关节有助于触诊腰大肌。
- 沿着肌肉找到每一个压痛点或肌束震颤反应点。
- 一旦确定了最关键的压痛点或肌束震颤反应点（或者两个都存在），在整个PRT应用过程中，用手指指腹持续按压该点，直到再次进行评估。

PRT应用流程

- 患者仰卧。
- 将患者双脚置于你的肩上（见视频6.1a）或健身球上（见视频6.1b），治疗侧脚踝搭在对侧脚踝上。

腰大肌触诊流程

- 使患者的髋关节屈曲并偏向治疗侧。

- 用远侧手使患者膝关节和髋关节向你对侧肩部屈曲，或沿着肌纤维走向屈曲。

- 一旦确定好屈曲的位置，将你的膝盖或大腿放在患者的骨盆下方，使骨盆后倾。在这个过程中，也可以用垫枕来支撑患者的骨盆。

- 用远侧手在冠状面上侧移患者的膝关节和髋关节，然后旋转它们。

- 放松完毕后，屈曲患者膝关节并把患者的双脚放到治疗床上。然后用垫枕支撑屈曲的膝关节，并重新进行触诊评估。

- 需治疗的相关组织：髂肌、腹直肌、股直肌。

▶ 视频 6.1：腰大肌 PRT 应用流程

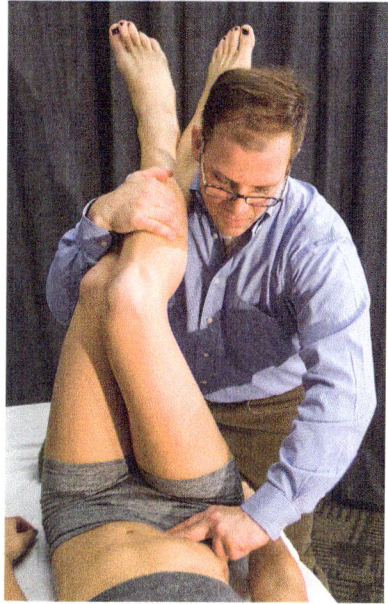

腰大肌 PRT 应用流程

下腹直肌

腹横肌
腹内斜肌
腹外斜肌
腹直肌

在没有大量脂肪组织覆盖的情况下，腹直肌就如同搓衣板一样，这通常被称为六块腹肌。腹直肌通常被认为是稳定核心区的肌肉。但是，麦吉尔（McGill, 2007）的研究表明，腹直肌仅仅是提供核心稳定结构中的一个部分，腹直肌只有在其他核心肌群一起被激活后，才能增强脊柱的稳定性或者坚硬度。

起点：耻骨嵴，耻骨联合。

止点：第五到第七软肋骨、剑突。

功能：使脊柱屈曲；骨盆旋后。

神经支配：T7~T12（腹侧支）。

触诊流程

- 患者仰卧，使膝关节屈曲，用垫枕支撑。
- 当患者保持微卷腹姿势时，从患者的剑突和肋骨向耻骨嵴处进行触诊。
- 弹拨患者肌肉纤维。
- 为了触诊患者下腹直肌及起点处肌腱，将掌根置于患者脐部，手指指尖刚好在耻骨嵴处。
- 沿着肌肉及其附着点找到每一个压痛点或肌束震颤反应点。
- 一旦确定了最关键的压痛点或肌束震颤反应点（或者两个都存在），在整个PRT应用过程中，用手指指腹持续按压该点，直到再次进行评估。

PRT应用流程

- 患者仰卧，保持有支撑的胸椎屈曲位（可以将垫枕放在身体下方，或用可分离式治疗床来维持胸椎的屈曲姿势）。
- 将患者的双脚都放在你的一侧的肩部或一个健身球上。用远侧手固定患者的脚踝。

下腹直肌触诊流程

- 用远侧手移动患者的髋关节和膝盖，使之屈曲，从而保证胸椎的屈曲及骨盆的旋后。
- 一旦找到最佳的骨盆和髋关节的姿势，用大腿或垫枕支撑患者，使其骨盆后倾。
- 用远侧手和身体对患者的髋关节和股骨旋转进行微调。
- 相关组织治疗：髋屈肌、腹斜肌。

自我治疗流程

- 仰卧并将一个垫枕放在脊柱上部后侧，另一个垫枕放在骨盆后侧，使骨盆后倾。
- 把脚踝放在一个稳定物体上，比如长沙发的扶手上或者椅子边缘，以维持膝关节和髋关节的屈曲位。
- 在这个姿势下，对腹肌下部进行自我触诊，找到肌束震颤反应点及组织最放松的位置。这样会帮助你找到最佳的治疗姿势。
- 保持这个治疗姿势，直至肌束震颤反应消退，或者持续治疗3~5分钟。

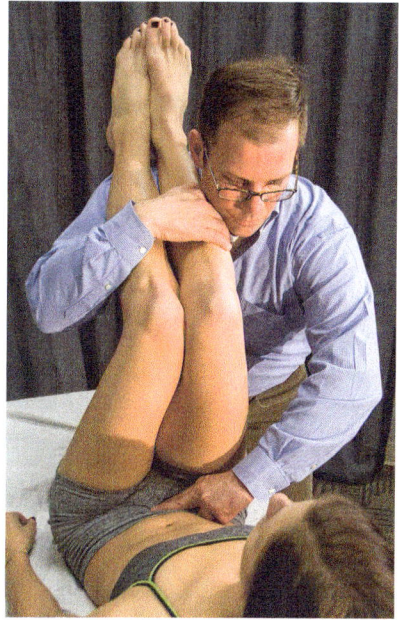

下腹直肌PRT应用流程

缝匠肌

腰大肌
髂骨
髂肌
阔筋膜张肌
缝匠肌

缝匠肌是身体中最长的肌肉。它起自ASIS，斜向经过股骨后髁，与股薄肌和半腱肌汇合，从而形成鹅足腱。它的名字与裁缝在缝纫时的位置有关。虽然它很表浅，但很难把它单独分离出来。值得注意的是，有一小部分人没有缝匠肌。

起点： 髂前上棘。

止点： 胫骨干近端内侧面。

功能： 髋关节外旋、外展和屈曲；膝关节屈曲和内旋。

神经支配： L2~L3（股神经）。

触诊流程

- 患者仰卧，并把脚踝外侧放在另一条腿的胫骨处。这个姿势与裁缝的坐姿一样，更类似于踢毽子时的动作。

- 可以让患者抗阻进行髋关节屈曲、外展，以及脚踝或者膝关节外旋，从而辅助触诊。

- 从患者缝匠肌的起点ASIS处开始移动，沿着大腿斜向拨动，抵达膝关节内侧，鹅足腱肌腱处。

- 这块肌肉仅有几根手指宽，并且是大腿前侧最表浅的肌肉。

- 沿着肌肉或近端、远端的肌腱及其附着点找到每一个压痛点或肌束震颤反应点。

- 一旦确定了最关键的压痛点或肌束震颤反应点（或者两个都存在），在整个PRT应用过程中，用手指指腹持续按压该点，直到再次进行评估。

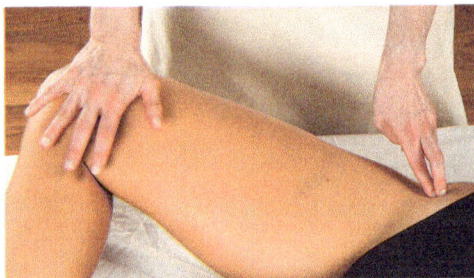

缝匠肌触诊流程

PRT 应用流程

- 患者仰卧。

- 用远侧手握住患者治疗侧足跟并将其膝关节放在你的大腿上。

- 用远侧手使患者的髋关节明显地屈曲、外旋及外展，同时保持患者的膝关节与你的躯干相接触。

- 用远侧手内翻患者的跟骨。

- 需治疗的相关组织：髂肌、腰大肌、阔筋膜张肌、股直肌。

▶ 视频 6.2：缝匠肌 PRT 应用流程

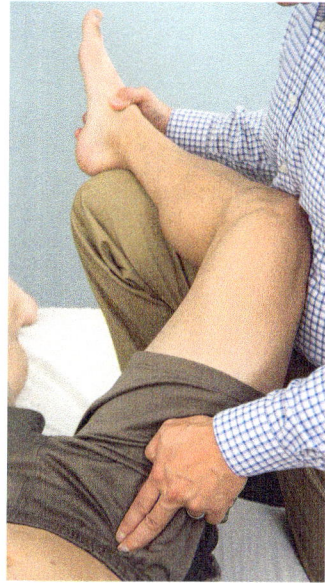

缝匠肌 PRT 应用流程

股直肌腱

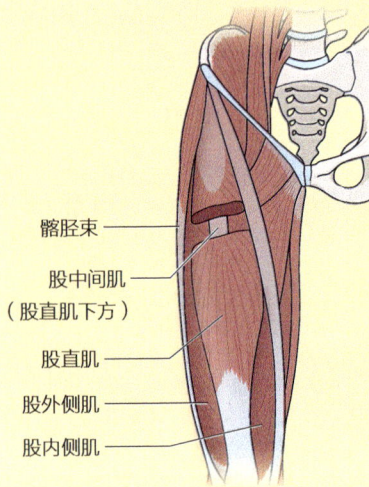

当髋屈肌或股直肌自身拉伤或过载时，股直肌腱通常在其起点，即髂前上棘处容易受到刺激。尤其是在运动人群中，股直肌腱损伤会导致髋关节伸展角度受限。

起点： 髂前下棘。

功能： 协助髋关节屈曲。

神经支配： L4（股神经）；股直肌。

髂胫束
股中间肌
（股直肌下方）
股直肌
股外侧肌
股内侧肌

触诊流程

- 让患者仰卧，将其膝关节放在一个垫枕或你的大腿下方，使其髋关节屈曲。
- 找到患者髂骨嵴的位置，沿着骨嵴，手指向下移动到ASIS最突出的部位。手指继续向下移动到髂前下棘（AIIS）更小的突出的部位。
- 股直肌腱止点就在髂前下棘下方。
- 用力地弹拨患者肌腱直到髋关节的前折痕处。
- 沿着肌腱及其附着点找到每一个压痛点或肌束震颤反应点。
- 一旦确定了最关键的压痛点或肌束震颤反应点（或者两个都存在），在整个PRT应用过程中，用手指指腹持续按压该点，直到再次进行评估。

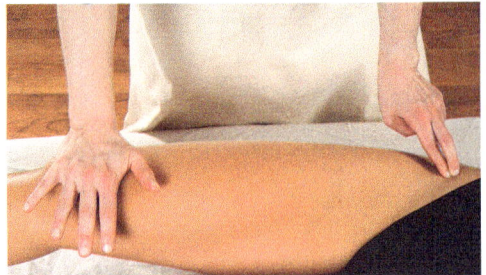

股直肌腱触诊流程

PRT应用流程

- 患者仰卧。
- 将患者的脚踝都放在你的一侧肩部或健身球上。
- 根据患者及你的舒适度，选择是否需要将患者脚踝交叠放置。

- 用远侧手抓住患者的双膝使其髋关节屈曲。
- 一旦找到舒适的髋关节屈曲姿势或者发生肌束震颤反应的位置（或者两者都有），用远侧手使患者躯干侧屈和股骨内外旋，对患者治疗姿势进行微调。
- 需治疗的相关组织：髂肌、耻骨肌、腰肌。

▶ 视频6.3：股直肌腱PRT应用流程

自我治疗流程

- 在一张长沙发或者椅子前面躺下。
- 将小腿都放在长沙发或者椅子上，膝盖并拢。
- 对股直肌腱进行触诊的同时，去感受髋关节屈曲、躯干侧屈以及股骨的内旋及外旋。活动中组织的肌束震颤反应及其最放松的位置。
- 在治疗过程中，髋关节必须保持放松的状态，因此需要用一个固定物，如一张椅子或者一面墙来支撑双侧膝关节，以防止它们活动。
- 在治疗过程中保持这个姿势，直到肌束震颤反应消退，或持续治疗3~5分钟。

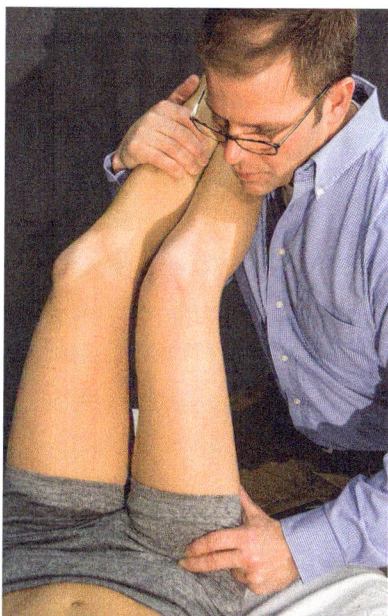

股直肌腱PRT应用流程

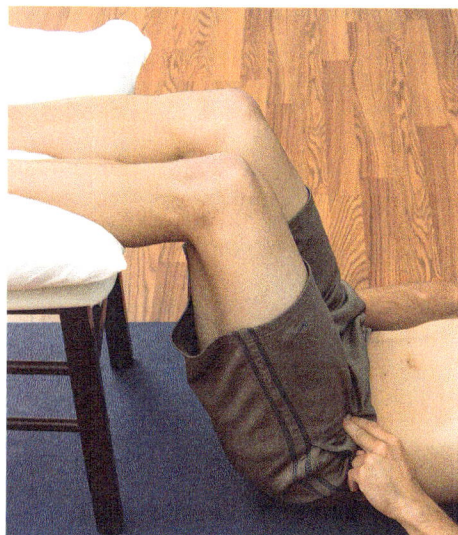

股直肌腱自我治疗流程

髂肌

腰大肌
髂骨
髂肌
阔筋膜张肌
缝匠肌

髂肌是一块宽而平、填充髂窝的肌肉。它与腰大肌汇合并一起被叫作髂腰肌。髂肌是一块屈髋肌，同时可以稳定腰椎。

起点： 髂窝上方三分之二处，髂嵴内唇，骶髂韧带和髂腰韧带前侧，骶骨外侧。

止点： 经由腰大肌腱，止于股骨小转子。

功能： 起点固定，使髋关节屈曲；止点固定，使脊柱及骨盆前屈。

神经支配： L2~L3（股神经）。

触诊流程

- 患者仰卧（脂肪组织过多的患者可以对侧卧，同时屈髋屈膝来触及髂窝）。
- 将患者的膝关节放在垫枕或你的大腿上。
- 在患者髂前上棘上方找到髂嵴。
- 让患者呼气；然后缓慢而轻柔地下压手指，从患者髂嵴外侧移动到髂窝处，并将表浅腹肌推向内侧。
- 轻柔地沿着患者髂窝拨动。
- 在触诊过程中让患者屈曲髋关节有助于加强髂肌的收缩。
- 一旦确定了最关键的压痛点或肌束震颤反应点（或者两个都存在），在整个PRT应用过程中，用手指指腹持续按压该点，直到再次进行评估。

PRT应用流程

- 让患者仰卧，使其双脚呈蝴蝶状并放在你的一侧肩上或健身球上。只抬起一条腿也可以进行，方法同缝匠肌PRT应用流程。
- 用远侧手移动患者的髋关节使之屈曲，从而让患者的膝关节向外打开呈蝴蝶状，以维持股骨外旋。
- 用身体使患者的股骨外展、内收和旋转以进行微调。

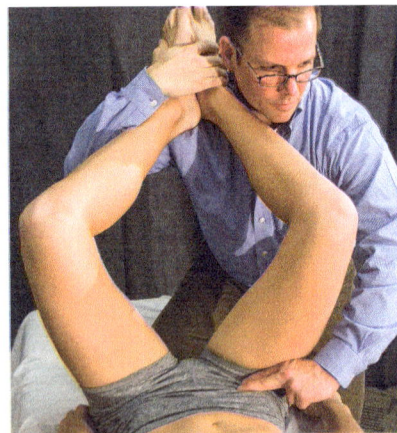

髂肌触诊流程

髂肌PRT应用流程

- 需治疗的相关组织：腰肌、股直肌、缝匠肌。

▶ 视频6.4：髂肌PRT应用流程

阔筋膜张肌

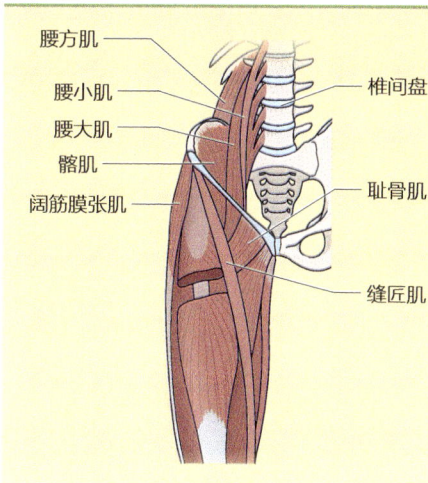

腰方肌
腰小肌
腰大肌
髂肌
阔筋膜张肌

椎间盘
耻骨肌
缝匠肌

阔筋膜张肌是表浅肌，起于ASIS的外侧下端，约两到三根手指宽。阔筋膜张肌与髂胫束相连，存在髂胫束摩擦综合征时，它通常是紧张的。

起点：髂嵴，ASIS后侧。

止点：髂胫束（深层和表层）。

功能：髋关节屈曲、内旋和外展。

神经支配：L4~S1（臀上神经）。

触诊流程

- 患者仰卧，膝关节伸展。
- 在患者ASIS外下侧约1英寸（约2.5厘米）处触诊该肌肉。
- 让患者内旋大腿来感受肌肉的收缩。
- 弹拨这个组织的纤维，直到感到它与扁平纤维状的髂胫束融合在一起。
- 沿着肌肉及其附着点找到每一个压痛点或肌束震颤反应点。
- 一旦确定了最关键的压痛点或肌束震颤反应点（或者两个都存在），在整个PRT应用过程中，用手指指腹持续按压该点直到再次进行评估。

PRT应用流程

- 患者仰卧，膝关节和髋关节屈曲。
- 将远侧手放在患者膝关节的顶部。
- 用远侧手或躯干移动患者膝关节，使其髋关节明显地屈曲。
- 用远侧手使患者髋关节内旋和外旋。
- 用远侧手或躯干下压患者的股骨。
- 用躯干或远侧手外展和内收患者的髋关节进行微调。
- 需治疗的相关组织：股直肌、股直肌腱、髂肌、腰肌、髂胫束。

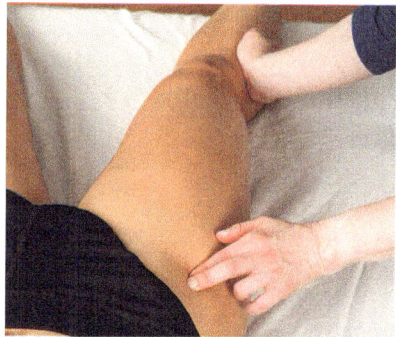

阔筋膜张肌触诊流程

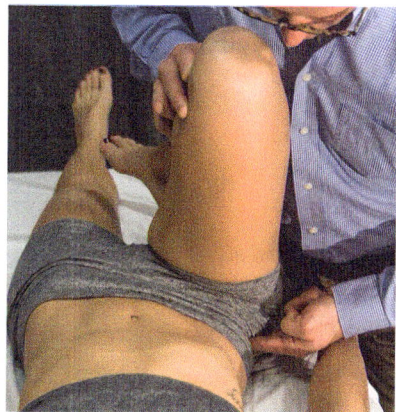

阔筋膜张肌PRT应用流程

▶ 视频6.5：阔筋膜张肌PRT应用流程

耻骨上支

髂骨
骶骨
髋臼
耻骨联合
耻骨
坐骨
耻骨上支

骨盆前侧图

耻骨上支是多个肌肉重要的附着点。耻骨结节在耻骨嵴的上端。每一个突出部分都是长收肌和腹股沟韧带，以及腹直肌的附着点。耻骨结节外侧是耻骨上支。耻骨上支向上呈45度指向ASIS。耻骨肌起点分布在耻骨结节外侧。

触诊流程

- 让患者仰卧，用膝关节或垫枕使患者的双侧膝关节屈曲。
- 在患者腹股沟内侧找到内收肌总腱（长收肌和股薄肌，这个肌腱是腹股沟最突出的部位，在抗阻内收时可以看得到）。肌腱附着处下侧的骨头即为耻骨结节。
- 将手指和双手叠在一起，从患者耻骨结节外侧向上移动到耻骨上支处。
- 给患者的双脚施加向下的压力并加压，以帮助感受耻骨嵴。
- 沿着患者耻骨上支朝着ASIS的方向进行触诊。
- 沿着患者骨骼找到每一个压痛点或肌束震颤反应点。
- 一旦确定了最关键的压痛点或肌束震颤反应点（或者两个都存在），在整个PRT应用过程中，用手指指腹持续按压该点，直到再次进行评估。

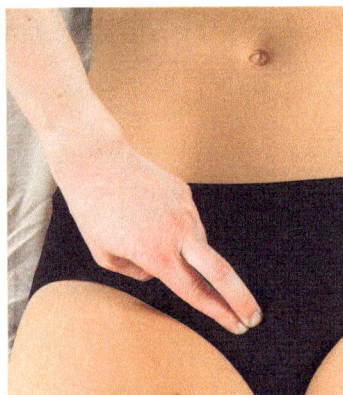

PRT应用流程

- 患者仰卧。
- 将远侧手放在患者的膝关节上。
- 用远侧手屈曲患者的髋关节和膝关节。
- 用远侧手或躯干下压患者的股骨，同时旋转患者的股骨（大幅度内旋，检查内侧组织；较小幅度地内旋，检查外侧组织）。
- 用远侧手内收和外展患者股骨进行微调。
- 需治疗的相关组织：腹肌、腰肌、股直肌腱、阔筋膜张肌。

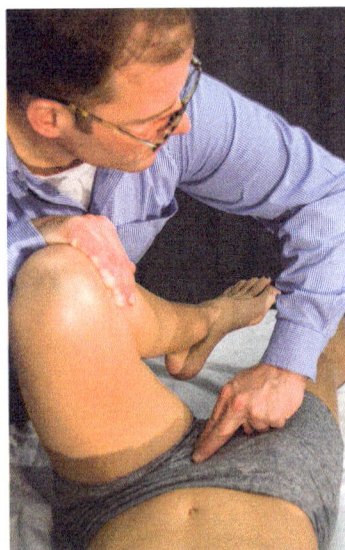

耻骨上支触诊流程

耻骨上支PRT应用流程

耻骨下支

髂嵴

髂骨翼　　　　　　　　髂前上棘

　　　　　　　　　　　髂前下棘

　　　　　　　　　髋臼窝

坐骨大切迹　　　　　髋臼边缘　髋臼

　　　　　　　　　髋臼切迹

坐骨小切迹

坐骨结节　　　　　　　耻骨下支

髂骨、耻骨和　　　　　坐骨支
坐骨的连接点
　　　　　　闭孔

右侧耻骨的外侧图

耻骨下支由两个分支——耻骨下支和坐骨支组成。二者共同形成一座连接耻骨嵴和坐骨结节的桥（坐骨耻骨支）。耻骨下端是股薄肌、短收肌和大收肌的附着点；大收肌也与坐骨耻骨支相连。腘绳肌和下腰部外伤通常会造成大收肌在耻骨处的疼痛和损伤。

触诊流程

- 患者仰卧，将你的膝关节或垫枕置于患者屈曲的膝关节下。
- 找到患者内收肌总腱（长收肌和股薄肌，这个肌腱是腹股沟最突出的部位，并且在抗阻内收时可以看得到）。肌腱附着处下方骨骼就是耻骨结节。
- 触诊患者耻骨结节下端，向内下侧滑动手指，触及坐骨下支。
- 上下敲击患者坐骨下部，沿后侧触及坐骨下支。
- 一旦确定了最明显的压痛点或肌束震颤反应点（或者两个都确定），在整个PRT应用过程中，在该位置上用手指指腹保持轻压，直到二次评估为止。

PRT应用流程

- 患者仰卧，并将小腿放在你的膝盖、大腿或健身球上，髋关节屈曲约90°。
- 用远侧手移动患者的髋关节使其屈曲明显地内收和内旋。
- 用远侧手或躯干在患者膝关节处给股骨一个向下的压力。
- 这个流程同样适用于治疗短收肌、大收肌和股薄肌的肌腱和近端肌肉组织。

耻骨下支触诊流程

耻骨下支PRT应用流程

- 需治疗的相关组织：腰大肌、髂肌、股直肌、大收肌、长收肌、股薄肌。

▶ 视频6.6：耻骨下支PRT应用流程

121

髋外旋肌腱

髋关节后侧6个深层肌肉的肌腱（梨状肌、股方肌、闭孔内肌、闭孔外肌、上孖肌和下孖肌）共同附着于大转子附近。在"6个深层肌肉"里面，只有梨状肌和股方肌能够直接触到。但是，通过髋关节抗阻外旋可以感知肌腱复合体的密度。一个或者多个深层旋转肌的病理问题通常会导致它们共同附着点大转子处的损伤。触诊和治疗中，它们的肌腱是一个复合体。

梨状肌
上孖肌
闭孔内肌
下孖肌
闭孔外肌
股方肌

触诊流程

- 患者俯卧，膝关节屈曲。
- 将患者髂骨外侧嵴向下移动4~6英寸（10~15厘米）就可以找到其大腿外侧大转子的位置。
- 在触诊过程中，让患者主动旋转股骨能够帮助定位大转子。
- 手指从患者大转子的外表面向内后方滑动，直到与股骨相邻的柔软组织，即外旋肌腱。
- 让患者抗阻外旋髋关节，以感受肌腱的密度。
- 用紧实的力量弹拨肌腱以感受它们。
- 注意每个压痛点或者发生肌束震颤反应的肌腱的位置。
- 一旦确定了最关键的压痛点或肌束震颤反应点（或者两个都存在），在整个PRT应用过程中，用手指指腹持续按压该点，直到再次进行评估。

PRT应用流程

- 患者俯卧，膝关节屈曲。
- 用远侧手抓住患者膝关节下方，并使患者髋关节呈微后伸位。
- 一旦找到伸展的治疗姿势，用远侧手将患者的大腿置于适宜的外展位。

髋外旋肌腱触诊流程

- 在确定好伸展和外展的姿势后，将患者的大腿放在一个垫枕或者你的大腿上。
- 用远侧手外旋患者的股骨。
- 用躯干进行长轴加压，或者用远侧手在患者的腘窝处进行牵引以微调姿势。
- 相关治疗组织：臀中肌、股大肌、臀小肌、骶结节韧带、梨状肌、竖脊肌、胸腰筋膜、髂胫束。

髋外旋肌腱 PRT 应用流程

梨 状 肌

梨状肌张力过大可能会压迫肌肉下的坐骨神经。神经压迫会导致坐骨神经痛，这种症状叫作梨状肌综合征。然而，肌肉张力问题可能是一些症状的起源，如椎间盘或神经根紊乱。有一些患者，他们的坐骨神经是穿过梨状肌的。

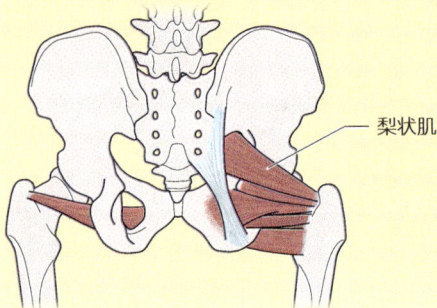

梨状肌

起点： 骶骨的前面（首先通过第四骶前孔），骶髂关节囊，骶结节韧带的骨盆表面，髂后下棘。

止点： 大转子内上侧缘。

功能： 髋关节外旋；在髋关节屈曲时辅助髋外展。

神经支配： SI~S2（骶神经丛）。

触诊流程

- 患者俯卧，膝关节屈曲。
- 用手指找到患者尾骨和髂后上棘（PSIS），用另一只手找到大转子，形成的三角形即可定位梨状肌。
- 手指之间的线形成一个T形，梨状肌的走势与T的尾部相一致。
- 朝着患者髂嵴触诊梨状肌，从起点向止点拨动它。
- 通过髋关节抗阻外旋可以增加患者梨状肌的厚度。
- 一旦确定了最关键的压痛点或肌束震颤反应点（或者两个都存在），在整个PRT应用过程中，用手指指腹持续按压该点，直到再次进行评估。

PRT应用流程

- 患者俯卧在治疗床边缘。
- 用远侧手将患者的脚踝放在你的大腿上，并使患者的髋关节屈曲、内收。
- 在找到舒适的髋关节屈曲、内收姿势后，用远侧手外旋患者股骨。
- 移动你的大腿顶住患者的大腿，以保持这个治疗姿势，并用远侧手控制患者的脚踝和蹒趾的屈曲及股骨的旋转，进行微调。

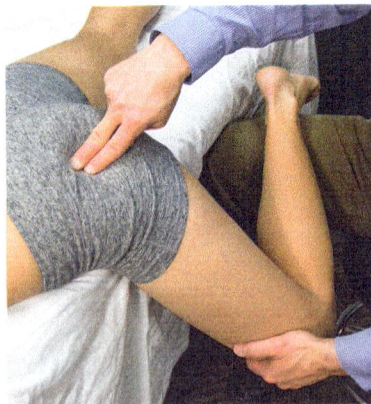

梨状肌触诊流程

梨状肌PRT应用流程

- 需治疗的相关组织：髋外旋肌腱、髂胫束、腓肠肌、比目鱼肌、足跖屈结构、股方肌。

▶ 视频6.7：梨状肌PRT应用流程

股方肌

股方肌是六块髋部深层外旋肌中的一块。虽然它的纤维是扁平的，但是它可以在髋关节抗阻外旋时通过深触诊被触及。

起点： 坐骨结节。

止点： 小转子和大转子之间的嵴。

功能： 髋关节外旋。

神经支配： L5~SI（腰丛神经）。

股方肌

触诊流程

- 患者俯卧，脚踝被支撑。
- 定位患者大转子远端后侧和坐骨结节。股方肌就在它们中间。
- 拨开患者臀大肌下部纤维，用紧实的力拨动股方肌。
- 通过抗阻外旋患者髋关节来增加手下肌肉的厚度与触感。
- 沿着肌肉及其止点找到每一个压痛点或肌束震颤反应点。
- 一旦确定了最关键的压痛点或肌束震颤反应点（或者两个都存在），在整个PRT应用过程中，用手指指腹持续按压该点，直到再次进行评估。

PRT应用流程

- 患者俯卧，膝关节屈曲90度。
- 用远侧手握住患者膝关节，使其髋关节伸展。
- 一旦确定伸展姿势，将患者的大腿放在你的大腿或者垫枕上。
- 用远侧手将患者的股骨置于内旋位。
- 用远侧手来调控患者股骨的外展及内收。
- 远侧手放在患者膝关节后侧，通过牵引或按压关节来微调姿势。
- 需治疗的相关组织：臀大肌、臀中肌、髋外旋肌。

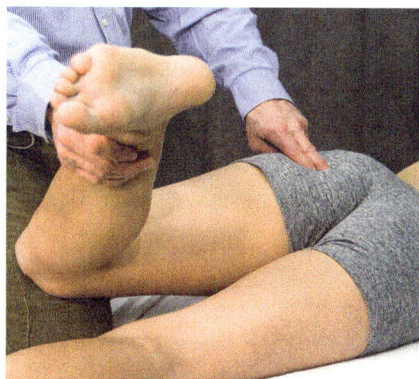

股方肌触诊流程

股方肌PRT应用流程

骶结节韧带

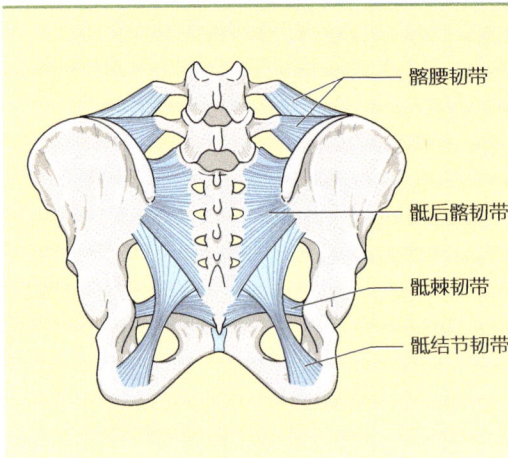

髂腰韧带

骶后髂韧带

骶棘韧带

骶结节韧带

骶结节韧带是一个扇形分布的扁平结缔组织，它与骶棘韧带一起组成坐骨小孔。由于它与后侧神经血管结构相邻，且可以压迫后侧神经，如外阴神经，所以骶结节韧带被认为是造成会阴疼痛的罪魁祸首。另外，骶结节韧带在坐骨上方与股二头肌腱相延续，因而腘绳肌拉伤时骶结节韧带也会紧张。

起点： 横向骶结节下方，骶骨下端边缘，尾骨。

止点： 坐骨结节。

功能： 稳定骶髂关节和骨盆。

触诊流程

- 患者俯卧，脚踝被支撑。
- 定位患者坐骨结节、骶骨下边缘及尾骨的位置，骶结节韧带就经过这些部位。
- 手指从患者坐骨结节上方滑落，拨开覆盖着骶结节韧带的臀大肌下部纤维。骶结节韧带大约宽1英寸（约2.5厘米），在触诊时它可以被牢牢地固定。
- 沿着韧带及其附着点找到每一个压痛点或肌束震颤反应点。
- 一旦确定了最关键的压痛点或肌束震颤反应点（或者两个都存在），在整个PRT应用过程中，用手指指腹持续按压该点，直到再次进行评估。

PRT应用流程

- 患者俯卧，双踝下放一个垫枕以放松腘绳肌。
- 将远侧手的掌根放在患者骶骨的基底部或者最上方表面，手指自然放松，指向坐骨结节。将近侧手掌根放在患者坐骨结节上，手指自然放松，指向骶骨的外边缘。
- 根据手指的长度，可以用任意一只手的手指来检测肌束震颤反应。
- 用远侧手下压患者骶骨基底部。

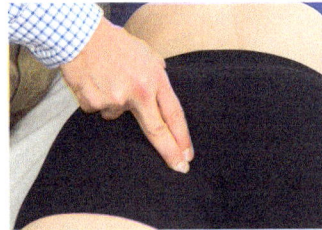

骶结节韧带触诊流程

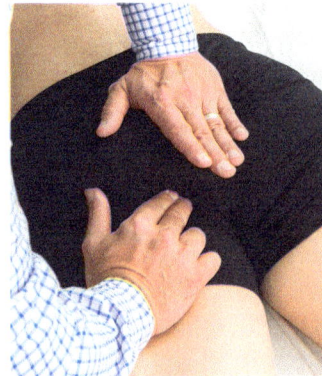

骶结节韧带PRT应用流程

- 用近侧手及手指将下部组织上拨至骶骨下端和尾骨边缘。
- 需治疗的相关组织：骶棘韧带、髂腰韧带、骶髂韧带、股二头肌。

骶髂关节

骶骨和髂骨相结合形成骶髂（SI）关节。骶髂关节是身体最大的轴向关节，但是只有其前侧三分之一是滑膜；其后三分之一是由韧带和肌肉连接组成的（Cohen, 1995）。关节复杂的韧带结构及其周围的股二头肌、臀大肌和梨状肌保证了骶髂关节的稳定、力量传递和分散。这些组织的损伤和功能紊乱可能导致关节运动的改变，3个运动轴约有2°~3°的旋转（Cohen, 1995）。

图中标注：骶髂关节、骶骨、髂嵴、髂骨、髂前上棘、髂前下棘、髋关节、大转子、耻骨、耻骨联合、股骨

触诊流程

- 患者俯卧，脚踝被支撑，放松腘绳肌及骶结节韧带。
- 双手拇指相对，卡住患者髂嵴上缘。
- 骶髂关节位于拇指指腹下。如果相对于你的手，患者体形较大，可以从其髂嵴上方向下朝着骶骨和髂骨的连接处PSIS进行触诊。
- 对患者新月形的SI关节施加紧实的压力。
- 一旦确定了最关键的压痛点或肌束震颤反应点（或者两个都存在），在整个PRT应用过程中，用手指指腹持续按压该点，直到再次进行评估。

PRT应用流程

- 患者俯卧，膝关节屈曲，脚踝有所支撑。
- 远侧手放在患者对侧骶骨的外侧缘。
- 手臂伸直，双手靠近，用远侧手下压患者骶骨的外侧缘，上下移动骶骨的外侧缘，以找到能够最大限度地放松患者关节和（或）让其产生最强烈的肌束震颤反应的最佳手部位置。
- 一旦确定最佳的治疗姿势，用远侧手朝关节处旋转骶骨，同时将后侧组织向关节处拨动。

骶髂关节触诊流程

骶髂关节PRT应用流程

- 需治疗的相关组织：梨状肌、骶髂韧带、髂腰韧带、盆底组织。

▶ 视频6.8：骶髂关节PRT应用流程

臀大肌上部纤维

臀中肌
臀大肌上部纤维
臀大肌下部纤维
髂胫束
股薄肌

尽管臀大肌是臀肌中最表浅的，但是它是最有力量的一块肌肉。臀大肌上部及下部纤维呈斜向排布，从而可以驱使身体向前并维持直立姿势。

起点： 髂嵴，后臀线，骶骨后外侧面，胸腰筋膜，骶结节韧带，臀中肌腱膜。

止点： 髂胫束。

功能： 髋关节伸展、外旋、外展；稳定膝关节。

神经支配： L5~S2（臀下神经）。

触诊流程

- 患者俯卧，膝关节屈曲。
- 定位患者骶骨的外侧缘及髂骨的髂后上棘。
- 手指指向患者髂嵴外侧，从髂骨朝着髂胫束敲击臀大肌上部较厚的表层纤维。
- 让患者保持膝关节屈曲并伸展髋关节，以增强上部纤维与髂胫束的连接。
- 一旦确定了最关键的压痛点或肌束震颤反应点（或者两个都存在），在整个PRT应用过程中，用手指指腹持续按压该点，直到再次进行评估。

PRT应用流程

- 患者俯卧，膝关节屈曲。
- 用远侧手握住患者的膝关节，并伸展患者的髋关节。
- 一旦确定舒适的伸展位置，用远侧手握住患者大腿使其外展。
- 调整好伸展和外展姿势后，将患者的大腿放在垫枕或你的大腿上。
- 用远侧手外旋患者股骨。
- 用躯干沿长轴施加压力，或者用远侧手在患者腘窝处进行牵引，以微调姿势。

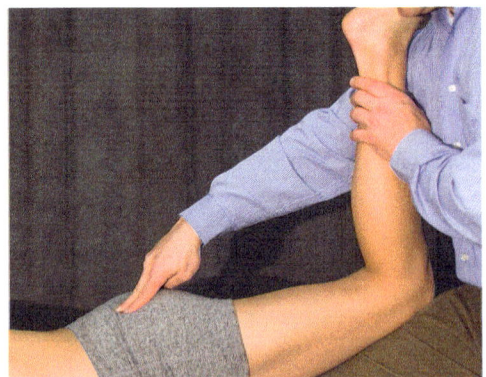

臀大肌上部纤维触诊流程

臀大肌上部纤维PRT应用流程

- 需治疗的相关组织：臀中肌、臀小肌、骶结节韧带、梨状肌、竖脊肌、胸腰筋膜、髂胫束。

臀大肌下部纤维

- 臀中肌
- 臀大肌上部纤维
- 臀大肌下部纤维
- 髂胫束
- 股薄肌

当脂肪组织很少时，触诊时，可以区分臀大肌的上部纤维及下部纤维。尾骨疼痛时通常会伴随臀大肌下部纤维的损伤。

起点： 尾骨（外表面），骶骨背侧下表面。

止点： 股骨的臀肌粗隆。

功能： 髋关节内收、伸展和外旋。

神经支配： L5~S2（臀下神经）。

触诊流程

- 患者俯卧，膝关节屈曲。
- 定位患者尾骨及骶骨外下侧缘。
- 手指指向患者髂嵴外侧，从尾骨的外侧表面向股骨臀大肌粗隆处拨动臀大肌下部的表层纤维。
- 臀肌粗隆位于股骨后表面，即大转子下方，接近股沟的位置。
- 让患者保持膝关节屈曲的同时，伸展和内收髋关节，以增强臀大肌下部纤维与臀肌粗隆连接处的厚度。
- 沿着肌肉及其起点找到每一个压痛点或肌束震颤反应点。
- 一旦确定了最关键的压痛点或肌束震颤反应点（或者两个都存在），在整个PRT应用过程中，用手指指腹持续按压该点，直到再次进行评估。

臀大肌下部纤维触诊流程

PRT应用流程

- 患者俯卧，膝关节伸展。
- 用远侧手握住患者的膝关节，使患者髋关节伸展。
- 确定最佳伸展治疗姿势后，用远侧手使患者大腿处于内收状态。
- 确定伸展和内收姿势后，将患者的大腿放在一个垫枕或你的大腿上。
- 用远侧手外旋患者的股骨。
- 用远侧手进行长轴按压或牵引来进行微调。
- 需治疗的相关组织：臀中肌、臀小肌、骶结节韧带、梨状肌、竖脊肌、胸腰筋膜、髂胫束。

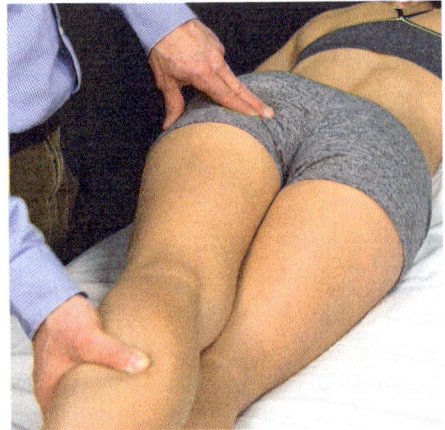

臀大肌下部纤维PRT应用流程

▶ 视频6.9：臀大肌下部纤维PRT应用流程

臀 中 肌

臀中肌纤维从后侧向前侧包裹髂骨；臀大肌覆盖着臀中肌后部纤维，臀肌腱膜覆盖前部纤维。臀中肌是步态中十分重要的一块肌肉。在单腿支撑相，臀中肌保持骨盆的稳定，防止骨盆倾斜，并保证对侧腿进入到摆动状态。支撑腿的臀中肌收缩可以防止对侧髋关节下沉（被称为臀中肌征或臀中肌步态），骨盆的下沉则表明支撑侧臀中肌薄弱。

起点： 髂骨，臀肌腱膜。

止点： 大转子的外侧面。

功能： 前部纤维：髋关节内旋、屈曲；后部纤维：髋关节外旋、伸展；所有纤维：髋关节外展。

神经支配： L4~S1（臀神经，下端分支）。

触诊流程

- 患者俯卧，膝关节屈曲，将患者小腿放在你的大腿或垫枕上。患者也可以选择侧卧位。
- 定位患者髂嵴后侧。
- 将手指交叠在一起，从患者髂嵴后侧滑落至覆盖臀中肌后部纤维的臀大肌处。
- 运用深部触诊法拨动患者臀中肌的斜向纤维。轻压即可使其与臀大肌纤维分开。抗阻外展增加臀大肌纤维下的臀中肌纤维的厚度。
- 继续运用同样的触诊技术，但移向患者髂骨前侧臀中肌表浅纤维处，这个部位不需要用太大的力量去触诊。
- 向下至大转弯处以触诊前内侧纤维。
- 沿着肌肉找到每一个压痛点或肌束震颤反应点。
- 一旦确定了最关键的压痛点或肌束震颤反应点（或者两个都存在），在整个PRT应用过程中，用手指指腹持续按压该点，直到再次进行评估。

臀中肌触诊流程

PRT应用流程

- 患者俯卧，治疗侧膝关节屈曲。
- 用远侧手握住患者膝关节，使其髋关节伸展。
- 用远侧手外展、伸展患者的大腿，以确定最佳的治疗姿势。
- 确定了最佳的伸展和外展姿势后，用远侧手外旋患者的髋关节。
- 确定了最佳的治疗姿势后，将患者的大腿放在你的大腿上，并用躯干支撑它。
- 用躯干对患者进行长轴牵引或按压以进行微调。
- 需治疗的相关组织：腘绳肌、竖脊肌、臀大肌、梨状肌、腰方肌。

▶ 视频6.10：臀中肌PRT应用流程

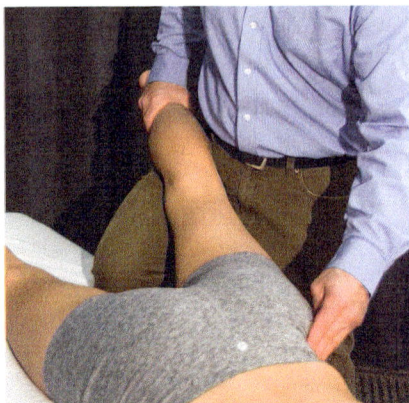

臀中肌PRT应用流程

自我治疗流程

- 俯卧。
- 将垫枕置于大腿下支撑使下肢自然伸直（根据髋关节的伸展程度，用沙发的扶手来支撑股四头肌可能效果更好）。
- 髋关节外展、外旋。
- 保持这个姿势3~5分钟，或者冰敷、加热20至30分钟，以加强放松效果和改善疼痛。

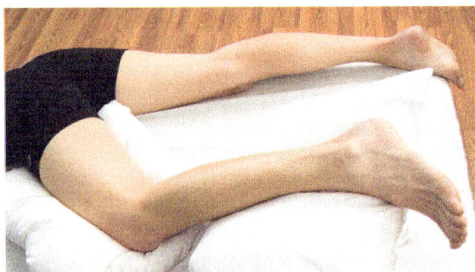

臀中肌自我治疗流程

内收肌腱病

据统计，在全球范围内每年腹肌沟疼痛占男性足球运动员损伤的10%~18%（Engebretsen et al., 2010; Topol, Reeves & Hassanein, 2005）。如果疼痛或伤病持续存在，肌腱的微小改变可以导致肌腱及腱止点处的薄弱（Valent et al., 2012），从而引发慢性炎症。内收肌腱病诊断较为困难，因为导致腹股沟疼痛的潜在原因很多，而且有很多结构都可以影响内收肌功能（Engebretsen et al., 2010）。因为体育运动和日常生活中的持续牵拉和激惹，内收肌腱病的治疗也比较困难。以往的损伤及髋内收肌薄弱是腹股沟损伤的内在风险因素（Engebretsen et al., 2010; Valent et al., 2012）。找到问题的根源，将有助于内收肌腱病的治疗。外在风险因素包括错误的训练、穿不适合的鞋、表面不平整的运动场地。可以通过改善这些因素来预防和治疗内收肌导致的腹股沟处损伤（Valent et al., 2012）。

常见症状

- 腹股沟、腹部下方疼痛，或者二者都存在疼痛，尤其是耻骨结节处疼痛。
- 内收肌牵拉痛；全速跑、踢、爆发性变向及旋转时有剧烈的疼痛。
- 肌腱及其止点处的触压痛。
- 腹股沟和腹部肌肉薄弱。
- 髋关节主动内收时疼痛。

常见诊断

- 骨盆应力性骨折。
- 股骨颈应力性骨折。
- 运动型疝气。
- 耻骨骨炎。
- 肌腱撕裂。
- 骨的联合处骨折，不愈合。
- 腹直肌撕裂。
- 腰骶病理病。

- 钙化性肌腱炎。
- 腰椎小关节疾病。

治疗部位及其顺序

1. 内收肌
2. 腹肌下部
3. 长收肌（耻骨上端）
4. 大收肌（耻骨下端）
5. 骶髂关节
6. 腰方肌
7. 臀中肌
8. 髂腰肌
9. 鹅足腱
10. 髂胫束
11. 腘肌

- 髋关节外侧滑囊炎。
- 髂腰肌病变。
- 神经压迫。

治疗方法

- 用磁共振成像（MRI）技术确诊。在这种情况下，通常会发现肌腱连接处出现严重的病灶性骨髓水肿。
- 评估患者的生物力学功能，尤其是骶髂关节的负载能力和功能，因为它们会对髋部内收肌造成影响。
- 进行进阶性髋关节及核心力量训练，尤其加强内收肌和腹肌的能力。
- 可以考虑运用水中运动疗法进行早期无痛的功能性训练及力量训练。
- 运用PRT、治疗性超声波热疗、激光和增生疗法等帮助肌腱脱离慢性炎症阶段。

自我治疗方法

- 每天进行内收肌的自我放松。
- 在功能性力量重塑前，避免可能激惹肌腱疼痛的体育运动和日常活动。
- 如果有条件的话，可以在腱止点处应用热疗，以增加血液流速并增加组织弹性。不要用电热垫，因为内收肌靠近生殖器官。
- 运动后运用无痛PNF进行拉伸。
- 包裹腹股沟或者用髋人字形石膏，以限制髋关节外展并且提供舒适感。

髋关节弹响综合征

如果患者总抱怨髋关节有弹拨感且髋关节前侧有弹响声，那他可能患有髋关节弹响综合征。髋关节的弹拨感及前侧的弹响声通常是由于外部机制或内部机制所致（Andersson et al., 2001）。就外部机制而言，这种弹响可能发生在股骨干大转子处，是由髂胫束（ITB）、臀大肌前部或阔筋膜张肌后部在大转子及其滑囊处的摩擦引起的。然而，通常认为髂胫束是最常见的原因（Seidenberg & Bowen, 2010）。ITB 的摩擦通常在跑步过程中出现，这可能会导致大转子处的滑囊炎。就内部机制而言，当髋关节从屈曲状态活动到伸展状态时，髂腰肌腱可能会滑过或卡在股骨头或者髂耻隆起处，当它与骨骼结构及其滑囊摩擦时，也可能会导致滑囊炎（Andersson et al., 2001）。如果保守治疗由内部及外部机制引起的弹响髋失败了，提倡采用手术松解或者手术延长损伤组织的方法来治疗（Kahn et al., 2013）。

常见症状

- 在髋关节从屈曲状态活动到伸展状态时，髋关节前侧或内侧自觉有弹拨感或弹响声。
- 大转子上有压痛点。
- 髂胫束或者髂腰肌上有压痛点。
- 髋关节从屈曲外展状态主动活动到伸展内收状态时有弹响声重现。

常见诊断

- 髋关节盂唇撕裂。
- 关节松弛（比如，髋臼软骨或股骨软骨损伤）。
- 股骨头缺血性坏死。
- 髂腰肌腱炎。
- 髂胫束摩擦综合征。
- 髂腰肌滑囊炎或者髂耻滑囊炎。
- 髋关节半脱位。
- 滑膜性软骨瘤病。

治疗部位及其顺序

外部弹响：

1. 髂胫束
2. 内收肌
3. 阔筋膜张肌
4. 臀中肌
5. 腰大肌
6. 大收肌（耻骨下端）
7. 骶髂关节

内部弹响：

1. 腰大肌
2. 髂肌
3. 腰方肌
4. 臀中肌
5. 大收肌（耻骨下端）
6. 骶髂关节
7. 竖脊肌

治疗方法

- 如果髂腰肌或者 ITB 的负重过大，评估并纠正患者的功能性动作和生物力学错误。
- 评估并纠正导致髋屈肌腱过紧的骨盆异常倾斜。
- 考虑运用适当的休息和运动纠正方法，直到急性症状消退。
- 进行核心稳定性及力量训练，以解决稳定性和力量不足问题。
- 实施一个进阶式拉伸计划。
- 进行关节和软组织松动术前，优先运用 PRT 治疗以减少组织保护反应，缓解疼痛及恢复正常的关节活动度。
- 考虑运用骨盆松动术来改善骨盆的活动度，同时缓解疼痛。

- 热疗（如超声波热疗、激光）可以帮助患者摆脱慢性炎症状态。
- 优先进行深部超声波热疗有助于改善髂腰肌松解及牵拉时的压痛和受限。
- 肌肉能量有助于增加关节活动度并减轻组织损伤。
- 在传统的治疗方法没有取得成效时，有必要采用非甾体类抗炎药、可的松或手术治疗。

自我治疗方法

- 休息，并用缓和的物理疗法（比如，冰敷和热敷），直到急性症状消失。
- 每天在治疗或活动后进行拉伸。
- 如果已经确诊是外部弹响髋，在进行拉伸和活动前，在大转子周围先进行热疗。
- 如果医生已经开具处方，可以用非甾体类抗炎药控制疼痛（急性期后）。

梨状肌综合征

梨状肌综合征是由于高张力梨状肌压迫坐骨神经所致（Hopayian et al., 2010）。即使关于梨状肌综合征的存在和诊断方法，已经有75年的文献记载，但仍存在争议，因为在统一可靠的诊断方法上还没有达到共识，这阻碍了这些研究结果的应用（Hopayian et al., 2010）。因此，在达成共识之前，应该依据症状来进行判断和处理。霍佩伊恩等人（Hopayian et al., 2010）与赛登伯格和鲍恩（Seidenberg & Bowen, 2010）的观点一致，他们发现最常见的梨状肌综合征的特征是臀部疼痛，坐着时坐骨神经痛加剧，坐骨大切迹处有压痛点，坐着及引起梨状肌张力增加的运动会导致疼痛加剧。

治疗部位及其顺序

1. 梨状肌
2. 骶髂关节
3. 臀中肌
4. 竖脊肌
5. 股方肌
6. 腘绳肌
7. 缝匠肌
8. 鹅足腱
9. 髂胫束
10. 内收肌

常见症状

- 髋后部有钝挫伤病史。
- 骶髂关节疼痛及髋后部肌肉（梨状肌）向臀部下侧、髋关节或大腿的放射痛。
- 休息、坐在坚硬表面和下蹲动作时有神经放射反应。
- 在梨状肌、坐骨大切迹、骶髂关节和臀中肌上有压痛点。
- 在做梨状肌张力增加的动作时有疼痛感（如髋关节被动屈曲内旋、髋部抗阻外展外旋）。
- 坐着时有疼痛感。
- 髋部内旋角度受限。
- 梨状肌测试和根斯伦测试（Gaenslen's test）征结果为阳性。
- FAIR（屈曲、内收、内旋）测试结果为阳性。
- 单腿触及试验中，髋膝关节控制不良。

常见诊断

- 髋关节疾病。
- 骶髂关节功能紊乱。
- 神经根刺激和压迫。
- 椎管外侧狭窄。
- 腰椎间盘病变。
- 坐骨神经痛。

治疗方法

- 进行一次彻底的病史及生物力学评估，确定梨状肌压迫坐骨神经的原因。
- 纠正导致髋部肌群负担增加的功能性动作或者生物力学错误。
- 用PRT放松梨状肌及其周边组织。
- 组织放松后，缓慢地拉伸髋部肌群。
- 在拉伸前，先使用热疗（如透热疗法、超声波热疗）。
- 对梨状肌、骶骨和髋部肌群进行肌筋膜按摩通常有助于保持这些组织的延展性。
- 在离心负荷活动中进行核心及髋关节力量训练，重点强化髋及膝关节的稳定性。
- 在康复早期使用矫正器限制髋关节内旋有助于减轻梨状肌的负担。

自我治疗方法

- 避免在坐着时从后口袋拿东西（如手机、钱包），这个动作可能会增加坐骨神经及梨状肌压力，压迫坐骨神经。不要在该部位用网球放松或进行其他会导致局部缺血、压力增加的处理。
- 每天进行髋后部自我放松。
- 仅进行不使病情恶化的拉伸。
- 用热敷或冰敷减轻疼痛和痉挛。

骶髂关节功能紊乱

骶髂（SI）关节功能紊乱由于缺乏可靠的诊断方法 Rupert et al., 2009; Szadek et al., 2009），而被认为是存有争议的（Seidenberg & Bowen, 2010）。骶髂关节紊乱被定义为一种关节缺乏自主运动的疾病（Sharma & Sen, 2014）。沙代克等人（Szadek et al., 2009）发现，进行骨科查体（如大腿推力试验、挤压试验和骶髂关节压力试验）可以为骶髂关节疼痛的诊断提供"辨别依据"。然而，这些试验和骶髂关节紊乱的关系还需要进一步的验证。需要反复单向活动的运动，如体操和滑雪可能会导致骨盆和骶髂关节扭转、周围关节韧带的损伤，周围肌肉组织的收缩，从而导致骶髂关节的活动受限和功能受损（Cohen, 2005; Seidenberg & Bowen, 2010）。跌倒、交通意外或肌肉突然强烈收缩会导致关节周围韧带和组织的撕裂，但这相对来说并不常见（Seidenberg & Bowen, 2010）。

常见症状

- SI关节上有压痛点（骶骨沟和PSIS）。
- 髋关节后方和腰部肌群有压痛点。
- 臀部、髋关节后外侧或腰部有放射痛。
- 躯干屈曲时疼痛。
- 运动、感觉和深部肌腱反射减退。
- FABER（屈曲、外展、外旋）测试、梨状肌测试或根斯伦测试结果为阳性。
- March试验和Gillet试验结果为阳性。
- 长短腿。
- 骨盆的上移或下移，伴随或不伴随旋转。

常见诊断

- 腰椎间盘病变。
- 梨状肌综合征。
- 臀中肌拉伤。
- 强直性脊柱炎。
- 莱特尔氏综合征。
- 脊柱关节病。
- 自身免疫性病因（如果双侧骶髂关节都受累）。

治疗部位及其顺序

1. 骶髂关节
2. 臀中肌
3. 梨状肌
4. 骶结节韧带
5. 股二头肌
6. 腰方肌
7. 竖脊肌
8. 臀大肌
9. 腰大肌（避免骨盆过度后倾）
10. 大收肌（耻骨下端）

- 椎管狭窄。
- 神经压迫。

治疗方法

- 进行一次彻底的生物力学测试，以决定疼痛的根源。
- 纠正每一个导致骶髂关节负荷过大的动作和生物力学错误。这种情况通常存在长短腿、伴随髋关节旋转肌薄弱。
- 如果存在明显的长短腿，不提倡只进行单侧矫正，因为这可能会严重影响SI关节的运动及运动链。因此，如果纠正了一侧腿长的问题，另一侧腿也应配定矫正器。
- 在使用手法治疗前，先用PRT缓解疼痛。
- 在使用手法治疗前，先使用热疗。
- 用肌肉能量技术、关节松动术或其他手法治疗，恢复骶髂关节正常的关节运动。
- 考虑让患者在急性期之后佩戴SI带以缓解疼痛和稳定关节。
- 让患者在4~6周内避免做会发生剪切和扭转SI关节的动作。在骨盆重新获得稳定后再循序渐进地做这些动作。
- 考虑用KT带或者相似的带子缓解疼痛。
- 实施渐进的脊柱稳定训练。

- 教育患者使用 ADL 技术减轻腰骶组织的压力。
- 教育患者如何进行 SI 关节的自我松动和使用肌肉能量技术，以维持 SI 关节的可动性。

自我治疗方法

- 避免会引起疼痛的动作，尤其是躯干屈曲和旋转。

- 在康复初期，避免躯干屈曲和仰卧起坐动作。
- 每天都进行 SI 关节自我松动及肌肉能量技术。
- 按需进行热疗和冷疗。
- 一旦关节恢复稳定，在活动或治疗性运动后牵拉髋部肌群。

总结

尽管盆腔躯体功能障碍可能对于新手和经验丰富的从业者来说都难以摸透，但是随着对近端和远端、内在和外在的风险因素的了解的深入，这个难题就可能会迎刃而解了。考虑到与骨盆疼痛相似的潜在的损伤众多，运用PRT的从业者一定要坚定不移地尝试去找到这种症状的根源。如果不能轻易地找到并决定盆腔躯体功能障碍的根源，那么运用PRT消除盆腔躯体功能障碍会比直接的手法治疗更加安全，同时也能缓解疼痛，增加肌肉力量，并且最大限度地提高骨盆功能。

第 7 章

脊柱

本章目标

在阅读本章内容后，你应该做到以下几点。

❶ 了解造成脊柱功能障碍的因素。

❷ 定位并触诊需要应用PRT进行治疗的脊柱结构。

❸ 应用PRT治疗脊柱功能障碍。

❹ 了解如何根据躯体损伤模式来治疗常见的损伤，如胸廓出口综合征。

　　与脊椎疾病相关的疼痛和残疾是一个常见的全球性的健康和经济问题。腰部疼痛是其中一个导致残疾和旷工的因素（Andersson, 1999; Hoy et al., 2012; Luo et al., 2004）。据统计，在1998年，仅仅就美国而言，腰部疼痛直接导致医疗费用超过907亿美元（Luo et al., 2004）。霍伊等人（Hoy et al., 2010）发现，曾经被认为是西方国家特有的腰部疼痛，现在已经成为全球性问题，并且给社会的各个方面都带来了负担。

　　普遍认为70%~85%的人会在其一生中的某个时候经历由脊椎疾病引起的疼痛和残疾（Andersson, 1999）。托德（Todd, 2011）报告说，高达三分之二的人在其一生中会发生颈椎退行性病变，并且随着年龄的增长，患病率会增加。据报道，人在30岁时，腰部疼痛的患病率是最高的，同时在60~65岁的人中也极为普遍，但之后患病率就会逐渐降低。中年时期，腰部疼痛患病率的升高和下降归因于生活和工作中对腰部活动的需求，而退休之后这种需要减弱，其患病率也会随之下降（Hoy et al., 2010）。

　　尽管脊椎组织的活动和压缩力对于它们的滋养和生长都是必需的，但是需求过大可能会导致脊椎加速退化和椎间盘退行性病变（Bartynski et al., 2013）。巴尔提斯基等人（Bartynski et al., 2013）提出，竞技运动员由于常年从事竞技运动，脊柱的扭伤和机械力的增加使他们更有可能发生椎间盘退行性病变，进而引发椎体紊乱。运动员是否比非运动员的脊柱疾病患病率高仍是不确定的，但波诺（Bono, 2004）发现，运动员的椎间盘退行性病变的概率更大。然而，这是否可以成为腰痛的风险因素是不能确定的。目前，关于椎间盘的研究还不能表明椎间盘退行性病变和椎体紊乱之间有因果关系（Bartynski et al., 2013; Endean et al., 2011），但是该领域对运动员的研究还是缺乏的。然而，利夫希茨等人（Livshits et al., 2011）确实发现了椎间盘退行性病变是导致女性发生腰痛的重要风险因素。

　　另外，腰痛的风险因素还包括体重增加（身体质量指数）、过度肥胖（尤其是女性；Shiri et al., 2009）、社会经济地位和教育地位低（Hoy et al., 2010）、易患病的遗传体质（女性之中；Livshite et al., 2011）和身体社会因素，如压力增加、情绪低落和工作不顺（Hoy et al., 2010）。虽然对于大多数急性腰痛，不及时进行或进行较少的风险因素干预，在3个月内就会消除，但约5%的人会发展为需要针对性治疗的慢性腰痛（Bartynski et al., 2013）。

　　目前仍缺乏对慢性疾病病因的认识，但是慢性疾病有可能与再发生率有关。一个关于性别和人口数的下腰痛流行病学研究显示，一年内再发生腰痛的人数占60%~80%。随着年龄的增长，女性群体腰痛的复发率会增高（Hoy et al., 2010）。反复发作的慢性腰痛可能由于一系列神经系统化学物质紊乱和过程在多个神经水平产生疼痛（Kuchra, 2005）。正如第2章中所讨论的，长期的慢性疼痛可能会导致第二阶的中间敏感化，从而在未损伤的组织中产生疼痛刺激。因此，在评估过程中，应考虑潜在的疼痛源并考虑是否有多个可能影响它们发生和持续存在的因素。

　　库奇拉（Kuchra, 2008）建议，从业者要对慢性疼痛患者进行社会心理（如抑郁症）、自我平衡（如自发性活动）和组织功能（生物力学）进行评估，以制定多种模式的处理方案，其中包括PRT的运用。PRT和SCS在减轻急性及慢性脊柱相关疼痛方面很有保障（Wong, 2012）。但是，到目前为止，PRT和SCS的研究集中在颈部区域，尤其是颈源性疼痛、头痛、偏头痛和颞颌关节障碍上。尽管王（Wong, 2011）很好地进行了关于SCS应用综述，但与传统方法相比，并没有强有力的证据支持使用PRT或者SCS处理急性或者慢性非特异性腰痛问题更有效。缺乏支持可能与PRT和整骨疗法的定义不同有关。

　　一些学者认为PRT是一种手法技术，包括组织的直接和间接的操控技术（Lewis, Souvlis & Strling, 2011），并把它归类为关节松动，这会导致在更大的系统性研究中的分类错误。如在对颈部和腰部疼痛的辅助替代医学疗法的系统性综述和元分析中，芙尔兰等人（Furlan et al., 2011）对单独的手法治疗和关节松动术及它们两个结合使用进行了检测，但实验中没有告知关节松动术和手法治疗的具体类型。因此，如果PRT没有明确定义或者与其治疗组合在一起的话，术语将成为使用PRT处理脊椎相关疼痛问题的疗效的一个混杂因子。另外，正如前面所讨论的，捕捉组织培养和神经变化是具有挑战性的。但不管怎样，SCS和PRT能够减轻颈部和头盖骨的疼痛和改善其残疾状况的强有力证据，为进一步研究它们对处理多种脊椎问题的有效性提供了根本的支持和动力。

应用PRT的常见解剖部位和情况

前侧结构

- 肌肉拉伤
- 韧带拉伤
- 骨性关节炎
- （急性）后天性斜颈
- 胸廓出口综合征
- 挥鞭伤
- 颈源性头痛
- 颈椎融合
- 椎间盘病变
- 神经根病
- 椎间盘退变疾病
- 脊柱侧凸

后侧结构

- 肌肉拉伤
- 韧带拉伤
- 骨性关节炎
- 小关节综合征
- 非特异性腰痛
- 椎间盘退变
- 神经根病
- 腰椎融合术
- 椎间盘退变疾病
- 尾骨痛
- 脊柱侧凸
- 坐骨神经痛
- 脊椎前移
- 脊椎强直
- 骶髂关节紊乱

胸锁乳突肌

　　胸锁乳突肌（SCM）由颈部前外侧的两块大肌肉组成。肌肉的两个头于颈部上端融合，并在从一侧转向另一侧时呈现出明显的带状结构。SCM损伤经常发生于睡觉时，由于头部和颈部长时间处于屈曲并旋转的位置，从而引发严重的斜颈。

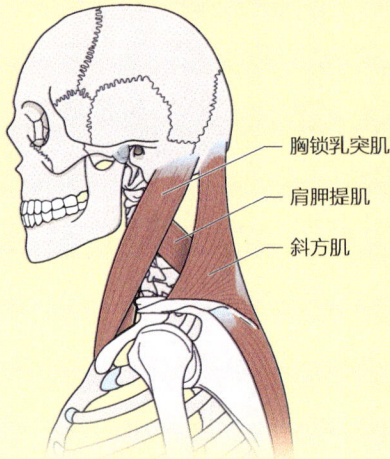

胸锁乳突肌
肩胛提肌
斜方肌

起点：胸骨头（内侧）：胸骨柄前面；锁骨头（外侧）：锁骨内侧三分之一的上前端表面。

止点：乳突，枕骨上端颈线外二分之一。

功能：颈椎屈曲（两头）、同侧侧屈、对侧旋转，头部后伸（后部纤维）；用力吸气时提升胸骨。

神经支配：副神经（XI）；C2~C3（腹侧支）。

触诊流程

- 让患者仰卧，坐在患者头部后方。
- 让患者将头部微屈并转向对侧，呈现出SCM。可见锁骨部和胸骨部远端形成的V形。
- 用拇指和食指轻轻地拨动患者SCM中间的肌腹，并且向上推动SCM，使其在两指间滚动。重复这个动作，并且向近端移动至乳突处，向下移动至SCM的两个头部。
- 因为颈动脉经过SCM深部，当拨动这个组织时，要非常小心，不要碰到颈动脉。如果在触诊过程中感受到有节奏的脉搏，要重新放置你的手指并重新触诊。
- 沿着肌肉及其附着点找到每一个压痛点或肌束震颤反应点。
- 一旦确定了最关键的压痛点或肌束震颤反应点（或者两个都存在），在整个PRT应用过程中，用手指指腹持续按压该点，直到再次进行评估。

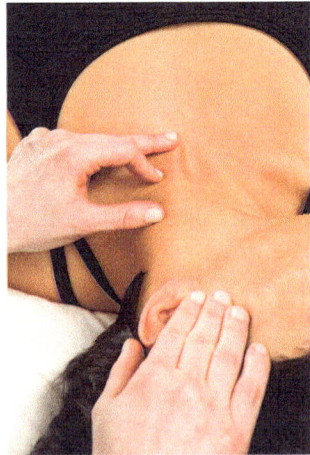

SCM触诊流程

PRT应用流程

- 患者仰卧。
- 用近侧手触诊患者的SCM组织时，抬高其需要治疗侧的肩部，直到发生肌束震颤反应或达到组织的最佳放松状态。
- 将远侧手和手臂放在患者颈部下方，远侧手的掌心放在需要治疗侧的肩部。
- 用远侧的前臂使患者颈椎屈曲。
- 在达到舒适的屈曲姿势后，用远侧前臂将患者头部转向受伤侧，然后侧屈颈部。
- 用远侧手下压患者的肩部，以进行微调。
- 一般来说，远端纤维比近端纤维需要更多的颈椎屈曲。
- 需治疗的相关组织：颈长肌、头前直肌、头外侧直肌、舌骨、前斜角肌和中斜角肌。

自我治疗流程

- 用手指找到SCM最强烈的压痛点。
- 在用手指按在压痛点上，放一个垫枕，或者将叠好的毛巾卷在头部的下方，帮助颈部屈曲。注意可以达到最大的肌束震颤反应或组织最放松姿势或两者都存在时颈椎的屈曲程度。
- 抬高受伤侧的肩膀。
- 侧屈并旋转向受伤侧，注意可以达到最大的肌束震颤反应或组织最放松姿势或二者都存在时颈椎的屈曲程度。
- 维持这个治疗直至肌束震颤反应消退，或维持治疗3~5分钟。

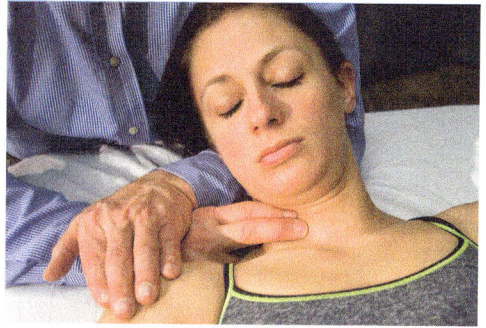

SCM的PRT应用流程

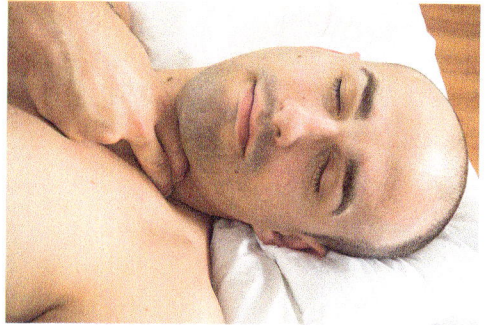

SCM自我治疗流程

前斜角肌和中斜角肌

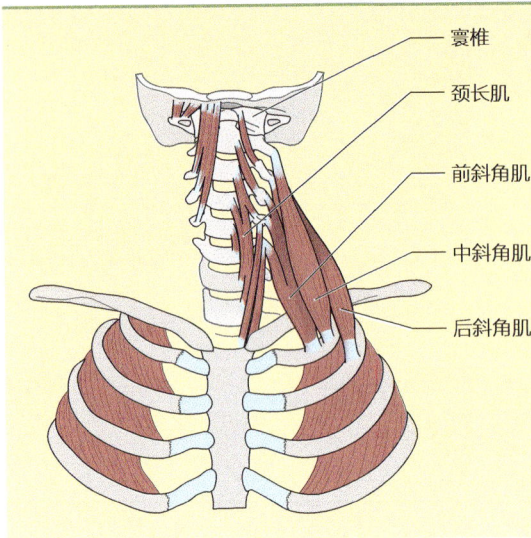

- 寰椎
- 颈长肌
- 前斜角肌
- 中斜角肌
- 后斜角肌

前斜角肌和中斜角肌在解剖学上有着重要的意义。在判断疑似患有胸廓出口综合征患者（TOS）时，它们都非常重要。因为颈椎的神经血管束（臂丛神经，锁骨下动脉和静脉）穿过这两束肌肉，所以这些肌肉张力过高就会压迫神经血管束，进而导致TOS。因此，我们要将它们放在一起评估。

起点： 前斜角肌：C3~C6横突；中斜角肌：C2~C7横突。

止点： 第一肋。

功能： 颈椎屈曲；吸气时提升第一肋；颈椎同侧旋转、侧屈。

神经支配： C3~C8（颈神经）。

触诊流程

- 让患者仰卧，站在患者头部后方。在SCM远端外侧缘下方定位前斜角肌，在SCM后方定位中斜角肌。

- 当压住患者SCM下方时，让患者颈部微微屈曲并转向对侧，以触诊前斜角肌的肌腹。

- 沿着患者前斜角肌纤维向下轻轻拨动，直至它在锁骨下方消失。

- 触诊时，让患者吸气以感受它的收缩。

- 现在从前斜角肌向外侧移动，直到中斜角肌处。中斜角肌比前斜角肌分布更广。

- 沿着中斜角肌尽可能地上下拨动纤维。

- 避免在触诊时压到它们的连接点，否则神经血管束压力过大，会引起敏锐的神经放射痛。

- 沿着肌肉及其附着点找到每一个压痛点或肌束震颤反应点。

- 一旦确定了最关键的压痛点或肌束震颤反应点（或者两个都存在），在整个PRT应用过程中，用手指指腹持续按压该点，直到再次进行评估。

前斜角肌和中斜角肌触诊流程

PRT应用流程

- 患者仰卧。

- 在用近侧手触诊患者斜角肌损伤时，用远侧手抬起患者治疗侧肩部，直到患者有肌束震颤反应或该部位处于最佳的放松状态为止。

- 将远侧手和手臂滑至患者颈部下方，远侧手掌心放在患者治疗侧肩部。

- 用远侧前臂使患者颈椎屈曲。

- 找到舒适的屈曲姿势后，用远侧前臂将患者头部转向非治疗侧，然后向治疗侧侧屈其颈部。

- 用远侧前臂轻轻地将患者头部向压痛点屈曲。

- 用远侧手向下压患者的肩部，对这个姿势进行微调。

- 一般来说，治疗远端部分的损伤比近端部分需要更高程度的颈椎屈曲。

- 需治疗的相关组织：SCM、颈长肌、头前直肌、头外侧直肌、舌骨。

▶ 视频7.1：前斜角肌和中斜角肌PRT应用流程

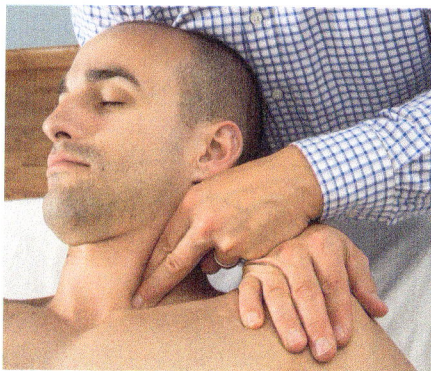

前斜角肌和中斜角肌PRT应用流程

自我治疗流程

- 用于治疗SCM的相同自我治疗流程能够用于治疗前斜角肌和中斜角肌。但有一个例外，就是将头部转向非治疗侧而不是转向治疗侧。

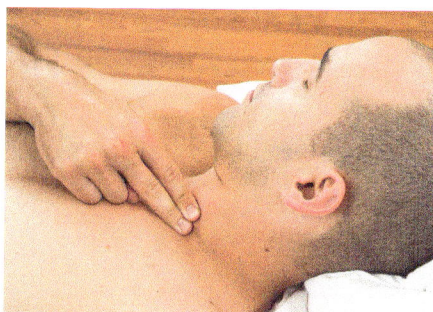

前斜角肌和中斜角肌自我治疗流程

头长肌和颈长肌

头长肌和颈长肌在这里归为一组，是因为它们在颈椎前部相距较近，同时也因为可以运用相同的 PRT 方法来放松它们。颈长肌有三个头，其纤维排列与竖脊肌类似。它们每一个都能协助颈椎屈曲，但是头长肌仅能使颅骨屈曲。

前部结构

起点： 头长肌：C3~C6 横突；颈长肌：C3~C5 横突（上斜肌）；T1~T3 横突（下斜肌和垂直部分）。

止点： 头长肌：枕骨；颈长肌：寰椎（上部）；C5~C6 横突（斜部）；C2~C4 椎体前部（垂直部分）。

功能： 头长肌：头部屈曲，颈椎同侧旋转；颈长肌：颈椎对侧旋转（斜部），颈椎侧屈（上部和下部），颈椎屈曲（微弱）。

神经支配： 头长肌：C1~C3（腹侧支）；颈长肌：C2~C6（腹侧支）。

触诊流程

- 让患者俯卧，头部略微屈曲，坐在治疗床头侧。
- 找到患者 SCM 的位置，向内移动到颈动脉处。
- 移开颈动脉，然后让患者头部及颈部屈曲，以便对这些小而薄的肌肉进行触诊。
- 轻轻地用食指在患者气管和颈椎之间的肌肉上方滚动。
- 辨别这些组织上的肌束震颤反应点会比较困难，因为它们邻近颈动脉；肌束震颤反应点会比较反常，但在治疗时这些反应点会消退。
- 沿着组织找到每一个压痛点或肌束震颤反应点。
- 一旦确定了最关键的压痛点或肌束震颤反应点（或者两个都存在），在整个 PRT 应用过程中，用手指指腹持续按压该点，直到再次进行评估。

头长肌和颈长肌触诊流程

PRT 应用流程

- 患者仰卧，头部略微屈曲。
- 用远侧前臂或远侧手支撑患者的头部。
- 用远侧手或前臂使患者颈部和头部屈曲。
- 用远侧手或前臂将患者颈部及头部侧屈向治疗侧。
- 用远侧手或者前臂旋转患者颈椎进行微调。
- 相关组织治疗：头前直肌和头外侧直肌、斜角肌、SCM、舌骨下肌、颈阔肌。

自我治疗流程

- 仰卧，头部略微屈曲并被支撑，用一只手的指腹找到气管和颈动脉的位置。
- 将指腹从颈动脉向外侧或内侧移动，直到头长肌和颈长肌上。
- 稍微屈曲头部，感受这些肌肉在指腹下收缩。
- 朝着胸部收紧下巴，同时感受急剧变化且不规则的肌束震颤反应，肌肉抽搐，或它们最放松的状态，或者二者都存在的位置。
- 头部侧屈向压痛点侧。
- 稍微旋转一下头部以微调姿势，当找到头部舒适的姿势或肌束震颤反应最强烈的部位时，将一条毛巾或一个垫枕放在头后部来维持姿势。
- 保持这个治疗姿势直到肌束震颤反应消退，或者保持治疗3~5分钟。

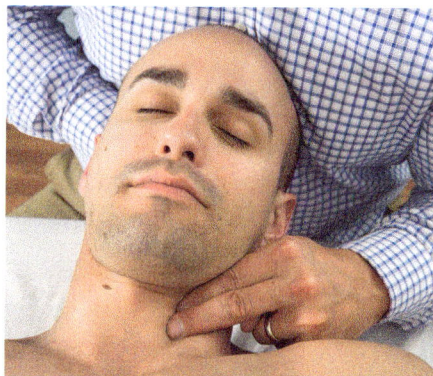

头长肌和颈长肌PRT应用流程

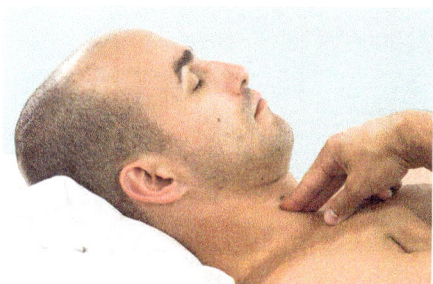

头长肌和颈长肌自我治疗流程

上腹直肌

腹横肌
腹内斜肌
腹外斜肌
下腹直肌

上腹直肌

当没有被大量的脂肪组织覆盖时，腹直肌呈现出洗衣板的形状；这通常被称为六块腹肌。腹直肌通常被认为是提供核心稳定的组织。然而，根据麦吉尔（McGill, 2007）的观点，它只是核心稳定中的一个角色，它需要同其他核心肌肉一同激活，才能提高脊椎稳定或坚硬程度。

起点： 耻骨嵴，耻骨联合。

止点： 第五至第七肋软骨，剑突。

功能： 脊柱屈曲；骨盆后倾。

神经支配： T7~T12（腹侧支）。

触诊流程

- 患者仰卧，胸椎和膝关节屈曲，并用垫枕支撑。
- 为了在视觉和触觉上识别上腹直肌，指导患者达到半卧位。
- 患者保持屈曲和放松的状态。沿着患者剑突和肋骨组成的肋嵴向下朝着耻骨支进行触诊。
- 弹拨在剑突和肋骨上的肌肉止点及肌肉纤维。
- 沿着肌肉及其在肋骨和剑突的附着点找到每一个压痛点或肌束震颤反应点。
- 一旦确定了最关键的压痛点或自发性收缩反应点，在整个PRT应用过程中，用手指指腹持续按压该点，直到再次进行评估。

PRT应用流程

- 患者仰卧，胸椎屈曲且被支撑。（可以通过在患者背部下方放置一个垫枕，让患者向后靠在你的大腿和躯干上，或者使用一个可分离式治疗床，使其胸椎屈曲。）

上腹直肌触诊流程

- 如果患者的腹部上部左右两侧压痛点的位置相同，用远侧手握住患者的双膝，然后将它们向患者胸部移动，从而使骨盆后倾。如果压痛点集中在腹肌上部的一侧，用远侧手握住这一侧膝关节，将它向对侧胸部和肩部移动。

- 如果能够用你的大腿和躯干支撑患者，可以用大腿来增加患者胸部和腰部的屈曲程度。如果患者的腹部上部左右两侧压痛点的位置相同，可以外展你的大腿，使患者胸廓下塌，同时使其腰椎屈曲。如果压痛点集中在腹部上部的右侧，只外展你的左侧腿，使患者右侧胸廓下塌。反之，如果压痛点集中在左侧，外展你的右侧腿。
- 用躯干下压患者的颈椎和胸部，以促进腹部组织放松，微调姿势。
- 用远侧手内外旋转患者的股骨，以进行微调。
- 相关组织治疗：髋屈肌、腹斜肌、腰大肌、髂肌、腹肌下部。

▶ 视频7.2：上腹直肌PRT应用流程

自我治疗流程

- 仰卧，在背部下方和骨盆下方各放一个垫枕，以保证胸椎屈曲和骨盆后倾。
- 将双脚放在一个稳定的物体上，如长沙发的扶手上或者椅子边缘，以维持膝关节和髋关节的屈曲姿势。
- 保持这个姿势，对腹部上方进行触诊，并感受肌束震颤反应和组织达到最佳放松状态的姿势，这会帮助于你找到最佳的治疗姿势。
- 根据压痛点的位置，握住双膝朝胸部靠近移动，正如在临床治疗流程中所讲的，如果是集中在一侧，就向对侧肩部靠近。
- 用手握住膝关节进行旋转来调节髋关节的旋转角度。
- 保持这个治疗姿势直到肌束震颤反应消失，或持续治疗3~5分钟。
- 这个自我治疗姿势同样适用于治疗腹部下部。

上腹直肌PRT应用流程

上腹直肌自我治疗流程

肋 间 肌

肋间肌，或肋骨肌肉，由与肋骨及其相连结构的内部和外部纤维组成。肋间外肌在最表浅处，肋间内肌在肋间外肌深层。肋间肌的功能仍存在争议，但它们在吸气和呼气的某一过程十分活跃。肋间内肌和肋间外肌是辅助呼吸肌，同时可以维持胸廓稳定。

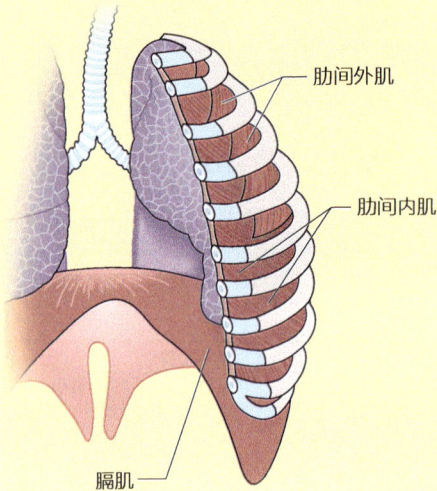

起点： 第一至第十一肋（下位肋骨下缘和肋骨结节）。

止点： 下位肋骨上缘并通过腱膜止于胸骨。

功能： 肋间外肌：协助膈肌吸气，胸椎向对侧旋转（单向的），稳定胸廓；肋间内肌：协助呼气，稳定胸廓，第一至第五肋间内肌协助吸气。

神经支配： T1~T11（肋间神经）。

触诊流程

- 患者仰卧，膝关节屈曲并被支撑。
- 从患者肋骨下缘或上缘开始。
- 用一根或者两根手指指腹沿着患者肋骨间的肋间肌斜向拨动纤维。
- 同时上下或者向靠近及远离胸骨的方向弹拨对应的肋骨边缘。
- 在触诊过程中，指导患者做几个节奏缓慢的深呼吸，以确定肋骨活动和胸部扩张的质量，并进行双侧对比。
- 触诊完肋间肌前部后，让患者侧躺或俯卧，继续沿胸廓周围向脊椎后侧触诊。
- 在靠近胸廓后侧时，由于脊柱后侧有脊柱肌群，触诊肋间肌是具有挑战性的，要用深透的力去触诊。
- 沿着肌肉及其在肋骨的附着点找到每一个压痛点或肌束震颤反应点。
- 一旦确定了最关键的压痛点或肌束震颤反应点（或者两个都存在），在整个PRT应用过程中，用手指指腹持续按压该点，直到再次进行评估。

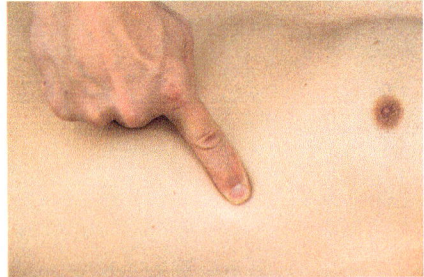

肋间肌触诊流程

PRT应用流程

- 患者在治疗床或地板上保持坐姿。如果患者的髋关节和膝关节柔韧性很好，让患者将一侧膝关节搭在另一侧膝关节上，髋关节屈曲，双脚和脚踝交叉，朝向被治疗侧。如果患者不能维持这个姿势，可以将下肢放在最舒适的位置上。

- 用近侧手触诊患者肋间肌，在保持姿势时，用近侧手控制患者躯干。
- 应在患者的后面，单膝跪在治疗床或地板上，用你的跪地侧大腿和对侧膝盖支撑患者非治疗侧的躯干。
- 在患者的非治疗侧手臂和躯干下放一个垫枕，再将其撑于你的膝盖和大腿上。也可以用放在治疗床或地板上的健身球来代替你的膝盖和大腿。
- 用远侧手握住患者治疗侧手臂的肱二头肌处，将该手臂跨过其胸部移至垫枕上。在对侧手臂上方放一条毛巾或一个垫枕，让患者头部侧屈，靠在垫枕或毛巾上。
- 在用近侧手触诊患者肋间肌前部的同时，向外移动你支撑患者的膝盖，使患者躯干的侧屈程度增加并使其治疗侧胸廓下塌。
- 旋转你支撑患者的膝盖，使患者的胸廓向治疗侧旋转和屈曲。
- 当找到胸廓舒适的姿势或产生了肌束震颤反应时，用近侧手的掌心向患者胸廓施加一个向下、向前的压力，从而让肋骨进一步压缩。
- 需治疗的相关组织：腹肌、腹斜肌、腰大肌、膈肌、髋屈肌。

▶ 视频 7.3：肋间肌 PRT 应用流程

肋间肌 PRT 应用流程

自我治疗流程

- 在自我治疗的过程中，需要一个健身球。
- 在桌子、床或地板上保持坐姿。如果你的髋及膝关节柔韧性很好，把双膝交叠同时屈髋，使躯干呈钩卧状，双踝交叠放在治疗侧。
- 将非治疗侧的手臂和躯干放在健身球上，头部放在手臂上。然后用另一只手去检查组织的肌束震颤反应或组织的放松程度。
- 让健身球向远离压痛点侧移动，这会促使治疗侧躯干下塌，或侧屈。
- 身体转向健身球来促进胸椎向压痛点处屈曲和旋转。
- 保持这个治疗姿势直至肌束震颤反应消退，或持续治疗 3~5 分钟。

肋间肌自我治疗流程

剑 突

- 锁骨切迹
- 胸骨上切迹
- 胸骨柄
- 胸肋关节面
- 胸骨角
- 胸骨柄关节
- 胸骨主体
- 剑胸关节
- 剑突

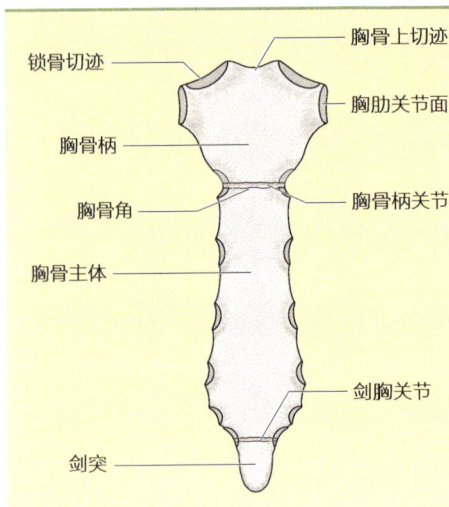

剑突对于脊椎、骨盆或上肢疾病的评估有着重要的作用。剑突是腹肌腱膜的附着点，也是上部、脊椎和骨盆组织筋膜的附着点。躯体功能障碍通常会导致这个部位损伤，产生明显的压痛点及组织限制。由于多数患者都没有意识到他们这个部位已经损伤了，所以在触诊此区域时手法要轻柔，以防止在触诊和治疗过程中激发肌肉自发性保护反应。在40岁前，剑突一般是软骨组织，之后它就会硬化；所以40岁以下人群剑突的活动应该是很好的。

触诊流程

- 患者仰卧。
- 找到患者胸骨，并沿着它向下，找到它的尖端。
- 弹拨患者剑突前下侧。
- 如果剑突损伤，通常压痛点会很明显。因此，在评估和治疗过程中手法应轻柔，以防止激惹损伤部位。
- 一旦确定了最关键的压痛点或肌束震颤反应点（或者两个都存在），在整个PRT应用过程中，用手指指腹持续按压该点，直到再次进行评估。

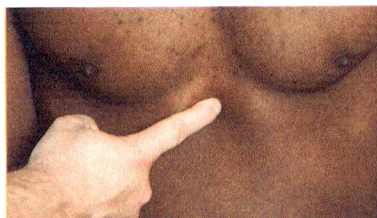

PRT应用流程

- 让患者处于斜倚姿势，膝关节屈曲并被支撑。
- 将患者的躯干和头部靠在你的膝盖及躯干上，并在你和患者之间放置一个垫枕，或者让患者躺在可分离式治疗床上。
- 患者将双手放在头部后面（一些人把这个姿势称作逮捕姿势），如果可以的话，应在患者的后方，用近侧手从患者腋下对其剑突进行触诊。
- 将患者的手臂及肩部放在你的前臂上，同时将你远侧手的手指放在近侧手的手指下面。
- 将患者剑突下组织轻轻地向其剑突滑动，同时屈曲患者的胸椎。

剑突触诊流程

剑突PRT应用流程

- 通过向外移动你的双膝和前倾躯干使患者胸廓向胸骨方向下塌，呈现胸椎后凸姿势。
- 在前伸患者肩关节的同时，旋转其胸廓以微调姿势。
- 需治疗的相关组织：腹肌、腹斜肌、腰大肌、膈肌、胸大肌和胸小肌。

▶ 视频7.4：剑突PRT应用流程

胸　骨

第一胸椎
胸骨上切迹
锁骨切迹
胸骨角
胸骨柄
胸骨
胸骨主体
剑突
第一腰椎

胸骨可以保护内脏，并且是肋骨及其各自软骨的中心附着点。胸骨柄直接与锁骨、第一、第二肋相连。胸骨体是前侧胸肌及其筋膜的主要附着点。

触诊流程

- 患者仰卧，头部微屈，处于放松状态。

- 从患者胸骨上切迹开始，找到胸骨柄，用指腹从胸骨向剑突处触诊。

- 找到患者胸骨外侧缘，即肋骨与胸骨相连的部位（存在软骨炎的人，这个部位会经常出现压痛点）。

- 沿着骨骼及腹部腱膜连接找到每一个压痛点或肌束震颤反应点。

- 一旦确定了最关键的压痛点或肌束震颤反应点（或者两个都存在），在整个PRT应用过程中，用手指指腹持续按压该点，直到再次进行评估。

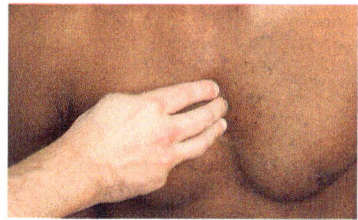

PRT应用流程

- 患者斜倚，膝关节屈曲，双手放松地放在两侧。

- 在患者的后面，操作与剑突的治疗步骤一样；可以考虑用可分离式治疗床。

- 将近侧手的手指放在患者胸骨压痛处。

- 用远侧手握住患者的左侧或右侧上臂，同时使其上臂内旋、肩关节前伸。如果患者右边胸骨出现疼痛，对患者的右臂进行手法治疗（反之，左臂也是如此）。

- 通过向外移动双膝和将躯干前倾，使患者胸廓上部下塌及屈曲，使胸椎后凸增加。

胸骨触诊流程

胸骨PRT应用流程

- 用躯干将患者的胸廓向压痛部旋转，以微调姿势。

- 用近侧手轻轻牵引外层组织。

- 如果患者受损部位在胸骨中心位置，可以用治疗剑突的PRT流程来进行治疗。

- 需治疗的相关组织：胸大肌和胸小肌、胸锁乳突肌、前斜角肌和中斜角肌、肋间肌、腹直肌。

头 夹 肌

头半棘肌
胸锁乳突肌
头夹肌
颈夹肌

不同于其他颈后肌，头夹肌在颈部后侧斜向分布。头夹肌主体纤维在斜方肌和菱形肌的深部。然而，其后外侧纤维可以在斜方肌和肩胛提肌之间触及。

起点： C3~C7的项韧带，C7~T4棘突。
止点： 颞骨乳突，上项线外侧三分之一。
功能： 头部伸展、同侧旋转，颈椎同侧侧屈。
神经支配： C3~C6（颈神经）；C1~C2（枕下神经和枕大神经）。

触诊流程

- 患者仰卧。
- 找到患者乳突，手指从乳突内下侧滑落至头夹肌纤维上。
- 向后将手指移动到患者斜方肌的外缘，并让患者抵抗床的阻力伸展，同时向同侧旋转头部，这样可以使斜方肌收缩。
- 向内移动到患者斜方肌正下方的头夹肌纤维处。然后手指向内移动到肩胛提肌纤维上方，同时让患者上提肩膀以进一步定位。当肩膀提起时，头夹肌并不会收缩，但肩胛提肌会收缩发力。
- 用食指和中指拨动患者的头夹肌纤维。
- 一旦确定了最关键的压痛点或肌束震颤反应点（或者两个都存在），在整个PRT应用过程中，用手指指腹持续按压该点，直到再次进行评估。

PRT应用流程

- 患者仰卧，头部超出治疗床外，用远侧手托住其头部。
- 用远侧手让患者头部及颈部向治疗侧侧屈，同时伸展颈部。

头夹肌触诊流程

头夹肌PRT应用流程

- 用远侧手使患者的颈椎向治疗侧旋转，同时让其头部向治疗侧侧屈。
- 需治疗的相关组织：颈夹肌、斜方肌上束、枕下肌、多裂肌、回旋肌、肩胛提肌、胸锁乳突肌、二腹肌、颈最长肌、颈棘肌。

颈部肩胛提肌

肩胛提肌从肩胛骨上角延伸到C1~C4横突。肩胛提肌的纤维延伸到斜方肌深部，但可以在颈部外侧头夹肌和后斜角肌之间的位置触诊它。

起点： C1~C4横突。

止点： 肩胛骨上角。

功能： 肩胛骨上提、外展，肩胛骨下回旋，颈椎同侧侧屈、同侧旋转，颈椎伸展。

神经支配： C3~C4（腹侧支）；C5（肩胛背神经）。

触诊流程

- 患者俯卧或者仰卧。

- 找到患者颈部外侧的斜方肌纤维的外缘。

- 两根手指向前滑动到患者头夹肌上，同时让患者上提肩部。如果手指在头夹肌上，在上提肩部时肌肉是不会收缩的；如果肌肉收缩了，说明手指放在了肩胛提肌上。肩胛提肌就在头夹肌前面。对于一些人来说，肩胛提肌和头夹肌是很难区分的。

- 向上朝着耳朵的方向，向下朝着肩胛骨的方向，温柔地用手指弹拨患者肩胛提肌的纤维（它们通常是绳状的）。

- 另外，可以将患者头部旋转向非触诊侧，使肩胛提肌张力增加。

- 一旦确定了最关键的压痛点或肌束震颤反应点（或者两个都存在），在整个PRT应用过程中，用手指指腹持续按压该点，直到再次进行评估。

PRT应用流程

- 患者仰卧。

- 用近侧手使患者颈椎侧屈并转向治疗侧，然后使其头部微侧屈及旋转。

- 用远侧手握住患者治疗侧肘部，朝着头部移动患者的肩关节，使肩部上提。还要微微外

颈部肩胛提肌触诊流程

颈部肩胛提肌PRT应用流程

展肩关节并旋转肱骨。

- 需治疗的相关组织：斜方肌、胸锁乳突肌、头夹肌、二腹肌。

▶ 视频7.5：颈部肩胛提肌PRT应用流程

枕 下 肌

枕下肌由头骨底部的8块独立肌肉（头后大直肌和头后小直肌，头上斜肌和头下斜肌，头最长肌，头夹肌，头半棘肌，头棘肌）组成。这些肌肉走形经过寰椎、枢椎、头盖骨和上颈椎。它们负责头部的伸展和旋转，以及头部侧屈。尽管由于它们的位置较深入，不能够单独地进行辨别，但是在触诊时可以感受到它们肌腹的厚度。

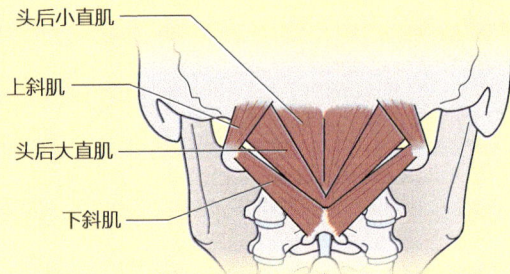

头后小直肌
上斜肌
头后大直肌
下斜肌

起点：头后大直肌：枢椎棘突；头后小直肌：寰椎后结节；头上斜肌：寰椎横突；头下斜肌：枢椎棘突；头最长肌：T1~T5横突，C4~C7关节突；头夹肌：C3~C7的项韧带，C7~T4棘突；头半棘肌：C7和T1~T6横突，C4~C6关节突；头棘肌：C5~C7，T1~T3棘突。

止点：头后大直肌：下项线外侧部分的枕骨；头后小直肌：下项线中间部分的枕骨；头上斜肌：上下项线之间的枕骨；头下斜肌：寰椎；头最长肌：乳突；头夹肌：乳突和上项线外侧三分之一处下方的枕骨；头半棘肌：上下项线之间的枕骨；头棘肌：上下项线之间的枕骨。

功能：头部伸展；头部旋转和同侧侧屈（作为一个肌群）。

神经支配：头后大直肌：C1（枕下神经，颈神经后支）；头后小直肌：C1（枕下神经，颈神经后支）；头上斜肌：C1（枕下神经，颈神经后支）；头下斜肌：C1（枕下神经，颈神经后支）；头最长肌：C3~C8（背侧支）；头夹肌：C3~C6（背侧支）；C1~C2（枕下神经和枕大神经）；头半棘肌：C2~T1（背侧支和枕大神经）；头棘肌：C3~T1（背侧支）。

触诊流程

- 患者仰卧，颈部略微伸展。
- 双手呈杯状托住患者头骨底部。
- 感受患者头骨背侧的两个骨柄和C2，即脊椎中间的第二个骨性凸起，这两个骨柄就是枕骨。枕下肌就在这两个骨性标志点之间。
- 用指尖给外层组织施加压力，去感受下枕骨肌肌腹厚度。
- 沿着组织及其附着点找到每一个压痛点或肌束震颤反应点。
- 一旦确定了最关键的压痛点或肌束震颤反应点（或者两个都存在），在整个PRT应用过程中，用手指指腹持续按压该点，直到再次进行评估。

PRT应用流程

- 患者仰卧，并把头部放在床上。
- 用远侧手把患者的头抬离床面，或拆去可分离式治疗床的一部分，使患者的颈部伸展。
- 用远侧手托住患者头骨后部微微摇摆，同时给颈椎一个向上的牵引力，以增加头部的伸展。
- 用远侧手让患者的头部和颈部向治疗侧侧屈。
- 旋转远侧手，以调整患者头骨的侧屈肌旋转角度。
- 一旦找到最佳的治疗姿势，把远侧手的手指放在治疗侧组织下，并向上牵拉这些组织。
- 需治疗的相关组织：斜方肌、头夹肌、二腹肌、肩胛提肌、胸锁乳突肌、棘间肌、多裂肌、回旋肌。

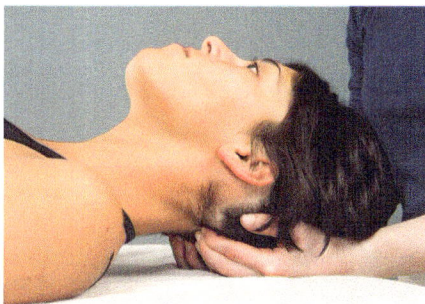

枕下肌触诊流程

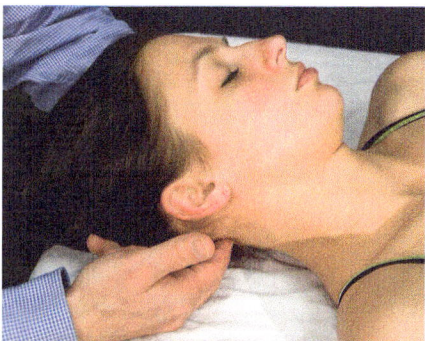

枕下肌PRT应用流程

颈部棘间肌

颈部的棘间肌如同腰椎的棘间肌一样，被多个韧带和项韧带覆盖，这使得颈部棘间肌很难直接触及。然而，棘突间的压痛可能提示着棘间肌和它的外层组织的损伤。因此，PRT可能是治疗这个区域躯体功能障碍的有效方法。

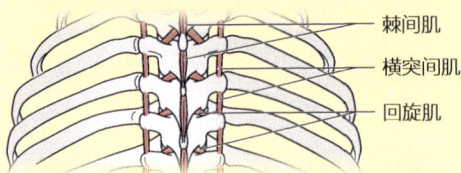

棘间肌
横突间肌
回旋肌

起点和止点： C2~T3棘突。
功能： 颈椎伸展。
神经支配： 各自的脊髓神经。

触诊流程

- 患者仰卧，头部和颈部略微伸展。在触诊过程中，患者也可以俯卧。然而，仰卧位可以借助头部和颈部的重力来协助触诊。
- 用一根或者两根手指的指腹从患者头部后方拨动颈椎棘突间的每一个位置。
- 沿着腰椎棘突间的组织找到每一个压痛点或肌束震颤反应点。
- 一旦确定了最关键的压痛点或肌束震颤反应点（或者两个都存在），在整个PRT应用过程中，用手指指腹持续按压该点，直到再次进行评估。

▶ 视频7.6：颈部棘间肌触诊流程

PRT应用流程

- 患者仰卧。
- 在患者头部后方，用治疗床或远侧手使患者颈部明显地伸展（如果可以的话，头应伸出治疗床）。如果可以的话，用远侧手的一根或两根手指的指腹去监测损伤处的肌束震颤反应并找最佳的治疗姿势。（注意：一般来说，与近端组织相比，远端组织的治疗需要更高程度的颈部伸展。）
- 用远侧手的手掌向头侧推动头部组织，这既可以放松后侧组织，也可以促使头部略微伸展。

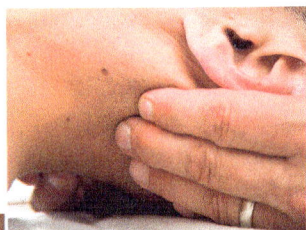

颈部棘间肌触诊流程

- 用远侧手在治疗侧下方将患部组织向头部移动。如果手指不能触及下部组织，可以用远侧手的手指进行触诊以代替移动。这对于C6~C7的损伤可能是有必要的。
- 如果治疗部位更靠近外侧，则需要用远侧手使患者颈部向治疗侧侧屈。
- 用远侧手旋转患者颈部以进行微调。
- 需治疗的相关组织：项韧带、多裂肌、回旋肌、夹肌、枕下肌。

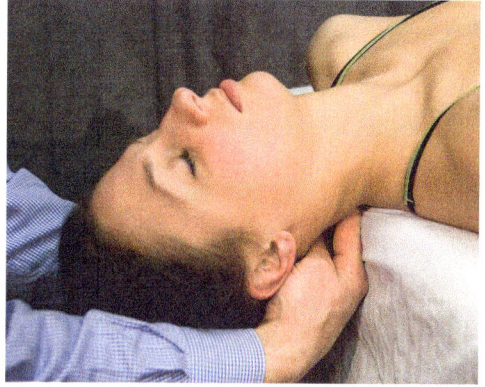

▶ 视频7.7：颈部棘间肌PRT应用流程

自我治疗流程

- 仰卧，在肩膀下面放置一条折叠好的浴巾，以帮助颈椎伸展。
- 确定好压痛区域，然后将一根或者两根手指指腹放在这个区域上，同时让患者的头部在颈椎上主动伸展，侧屈及旋转来监控损伤部位。
- 患者在进行自我PRT治疗棘间肌时，不要让头部悬离床面或其他物体。
- 保持这个治疗姿势，直到肌束震颤反应消退，或者维持这个治疗3~5分钟。
- 这个自我治疗的步骤同样可以用于治疗枕下肌。

颈部棘间肌PRT应用流程

颈部棘间肌自我治疗流程

后斜角肌

寰椎	
颈长肌	
前斜角肌	
中斜角肌	
后斜角肌	

后斜角肌是斜角肌中最小的一块，同时也是位置最深的一块。由于后斜角肌的大小和位置，通常很难定位，也很难将其与中斜角肌区分开。

起点： C4~C6横突。

止点： 第二肋。

功能： 吸气时抬升第二肋，颈椎同侧侧屈，同侧旋转，颈椎弯曲（微弱）。

神经支配： C6~C8（腹侧支）。

触诊流程

- 让患者仰卧。坐在床头侧。
- 在患者颈部外侧找到中斜角肌和肩胛提肌，后斜角肌被夹在它们之间。
- 拨动患者后斜角肌。
- 在触诊时，可以通过让患者吸气的方式来区别后斜角肌和肩胛提肌，因为在吸气过程中，肩胛提肌不会收缩。同样，可以让患者提肩，在做这个动作时，后斜角肌不会收缩。
- 沿着肌肉找到每一个压痛点或肌束震颤反应点。
- 一旦确定了最关键的压痛点或肌束震颤反应点（或者两个都存在），在整个PRT应用过程中，用手指指腹持续按压该点，直到再次进行评估。

PRT应用流程

- 让患者仰卧。坐在患者头部后方。
- 用近侧手上提患者治疗侧肩膀。
- 用远侧手移动患者的头部，使其颈椎略微伸展。
- 用远侧手将患者的颈椎向治疗侧侧屈。
- 用远侧手让患者的颈椎转向或转离治疗侧来进行微调。

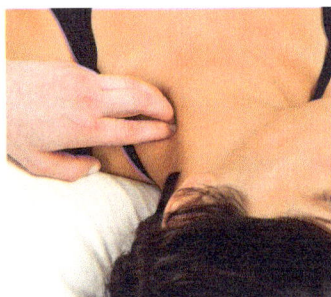

后斜角肌触诊流程

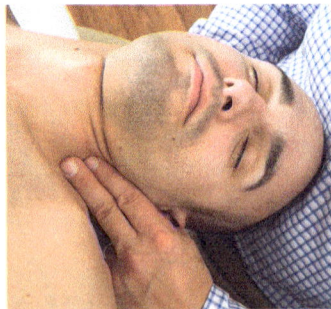

后斜角肌PRT应用流程

- 需治疗的相关组织：中斜角肌、胸锁乳突肌、斜方肌上束、枕下肌、头夹肌、头半棘肌和颈半棘肌、多裂肌、回旋肌。

后肋间肌

可以通过触诊来触及后肋间肌，但是通常需要用深透的压力拨开后部覆盖的肌肉组织才能识别它们。用PRT治疗后肋间肌和治疗前肋间肌及中肋间肌的方法是一样的，但它们的定位或手法不一样。

起点： 第一至第十一肋（肋骨结节下面肋骨的下边缘）。

止点： 胸骨下肋骨的上缘通过腱膜连接。

功能： 肋间外肌：吸气时辅助膈肌，胸椎对侧旋转（单侧），稳定胸腔；肋间内肌：协助呼气，稳定胸腔，第一至第五协助吸气。

神经支配： T1~T11（肋间神经）。

肋间外肌

触诊流程

- 患者俯卧，脚踝被支撑。
- 从患者肋骨下缘或上缘开始。
- 用一根或者两根手指的指腹拨动患者每一肋骨间斜向的肋间肌。
- 同样拨动对应肋骨的边缘、上缘和下缘。
- 指导患者在触诊过程中做几次缓慢而深沉的呼吸，以确定肋骨的活动情况和胸廓扩张的质量。进行双侧对比。
- 沿着肌肉及其在肋骨和剑突的附着点找到每一个压痛点或肌束震颤反应点。
- 一旦确定了最关键的压痛点或肌束震颤反应点（或者两个都存在），在整个PRT应用过程中，用手指指腹持续按压该点，直到再次进行评估。

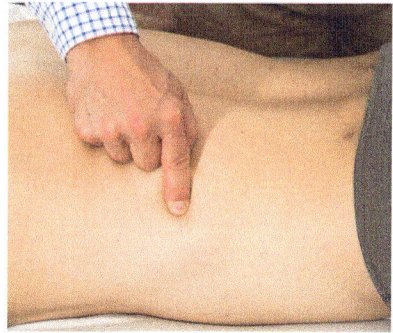

后肋间肌触诊流程

PRT应用流程

- 患者坐在治疗床或地板上。如果患者髋关节及膝关节的柔韧性很好，可以让患者将一侧膝关节放在另一侧膝关节上，髋关节屈曲，双踝放在治疗侧。如果患者不能做出这个姿势，可以让其处于一个下肢最舒适的姿势。

- 用近侧手对患者的肋间肌进行触诊，然后用该手控制患者的躯干来保持这个姿势。

- 在患者后面，单膝跪在治疗床或地板上，用膝关节和大腿支撑患者的非治疗侧躯干。另一侧膝关节放在治疗床或地板上。

- 将患者的非治疗侧手臂和躯干放在垫枕上，然后放在你的膝关节和大腿上。也可以将健身球放在治疗床或地板上来代替。

- 用远侧手握住患者的治疗侧手臂（身体同侧的），让它环胸后放在垫枕上。在远侧手臂上方放一条毛巾或一个垫枕，让患者头部侧屈，放在垫枕或毛巾上。

- 在用近侧手的手指触诊患者后肋间肌时，通过向外移动支撑患者躯干的膝关节来增加患者躯干的侧屈角度及胸廓的下塌程度。

- 旋转用于支撑的膝关节，促使患者胸腔后部向治疗侧旋转和伸展。

- 一旦找到胸部舒适的姿势，或者发生了肌束震颤反应，就用同侧手的掌心对患者胸廓施加一个向后下方的压力，促使肋骨和肋间肌进一步挤压。

- 需治疗的相关组织：竖脊肌、腹斜肌、膈肌、腰方肌、髋屈肌。

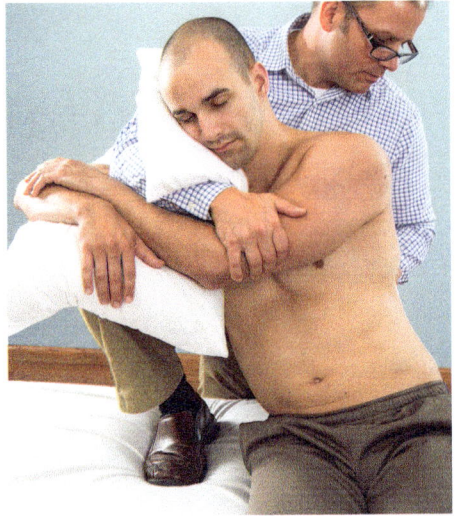

后肋间肌PRT应用流程

胸部竖脊肌和颈部竖脊肌

竖脊肌从腰椎分布到上部胸椎和颈椎，颈椎及胸椎处的竖脊肌在触诊时没有腰椎那么紧实。大多数的胸髂肋肌也经过肩胛骨，从而使得竖脊肌很难被触及。但是在触诊的过程中，棘肌和最长肌呈绳子状，沿着脊柱向它们与头骨附着点处分布。在这里介绍的上部胸椎及颈椎的触诊方法同样适用于腰部竖脊肌。

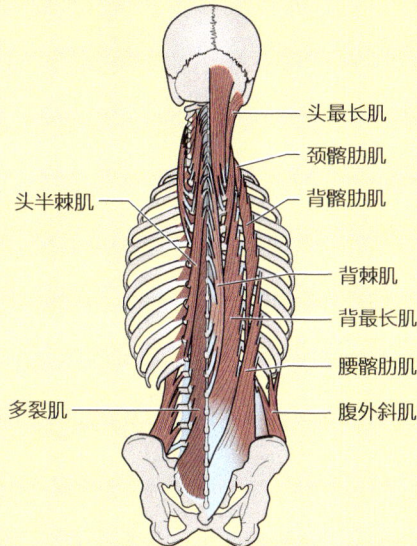

头最长肌
颈髂肋肌
背髂肋肌

头半棘肌

背棘肌
背最长肌
腰髂肋肌

多裂肌

腹外斜肌

起点： 棘肌：T11~T12，L1~L2棘突（胸部），项韧带，C4~C7棘突（头部和颈部）；最长肌：L1~L5横突（胸部），T1~T5横突（头部和颈部）；髂肋肌：第一至第十二肋（胸部和颈部）。

止点： 棘肌：T1~T4（胸廓），乳突和枕骨（头部），枢椎，C2~C3棘突（颈部）；最长肌：T1~T12横突，第二至第十二肋（胸部），乳突（头部），C2~C6横突（颈部）；髂肋肌：第一至第六肋，C7横突（胸部），C4~C6横突（颈部）。

功能： 棘肌：脊椎伸展；最长肌：脊椎伸展，同侧侧屈，肋骨下降；髂肋肌：脊椎伸展。

神经支配： 胸棘肌：T1~T12（背侧支）；头棘肌：C3~T1（背侧支）；颈棘肌：C3~C8（背侧支）；胸最长肌：T1~L1（背侧支）；头最长肌：C3~C8（背侧支）；颈最长肌：C3~T3（背侧支）；胸髂肋肌：T1~T12（脊髓神经）；颈髂肋肌：C4~T3（背侧支）。

触诊流程

- 让患者俯卧，脚踝有所支撑。
- 对患者非治疗侧腰部竖脊肌开始触诊。
- 用双手的指腹找到患者竖脊肌外侧缘，并用渗透的力拨动它们的纤维。
- 患者可以伸展双腿或双臂，以辅助触诊。
- 用同样方法向上触诊患者胸椎部。让患者略微伸展脊椎和头部，以辅助触诊。
- 从肩胛骨分布到头部的竖脊肌纤维比分布在腰部和胸部的竖脊肌更小，所以在触诊过程中不需要太大的力量。
- 用拇指分离出患者棘肌的纤维。
- 沿着肌肉及其附着点找到每一个压痛点或肌束震颤反应点。
- 一旦确定了最关键的压痛点或肌束震颤反应点（或者两个都存在），在整个PRT应用过程中，用手指指腹持续按压该点，直到再次进行评估。

PRT应用流程

- 患者俯卧，脚踝有所支撑。
- 位于患者非治疗侧胸椎旁。
- 如果可以的话，根据你的舒适度，把治疗床抬升至你的腰部高度或者更高的位置。
- 用近侧手进行触诊，该侧肘部和前臂斜向抵住患者非治疗侧髋关节。用近侧前臂稳定非治疗侧胸腔。
- 将远侧手和手臂放在患者对侧肩部，并穿过患者的腋窝，这样你的肩部就能够与患者的肩部接触。根据治疗床的位置、你的体形及患者的体形进行调控，你躯干的前侧可能与患者躯干的后侧相接触。
- 将远侧手的掌心放在患者胸廓后部。

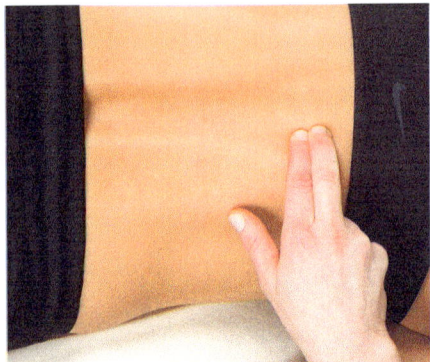

胸部竖脊肌和颈部竖脊肌触诊流程

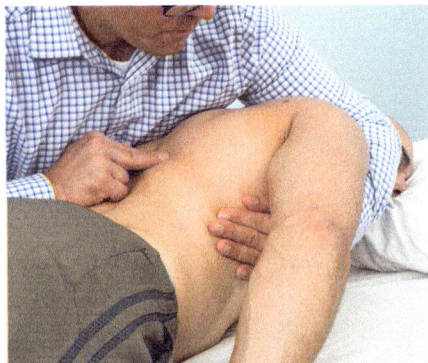

胸部竖脊肌和颈部竖脊肌PRT应用流程

- 在用前臂稳定患者非治疗侧时，用远侧手臂使患者治疗侧胸廓及肩胛带伸展并旋转。
- 一旦确定伸展和旋转的姿势，用远侧手及手臂上提并下降治疗侧的肩胛带。
- 需治疗的相关组织：菱形肌、斜方肌中束和斜方肌下束、多裂肌、回旋肌、背阔肌、棘间肌。

▶ 视频7.8：胸部竖脊肌和颈部竖脊肌PRT应用流程

尾 骨

- 上关节突
- 骶骨岬
- 骶孔
- 横线
- 尾骨

骶骨和尾骨的前侧

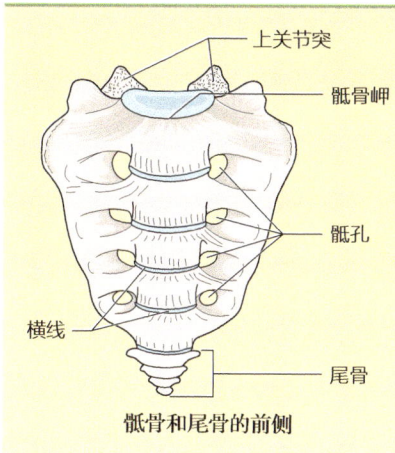

尾骨由3到4块骨融合而成，它是骶骨的尾部。新生儿突然跌落时，尾骨很容易受伤。此外，附着于尾骨外侧的尾骨肌也会由于尾骨的损伤而受到影响，从而影响盆底功能。因此，对于患有盆底紊乱的患者来说，对尾骨的手法干预是一种可以减轻盆骨部疼痛及躯体功能障碍的方法。

触诊流程

- 患者仰卧，脚踝有所支撑。
- 找到患者骶骨的中心，顺其向下，找到臀裂处。
- 在裂口处的最上缘，会感觉到靠近手指的下方，有几个凸起。用手指在患者尾骨上滚动，从其两端滚向尖部。有一些人，他们尾骨的尖端藏在里侧，使得触诊变得困难。
- 沿着骨骼及其周围的组织找到每一个压痛点或肌束震颤反应点。
- 一旦确定了最关键的压痛点或肌束震颤反应点（或者两个都存在），在整个PRT应用过程中，用手指指腹持续按压该点，直到再次进行评估。

PRT应用流程

- 患者俯卧，膝关节屈曲，脚踝有所支撑。
- 用远侧手的掌根在患者骶骨的顶端施加向下的压力。
- 用近侧手的手指监控患者损伤部位。
- 在往下按压后，用远侧手从患者骶骨的一侧向另一侧旋转倾斜。
- 用远侧手将上层组织朝尾骨的方向拨开。
- 需治疗的相关组织：尾骨肌、骶髂关节、胸腰筋膜、肛提肌、梨状肌、骶结节韧带、骶韧带。

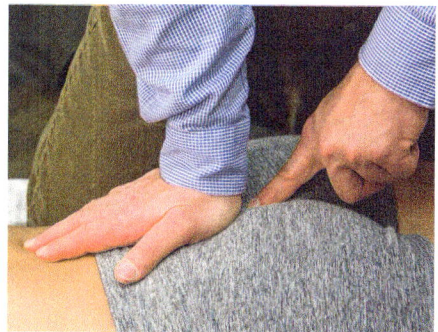

尾骨触诊流程

尾骨PRT应用流程

腰方肌

椎间盘
第十二肋
腰小肌
腰大肌
腰方肌
髂肌

腰方肌（QL）深藏在腹部深部，但其外侧缘是可以触及的。虽然腰方肌位于竖脊肌的深部，被多层胸腰筋膜包裹，但是它位于腹壁后侧。由于它与髂骨和腰椎相连，其最主要的作用是在步态周期的单腿支撑中维持骨盆及腰椎的稳定。

起点： 髂嵴，髂腰韧带。

止点： 第十二肋（下缘），L1~L4横突，偶尔会在T12椎体。

功能： 腰椎伸展；辅助吸气和呼气；上提同侧骨盆；躯干同侧侧屈（骨盆固定）；第十二肋的固定与下沉。

神经支配： T12~L3（腹侧支）。

触诊流程

- 患者俯卧，脚踝有所支撑。
- 腰方肌在第十二肋和髂骨嵴之间走形，同时附着在腰椎横突上。
- 由于竖脊肌和胸腰筋膜覆盖于腰方肌内侧上方，其外部纤维有两种触诊方式；一种是从第十二肋下缘进行触诊；另一种是从竖脊肌外侧向内用深透的力进行触诊。
- 如果从第十二肋开始进行触诊，用手指指腹从患者肋骨下缘滚落，然后向髂骨处拨动其竖直纤维。
- 如果使用对竖脊肌进行深部触诊的方法，首先站在非治疗侧，用紧实的力度拨开患者腰椎的竖脊肌。然后用一定的力度按压竖脊肌边缘，固定竖脊肌后，用手指按压腰方肌并将其压在腰椎上进行弹拨。

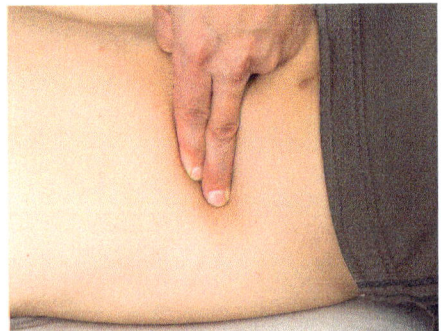

腰方肌触诊流程

- 沿着肌肉及其连接处（如第十二肋）找到每一个压痛点或肌束震颤反应点。
- 一旦确定了最关键的压痛点或肌束震颤反应点（或者两个都存在），在整个PRT应用过程中，用手指指腹持续按压该点，直到再次进行评估。

PRT应用流程

- 患者俯卧。
- 在用近侧手对患者腰方肌进行触诊时，用远侧手向治疗侧移动其双腿，从而使躯干向非治疗侧屈曲。
- 用远侧手移动患者伸展的腿，使其伸展、外展及外旋。
- 将患者的大腿靠在你的大腿上，并用身体或垫枕使患者的腿处于最佳的治疗姿势。
- 找到最佳姿势后，用远侧手或身体向损伤方向按压患者的大腿，对姿势进行微调。
- 需治疗的相关组织：竖脊肌、胸腰筋膜、臀中肌、臀小肌、臀大肌、梨状肌、腰部多裂肌、棘间肌、腘绳肌。

▶ 视频7.9：腰方肌PRT应用流程

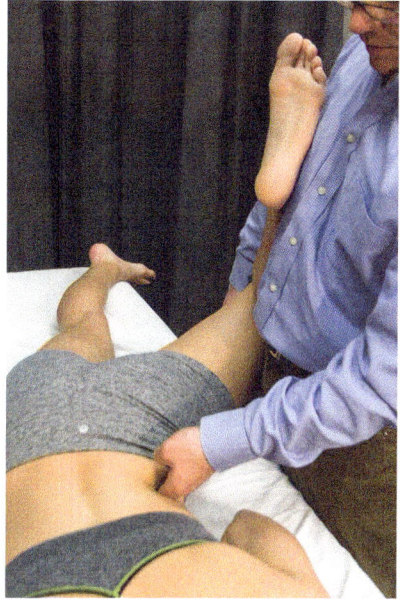

腰方肌PRT应用流程

腰部竖脊肌

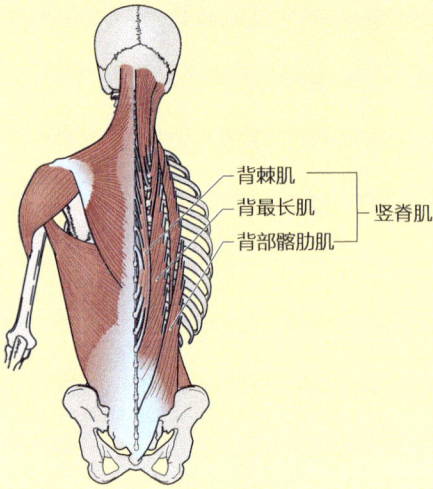

背棘肌
背最长肌
背部髂肋肌
} 竖脊肌

竖脊肌是背部最容易被认出的肌群之一，它从骶骨走形贯穿至头骨底部。该肌群由十多块独立的肌肉组成，覆盖了腰椎、胸椎和颈椎节段。它们又被细分为3个部分：外部（颈髂肋肌、胸髂肋肌、腰髂肋肌），中间（头长肌、颈长肌、胸长肌），内侧（头棘肌、颈棘肌、胸棘肌）。通常来讲，脊柱肌群可以简单地分成3部分：棘肌、髂肋肌和最长肌。这些肌肉在远端汇聚于腰骶上的胸腰肌膜（腰部韧带）。在这个部位，你可以看到和触摸到走形于脊柱上较厚的肌肉柱。腰部竖脊肌的PRT治疗应遵循之前在胸、颈部竖脊肌上的触诊步骤。腰部竖脊肌的解剖知识在之前也有所阐述。

触诊流程

- 请参照胸部竖脊肌和颈部竖脊肌的触诊流程。

PRT应用流程

- 患者俯卧，脚踝被支撑。
- 在患者背部后侧中间位置上放一个垫枕。
- 患者头部应转向治疗侧。
- 站在患者非治疗侧。
- 用远侧手握住患者治疗侧的髂前上棘，同时将骨盆转向治疗侧。
- 用远侧前臂将患者治疗侧臀部组织聚集在一起并向上移动。
- 使患者治疗侧的髋关节及膝关节屈曲，以增加脊柱的伸展程度。
- 需治疗的相关组织：腰方肌、后锯肌、多裂肌、回旋肌、棘间肌、骶髂关节。

▶ 视频7.10：腰部竖脊肌PRT应用流程

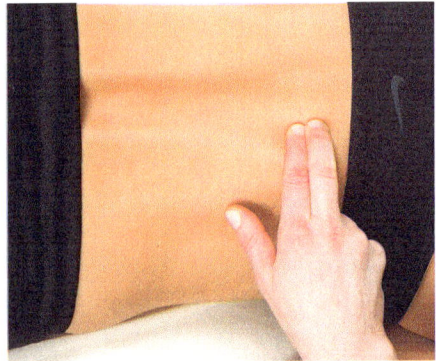

腰部竖脊肌触诊流程

自我治疗流程

- 俯卧，在胸部中间及治疗侧的髋关节下各放一个垫枕。
- 通过屈曲治疗侧的髋关节和膝关节来增加放松程度。
- 保持这个姿势3~5分钟，或对这个部位进行20~30分钟的冷敷或热敷，以增加放松程度及缓解疼痛。

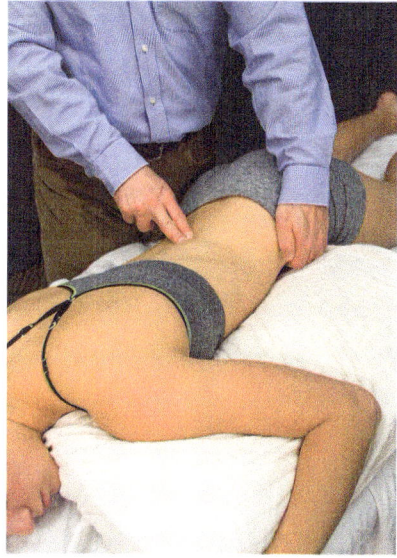

腰部竖脊肌PRT应用流程

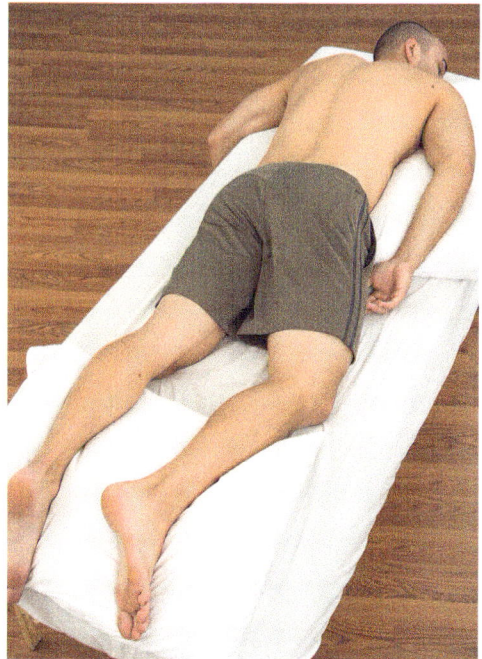

腰部竖脊肌自我治疗流程

腰部棘间肌

横突棘肌：
半棘肌
多裂肌
棘间肌
横突间肌
回旋肌

腰方肌

腰部棘间肌位于棘突之间下方的深部空隙中。这些短肌肉有时很难被触及，这是因为它们被棘上、棘间韧带和胸腰筋膜所包裹。当棘突间存在压痛点时，腰部棘间肌和韧带都可能受累。因此，PRT对于治疗这些组织的损伤会比较有效。

起点与止点： T12~L5棘突。

功能： 脊柱伸展。

神经支配： 相对应的脊神经。

触诊流程

- 患者俯卧，脚踝被支撑。
- 叠起食指和中指，或用拇指在患者棘突之间深深地按压，沿脊柱对其进行弹拨。
- 由于腰椎周围肌肉和韧带较为厚实，按压该部位时需要更大的力量。在触诊靠近颈椎的部位时，应用稍轻的力度，因为这个部位的椎骨很容易被触及。
- 在棘突间找到任何压痛点或肌束震颤反应点。
- 一旦确定了最关键的压痛点或肌束震颤反应点（或者两个都存在），在整个PRT应用过程中，用手指指腹持续按压该点，直到再次进行评估。

PRT应用流程

- 让患者俯卧，在其胸部下方放一个垫枕以增加脊柱的伸展程度。
- 用远侧手使患者髋关节伸展。
- 用远侧手使患者大腿内收和外展以进行微调。
- 需治疗的相关组织：竖脊肌、臀中肌、腘绳肌、腰方肌和臀大肌。

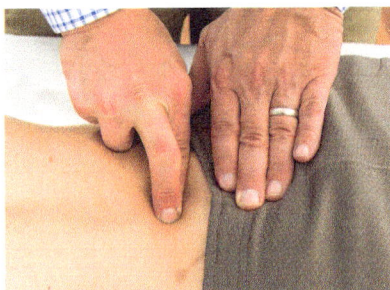

腰部棘间肌触诊流程

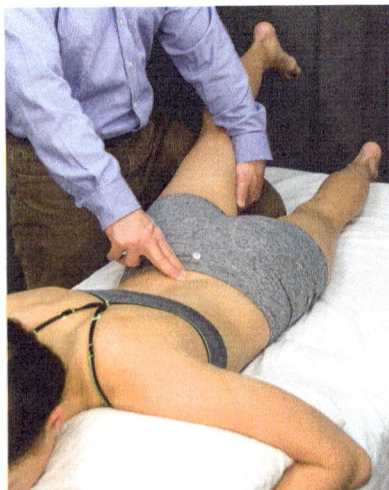

腰部棘间肌PRT应用流程

腰部多裂肌

多裂肌是棘突旁的深层肌肉，从骶骨部至颈椎处都有附着。多裂肌有3个头（表浅、中部和深部），多数肌纤维从一个椎体斜向附着于另一个椎体。通常情况下，可以贯穿2~4个椎体。位于骶骨及腰椎部的多裂肌是例外，因为它们起自骶骨、髂骨及骶髂韧带。

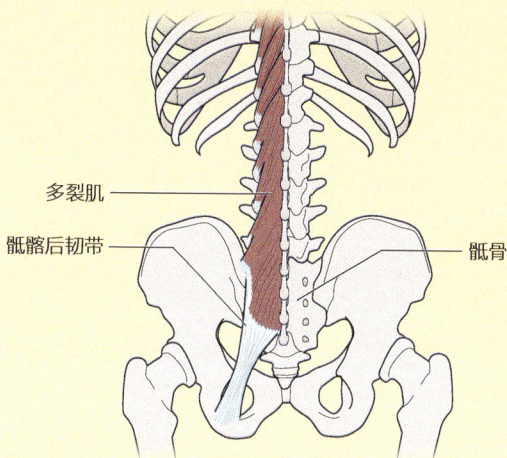

多裂肌

骶髂后韧带

骶骨

起点： 骶骨后部（和S4骶骨孔位置持平），髂后上棘及髂嵴、腰骶韧带，骶髂后韧带，L1~L5上关节突，T1~T12横突，C4~C7关节突。

止点： 表浅头从起点向上至3~4节椎体；中间头从起点向上至2~3节椎体；深部头走形于椎体的连接处。

功能： 脊柱伸展、同侧侧屈、对侧旋转。

神经支配： 相应的脊柱神经。

触诊流程

- 患者俯卧，脚踝被支撑。
- 握住患者每侧髂嵴，用拇指按住脊柱中间以定位骶髂关节。
- 将手指重叠，并指向患者腋窝方向。
- 用紧实的力弹拨患者胸腰筋膜来感受腰部多裂肌的厚度。
- 注意每一个压痛点或者发生肌束震颤反应的肌肉的位置。
- 一旦确定了最关键的压痛点或肌束震颤反应点（或者两个都存在），在整个PRT应用过程中，用手指指腹持续按压该点，直到再次进行评估。

PRT应用流程

- 患者俯卧，脚踝被支撑。
- 治疗这个组织时，请遵循竖脊肌或棘间肌的相关治疗流程。
- 需治疗的相关组织：竖脊肌、棘间肌、腰方肌、臀肌、腘绳肌。

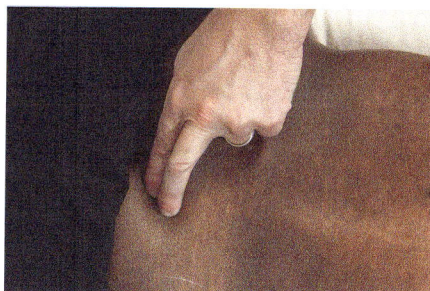

腰部多裂肌触诊流程

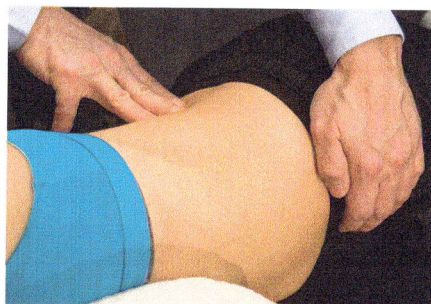

腰部多裂肌PRT应用流程

胸廓出口综合征

由于客观的诊断标准和相关研究较少，胸廓出口综合征（TOS）的诊断方法是一个富有争议的话题。胸廓出口综合征通常被分为三类：血管源性（动脉或静脉）、神经源性或两者结合（Polvsen et al., 2012）。胸廓出口综合征通常由于血管和神经组织在经过斜角肌三角区、肋锁间隙或喙突下间隙（也被称为颈胸支区域）时受到压迫而发生（Laulan et al., 2011）。受到压迫的结构主要包括臂丛神经、锁骨下动脉或锁骨下静脉——经常是由于肌肉张力过大、筋膜短缩或副肋卡压造成的。患者常常感到颈部、肩部、手臂和手伴随或不伴随神经症状的疼痛。一些患者会感觉到上肢末端温度的改变。胸廓出口综合征的症状经常很难与颈椎、肩部与上肢疾病（如椎间盘病变、肩关节内部紊乱、腕管综合征、肩关节感染）的症状区分开。此外，这些疾患常常导致肌肉组织和骨头的病变，从而增加胸廓出口处神经血管的压力。通常，受到压迫的地方会出现损伤。

洛朗等人（Laulan et al., 2011）及贝尔兹伯格和多尔斯（Belzberg & Dorsi, 2012）指出，95%的胸廓出口综合征病例都是由神经源性压迫引起的。但是，洛朗等人指出，先天性异常、创伤（如挥鞭伤）、功能性或获得性病理（如肩部或颈部区域的肌肉失衡）和其他罕见的原因（如肿瘤、骨髓炎）是4个引发胸廓出口综合征的主要原因。奥布赖恩、瑞玛苏德尔和考克斯（O'Brien, Ramasunder & Cox, 2011）报道过一名患有小儿第一肋骨软骨瘤的胸廓出口综合征的患者报告。虽然除了肌肉组织、筋膜、肋骨的压迫以外的情况比较罕见，但是当我们评估疑似患有胸廓出口综合征的患者时，也要考虑到其他发病机制。手术减轻胸廓出口综合征的方法通常包括移除第一肋及松解胸廓出口处压迫神经血管的组织。然而，手术干预并不是在任何时候都奏效的。根据英国医学杂志的报告，有一名患者在做了7次胸廓减压术后，症状并没有缓解（Deane, Giele & Johnson, 2012）。因此，在进行辨别诊断后，从业者可以用PRT来代替外科手术对胸廓出口综合征的患者进行干预。

治疗部位及其顺序

1. 前斜角肌和中斜角肌
2. 胸大肌
3. 锁骨下肌
4. 胸锁乳突肌
5. 肩胛提肌
6. 肩锁关节
7. 斜方肌上束
8. 前锯肌
9. 菱形肌

常见症状

- 手和手指感觉异常和疼痛。
- 颈、肩或筋膜疼痛。
- 上肢，尤其是手部力弱。
- 手部的深层肌肉组织渐进性萎缩。
- 上肢水肿。
- 手臂高举过头顶时，出现疼痛、感觉异常和温度异常。
- 压力使症状恶化。
- 圆肩。
- 锁骨和肩关节活动度受限。
- 手举过头的胸廓出口综合征测试中（血管），末端感觉减弱。

常见诊断

- 骨髓炎。
- 颈神经根病变。
- 颈椎间盘病变。
- 锁骨损伤。
- 肩锁关节损伤。
- 旋前圆肌综合征。
- 胸椎间盘损伤。
- 胸椎间盘性疼痛综合征。
- 肩关节内部紊乱。
- 转移性胸膜肿瘤。

- 肘管综合征。
- 腕管综合征。
- 臂丛神经损伤。

治疗方法

- 在进行全面的骨科检查后，做一个姿势评估以确定姿势矫正的有效性。
- 在进行手法治疗前，先用PRT松解紧缩的疼痛组织。
- 如果其他的间接性组织处理不成功，考虑使用第一肋的关节松动术。
- 如果怀疑存在副肋骨，考虑拍X光片确诊。
- 将与工作相关的工效学评估作为一个潜在的致病因素。
- 让患者通过自行减压来减轻躯体的压痛点刺激。

- 一旦引发疼痛的紧张组织被松解后，考虑进行神经梳理。
- 颈肩部肌肉的肌筋按压手法可以作为PRT的补充，因为其不会引发肌肉自发性痉挛反应。
- 通过增加对同一姿势的耐力，使得肩胛带、上肢和颈部达到锻炼的效果。

自我治疗方法

- 有规律地牵拉斜角肌、斜方肌上束和胸肌。
- 如果可能的话，每天进行相关的自我组织松解。
- 避免从事那些可能引发症状的工作或运动。
- 采用姑息疗法来控制疼痛及痉挛。
- 如果第一肋的关节松动术可以改善症状，那么每天都要进行治疗。

后天性斜颈

斜颈，在拉丁语中的意思是扭曲的颈部（也称作歪脖子），其病因既包括先天性因素，也包括后天性因素。后天性斜颈经常是由颈部肌群的肌肉强直及痉挛的症状导致的，尤其是胸锁乳突肌。这种疾患最终会导致颈部强直、颈椎活动度减少和相应疼痛（Chirurgi & Kahlon, 2012）。尽管还没有完全阐明，但关于先天性斜颈的病理机制和治疗方法都已经被很多文献记载（Patwardhan et al., 2011; Shankar et al., 2011; Yim et al., 2013）。然而，PRT对非特异性后天性斜颈的疗效较为可观。

在一个案例中，贝克等人（Baker et al., 2013）做了有关PRT对患有后天性斜颈大学生治疗有效性的研究。四名患者经过三天的PRT应用后，在颈部关节活动度、NPRS疼痛分值（数字疼痛评定量表）和DPA残障得分（体能活动无力化量表）上都达到了最小临床显著差异。

后天性斜颈或急性斜颈的患者，常常在早上醒来时感到颈部强直、不能旋转颈部，以及颈肩部的疼痛和头疼。珀尔等人（Per et al., 2014）指出，头部相对于颈椎的倾斜、旋转及颈部的屈曲，都不是体现疾病的特征性表现。因此，从业者必须系统地从多角度进行检查。然而，这种疾患常常归因于胸锁乳突肌的挛缩，这是由于睡觉时颈部长时间处于一个不良姿势导致的。节段性小面关节囊卡压可能是引发颈肩部肌肉组织挛缩的原因。但是，其他的急性损伤也有可能出现类似的体征和症状。

例如，细菌性脑膜炎也可能出现急性斜颈的症状。基鲁尔吉和卡隆（Chirurgi & Kahlon, 2012）的报告指出，一个细菌性脑膜炎的病例有着和急性斜颈一样的临床外部体征和症状。当患者出现晕厥并住进急诊室两个星期后，才发现他的病因是会引发生命危险的细菌性脑膜炎。因此，对于那些疑似患有后天性斜颈的患者来说，其他的辨别诊断也是很必要的。

治疗部位及其顺序

1. 胸锁乳突肌
2. 二腹肌
3. 前斜角肌和中斜角肌
4. 肩胛提肌（颈部）
5. 斜方肌上束
6. 胸小肌
7. 头夹肌
8. 棘间肌（颈部棘间肌）
9. 枕骨下肌
10. 冈下肌
11. 菱形肌
12. 肩胛提肌（肩部）

常见症状

- 颈部疼痛（颈部强直）。
- 通常在睡醒时自发性发作。
- 头部及颈部倾斜、旋转时伴有下巴歪斜。
- 头痛。
- 颈肩部痉挛。
- 头颈部的旋转受限，尤其是转向某一侧时。

常见诊断

- 寰枢椎旋转半脱位。
- 脑膜炎。
- 感染。
- 肿瘤。
- 外伤。
- 颈部扭伤或发紧。
- 药物反应。
- 心理应激反应。

治疗方法

- 经过一个全面的评估及诊断后，找出能引发肩颈部疼痛的动作。

- 在无疼痛的活动范围内，应用PRT。
- 通过了解患者病史，找到可以减轻症状的其他因素（例如，通过心理咨询减轻压力）。
- 在进行间歇性颈部牵引前，进行一些湿热之类的姑息疗法，对治疗效果十分有帮助。
- 在应用完PRT后，考虑进行推拿或筋膜疗法。
- 关节松动术对疼痛的减轻及椎体脱位是有效的，但在进行关节松动术前，要先进行组织松解。
- 在放松后，采用无痛范围的PNF拉伸术或肌肉能量术有利于改善关节活动度。
- 激光疗法可能对颈椎表浅组织炎症的减轻有帮助。

自我治疗方法

- 每天在无痛范围内运用PRT进行自我放松。
- 如有需要，可采用姑息疗法。
- 每天进行无痛范围内的肌肉牵拉。
- 在原发症状消失之前，避免进行高负荷的日常活动、运动或工作。

慢性非特异性腰痛

慢性腰痛被认为是在世界范围内都很严重的问题。它给雇主与职员造成了极大的工作时间损失（Hoy et al., 2012）和间接性治疗开销（Krismer & Van Tulder, 2007）。90%的慢性腰痛患者都是非特异性的，即原因不明的腰痛（Krismer & Van Tulder, 2007）。库奇拉（Kuchera, 2008）指出，慢性非特异性腰痛会导致焦虑、抑郁和生活质量的下降。对于从业者来说，由于原因不明，对慢性非特异性腰痛的处理往往是一个巨大的挑战。对于患者来说，由于临床症状的模糊，他们很难判断自己是否患有慢性非特异性腰痛。

一个关于慢性非特异性腰痛的系统性综述显示，行为疗法、运动疗法和包括行为疗法的综合疗法在减轻慢性非特异性腰痛所引起的疼痛和行动不便上，效果明显（Hoy et al., 2012）。然而，其他很多传统疗法，如对背部知识的了解、低水平激光治疗、患者教育、推拿、牵引、表浅冷敷与热敷及腰部支持带的单独使用对慢性非特异性腰痛的治疗是没有效果的。本报告的作者没有将PRT纳入其中，其主张结合多种疗法治疗，这样可以解决腰痛引起焦虑和抑郁，同时也可以缓解慢性腰痛症状。

迄今为止，并没有关于PRT针对慢性和急性腰痛的疗效的调查。一项随机试验针对PRT或SCS对于急性腰痛的疗效进行了调查（Lewis et al., 2011）。作者发现，相对于单独锻炼的方法而言，SCS与锻炼结合的方法并没有带来更好的效果。然而，由于他们并没有严谨地实施对照实验，应谨慎看待该实验结果。刘易斯和弗林（Lewis & Flynn, 2010）的结论与上述结论相反，他们的一系列案例研究表明，四位腰痛的患者在接受SCS治疗后，其症状得到了相应缓解。无论单独应用PRT还是结合其他疗法一起应用，其对慢性非特异性腰痛的疗效还需要更多的研究来证明。

治疗部位及其顺序

1. 腰大肌
2. 髂肌
3. 大收肌
4. 坐骨下支
5. 骶髂关节
6. 竖脊肌
7. 棘间肌
8. 腰方肌
9. 臀中肌
10. 梨状肌
11. 腘绳肌

常见症状

- 腰部、臀部或腿部的钝痛。
- 背部、臀部或腿部出现无力感。
- 局部刺痛或麻木。
- 日常活动中的疼痛（钝痛或刺痛）。
- 腿长差异。
- 骶髂关节紧锁。
- 骨盆旋转。
- 骨盆扭转。

常见诊断

- 脊柱侧凸（功能性或先天性）。
- 椎间盘疾病。
- 骨代谢性疾病。
- 椎管狭窄（肿瘤）。
- 转移性疾病。
- 退行性小关节病。
- 带状疱疹。
- 脊柱关节病。
- 骨质疏松性压迫性骨折。
- 椎间盘源性疼痛。

治疗方法

- 使用行为疗法和减压干预来控制疼痛。
- 结合其他疗法应用PRT。
- 通过生物力学的分析来判定，下肢是否存在病理性生物力学问题，从而给腰部带来额外负荷。
- 教授患者如何通过改变ADL来减少背部组织的劳损与负荷。
- 通过姑息疗法控制疼痛和痉挛。
- 多种PRT法联合使用往往可以重塑组织和神经的平衡。

- 发现潜在的结构问题（如骨盆旋转或倾斜），并进行针对性治疗。
- 对于肥胖患者，需提供相应的减重策略。

自我治疗方法

- 避免那些可能激发疼痛的姿势和动作。
- 用姑息疗法来缓解疼痛和痉挛。
- 每天进行腰部的自我放松。
- 每天进行行为及减压治疗。
- 在可承受范围内保持体力活跃。

椎间盘紊乱

在治疗疑似患有椎间盘紊乱的患者时，应做好相应的预防措施，因为治疗时采用的姿势可能使椎间盘受压。椎间盘紊乱（例如，膨出、脱出）一般是由急性或隐匿性疾病引起的（Bartysnski et al.，2013）。然而，根据影像学研究，单独的椎间盘紊乱并不是引起腰痛的因素之一。此外，与无症状的人相比，有症状患者椎间盘退化的发生频率是一样的（Bartysnski et al.，2013；Deane et al.，2011）。因此，相关从业者应结合体格检查及影像学检查的结果来制订治疗方案。然而，很多加重椎间盘紊乱并进而发展为腰痛的风险因素已被证实，包括肥胖和超重（Shiri et al.，2010）、遗传易感性（Livshits et al.，2013）和女性群体（Bartysnski et al.，2013）。

在运用PRT治疗有症状的椎间盘紊乱患者时，从业者应考虑遵循中心化或位置偏离的概念。中心化或位置偏离概念是基于找到不加剧患者症状的关节角度或姿势的基础上建立的。相关从业者需要将患者在其接受的关节角度内进行活动（如屈曲或伸展）以明确其位置偏移及症状中心化的活动范围。如果可以的话，应参照相关影像学的诊断报告，从而了解椎间盘紊乱的类型、位置和严重程度。例如，患者可能在伸髋15°时会有放射性症状，但在10°到15°没有症状。在这种情况下，治疗的位置偏移或中心化区域应在这个不会引起症状的范围内。相关从业者在为腰椎间盘后外侧突出的患者治疗时，应该避免一些可能会导致椎间盘向后外侧移位的姿势或操作。作者的实践经验表明，这类群体往往承受不了幅度太大的活动或关节挤压，也忍受不了早期大量的PRT。因此，从业者应该用一些适度的个性化的治疗体位，同时要避免一些会给关节，尤其是腰骶部带来压迫的活动或操作。

屈曲的姿势常会加重椎间盘向后突出；侧屈往往会加重椎间盘向后外侧突出；对神经根加压或伸展的姿势往往社会加重关节面的病变。因此，应将中心化作为一个方法来指导手法治疗。此外，急性期患者往往在早期的治疗阶段只能忍受3~5次PRT

处理。在急性期，需要格外注意的治疗要点和顺序在表格里，即后面带星号（＊）的治疗点与顺序。然而，处理部位的选择及其顺序取决于对患者的评估结果、影像学结果及治疗过程中的症状反应。

治疗部位及其顺序

腰椎
1. 骶髂关节＊
2. 竖脊肌＊
3. 棘间肌
4. 腰方肌
5. 大收肌
6. 坐骨下支＊
7. 腰大肌＊

胸椎
1. 竖脊肌＊
2. 骶髂关节＊
3. 菱形肌＊
4. 斜方肌下束
5. 剑突＊
6. 前锯肌

颈椎
1. 枕骨下肌
2. 棘间肌
3. 头夹肌＊
4. 斜方肌上束＊
5. 胸小肌
6. 锁骨下肌
7. 二腹肌
8. 前斜角肌和中斜角肌＊
9. 胸锁乳突肌
10. 菱形肌
11. 肩颈部肩胛提肌＊
12. 冈下肌

常见症状

- 皮肤和肌肉力量的改变。
- 神经根病。
- 椎间盘源性疼痛。
- 坐骨神经痛。
- 深腱反射的改变。
- 异常性疼痛。
- 关节角度受限。
- 肌筋膜疼痛综合征。
- 神经张力测试中疼痛和感觉变化。
- 腿长差异。

常见诊断

- 硬膜外脓肿。
- 硬膜外出血。
- 强直性脊柱炎。
- 多发性骨髓瘤。
- 血液供应不足。
- 马尾综合征。
- 关节炎。
- 骨质疏松症伴应力性骨折。
- 硬膜外肿瘤。
- 周围神经病变。
- 带状疱疹。

治疗方法

- 可能的话，请参照影像学报告和相应的图像来确定椎间盘紊乱的类型、范围和位置。

- 在PRT中应用中心化或位置偏移的概念。
- 使用包含行为及减压疗法在内的多种方法来控制疼痛。
- 用姑息及传统疗法来减轻疼痛和痉挛现象。
- 提供ADL教育，限制病变部位的机械性压迫和扭伤。
- 在急性发病期，提倡（1~2天的）卧床休息。
- 鼓励在可承受范围内进行身体活动。
- 早期渐进性训练主要集中于激活及稳定性训练。
- 在做关节和神经松动术或牵引之前，先进行PRT处理。
- 在可以承受的范围内进行神经松动或滑移治疗。

自我治疗方法

- 每天坚持做ADL活动。
- 每天应用不会加剧症状的自我松解技术进行治疗。
- 考虑使用家庭式的牵引或倒位的方法来控制疼痛和痉挛。
- 使用姑息疗法来控制疼痛和痉挛。
- 在急性发作期间，进行1~2天的卧床休息。
- 有需要且可以忍受的话，使用TENS仪来控制疼痛和痉挛。
- 在可以承受的范围内，每天进行神经松动及滑移。

总结

　　颈部和腰背部的疼痛已经发展成一个严重的全球性问题，给超过85%的人带来影响并造成了重大的社会经济负担。有证据证明，PRT对于脊柱疾患的疗效日益明显。虽然目前有关PRT的研究主要集中于头部和颈椎的治疗，但其在胸腰部相关疾病的治疗中，也是一个研究热点。对于那些忍受着脊柱相关急性疼痛的患者来说，PRT可以减少中枢致敏、躯体功能障碍、自主神经系统功能障碍以及相关社会心理问题（如抑郁症、残疾和病假）。如果专家和从业者能够将PRT与多种方法相结合，以减少疼痛、残疾以及工作和活动时间的损失，无疑是对社会的一份很好的回馈。

肩关节

在阅读本章内容后，你应该做到以下几点。

❶ 了解造成肩关节功能障碍的因素。

❷ 定位并触诊需要应用PRT进行治疗的肩关节结构。

❸ 应用PRT治疗肩关节功能障碍。

❹ 了解躯体损伤模式是怎样影响肩部常见损伤（如撞击综合征）发展的。

在运动员和工作群体中，上肢损伤的概率被认为与下肢损伤和脊柱疾病的概率一样大（Ootes, Lambers & Ring, 2012）。费尔南德兹·德·拉斯·佩尼亚斯等人（Fernandez-de-las Penas et al.）在2012年的研究指出，肩部疼痛仅次于背部疼痛，是第二大与工作相关的疾病。尽管上肢损伤大部分都发生在家里，但是运动性损伤也逐渐成为一个重要因素，尤其是在青少年群体里。

戈特沙尔克和安德瑞史（Gottschalk & Andrish, 2011）发现，美国高校运动员每年有超过200万次的需要去医院诊治程度的损伤，而运动相关损伤占主体。在青少年群体中，上肢骨折是最常见的一种运动损伤（Gottschalk & Anderish, 2011; Sytema et al., 2010）。塞特玛等人（Sytema et al., 2010）发表的研究报告表明，青少年是上肢骨折的高发人群。这一发现和其他的研究结果相符，他们认为，不成熟的骨架发育是导致摔倒时伸出来支撑的手发生骨折的主要原因。他们还发现，有很大摔倒风险的运动（骑马、竞速滑轮、滑雪、滑板滑雪和类似足球的学校运动）导致了大多数的上臂骨折。同时，个人运动所带来的风险比团体运动要大。虽然由运动引起的创伤是导致上臂骨折的主要因素，但是重复性的动作也可能会给运动员和劳动者带来微型创伤、慢性疼痛和骨质病变。

在一个讨论电脑用户与引发上臂职业性肌肉骨骼疾患危险因素的系统回顾里，安德森等人（Andersen et al., 2011）没有把达·科斯塔和维埃拉（Da Costa & Vieira, 2009）提出的观点与电脑用户发生职业性肌肉骨骼疾患的危险因素建立联系。如过重的体力劳动和提重物，过多重复的、不舒适的姿势，吸烟，身体质量指数过大，过高的心理社会工作需求及并发症。过高的鼠标使用率是唯一与上肢急性暂时性疼痛中等相关的风险因素。此外，安德森等人（Andersen et al., 2010）也没有发现任何与计算机工作相关的上肢疾病或者损伤，同时他们只发现唯一有较弱联系的预防方法，即将工作环境改变成与人体工程学相符合

的环境。尽管这些研究发现的WRMD风险因素并不一致，但他们都指出，由于用于评估研究中所涉及的工作场所的方法学质量较低，研究结果有待更多的考量。与那些影响职业性肌肉骨骼疾患的风险因素无关，躯体功能障碍在白领和蓝领的工作群体中都是存在的。

对于体力劳动者来说，他们更有可能受苦于肌筋膜触发点，这可能与其从事繁重的体力劳动和提重物有关。然而达·科斯塔和维埃拉（Da Costa & Vieira, 2010）的研究发现，其他风险因素包括重复性任务和不舒适的姿势，可能同时存在于体力劳动者和办公室劳动者之间。在一项关于蓝领和白领的头部、颈部、肩部和臂部的筋膜触发点引起疼痛的研究中，费尔南德兹等人（Fernandez et al., 2012）的研究发现，在这两个群体中并没有发现活跃与潜在的肌筋膜触发点的位置及其数量上的显著差异。作者发现，两种人群肌筋膜触发点最常出现在以下区域：斜方肌上束、肩胛提肌和桡侧腕短伸肌。这些区域最常产生的牵涉痛集于胸大肌、肩胛下肌、斜方肌上束和斜角肌。文献显示，用干针处理这些区域的损伤是非常有效的。

在一个系统的回顾和元分析中，基特雷什等人（Kietrys et al., 2013）发现，对于肌筋膜疼痛的患者来说，干针疗法对活跃的肌筋膜触发点并不比其他疗法更有效。相反，干针在治疗急性疼痛方面比安慰剂更有效。

到目前为止，还没有任何高质量的文献对PRT处理职场群体上肢疼痛的研究。然而，雅各布森等人（Jacobson et al., 1989）提出了一个用PRT处理肩部功能障碍的早期理论并称之为"循环模型"。作者认为，当手臂被动地抬到高于肩部的位置时，肌肉内的血液由于肌肉张力降低而重新向肌肉中的血管灌注，疼痛也随之减少。作者的理论基于之前一个关于往尸体肩膀内注射悬浮卡片的研究（Rathbun & Macnab, 1970）。

当手臂放在体侧时，悬浮物没有被灌注到血管内。当胳膊被动外展抬高时，才发生灌注反应。

将这个观点结合临床观察后发现，患者在直立位接受PRT处理时不能放松，因而条件允许的情况下，俯卧或仰卧是一个较好的姿势。患者如果坐着，肩部和上肢肌肉会不自主地收缩。因此，患者在坐位接受处理时，组织内的液体灌注可能会受到影响。由于肩关节位置对于循环系统的潜在影响，高举过头的运动员需要得到特别的关注。

肩部天生就是一个不稳定的关节，只能靠可收缩及不可收缩组织起稳定作用。对于运动员来说，疲劳、肌力差、活动度不足、过度损耗和旧伤都是导致肩部损伤的因素（Sytema et al., 2010）。在一项对于246个美国高中的棒球和垒球运动员的调查中，斯坦利等人（Shanley et al., 2011）发现，整个赛季下来，那些内旋大于25°的主投侧肩关节比对侧遭受的上肢损伤率高4~5倍。尽管垒球运动员更可能存在盂肱关节内旋活动度不足的情况，但是两个项目的运动员都可能遭受肩及肘部的损伤。然而，肩部和肘部的损伤最常出现在垒球运动员身上。此外，游泳运动员也是肩部损伤的高发人群。瓦尼温霍斯等人（Wanivenhaus et al., 2012）报告说，游泳运动员身上40%~90%的肩部损伤是由肩袖肌群、上背部及胸部肌肉组织的疲劳造成的。在游泳的弧形动作中，肩袖的疲劳是导致肱骨头的动态稳定性减少的一个因素，同时它也可能引发组织的微伤、肩部撞击综合征和胸廓出口综合征（Wanivenhaus et al., 2012）。不论是由于运动还是潜在的骨性病变所引起的肩带功能障碍，都会给关节活动幅度、肌肉力量和肩肱节律带来一定的损害（Lucas, Polus & Rich, 2004）。这可能会抑制肩袖肌群在关节窝处稳定肱骨的能力，从而可能导致冈上肌腱在肩峰下方的撞击（Ebaugh, Spinelli & Schmitz, 2011）。

有关PRT应用的大部分研究都专注于如何减轻急性疼痛，而不是如何改善功能。Y平衡测试是一项可以评估运动员和存在潜在损伤可能的劳动者上肢闭链功能的测试。威斯垂克等人（Westrick et al., 2012）发现，对于健康的大学生群体来说，Y平衡测试是一个评估上肢闭链功能的有效测试。此外，作者们发现，用该测试评估上肢闭链功能时，惯用侧与非惯用侧肢体之间不存在差异（即没有损伤的肢体可被视为正常肢体）。Y平衡测试被认为是一个很好的评估上肢损伤情况的工具。

美国上肢急诊手术的数量从1983年的38万例上升到2006年的100万例（Jain et al., 2014）。由此可见，我们需要开发更多能够明确评估上肢损伤风险及功能表现的方法。对于那些对肩关节需求高的运动员和劳动者，PRT是一个很好的处理方法，因为它不仅可以减轻疼痛，改善关节活动度和力量的不足，还可以提高功能表现。

应用PRT的常见解剖部位和情况

- 肌肉拉伤
- 韧带拉伤
- 骨性关节炎
- 胸廓出口综合征
- 椎间盘病变
- 神经根病

- 肩关节撞击综合征
- 冻结肩
- 肩关节脱位
- 肩胛骨动力学障碍
- 肌腱炎

斜方肌上束

斜方肌由上、中、下三束组成。它们扁平的表面纤维从头骨底部一直延伸到胸廓底端。上束从枕骨横向贯穿到锁骨；中束从胸椎水平贯穿到肩胛骨和肩峰；下束从胸椎向上外侧贯穿到肩胛冈。斜方肌纤维，尤其是上束，是最容易引发病变的部分。这是因为它与肩部及颈部其他内在肌肉起到力耦作用。

斜方肌:
上束
中上束
中下束
下束

三角肌后束

背阔肌

起点： 枕骨与上项线中间三分之一处。

止点： 锁骨（后外三分之一处）。

功能： 稳定及旋转肩胛骨；使肩部及肩胛骨抬高（耸肩）；头部对侧旋转，头部伸展，颈部伸展，颈椎侧屈。

神经支配： 副神经（第11对脑神经）。

触诊流程

- 让患者侧卧，面对患者站着或坐着。
- 用近侧手轻轻地像握汉堡一样握住患者斜方肌上束，这样可以将斜方肌上束与附着于肩胛骨的表面的斜方肌中束区别开。
- 从患者锁骨附着处向枕骨触诊。
- 食指与中指交叠，用紧实的力从后部向前部触诊，并将肌肉纤维压在锁骨上拨动。
- 当触及患者颈部弯曲处的斜方肌时，将手指转向垂直于颈椎的地方，同时逐渐减轻按压的力度，将表皮纤维从内侧拨到外侧。
- 沿着肌肉及其附着点找到每一个压痛点或肌束震颤反应点。
- 一旦确定了最关键的压痛点或肌束震颤反应点（或者两个都存在），在整个PRT应用过程中，用手指指腹持续按压该点，直到再次进行评估。

斜方肌上束触诊流程

PRT 应用流程

- 让患者仰卧。你可以站着或坐着。
- 将患者头部向治疗侧侧屈和旋转。
- 用远侧手将患者的肘部置于靠近其胸部或腹部的地方。
- 用远侧手握住患者屈曲的肘关节前端，一般肘关节屈曲90°。
- 用远侧手屈曲患者的手臂，通常来讲，舒适的屈曲角度为90°~120°。
- 一旦找到了有肌束震颤反应或让组织放松的屈曲角度，用远侧手在水平方向上内收、外展患者的手臂。然后用远侧手使其肱骨旋转，一般进行外旋。
- 用远侧的放在垫枕上的手对患者进行长轴牵引和按压，从而使关节和组织达到最佳的放松状态。
- 用近侧手的鱼际轻轻地下压患者肱骨。
- 需治疗的相关组织：胸锁乳突肌、头夹肌、颈夹肌、肩胛提肌、颈部多裂肌、回旋肌。

▶ 视频8.1：斜方肌上束PRT应用流程

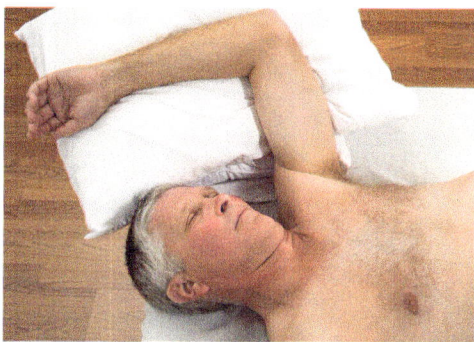

斜方肌上束PRT应用流程

自我治疗流程

- 仰卧，沙发是自我治疗的最佳选择。
- 用非治疗侧手来监控肌束震颤反应和组织状态，以调整治疗姿势。
- 将头部和颈部摆在侧屈的姿势上，同时将你的下巴指向治疗侧肩膀。
- 在肩关节屈曲90°~120°的姿势下，肘关节微曲，使手可以放在沙发或垫枕上保持放松。同时，将手臂轻微外旋。在治疗姿势中，肘关节应该被沙发背或垫枕支撑。
- 保持这个姿势直至肌束震颤反应消失，或维持3~5分钟。

斜方肌上束自我治疗流程

锁骨下肌

锁骨下肌可以从它的命名来定位，它位于锁骨下面。它是一种比较细长的走形于锁骨和胸骨之间的肌肉，位于胸大肌深部，因此很难被触及。锁骨下肌在稳定胸锁关节和辅助呼吸中起着重要作用。因此，当这一部分肌肉出现病变时，斜角肌、胸锁乳突肌和斜方肌也会出现病变。此外，该部位的病变常常会影响到胸锁关节的关节运动学。

锁骨下肌
胸小肌
喙肱肌
前锯肌

起点： 第一肋和肋软骨。

止点： 锁骨（前三分之一）。

功能： 协助肩部的下沉；在肩关节活动中，通过使锁骨后旋来稳定胸锁关节；吸气时提升第一肋。

神经支配： C5~C6（来自臂丛神经的锁骨下神经）。

触诊流程

- 患者侧卧或仰卧。
- 肘关节屈曲，并将患者治疗侧肩关节摆在水平微内收的姿势上。
- 用蜷曲的手指或拇指在患者锁骨上沿着锁骨的长轴上下拨动。
- 沿着肌肉及其止点找到每一个压痛点或肌束震颤反应点。
- 一旦确定了最关键的压痛点或肌束震颤反应点（或者两个都存在），在整个PRT应用过程中，用手指指腹持续按压该点，直到再次进行评估。

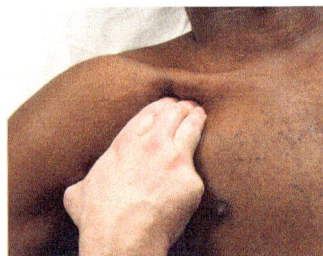

PRT应用流程

- 患者仰卧。
- 用远侧手握住患者的手腕，然后将治疗侧绕过身体，向患者对侧髋关节方向移动。
- 用远侧手将患者肘关节伸直并上下摆动，以找到合适的治疗姿势。通常来讲，较好的治疗姿势是将手放在对侧髂前上棘上。
- 用远侧手将患者肩关节分离，同时内旋。
- 需治疗的相关组织：胸小肌和胸大肌。

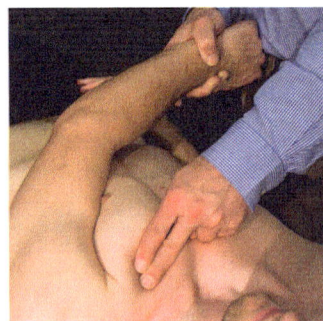

锁骨下肌触诊流程

锁骨下肌PRT应用流程

- 改变姿势：若患者不能忍受关节分离所带来的疼痛，让患者侧卧，用远侧手握住患者肩关节后侧，使其处于前伸、内收位。用远侧手上提或回旋肩胛骨以进行微调。

肩锁关节前侧

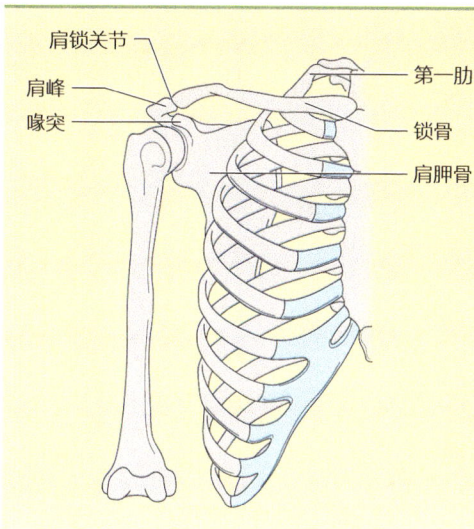

肩锁关节（AC）是由肩胛骨肩峰和锁骨肩峰端组成的关节。当肩袖肌群力量薄弱时，肩锁关节通常是一个易受激惹的部位。该关节的前侧及后侧都可能存在病变区。

触诊流程

- 患者仰卧或坐着。
- 用手指沿着患者锁骨找到其外侧尖端，当感到有一个凹陷的地方时，这就是肩锁关节。
- 凹陷处的后外侧就是肩峰。从前向后触诊关节。
- 注意每一个压痛点或发生肌束震颤反应的关节连接的位置。
- 一旦确定了最关键的压痛点或肌束震颤反应点（或者两个都存在），在整个PRT应用过程中，用手指指腹持续按压该点，直到再次进行评估。

PRT应用流程

- 用于治疗锁骨下肌的PRT直臂治疗流程同样也适用于治疗肩锁关节前侧的病变。但有一点不同：斜向对侧的手臂位置应放在患者髂前下棘上或更低的位置。
- 需治疗的相关组织：锁骨下动脉、胸小肌和胸大肌。

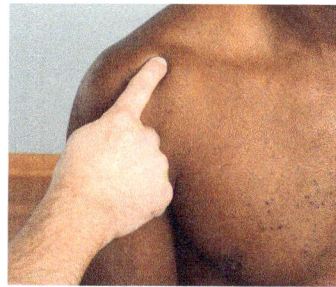

肩锁关节前侧触诊流程

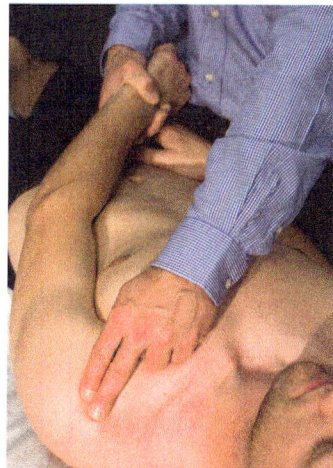

肩锁关节前侧PRT应用流程

189

三角肌

三角肌的纤维由独立的三个部分——前束、中束和后束组成。三角肌宽阔的呈三角形的多羽肌纤维几乎覆盖着整个肩关节，其主要功能是使肩关节外展。同时，三角肌也是肩袖内侧肌群的力偶肌。

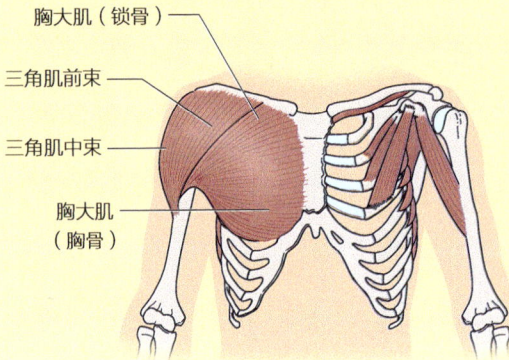

胸大肌（锁骨）

三角肌前束

三角肌中束

胸大肌（胸骨）

起点：前束：锁骨的外三分之一；中束：肩胛骨（肩峰外上表面）；后束：肩胛骨（肩胛冈的后下缘）。

止点：三角肌粗隆。

功能：前束：肩关节屈曲、内旋、水平内收；中束（主要）：肩关节外展；后束：肩关节伸展、外旋、水平外展。

神经支配：C5~C6（腋神经）。

触诊流程

- 患者保持俯卧位或坐位。
- 从患者锁骨下方、肩前侧褶皱开始触诊。
- 三角肌前束位于肱二头肌长头肌腱的外侧。
- 用拇指或食指垂直地划过前束。在肩部的最外侧，会感觉到一个明显的断离，那就是中束。继续垂直划过中束，来到下一个深陷处，那就是后束的起始部位。
- 需要用紧实的力度区分不同的纤维组。
- 可以从纤维的近端起点向它们共同的远端止点，即三角肌粗隆处触诊。
- 注意每一个压痛点或发生肌束震颤反应的肌肉的位置，以及其附着点。
- 一旦确定了最关键的压痛点或肌束震颤反应点（或者两个都存在），在整个PRT应用过程中，用手指指腹持续按压该点，直到再次进行评估。

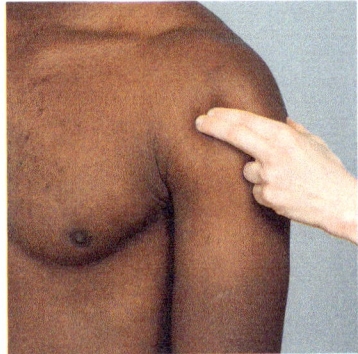

三角肌触诊流程

PRT应用流程

- 患者仰卧。

- 用远侧手握住患者的肘关节，将其摆在一个较舒适的屈曲位置（90°~100°）时，活动患者的手臂。

- 然后用远侧手将患者的手臂移动到水平内收的位置（仅中间纤维）。

- 用远侧手牵引或按压患者肱骨，然后用近侧手轻轻向下滑动肱骨。

- 用远侧手旋转患者肱骨进行微调。

- 需治疗的相关组织：胸小肌、喙肱肌、肱二头肌长头肌腱、三角肌中束。

自我治疗流程

- 仰卧，沙发对于自我治疗而言是最佳的选择。

- 肩关节屈曲90°的同时，肘部用沙发或垫枕支撑并保持放松。

- 用非治疗侧手来监控肌束震颤反应和组织状态，以调整治疗姿势。

- 保持这个姿势直至肌束震颤反应消失，或维持3~5分钟。

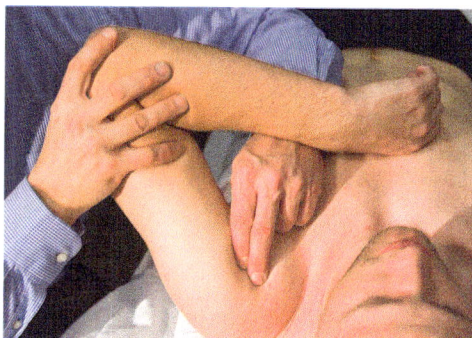

三角肌PRT应用流程

三角肌自我治疗流程

肱二头肌长头肌腱

　　肱二头肌由一个长头肌腱和一个短头肌腱组成。长头肌腱比短头肌腱更圆，它可以很容易地在肩关节前侧褶皱处被找到。肱二头肌长头肌腱的病变通常是由一些肩部疾患，如肩关节撞击综合征、肩袖肌群力弱和肩关节不稳引发的。这个部位的损伤通常由肩部的疾病引发，因为此时，肌腱和肌肉从次要稳定及动力结构变为主要的受力部位，从而导致肌腱复合体的负荷过大。

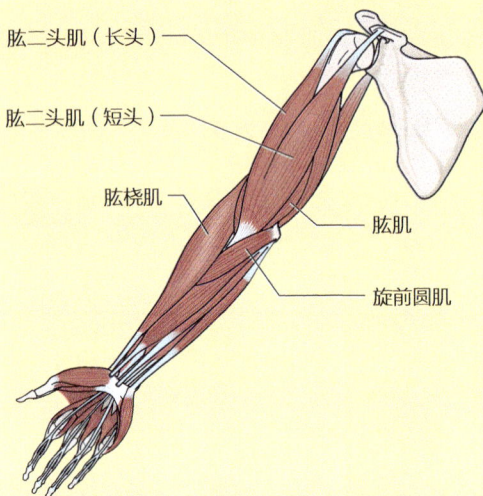

肱二头肌（长头）

肱二头肌（短头）

肱桡肌

肱肌

旋前圆肌

前侧结构图

起点： 盂上结节，肩关节囊。

止点： 桡骨粗隆，肱二头肌腱膜。

神经支配： C5~C6肌皮神经。

触诊流程

- 患者仰卧，肘关节屈曲，同时前臂被支撑。
- 将手指放在患者肩前折痕处，垂直于肱二头肌长头肌腱。肱二头肌长头肌腱位于肱部结节沟处，也就是说，位于肩部前外侧的折痕处。
- 患者抗阻屈肘并旋后，可以使肌腱更容易被触及。
- 轻轻地弹拨患者整个长头肌腱。
- 注意每一个压痛点或发生肌束震颤反应点的肌腱的位置。
- 一旦确定了最关键的压痛点或肌束震颤反应点（或者两个都存在），在整个PRT应用过程中，用手指指腹持续按压该点，直到再次进行评估。

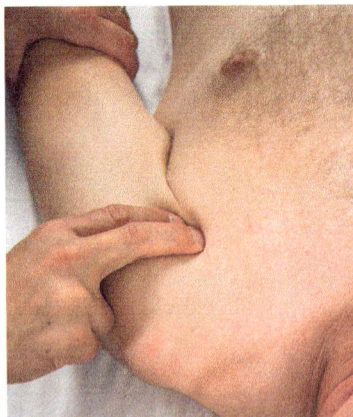

肱二头肌长头肌腱触诊流程

PRT应用流程

- 患者仰卧。
- 用远侧手握住患者的肘部，同时让其肩关节屈曲90°~120°。
- 用远侧手使患者的手臂水平内收。
- 用远侧手使患者的前臂旋后。
- 用远侧手在患者肱骨处牵引和按压肩关节。
- 需治疗的相关组织：肱二头肌、肱肌、三角肌前束和三角肌中束。

▶ 视频8.2：肱二头肌长头肌腱PRT应用流程

自我治疗流程

- 仰卧。
- 用非治疗侧手来监控肌束震颤反应和组织状态，以调整治疗姿势。
- 将治疗侧手背搭在前额上，同时确保肩部屈曲约90° 及肘关节屈曲的姿势。
- 请确保肩部和肘部放在沙发或者其他固定的物体上作为支撑。
- 保持这个姿势直至肌束震颤反应消失，或维持3~5分钟。

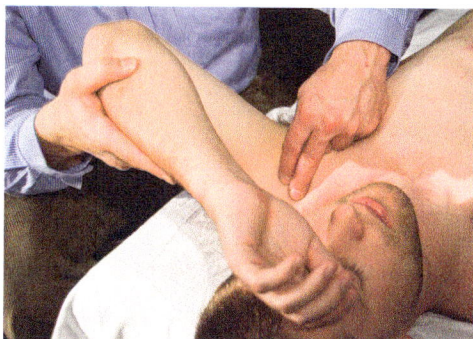

肱二头肌长头肌腱PRT应用流程

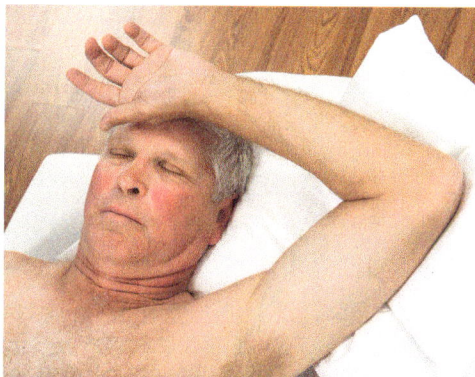

肱二头肌长头肌腱自我治疗流程

肱二头肌短头肌腱

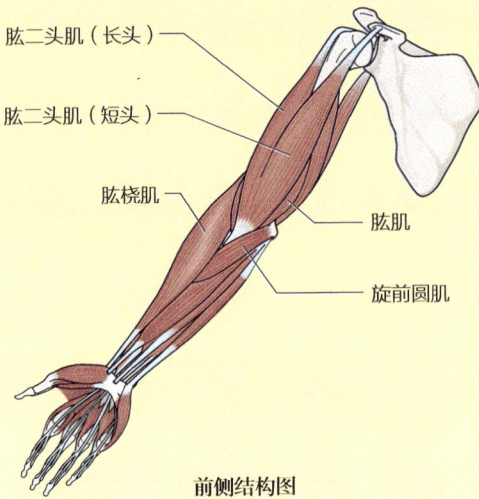

肱二头肌（长头）
肱二头肌（短头）
肱桡肌
肱肌
旋前圆肌

前侧结构图

肱二头肌短头肌腱起始于喙突尖，向下与长头肌腱相结合，然后融入肱二头肌腱膜。与长头肌腱不同的是，当三角肌收缩时，短头肌腱并不主要负责稳定肱骨头。一般来说，喙突是敏感的触诊部位，因此，肌腱起点处要用轻微的力触诊，防止因用力过度而带来的不良后果。

起点： 肩胛骨喙突。

止点： 桡骨粗隆，肱二头肌腱膜。

功能： 肘关节屈曲、旋后。

神经支配： C5~C6 肌皮神经。

触诊流程

- 患者仰卧，肘关节屈曲，前臂被支撑。
- 找到患者锁骨，沿着它找到肩前的折痕处。喙突位于锁骨下边缘，也就是肩前折痕的内侧。
- 用手指轻轻触压患者喙突。
- 手指移向患者喙突远端，并垂直于肱二头肌短头肌腱进行触诊。
- 拨动位于长头肌腱内侧的短头肌腱。
- 患者抗阻屈肘、旋后可以让触诊变得更加容易。
- 沿着肌束及其附着点找到每一个压痛点或肌束震颤反应点。
- 一旦确定了最关键的压痛点或肌束震颤反应点（或者两个都存在），在整个 PRT 应用过程中，用手指指腹持续按压该点，直到再次进行评估。

PRT 应用流程

- 患者仰卧。
- 用远侧手握住患者的肘部，使其屈曲 90°，然后将肩关节移动到屈曲 90°~100° 的位置。
- 用远侧手将患者手臂调整到一个 90° 的水平内收位置，然后将前臂旋后。
- 用远侧手在患者肱骨处牵引和按压关节。如果只做关节按压，也可以用你的躯干。

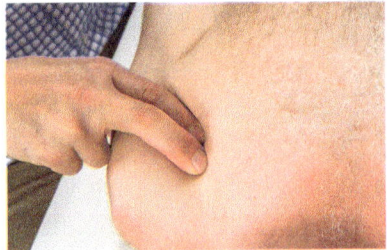

肱二头肌短头肌腱触诊流程

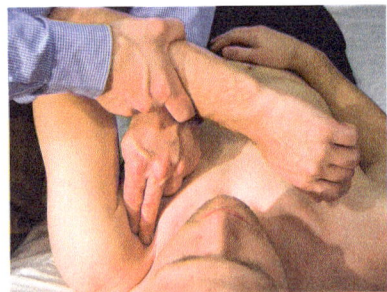

肱二头肌短头肌腱 PRT 应用流程

- 用远侧手将患者肱骨和前臂旋转以进行微调。
- 需治疗的相关组织：肱二头肌、肱肌、三角肌前束和三角肌后束。

肩胛下肌

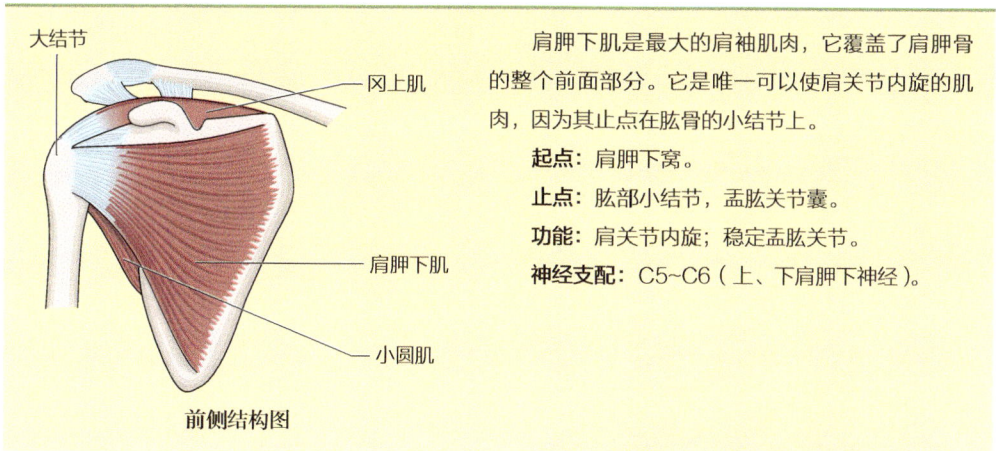

大结节
冈上肌
肩胛下肌
小圆肌

前侧结构图

肩胛下肌是最大的肩袖肌肉，它覆盖了肩胛骨的整个前面部分。它是唯一可以使肩关节内旋的肌肉，因为其止点在肱骨的小结节上。

起点： 肩胛下窝。

止点： 肱部小结节，盂肱关节囊。

功能： 肩关节内旋；稳定盂肱关节。

神经支配： C5~C6（上、下肩胛下神经）。

触诊流程

- 患者侧卧。
- 将患者肩关节屈曲70°~90°，然后向前分离肩胛骨，使其远离胸壁。
- 握住患者手臂时，用拇指或者食指寻找到肩胛骨下缘。然后继续向下，触诊患者背阔肌和大圆肌。
- 当食指或拇指放在患者肩胛下窝时，指导患者将手臂内旋以找出肩胛下肌的触诊位置。只有在肩胛骨下缘才可以触诊到肩胛下肌。
- 此外，患者也可以仰卧。当仰卧触诊时，其肘关节及肩关节应处于有支撑的90°/90°屈曲位，同时在肘关节处轻轻地牵引。
- 注意每一个压痛点或发生肌束震颤反应的肌肉的位置。
- 一旦确定了最关键的压痛点或肌束震颤反应点（或者两个都存在），在整个PRT应用过程中，用手指指腹持续按压该点，直到再次进行评估。

PRT应用流程

- 患者仰卧。
- 用远侧手握住患者肘关节上侧手臂。
- 用远侧手使患者的肩关节屈曲30°，同时外展。
- 用远侧手将患者肱骨内旋。

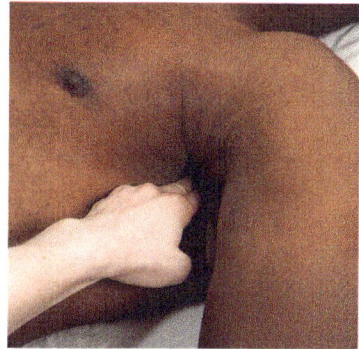

肩胛下肌触诊流程

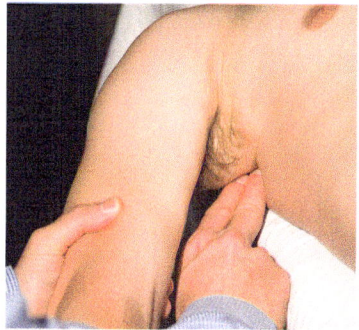

肩胛下肌PRT应用流程

- 用远侧手在患者肱骨上牵引或按压。
- 需治疗的相关组织：背阔肌、前锯肌、大圆肌。

前 锯 肌

通常来讲，前锯肌的大部分纤维是不容易被触及的，这是由于它们被肩胛骨、背阔肌和胸大肌所覆盖。但是，由于其纤维向前延伸至胸廓周围，其腋下纤维是一个可以被触诊的部位。前锯肌在我们向前伸手的时候辅助肩胛骨前伸。它还可以使肩胛骨稳定在胸壁上，从而防止翼状肩。此外，它和斜方肌上、下束形成力偶，一起为肩胛骨上回旋提供动力。

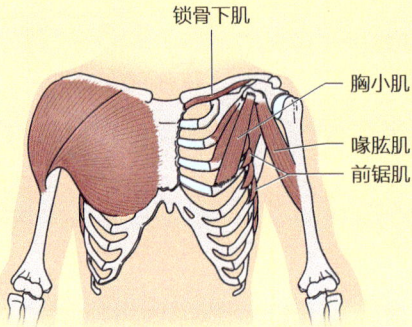

锁骨下肌
胸小肌
喙肱肌
前锯肌

起点： 第一至第八肋（第九至第十肋一般也是）。

止点： 肩胛骨（骨边缘腹部表面）。

功能： 肩胛骨的前伸、上回旋和下沉；使肩胛骨稳定在胸壁上。

神经支配： C5~C7（胸长神经）。

触诊流程

- 患者仰卧或坐着。
- 前锯肌的腋部纤维位于胸大肌和背阔肌的边缘之间。
- 将手指放在患者胸廓的腋窝处，也就是胸大肌的下缘。
- 将手指调整成垂直于患者前锯肌纤维的姿势，或垂直于肋骨并紧贴其表面。
- 当拨动它们的纤维时，会在前锯肌肌肉组织上感受到一种柔软的碰撞感。
- 有时需要让患者朝着天花板方向抗阻，以便更好地触诊该肌肉。
- 注意每一个压痛点或发生肌束震颤反应的肌肉的位置。
- 一旦确定了最关键的压痛点或肌束震颤反应点（或者两个都存在），在整个PRT应用过程中，用手指指腹持续按压该点，直到再次进行评估。

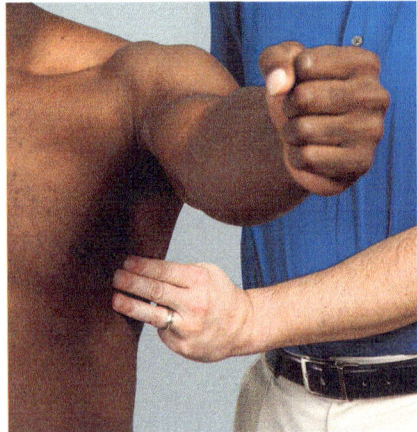

前锯肌触诊流程

PRT应用流程

- 患者仰卧，膝关节被支撑。
- 在用近侧手触诊患者前锯肌时，用远侧手握住患者的腕部，使其肩关节屈曲约20°。

- 用远侧手内收、外展患者的手臂。通常来讲，治疗时患者手臂应该放在体侧，或微内收于同侧髋关节的前方。
- 用远侧手向患者同侧髋关节方向向下牵引其手臂。
- 用远侧手内旋患者的手臂。
- 用远侧手屈伸患者的腕部，进行微调。
- 需治疗的相关组织：大圆肌、背阔肌、斜肌、膈肌、肋间肌。

▶ 视频8.3：前锯肌PRT应用流程

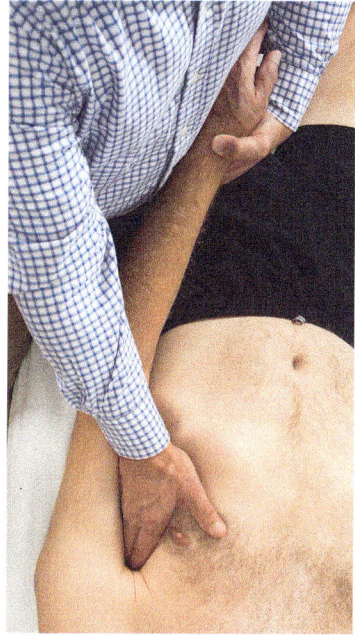

前锯肌PRT应用流程

胸 小 肌

胸小肌位于上胸部的胸大肌的深部。胸小肌的纤维与胸大肌垂直排布，从喙突开始，最终附着于肋骨上，从而形成腋窝处的胸廓前壁。由于肩部和颈部的神经血管走形于胸小肌间，此处的病变可能会压迫神经血管，进而诱发胸廓出口综合征。

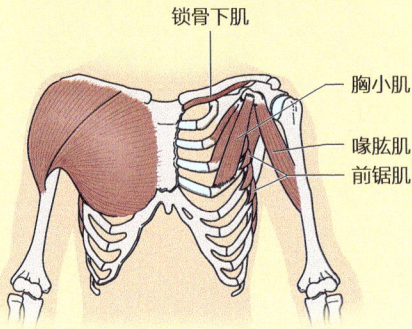

锁骨下肌
胸小肌
喙肱肌
前锯肌

起点： 第三至第五肋。

止点： 喙突（内侧和上表面）。

功能： 肩胛骨前伸、外展；用力吸气时提升肋骨（肩胛骨固定）；肩胛骨下沉。

神经支配： C5~C7（胸长神经）。

触诊流程

- 患者仰卧。
- 在触诊患者胸小肌之前，可以先拨开其胸大肌前部纤维，深部触诊胸小肌纤维。相较于下文将提到的直接拨开胸大肌的下部对胸小肌进行触诊的方法，这种方法没有那么痛苦。
- 为了直接触诊患者胸小肌，需要外展手臂以露出腋窝区域。
- 轻轻地用手指从患者胸小肌的外侧缘滑落到前胸壁的上方。
- 逐渐向深部触诊时，会触摸到患者胸小肌的外侧缘。通过弹拨的方式，向内下侧移动手指，去感受胸小肌的纤维。当选择这种触诊方式的时候，请注意力度的把控，因为这种方法通常会带来较强烈的疼痛感。
- 在触诊期间，让患者沉肩以帮助触诊肌肉。
- 乳房组织较多的患者，可以选择侧卧位，这样可以移开乳房组织，同时也可以将胸大肌和胸前壁分离开。这个体位的评估流程与上文所描述的流程相同。
- 注意每一个压痛点或者发生肌束震颤反应的肌肉的位置。

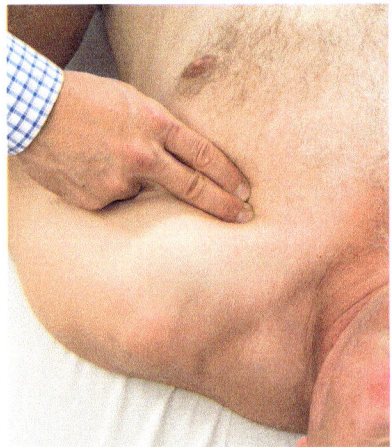

胸小肌触诊流程

- 一旦确定了最关键的压痛点或肌束震颤反应点（或者两个都存在），在整个PRT应用过程中，用手指指腹持续按压该点，直到再次进行评估。

PRT应用流程

- 该流程与之前用来治疗锁骨下肌所使用的流程类似。不同的是，在这个治疗过程中需要对患者肱骨进行分离及内旋。
- 患者仰卧。
- 用远侧手握住患者手腕并将治疗侧手跨过身体放到对侧髋关节处。
- 在保持患者手臂伸展的情况下，用远侧手在患者的体侧上下来回活动。
- 用远侧手分离关节并使患者手臂内旋。
- 替换姿势如下。
  - 让那些不能忍受关节分离的患者选择侧卧位。
  - 用远侧手握住患者肩关节后部，并使肩胛骨处于前伸、内收位。
  - 用远侧手使患者肩关节上升、下降和旋转以进行微调。
- 需治疗的相关组织：胸大肌、锁骨下肌和肩锁关节。

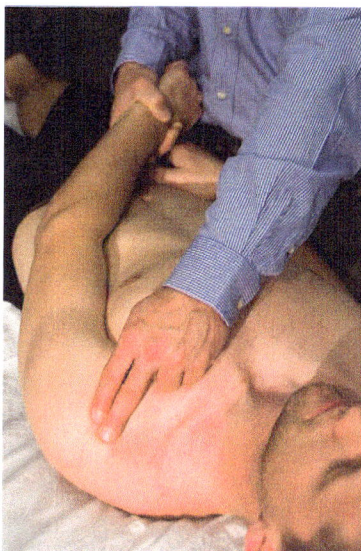

胸小肌PRT应用流程

胸 大 肌

胸大肌的纤维分为两类：锁骨部（上部）及胸骨部（中部和下部）。胸大肌构成了腋窝区前侧胸壁的一部分。这两部分纤维汇聚成共同肌腱后止于肱骨。

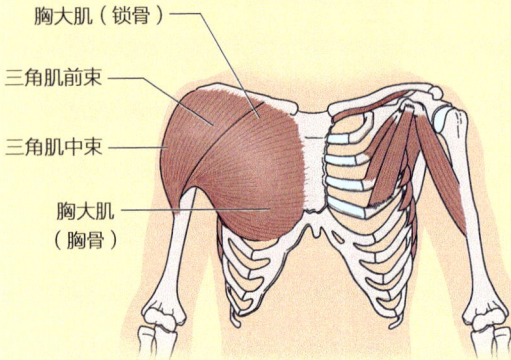

- 胸大肌（锁骨）
- 三角肌前束
- 三角肌中束
- 胸大肌（胸骨）

起点： 锁骨纤维：锁骨（胸骨中部）；胸骨纤维，胸骨（前表面），第一至第六肋，第二至第六肋软骨，腹外斜肌腱膜。

止点： 肱骨大结节。

功能： 所有的纤维：肩部内收、内旋、水平内收，深呼吸时抬升胸廓（两端固定）；锁骨部纤维：肩部内旋、屈曲；胸骨部纤维：肩部伸展。

神经支配： 锁骨部纤维：C5~C7（胸外侧神经）；胸骨部纤维：C6~T1（胸外侧、内侧神经）。

触诊流程

在触诊女性患者的胸大肌时，建议在乳房组织周围进行触诊，而不是直接对胸大肌进行触诊。由于很多女性在此处被触摸时会感到不适，所以在触诊开始之前，有必要对触诊的原因、流程做出解释。最重要的是，在触诊前需要征求患者的同意。有两种将乳房组织从胸部移开，进而找到胸大肌和其他胸壁肌肉的方法：（1）让患者侧卧，这样可以让乳房组织更容易脱离胸壁；（2）让患者用自己的手将乳房组织移开。

侧卧姿势的流程如下。

- 患者肩关节屈曲，同时肘部有所支撑。
- 在患者肘关节处轻轻地分离肩关节。
- 用手指弹拨患者锁骨部和胸骨部纤维的同时，用拇指的指腹捏住胸大肌的下缘部分。
- 触诊期间，通过屈伸患者肩关节来找到上部与下部的纤维。

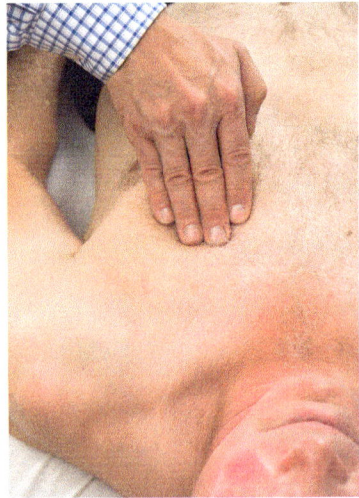

胸大肌触诊流程

仰卧姿势的流程如下。

- 患者肩关节外展。
- 找到患者锁骨下方内侧和胸骨外侧的位置，从这个地方开始，将手指从骨性结构的区域往下划，直到锁骨部纤维。
- 将手指置于与纤维垂直的位置，朝着它们位于喙突处共同肌腱的方向对它们进行弹拨。
- 继续用相同的方法寻找患者胸骨中部及下部纤维。
- 让患者内旋肩关节，从而找到需要触诊的肌肉纤维。

两种姿势的注意点如下。

- 注意每一个压痛点或者发生肌束震颤反应的肌肉的位置。
- 一旦确定了最关键的压痛点或肌束震颤反应点（或者两个都存在），在整个PRT应用过程中，用手指指腹持续按压该点，直到再次进行评估。

PRT应用流程

- 患者仰卧。
- 用远侧手握住患者的腕部。
- 对于锁骨部纤维而言，需要将患者双臂交叠，越过齐乳头线。
- 对于胸骨部纤维而言，需要将患者双臂向胸口或齐乳头线的斜下方拉。
- 用远侧手使患者肱骨分离及内旋。
- 需治疗的相关组织：肩锁关节、胸小肌、胸骨、胸肋关节、前锯肌。

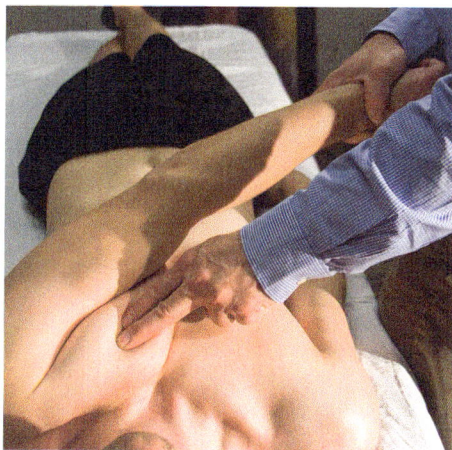

胸大肌PRT应用流程

冈上肌

冈上肌是肩袖肌群中的一块，肩袖肌群的缩写是：SITS（冈上肌、冈下肌、小圆肌、肩胛下肌）。冈上肌的肌肉占据了整个冈上窝，走形于肩峰的下侧，移行为肌腱，止于肱骨大结节。空罐试验是一种常见的测试冈上肌的试验。

起点：肩胛骨的冈上窝。

止点：肱骨（大结节）。

功能：肩部内收、外旋；使肱骨头稳定在关节窝中。

神经支配：C5~C6（肩胛上神经）。

后侧结构图

触诊流程

- 为了让肩带更好地放松，患者可以在仰卧位进行触诊，但如果有必要，也可以选择坐位接受治疗。
- 找到患者肩胛冈后，用一个或两个手指拨动冈上肌纤维，将与肩胛骨面平行的纤维区分开。
- 顺着患者冈上肌在肩峰下的肌腹找到肌腱的位置，拨动其肌腱纤维。
- 触诊期间，指导患者将肱骨内收或外旋（或都做），以便找到该肌肉。
- 注意压痛点或发生肌束震颤反应的肌肉、肌腱和冈上肌在肱骨头的附着点的位置。
- 一旦确定了最关键的压痛点或肌束震颤反应点（或者两个都存在），在整个PRT应用过程中，用手指指腹持续按压该点，直到再次进行评估。

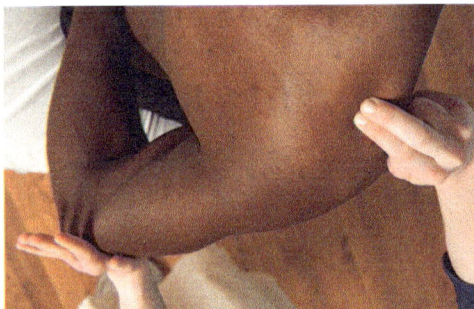

冈上肌触诊流程

冈上肌PRT应用流程

PRT应用流程

- 患者仰卧，在肘部有所支撑的情况下，用远侧手使患者肩关节做内收、外展的活动。
- 通常来说，冈上肌在肩关节外展120°时是最放松的。与冈下肌相比，用PRT治疗冈上肌时需要更大的水平外展的角度。
- 用远侧手外旋患者肩关节。
- 用远侧手牵引或按压患者肱骨，或用躯干使其放松。

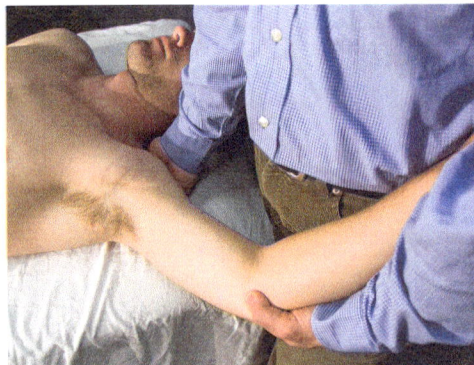

- 如果有可能的话，用近侧手的掌侧将患者肱骨下推，进一步使其放松。
- 需治疗的相关组织：冈下肌、斜方肌上束、三角肌中束、胸小肌。

冈下肌

冈上肌
肱骨大结节
冈下肌
小圆肌

后侧结构图

冈下肌，是肩袖肌群缩写（SITS）中的"I"。在高举过头的运动中，冈下肌可以辅助其他肩袖肌群稳定肱骨头。冈下肌由三个不同且可以被触及的肌肉组成。冈下肌占据了冈下窝的大部分位置，但其肌腱与冈上肌腱不同：它不从肩峰下侧穿过；相反，它穿过肩胛冈下缘，附着于肱骨上。当肩袖肌群力弱或被挤压时，冈下肌易出现损伤。

起点： 肩胛骨（冈下窝）。

止点： 肱骨（大结节）。

功能： 肩关节外旋；将肱骨头稳定在关节窝里。

神经支配： C5~C6（肩胛上神经）。

触诊流程

- 患者俯卧或仰卧。
- 找到患者肩胛冈。
- 用一个或两个手指朝着患者肩胛冈的位置拨动冈下肌的上部纤维，对于中部和下部的纤维，将其固定并压在肩胛骨上进行拨动。患者仰卧时，胸廓的重力和重量可以让其依附在肩胛骨上，使其更容易被触及。
- 顺着患者肩胛冈下缘触诊冈下肌肌腹。
- 触诊时，指导患者将肱骨外旋以找到这块肌肉。
- 注意每一个压痛点或发生肌束震颤反应的肌肉、肌腱的位置，以及其附着点。
- 一旦确定了最关键的压痛点或肌束震颤反应点（或者两个都存在），在整个PRT应用过程中，用手指指腹持续按压该点，直到再次进行评估。

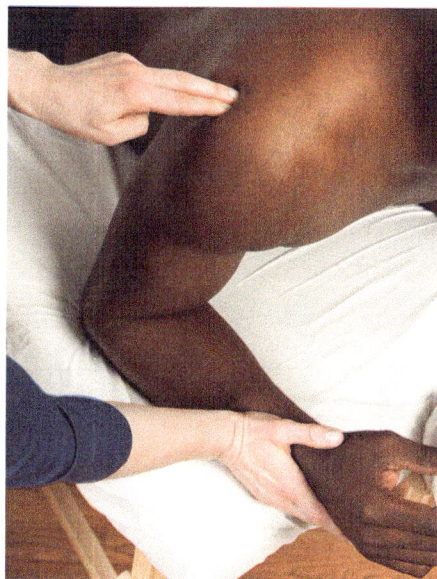

冈下肌触诊流程

PRT 应用流程

- 患者仰卧。
- 用远侧手屈曲、外展患者肩关节，同时用你的手或躯干支撑患者的肘部。
- 通常来讲，与冈上肌不同的是，冈下肌的触诊只需要肩关节进行较低程度的水平外展。
- 冈下肌一般在肩关节水平外展 100°~120° 时最放松。
- 用远侧手外旋患者肩关节。
- 用远侧手或躯干对患者肱骨进行牵引或按压，使其更加放松。
- 如果可以的话，用近侧手的大鱼际下压患者肩关节，使其更加放松。
- 需治疗的相关组织：冈上肌、斜方肌上束、三角肌中束、小圆肌。

冈下肌 PRT 应用流程

▶ 视频 8.4：冈下肌 PRT 应用流程

小圆肌

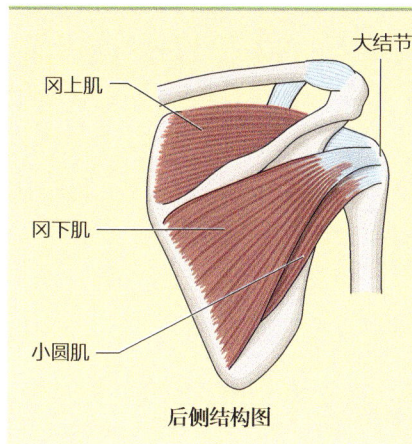

小圆肌，肩袖肌群中三块能外旋肩关节的肌肉中最后一块，其邻近大圆肌，处于冈下肌下方。这种小圆柱形的肌肉位于肩胛骨外侧缘上部。

起点： 肩胛骨（近腋缘背部三分之二的位置）。

止点： 肱骨（大结节）。

功能： 肩关节外旋；将肱骨头稳定在关节窝内和肩关节外展（轻微）。

神经支配： C5~C6（腋神经）。

后侧结构图

触诊流程

- 患者俯卧或仰卧。
- 找到患者位于肩胛骨外侧的腋缘位置。
- 拨动患者位于肩胛骨的外侧腋缘处以找到小圆肌的肌腹，将其像握住汉堡一样握起。
- 触诊期间，指导患者进行肩关节内外旋活动，从而帮助你区分小圆肌和大圆肌。小圆肌可以外旋，但不能内旋肩关节。
- 注意每一个压痛点或发生肌束震颤反应的肌肉、肌腱的位置，以及其附着点。
- 一旦确定了最关键的压痛点或肌束震颤反应点（或者两个都存在），在整个PRT应用过程中，用手指指腹持续按压该点，直到再次进行评估。

PRT应用流程

- 患者仰卧或俯卧。
- 用远侧手握住患者前臂和肘部来支撑肩关节，也可以用膝盖来支撑患者的肘部。
- 用远侧手将患者的肩部伸展到20°~30°的位置。
- 用远侧手外旋患者的肩部。
- 用远侧手对患者肱骨进行按压或牵引，使其更加放松。
- 需治疗的相关组织：冈下肌、冈上肌、肩胛下肌、三角肌后束。

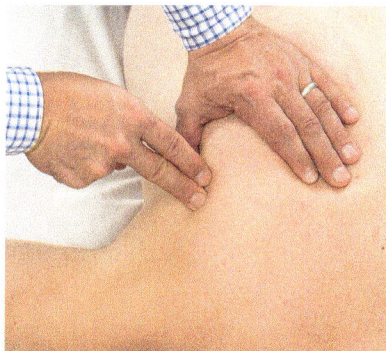

小圆肌触诊流程

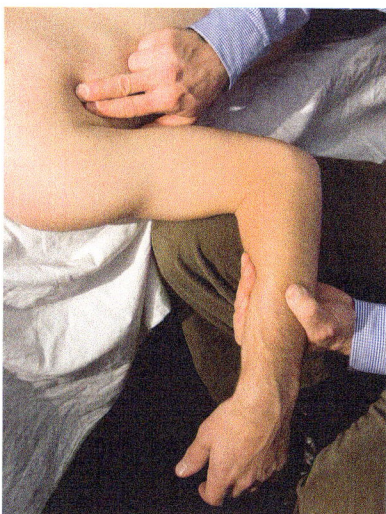

小圆肌PRT应用流程

大圆肌

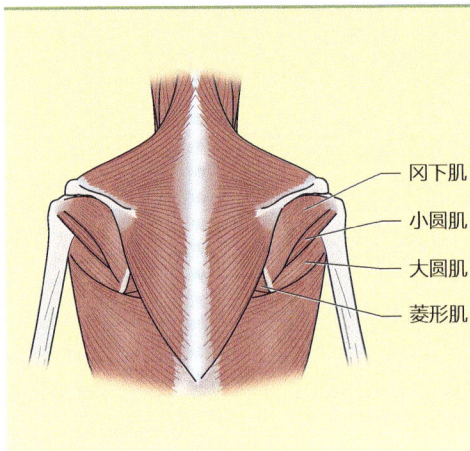

虽然大圆肌和小圆肌都称作圆肌，但是，大圆肌并不属于肩袖肌群的一部分。与小圆肌负责肩关节外旋不同，大圆肌负责肩关节的内旋。大圆肌位于肩胛骨外侧缘，其肌腱位于背阔肌的深部（二者的肌腱有一小段是覆盖在一起的）。由于大圆肌和背阔肌结构上的联系及肌肉相似的活动，大圆肌的功能是辅助背阔肌的功能。

起点： 肩胛骨（背侧面）。

止点： 肱骨（小结节）。

功能： 肩关节内旋、屈曲和外展。

神经支配： C5~C6（下肩胛下神经）。

冈下肌
小圆肌
大圆肌
菱形肌

触诊流程

- 患者俯卧或仰卧。
- 找到患者肩胛骨的外侧缘。
- 用拇指和其他手指就像握住汉堡一样握住患者肩胛骨外侧缘的大圆肌，同时将其抵在肩胛骨后外侧进行拨动。
- 顺着纤维找到其与背阔肌纤维交叠的腋部区域。
- 让患者将肩关节内旋，以帮助触诊此肌肉。
- 注意每一个压痛点或发生肌束震颤反应的肌肉、肌腱位置，以及其附着点。
- 一旦确定了最关键的压痛点或肌束震颤反应点（或者两个都存在），在整个PRT应用过程中，用手指指腹持续按压该点，直到再次进行评估。

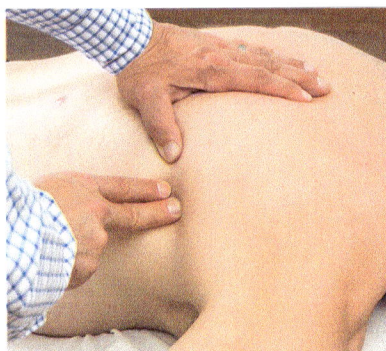

PRT应用流程

- 患者俯卧或仰卧。
- 用远侧手握住患者前臂和肘部以支持肩关节，也可以用膝盖来支撑患者的肘部。
- 用远侧手将患者的肩部伸展到20°~30°。
- 用远侧手让患者肩关节内旋。
- 用远侧手对患者肱骨进行按压或牵引，使其更加放松。
- 需治疗的相关组织：背阔肌、肩胛下肌、三角肌后束。

大圆肌触诊流程

大圆肌PRT应用流程

背阔肌

斜方肌：
上束
中上束
中下束
下束
三角肌后束
背阔肌

背阔肌有浅而薄的纤维，是身体里分布最广的肌肉。其从腰部开始，慢慢往上延伸到胸廓后部的腋下区域。健美姿势中，背部的翼状外观就是由背阔肌收缩产生的。其上部纤维几乎是水平的，但由于它穿过肩胛骨，所以在其远端移行为垂直方向。

起点： T6~T12棘突、L1~L5棘突所经过的胸腰椎筋膜，第九至十二肋，髂骨的后三节，棘上韧带。

止点： 肱骨（结节间沟）。

功能： 肩关节伸展、内收和内旋；手臂固定时，抬高骨盆。

神经支配： C6~C8（胸背神经）。

触诊流程

- 患者俯卧。
- 找到患者肩胛骨外侧缘。
- 握住患者位于肩胛骨外侧缘的背阔肌和大圆肌纤维，用手指去拨动它们，从而感受它们之间的划分位置。位于最外侧的是背阔肌的纤维，由上至下对它们进行触诊。
- 让患者抗阻向足部方向伸展手臂，以增加肌肉体积。
- 注意每一个压痛点或发生肌束震颤反应的肌肉、肌腱的位置，以及其附着点。
- 一旦确定了最关键的压痛点或肌束震颤反应点（或者两个都存在），在整个PRT应用过程中，用手指指腹持续按压该点，直到再次进行评估。

PRT应用流程

- 患者俯卧或仰卧。
- 用远侧手将患者手臂伸展约30°。
- 用远侧手使患者手臂内收及外展，直到感觉有肌束震颤反应或处于最佳放松位，或二者都有。
- 用远侧手使患者肱骨内旋。

背阔肌触诊流程

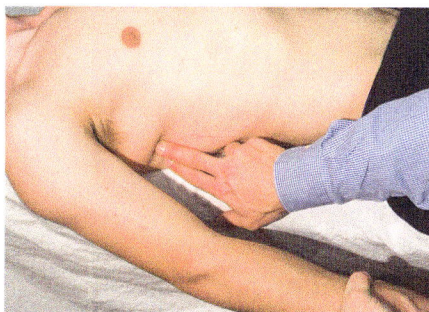

背阔肌PRT应用流程

- 用远侧手握住患者的腕部，从而让其肱骨进行屈曲、外展活动。
- 需治疗的相关组织：大圆肌、斜方肌下束。

肩锁关节后侧

肩锁关节

肩胛骨肩峰的后侧和锁骨肩峰端之间的连接，形成了肩锁关节后侧。在肩袖肌群出现撕裂和无力的情况下，肩锁关节后侧通常是一个会被刺激的部位。这个关节的病变可以发生在前侧或后侧。

触诊流程

- 患者俯卧。
- 顺着患者锁骨向其肩峰端按压，直到感觉到有一个凹陷为止，那就是肩锁关节。
- 凹陷处的后外侧是肩峰，沿着其关节线，从前向后找到关节的位置。
- 注意每一个压痛点或发生肌束震颤反应的关节连接的位置。
- 一旦确定了最关键的压痛点或肌束震颤反应点（或者两个都存在），在整个 PRT 应用过程中，用手指指腹持续按压该点，直到再次进行评估。

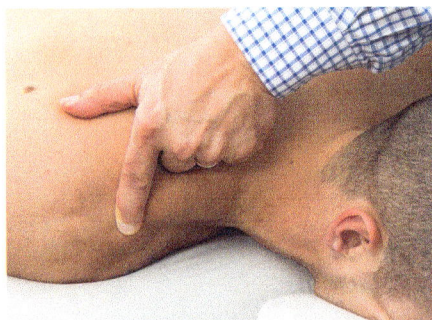

肩锁关节后侧触诊流程

PRT 应用流程

- 患者俯卧。
- 站在患者非治疗侧的肩部附近。
- 用远侧手使患者肩关节伸展及内收，同时将肱部往对侧髋关节方向移动进行分离。
- 用远侧手握住患者手腕的上部，同时将其肱部内旋。
- 需治疗的相关组织：斜方肌下束、后锯肌、菱形肌。

肩锁关节后侧PRT应用流程

斜方肌下束

斜方肌：
上束
中上束
中下束
下束
三角肌后束
背阔肌

斜方肌由三组肌肉所组成：上束、中束、下束。下束从胸椎的外缘向上延伸到肩胛骨外侧。上束和下束的功能是使肩胛骨下沉。

起点： T6~T12棘突、棘上韧带。

止点： 肩胛冈。

功能： 肩胛骨内收、下降、上回旋。

神经支配： C3~C4（颈丛）伴随（XI）副神经。

触诊流程

- 患者俯卧。
- 找到患者肩胛冈下缘和T12棘突的位置，斜方肌下束纤维就在这二者之间穿行。
- 由于斜方肌下束纤维比较浅薄，患者需要抬高手臂，做一个类似超人的姿势，进而使其厚度增加，以便于触诊。
- 轻轻地朝患者对侧肩部拨动下束纤维。
- 注意每一个压痛点或发生肌束震颤反应的肌肉的位置，以及其附着点。
- 一旦确定了最关键的压痛点或肌束震颤反应点（或者两个都存在），在整个PRT应用过程中，用手指指腹持续按压该点，直到再次进行评估。

PRT应用流程

- 患者俯卧，如果可以，头部和颈部轻微伸展。
- 站在非治疗侧。
- 使用肩锁关节后部的PRT应用流程，但此时要用远侧手分离患者的肩关节。
- 也可以用远侧手握住患者肩部，使其下沉、内收和内旋。

斜方肌下束触诊流程

斜方肌下束PRT应用流程

- 需治疗的相关组织：肩锁关节后部、背阔肌、后锯肌、胸部竖脊肌、大菱形肌。

小菱形肌

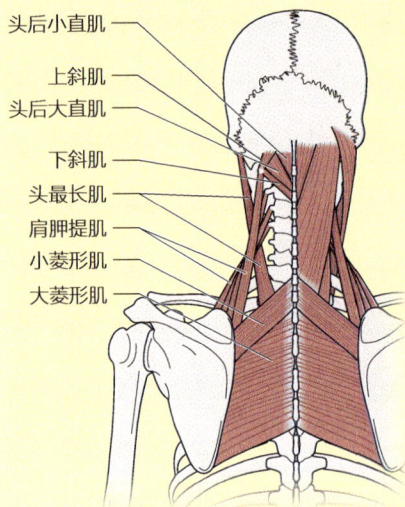

头后小直肌
上斜肌
头后大直肌
下斜肌
头最长肌
肩胛提肌
小菱形肌
大菱形肌

小菱形肌位于它的近邻大菱形肌上方。小菱形肌贯穿肩胛骨内侧缘，与C7~T1的棘突相齐。大小菱形肌都位于斜方肌深部、胸部竖脊肌表面。因此，需要用足够的触诊力度将它们的纤维区分开来。这些组织的病变通常存在于具有不良姿势（如圆肩）或有肩部疾患的人群中。

起点： C7~T1棘突，项韧带下部。

止点： 肩胛骨（肩胛冈根部的内侧或交界处）。

功能： 肩胛骨内收、下回旋、抬高。

神经支配： C5（肩胛背神经）。

触诊流程

- 患者俯卧。
- 找到患者肩胛冈并对其与肩胛骨内缘交界处触诊。小菱形肌的纤维就在这个位置。
- 将中指和食指交叠，指尖朝着患者同侧肩部的方向，拨动小菱形肌纤维。
- 注意每一个压痛点或发生肌束震颤反应的肌肉的位置，以及其附着点。
- 一旦确定了最关键的压痛点或肌束震颤反应点（或者两个都存在），在整个PRT应用过程中，用手指指腹持续按压该点，直到再次进行评估。

PRT应用流程

- 患者俯卧。
- 站在患者非治疗侧。
- 用远侧手握住患者肩部，让肩胛骨后缩的同时，给肩部施加朝向对侧髋关节的压力。
- 用远侧手旋转患者肩胛骨（顺时针方向）。
- 用远侧手的手指或前臂将患者肩胛骨内侧缘拉向靠近胸廓的位置。

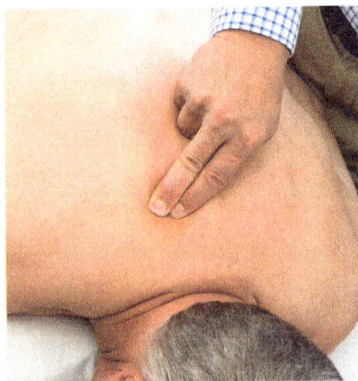

小菱形肌触诊流程

- 用近侧手的手掌沿患者小菱形肌纤维方向将筋膜和肌肉组织向上推。如果可以，应从非治疗侧进行触诊。
- 需治疗的相关组织：大菱形肌、斜方肌（上束和中束）、冈下肌、冈上肌。

▶ 视频8.5：小菱形肌PRT应用流程

自我治疗流程

- 俯卧。
- 在肩部下方垫一个垫枕，从而促进肩胛骨的内收或后缩。
- 让肩部略微下沉，同时掌心朝上。
- 这个自我治疗流程同样适用于大菱形肌。
- 保持这个姿势直至肌束震颤反应消失，或维持这个姿势3~5分钟。

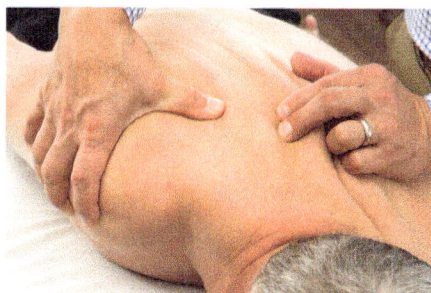

小菱形肌PRT应用流程

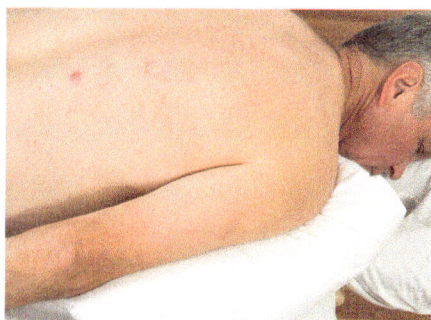

小菱形肌自我治疗流程

大菱形肌

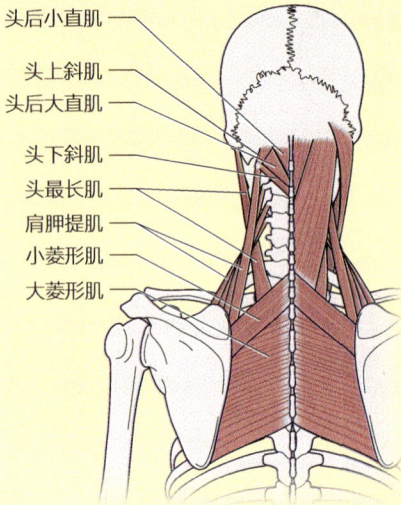

头后小直肌
头上斜肌
头后大直肌
头下斜肌
头最长肌
肩胛提肌
小菱形肌
大菱形肌

大菱形肌和小菱形肌在肩部有着相似的功能。然而，由于大菱形肌纤维的位置和大小，其可以产生更大的使肩胛骨后缩的力量。大多数人的大菱形肌都可能存在问题，因为日常生活中很多姿势都需要运用到这部分肌纤维。但大菱形肌的问题在肩带无力的人群中最为常见。

起点： T2~T5棘突，棘上韧带。

止点： 肩胛骨（肩胛骨上角与下角之间）。

功能： 肩胛骨内收、下回旋和抬高。

神经支配： C5（肩胛背神经）。

触诊流程

- 患者俯卧。
- 找到患者肩胛冈并向其外缘进行触诊，大菱形肌的上部纤维就止于肩胛骨的这个位置；下部纤维在肩胛骨下角处。
- 将食指和中指交叠，将指尖指向患者头部，拨动大菱形肌纤维。
- 注意每一个压痛点或发生肌束震颤反应的肌肉的位置，以及其附着点。
- 一旦确定了最关键的压痛点或肌束震颤反应点（或者两个都存在），在整个PRT应用过程中，用手指指腹持续按压该点，直到再次进行评估。

PRT应用流程

- 患者俯卧。
- 站在患者非治疗侧。
- 用远侧手握住患者上臂中间处并将其固定在胸部一侧。

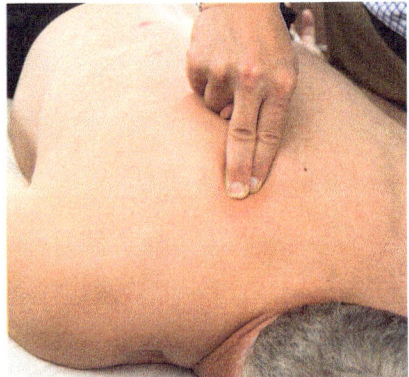

大菱形肌触诊流程

- 用远侧手将患者的手臂拉向自己，同时保持
  其手臂与胸部的接触，从而使肩胛骨后缩，
  胸廓向脊柱旋转。
- 用远侧手或前臂将患者肩胛骨内侧缘拉向靠
  近胸廓的位置。
- 用近侧手的手掌沿患者大菱形肌纤维方向将
  筋膜和肌肉组织推到上面。如果可以，应从
  非治疗侧进行触诊。
- 需治疗的相关组织：小菱形肌、斜方肌中束、
  前锯肌、胸部竖脊肌。

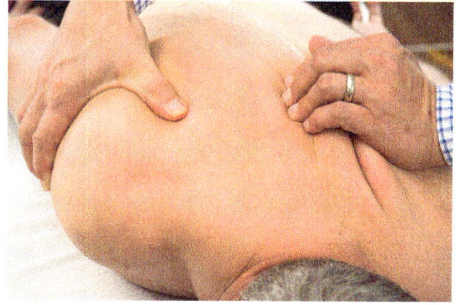

大菱形肌PRT应用流程

自我治疗流程

- 详见小菱形肌自我治疗流程。

肩部肩胛提肌

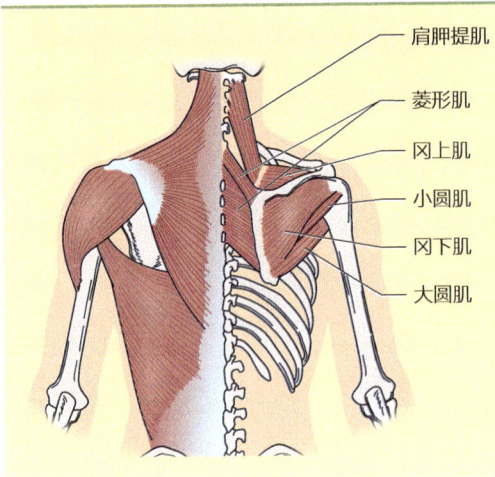

肩胛提肌

菱形肌

冈上肌

小圆肌

冈下肌

大圆肌

肩胛提肌从肩胛骨的上角延伸至C1~C4的横突，其纤维位于斜方肌深部，但其触诊的位置在颈部外侧头夹肌和后斜角肌之间的位置。位于肩胛骨上角处的肩胛提肌纤维，可以通过按压斜方肌纤维来对其进行间接触诊。

起点： C1~C4横突。

止点： 肩胛骨上角。

功能： 肩胛骨的抬高、后缩和下回旋；颈椎的伸展、同侧侧屈和同侧旋转。

神经支配： C3~C4（腹侧肢神经）；C5（肩胛背神经）。

触诊流程

- 患者俯卧或坐着。
- 找到患者肩胛骨外侧缘，向上追溯至肩胛骨的上角或顶端部分。
- 食指和中指交叠，放在患者斜方肌上束的中间部分。
- 为了找到肩胛提肌在肩胛骨处的下部纤维，需要拨开斜方肌中束，然后进行触诊，感受它们的密度。
- 沿着肌肉及其在肩胛骨的附着点找到每一个压痛点或肌束震颤反应点。
- 一旦确定了最关键的压痛点或肌束震颤反应点（或者两个都存在），在整个PRT应用过程中，用手指指腹持续按压该点，直到再次进行评估。

PRT应用流程

- 患者俯卧。
- 用近侧手触诊患者位于斜方肌上束的肩胛提肌纤维时，用另一只手外展患者肩关节。一旦感觉到肌束震颤反应或组织最放松的姿势，就用腿部将手臂固定于治疗桌的边缘以保持此姿势。
- 将远侧手的侧面放在患者肩胛骨外缘，并将手指指向肩胛骨的上角。

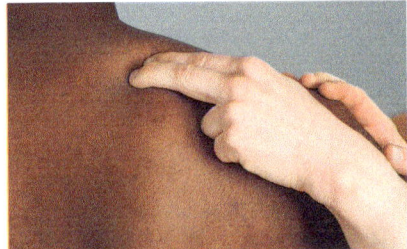

肩部肩胛提肌触诊流程

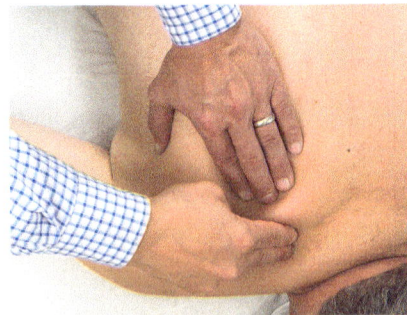

肩部肩胛提肌PRT应用流程

- 用远侧手将患者肩胛骨上移，然后用惯用手将其旋转。
- 用远侧手的手指将肩胛骨上角向下回旋。
- 需治疗的相关组织：斜方肌上束、小菱形肌。

肩关节撞击综合征

肩关节撞击综合征，又被称作肩峰下撞击综合征，是由于肱骨头和肩峰之间的组织发生碰撞引起的，它会导致肩峰下的空间变得狭窄（Koester, George & Kuhn, 2005）。肩部撞击可以包括大量的病理情况，如肩袖肌群撕裂、肌腱钙化、肱二头肌长头肌腱炎、颈椎病和肩峰下滑囊炎（Koester et al., 2005; Umer et al., 2012）。因此，一个彻底的检查是确定患者肩部疼痛的严重程度及其根本原因的关键。

肩部疼痛通常要经过几个星期或几个月的发展，通常从肩峰前外侧开始，放射到肱骨的中间外侧部分（Koester et al., 2005）。实践中，骨性病变会激发斜方肌上束、前锯肌、冈下肌和三角肌中束以及肌腱附着点处的疼痛和痉挛，这可能是导致肩峰下疼痛的原因，也可能是由肩袖肌群功能不全引发三角肌疲劳所致。肩袖的病理常常出现在肩部（Umer et al., 2012），要么是外伤、过度使用和肩袖肌群肌腱退化（如内部的碰撞），要么是由于一些外在的发病机制，如外部结构（如骨刺）的重复性的机械性压迫所导致的肌腱退变（Umer et al., 2012）。无论是由于外在机制还是病理机制，肩峰下炎症及其间隙的频繁减少，会影响肩关节的正常运动（Ellenbecker & Cools, 2010）。因此，需要采取多因素结合的治疗方法。

艾伦贝克尔和库尔斯（Ellenbecker & Cools, 2010）指出，只有肌肉恢复平衡状态，才算处理成功。PRT可以通过减少骨性病变来重塑肌肉平衡，改善并恢复肩关节的正常关节动力学。然而，到目前为止，还没有高质量的试验或系统性研究表明，保守或手法治疗比手术治疗更有效（Ellenbecker & Cools, 2010; Umer et al., 2012），PRT对于肩关节撞击综合征的疗效也没有得到证明。

常见症状

- 肩峰下前外侧疼痛与压痛。
- 三角肌中外侧疼痛与压痛。
- 手举过顶动作疼痛。

治疗部位及其顺序

1. 肩锁关节前部
2. 三角肌中束
3. 前锯肌
4. 冈下肌
5. 斜方肌上束
6. 小圆肌
7. 大圆肌
8. 颈部肩胛提肌
9. 肩部肩胛提肌
10. 菱形肌

- 尤其是在晚上，患者侧卧时出现肩部疼痛。
- 日常活动时疼痛（如刷牙和梳头）。
- 肩胛骨及盂肱关节运动学改变。
- 肩关节周围力量缺失。
- 肩胛胸壁关节周围肌肉较弱或功能失常。
- 霍金斯－肯尼迪测试（Hawkins-Kennedy test）和尼尔测试（Neer test）结果为阳性。

常见诊断

- 肩袖撕裂。
- 肩袖肌群肌腱炎。
- 肱二头肌长头肌腱撕裂。
- 肱二头肌长头肌腱炎。
- 关节粘连。
- 神经根型颈椎病。
- 骨性关节炎。
- 肩峰下滑液囊炎。
- 肩峰下骨赘。
- 感染。

治疗方法

- 进行全面的生物力学评估，找到潜在病变点并且确定主要功能性障碍的区域。

- 对于有慢性病史的患者而言，可以通过X光照来确定肩关节骨骼的病变以及是否存在会导致肩峰下空隙减少的肩峰先天性畸形（如钩状肩峰）。
- 如果传统治疗6周后都没有效果，则需要进行磁核共振检查。如果检查结果显示肩袖肌群全层撕裂，则有必要做手术。
- 如果肩关节的活动度较小，则关节松动术会有助于重塑肩部和肩胛胸壁关节的正常动力学。然而，在进行相关操作之前，需要先放松高张力组织。
- 传统的姑息疗法（例如，冷敷、热敷、治疗性超声波热疗和激光）可以减轻疼痛和改善慢性炎症组织的血流，如肱二头肌长头肌腱。
- 在康复早期，避免让患者做手举过顶的活动。

当肩胛胸壁关节及肱骨的活动度及力量恢复之后，可以进一步活动。

- 在早期，贴扎有助于减轻疼痛。
- 如果患者后关节囊紧张，在运动或体位放松后，可以进行PNF牵拉来改善这一症状。

自我治疗方法

- 最初阶段，避免在运动、工作和日常活动中做手举过顶的活动。
- 在指导下，每天对后侧关节囊进行拉伸。
- 每天进行自我放松（如肱二头肌长头肌腱）。
- 初期训练肩袖肌群肌力应在肩关节以下范围内进行，逐渐进阶到举过头顶的位置。
- 用姑息疗法来减轻疼痛及痉挛（如热疗及冰疗）。

肱二头肌长头肌腱炎

肱二头肌长头肌腱的功能、炎症起因及处理方法是颇富争议的（Allen, 2013; Galasso et al., 2012; Krupp et al., 2009）。一般的共识是，肱二头肌长头肌腱和肩袖肌群一起负责肩部的稳定和运动。位于上盂唇上的肌腱锚点使肱二头肌可以屈曲肩关节，在做高举过头的投掷动作时具有减速，使肘关节弯曲及前臂旋后作用（Ditsios et al., 2012）。肱二头肌长头肌腱的病理特征的多因素性，可能是人们对其周围的病变机制不明确的原因之一。

此处的肌腱炎多数是伴随其他肩部疾病一起发生的，如肩关节撞击综合征和肩袖肌群撕裂（Ditsios et al., 2012）。迪斯欧斯等人（Ditsios et al., 2012）认为，外伤、由内在和外在因素（如过度使用）引发的退行性病变会导致急性或慢性炎症、肌腱的部分或完全断裂，或从沟槽中脱位。这些都可能是引发肱二头肌腱炎的潜在因素。由于肌腱有着稳定和活动肩关节的潜在作用，当其他负责稳定性的结构（如肩袖肌群）能力不足时，它就会出现柔软无力和感染的症状。艾伦（Allen, 2013）指出，很多研究证实，肩袖肌群撕裂和肱二头肌长头肌腱功能障碍有很强的相关性（90%）。瑞费尔和索娃（Refior & Sowa, 1995）认为，肱二头肌长头肌腱的病理可能是反复摩擦、牵拉和由过度盂肱关节的旋转引发肱骨头过度上移，从而使肌腱受压、断裂及随后的退行性病变（如纤维症、肌腱增厚、瘢痕粘连）所致。肩袖肌群撕裂会加快肱二头肌长头肌腱炎的发生，这是因为，此时肩袖肌群不能有效地稳定肱骨头，尤其在手举过头的运动中。

通常来讲，肱二头肌长头肌腱的保守治疗包括6~8周的疼痛管理、强化、恢复期和辅助运动过程（Ditsios et al., 2012; Krupp et al., 2009）。然而，如果确定了潜在的病理机制，则可进行针对性治疗。肌腱的炎症必须尽早解决，因为它可能导致关节不稳、肩部运动出现紊乱并对肌腱及其周围的组织造成进一步的压迫（Allen, 2013）。艾伦指出，肩胛下肌腱撕裂、肩袖肌群肌腱和盂唇病变及肱二头肌长头肌腱半脱位导致的肩关节失稳可能会引发肱二

治疗部位及其顺序

1. 肱二头肌长头肌腱
2. 三角肌
3. 斜方肌上束
4. 冈上肌
5. 冈下肌
6. 肩锁关节前部
7. 小圆肌
8. 菱形肌
9. 肩部肩胛提肌
10. 胸锁乳突肌
11. 旋后肌
12. 肱二头肌腱膜

头肌长头肌腱断裂。当肱二头肌长头肌腱炎的保守治疗失败后，常见的两种外科手术有：肌腱切开术和固定术（Galasso et al., 2012）。克虏伯等人（Krupp et al., 2009）建议，在手术后的初期阶段，尤其对于关节囊紧缩的患者应采取手法治疗。然而，迄今为止，在治疗肱二头肌长头肌腱炎方面，没有一种模式（肌腱切开术、肌腱固定术、手法治疗或保守治疗）被认为比其他的疗法更有效（Ditsios et al., 2012; Galasso et al., 2012）。

常见症状

- 肩前痛。
- 肩部活动度降低。
- 做手举过头活动时出现声响。
- 有脱出或紧缩感。
- "大力水手征"提示着肌腱回缩。
- 肩部和肘部无力。
- 做手举过头或休息时出现疼痛。
- 肱二头肌长头肌腱特殊检查结果为阳性，如速度测试（注意：大多数的肱二头肌长头肌腱特殊检查敏感性较低，应结合其他多个肩关节病理检查结果）。

- 位于肱骨结节沟的肱二头肌长头肌腱有压痛感。

常见诊断

- 肩袖撕裂。
- SLAP（盂唇撕裂）病变。
- 肩关节撞击综合征。
- 骨性关节炎。
- 三角肌拉伤。
- 感染。
- 肩峰下滑膜炎。

治疗方法

- 通过骨科检查和成像诊断，判断是否存在潜在的肩部病变。
- 用PRT来处理肩部、颈部和上肢末端的病变。
- 在放松肩部的高张力组织后，运用关节松动术与PNF牵拉来处理关节囊受限，从而恢复关节正常的附属运动。
- 在康复初期，应将精力集中于缓解疼痛和痉挛及恢复关节的运动，同时在可承受的运动范围内恢复关节稳定性。
- 采用包括开链式和闭链式训练在内的渐进式肩功能训练方案。
- 牵拉肱二头肌长头肌腱后进行热敷，可能会改善慢性疾患的康复状态。
- 横向按揉肌腱有助于慢性患者的恢复。

自我治疗流程

- 每天对肱二头肌长头肌腱进行自我放松。
- 初期，应避免手举过顶和剧烈的日常活动。
- 采用冷、热敷来缓解疼痛和痉挛。
- 每天自我松解肌筋膜5~8分钟。
- 用PNF牵拉肌腱及其他受限组织。

总结

由于近端神经触发点及肩部结构具有不稳定性，使得上肢损伤的评估和治疗具有挑战性。近端病变常常会影响远端的结构及其功能，而远端的病变影响近端功能的情况却比较少见。但上肢和核心区是相互协调来保证上肢运动功能的。因此，为确诊损伤的原因及其影响，通常需要对整个上肢运动链进行全面的评估。

PRT可用于处理因工作或运动引起的急性或慢性肩部损伤。由于其间接的特性，PRT可以安全地被应用于那些存在关节外伤和低骨密度的青少年（不影响骨骺生长）。对于伴有急性外伤的上肢功能障碍患者，PRT也是一个很好的处理方法。此外，由于PRT可以解决由力弱、疲劳、组织的过度使用和重复性的动作引发的骨科病变，它也被认为是一个治疗慢性上肢疾患的黄金标准。鉴于青少年运动员和工人之间上肢损伤急速增长，迫切需要更多关于更有效的处理方法的研究。

肘关节和前臂

肘关节和膝关节很像，都是作为关节上下部肌腱及其附属韧带间的连接点。因此，近端或远端的无力或外伤往往在这个关节连接点处得以体现。网球肘或外上髁痛（LE），原先被称作肱骨外上髁炎，是最容易辨别的肘关节损伤之一（Ahmad et al., 2013）。网球肘曾经一度被认为是由某种炎症疾患引起的，但目前已经一致接受它是伸肌总腱或附着于外上髁的前臂伸肌腱的慢性退行性疾患（Ahmad et al., 2013; Coombes, Bisset & Vicenzino, 2010; Scott et al., 2013）。

根据在2012第二届国际科学疾病研讨会关于与运动相关的肌腱病变方面达成共识的声明（Scott et al., 2013），组织变形和纤维化改变都可以导致肌腱增厚。在康复的后期阶段，由于"肌腱想要恢复它原来的形态"，所以硬化症的基因表达量增加，从而带来了肌腱增厚的疼痛感。其基因的表达量取决于肌腱在活动时随着时间变化的机械应变量。然而，外上髁痛的发病机制和肌腱炎的机制一样，还没得到很好的解释。阿哈默德等人（Ahmad et al., 2013）提出，当肌腱的伸展超出其承受能力时，就会引发外上髁痛。迪安等人（Dean et al., 2013）认为，肌腱的机械性过载常常会导致肌腱病。但他们认为，可能存在潜在的神经机制，从而导致患者持续经历慢性炎症循环。

在一篇系统性综述中，迪安等人发现了有力的证据，证明患者存在外围敏感化的改变，这可能是由于经历了肌腱病变的病人体内的谷氨酸能系统地上调造成的。"谷氨酸是一种重要的代谢物，也是参与疼痛传输的重要神经递质"（Dean et al., 2013），这种情况如果持续下去，可能会导致中枢敏感化（Dean et al., 2013）。朱森等人（Jewson et al., 2015）也认为，肌腱病可能涉及神经系统的组成部分，其主要的驱动因素是位于腱鞘组织处的交感神经上调。所有研究都表明，肌腱重建处是由更大、更圆、形状不规则的腱细胞构成的。此外，腱细胞具有高水平的儿茶酚胺生产能力（TH-LI或THmRNA）和肾上腺素受体。这些都是至关重要的发现，因为腱细胞的形态变化和它们的儿茶酚胺水平的升高，可能会减少肌腱的血流量，从而传播其变性和超敏性（Jewson et al., 2015）。

梅特尔和斯坦德利（Meltzer & Standley, 2007）的研究发现支持了间接性的整骨疗法，如PRT的使用。作者发现，在模拟重复性运动后，采用间接整骨疗法治疗，患者体外染色、纤维细胞增殖和白细胞介素分泌明显减少。尽管这个模型研究的发现强调了间接治疗对细胞机械传导具有潜在作用，但还需要更多的活体研究来验证这一发现。然而，普遍的共识是，慢性炎症的肌腱疾患，往往是旧伤（Hjelm, Werner & Renstrom, 2012）、过度使用（Ahmad et al., 2013）、疲劳（Scott et al., 2013）、错误的工效学（Da Costa & Vieira, 2010），或远端关节的活动度及其稳定性的缺失（Standley et al., 2011）所带来的结果。

在一项关于瑞典青少年网球运动员（女孩，$n=20$；男孩，$n=35$）上肢受伤的风险因素的前瞻性研究中，耶尔姆等人（Hjelm et al., 2012）发现，不管是身体的哪个部位，包括脊柱，对于那些一个星期比赛时间超过6小时的队员来说，旧伤是最大的风险因素。肘部肌腱病是最常见的损伤，虽然受伤的球员肩部内旋的能力并没有下降，但已被证明这会促进肘部肌腱病的发展（Standley et al., 2011）。因此，在这个群体中，过多的比赛所带来的疲劳是引起肘部肌腱病的主要原因。疲劳不但会产生筋膜触发点（激痛点），还会引发筋膜反应（Dommerholt, Bron & Franssen, 2006）。这可能是合乎情理的，因此疲劳加上骨性病变的发展会扰乱负重肌腱组织的纤维排列，降低该组织的抗拉强度及提供力量的能力。

在一个对12名有肘部压痛点的健康受试者的预测和追踪调查中，王、莫斯科维茨和法比拉尔（Wong, Moskovitz & Fabillar, 2011）发现，应用SCS的组相较于安慰剂干预组，等长握力明显增加。研究人员对旋前肌与旋后肌的肌肉组织进行为期两周、每周一次的SCS处理，并在第三周进行一次随访。虽然王等人的发现很令人振奋，但由于其受试者数量较少且他们均在未受损伤的情况下进行测试，所以要谨慎分析其结果。然而，在贝克等人（Baker et al., 2014）所做的一个单项设计中，他们也证明了，当用PRT治疗肘部肌腱病时，可以改善患者关节活动度并可以缓解疼痛。另外，患者对其功能表现的满意度也有所提高。

虽然肘部及前臂常常出现外伤，但是很少会导致与肘部肌腱病相关的顽固性疼痛以及功能障碍（Sanders, 2015; Scott et al., 2013）。现在人们普遍认为，为期超过数天的肘关节"炎症"不是由急性炎症反应造成的（Coombes et al., 2010; Jewson et al., 2015），而可能是由细胞和神经机制问题引发的，如基因表达的改变（Scott et al., 2013）、腱细胞功能障碍（Jewson et al., 2015）、谷氨酸分泌量的升高（Dean et al., 2013），以及交感神经系统敏感性的上调（Jewson et al., 2015）。PRT可通过增加血液灌注量以及降低敏感度的方法改善与肌腱病相关的肌腱本身以及腱周组织和神经问题，这可能在限制中枢敏化倾向以及慢性炎症的发展中有着至关重要的作用。

应用PRT的常见解剖部位与情况

- 肌肉拉伤
- 韧带扭伤
- 骨性关节炎
- 神经根病
- 旋前圆肌综合征

- 肘管综合征
- 脱位（后脱位）
- 小球队员肘
- 高尔夫球肘
- 网球肘

肱二头肌腱膜

肱二头肌

肱二头肌腱

肱二头肌腱膜

在肘窝处，肱二头肌末端肌腱相结合，形成肱二头肌腱膜。肱二头肌腱膜协助肘关节的运动，与肱二头肌腱一起止于桡骨粗隆，同时它为肘窝提供稳定的结构。因为腱膜的纤维与内侧屈肌腱的深筋膜融合，有肘关节内侧肌腱炎的患者通常会存在肱二头肌腱膜损伤。肘关节内侧肌腱炎又称高尔夫球肘。

触诊流程

- 患者仰卧，肘关节屈曲、放松。
- 让患者前臂抗阻旋后运动，可以找到肱二头肌腱膜的边缘。
- 一旦找到患者肱二头肌腱膜的位置，用食指和中指拨动肱二头肌腱膜的纤维。
- 对于组织界限明显的患者来说，肱二头肌腱膜的轨迹可以追踪到肱骨内上髁处。
- 沿着组织找到每一个压痛点或肌束震颤反应点。
- 一旦确定了最关键的压痛点或肌束震颤反应点（或者两个都存在），在整个PRT应用过程中，用手指指腹持续按压该点，直到再次进行评估。

PRT应用流程

- 患者仰卧，肘关节屈曲、放松。
- 用远侧手握住患者的手，并把手掌放在其手背上。
- 用远侧手屈伸患者的肘关节，以确定患者最舒服的姿势，或者有肌束震颤反应的姿势，或两者都存在的姿势。
- 用远侧手使患者手肘做旋前和旋后运动。
- 用远侧手对患者肘关节进行牵引和按压。

肱二头肌腱膜触诊流程

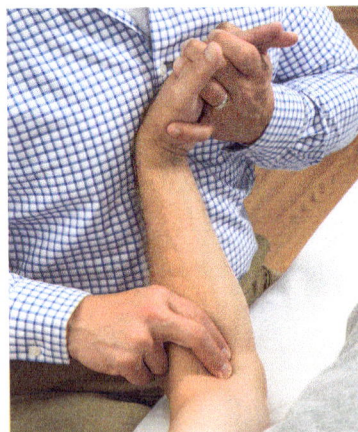

肱二头肌腱膜PRT应用流程

- 用远侧手屈曲患者的手指以进行微调。
- 需治疗的相关组织：旋前圆肌、内侧屈肌、肱骨内上髁、肱桡肌、肱二头肌。

肱桡肌

肱二头肌（长头）
肱二头肌（短头）
肱桡肌
肱肌
旋前圆肌

前侧结构图

肱桡肌是前臂桡侧最表浅的肌肉，它锤状的肌腹可以在肘部运动被观察到。在近关节处，肱桡肌通常与肱肌相融合；在远端，它的肌腱直接止于桡骨茎突的近端。尽管肱桡肌是由伸肌神经所支配的，但它仍可以屈曲肘关节。

起点： 肱骨近端三分之二处。

止点： 桡骨（茎突近端）。

功能： 肘关节屈曲；协助前臂旋后和旋前。

神经支配： C5~C6（桡神经）。

触诊流程

- 患者仰卧位或坐位，前臂保持中立位，或者拇指向上。
- 为了看到肱桡肌，让患者保持拇指向上并屈曲肘关节。
- 弹拨患者肘部下方关节线的肱桡肌肌腹。也可以用手指像拨弦一样拨动肌腹。
- 尽可能地从患者肱桡肌后下侧追踪到其肌腱止点处。
- 沿着肌肉及其附着点找到每一个压痛点或肌束震颤反应点。
- 一旦确定了最关键的压痛点或肌束震颤反应点（或者两个都存在），在整个PRT应用过程中，用手指指腹持续按压该点，直到再次进行评估。

PRT应用流程

- 患者仰卧，屈肘90°。
- 将远侧手放在患者的手上。
- 用远侧手屈伸患者的肘部。
- 用远侧手较大程度地向桡侧偏移患者的腕关节；接着向内和向外旋转患者的前臂。
- 用远侧手朝向患者肘部施加压力。

- 需治疗的相关组织：桡侧腕伸肌、肱肌。

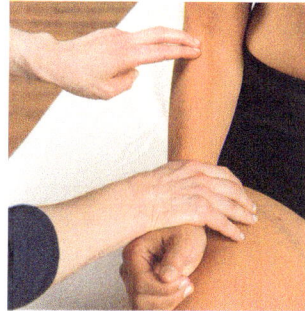

肱桡肌触诊流程

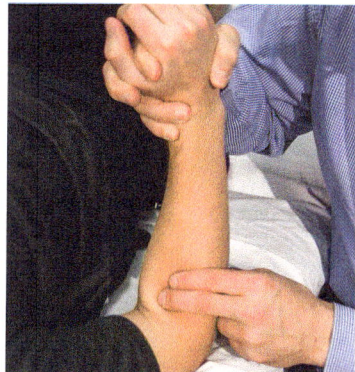

肱桡肌PRT应用流程

225

腕屈肌和指屈肌

组成腕屈肌和指屈肌的五块肌肉起自肘关节内侧。浅层肌肉包括桡侧腕屈肌、尺侧腕屈肌和掌长肌。中层和深层肌肉包括指浅屈肌和指深屈肌。指浅屈肌和指深屈肌不能够直接进行触诊，但是当它们收缩时，可以感受到它们的位置。不过，在治疗其他屈肌时，也应该放松这些深层组织。

浅层结构图   中层结构图   深层结构图

桡侧腕屈肌

    起点： 肱骨（屈肌总腱旁的肱骨内上髁）。

    止点： 第二和第三掌骨（基底和掌侧面）。

    功能： 腕关节屈曲，桡偏运动，肘部弯曲（微弱）。

    神经支配： C6~C7（正中神经）。

尺侧腕屈肌

    起点： 肱骨（通过屈肌总腱的肱骨内上髁），尺骨（后侧上方三分之二处）。

    止点： 第五掌骨，豌豆骨。

    功能： 腕关节伸展，尺偏，肘关节屈曲（微弱）。

    神经支配： C7~C8（尺骨神经）。

掌长肌

    起点： 肱骨（通过屈肌总腱的肱骨内上髁）。

    止点： 屈肌支持带，掌腱膜，肌间隔。

    功能： 拇指外展运动，手掌筋膜收紧和腕关节屈曲（微弱），肘关节屈曲（微弱）。

    神经支配： C7~C8（正中神经）。

指浅屈肌

    起点： 肱骨（通过屈肌总腱的肱骨内上髁），肘部的尺侧副韧带，冠状突，肌间隔。

    止点： 第二到第五指（中节指骨侧面）。

    功能： 第二到第五近节指间（PIP）和掌指骨（MP）屈曲；辅助腕关节屈曲。

    神经支配： C8~T1（正中神经）。

指深屈肌

起点： 尺骨（前侧和中间表面上方四分之三处，冠状突）。

止点： 第二到第五末节指骨的掌侧面和基底处。

功能： 第二到第五远侧指间（DIP）弯曲，MP和PIP弯曲；协助手腕弯曲。

神经支配： 第二和第三指：C8~T1（正中神经）。

第四和第五指：C8~T1（尺骨神经）。

触诊流程

- 从肘关节处触诊，作用于腕关节和手指及肘关节的表浅屈肌是很难的。但是，在手腕末端的肌腱止点处开始触诊，就可以沿着肌腹找到其远端的肌腱止点。

- 为了找到腕屈肌腱的位置，让患者在腕关节屈曲的情况下做尺偏（手腕内收）和桡偏（手腕外展）运动。

- 使患者腕关节处于中立位，同时肘关节保持屈曲放松的姿势。

- 向上拨动患者桡侧腕屈肌（FCR）（手腕最外侧的肌腱）的肌腹和屈肌总腱。

- 让患者在腕关节屈曲时将拇指和无名指做对指动作，以确定患者是否有掌长肌（有一些人没有掌长肌）。掌长肌的肌腱就在FCR的内侧。

- 可让患者在做尺偏的同时屈曲腕关节，目测患者手腕上的尺侧腕屈肌（FCU）肌腱。可以向上拨动这块肌肉的肌腹。其肌腹只有一根手指的宽度，位于尺骨骨干的前外侧，并向屈肌总腱方向走形。

- 也可以对腕屈肌腱附着点的位置进行触诊。

- 通过腕关节尺偏来感受指屈肌的厚度。屈肘屈腕90°，并让患者在腕关节屈曲的同时，拇指和小指互相挤压以感受这深层屈肌的收缩。

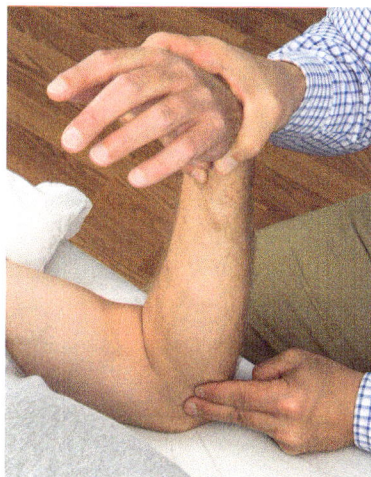

屈肌肌群触诊流程

- 注意每一个压痛点或者发生肌束震颤反应的肌肉的位置，以及其肌腱和附着点。

- 一旦确定了最明显的痛觉敏感点或肌束震颤反应点（或者两个都确定），在整个PRT应用过程中，在该位置上用手指腹保持轻压，直到二次评估为止。

PRT应用流程

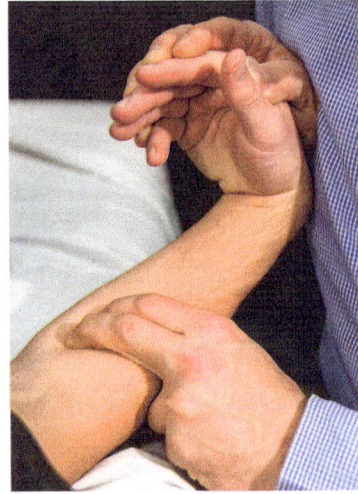

屈肌肌群PRT应用流程

- 患者仰卧，肘关节微屈（约20°）。
- 将患者手腕背侧靠在你的躯干上。
- 用远侧手大幅度地屈曲患者的手腕和手指。
- 用近侧手使患者的腕进关节做尺偏及桡偏动作，以确定特定肌群的位置。
- 手指依次屈曲有助于确定特定的肌肉（比如，屈曲第五指可以找到尺侧腕屈肌）。
- 用远侧手在牵引或按压患者腕关节的同时旋转它。
- 需治疗的相关组织：肱骨内上髁、旋前圆肌、手腕处的屈肌肌群肌腱。

旋后肌

尺侧腕屈肌（前侧肌肉）

旋后肌

拇长展肌

拇长伸肌

食指伸肌

拇短伸肌

深层结构图

旋后肌是一块位于肘部外侧深层的分布面积较广的肌肉。顾名思义，旋后肌可以使前臂旋后。它的纤维起自外上髁并横穿桡骨以包住桡骨头。因为它处于深层，因此需要间接地对这块肌肉进行触诊。

起点： 肱骨外上髁，桡侧副韧带，环状韧带，尺骨背面。

止点： 桡骨（近端三分之一处）。

功能： 前臂旋后。

神经支配： C6~C7（桡神经）。

触诊流程

- 患者仰卧，肘关节屈曲90°。
- 将手放在患者的手上，像握手的姿势一样。找到肱骨外上髁和桡骨骨干近端前侧。旋后肌就在这两个骨性标志点间、伸肌纤维的下方。
- 用稳固的力按压患者伸肌纤维，同时让其在肘关节保持屈曲90°的情况下抗阻后旋。用这种手法可以感受到肱桡肌内侧的深度收缩。
- 找到每一个压痛点或在治疗过程中发生肌束震颤反应的肌肉位置。因为旋后肌的位置较深，所以在评估和治疗之前要先找到伸肌上的压痛点。
- 一旦确定了最关键的压痛点或肌束震颤反应点（或者两个都存在），在整个PRT应用过程中，用手指指腹持续按压该点，直到再次进行评估。

PRT应用流程

- 患者仰卧，并把手臂置于治疗桌。
- 将患者手臂的近端置于你的腿部，其肘部伸直，置于你腿部的外侧。
- 用远侧手在患者腕关节末端轻柔地伸展肘关节。
- 用远侧手将患者前臂大范围旋前。

旋后肌触诊流程

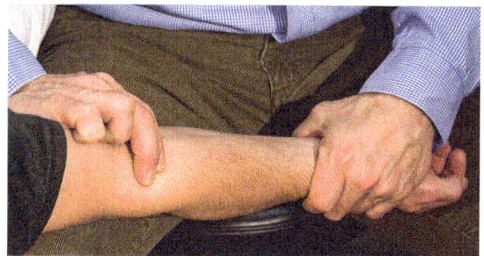

旋后肌PRT应用流程

- 用远侧手外翻患者的肘关节，并用同侧手的手掌固定前臂。
- 用远侧手沿轴向牵引和按压患者的腕关节以进行微调。
- 需治疗的相关组织：前臂伸肌、外上髁。

旋前圆肌

肱二头肌 —— 肱三头肌
肱肌 —— 旋前圆肌
肱桡肌 —— 桡侧腕屈肌
拇长屈肌 —— 掌长肌
—— 尺侧腕屈肌

浅层结构图

旋前圆肌位于前臂前侧，穿过肘窝从肱骨内上髁走形至桡骨骨干中部。旋前圆肌的基本功能是使前臂旋前。旋前圆肌损伤可能导致正中神经的近端部分和骨间前神经卡压，从而导致旋前圆肌综合征。

起源： 肱骨（骨干、肱骨内上髁近端），屈肌总腱，冠突。

止点： 桡骨（桡骨骨干外侧表面中部）。

功能： 肘关节旋内；协助肘关节屈曲。

神经支配： C6~C7（正中神经）。

触诊流程

- 患者仰卧，肘关节屈曲放松。
- 找到患者肱骨内上髁和肱二头肌腱膜的位置。旋前圆肌经过这两个组织的中间。
- 从患者肱二头肌腱膜内侧开始，进行滑动触诊，到旋前圆肌的近端纤维处。
- 食指和中指交叠，放在患者旋前圆肌的斜向纤维上并拨动它们，直至它们与屈肌纤维中部融合，并在肱桡肌下方消失。
- 注意每一个压痛点或者发生肌束震颤反应的肌肉的位置。
- 一旦确定了最关键的压痛点或肌束震颤反应点（或者两个都存在），在整个PRT应用过程中，用手指指腹持续按压该点，直到再次进行评估。

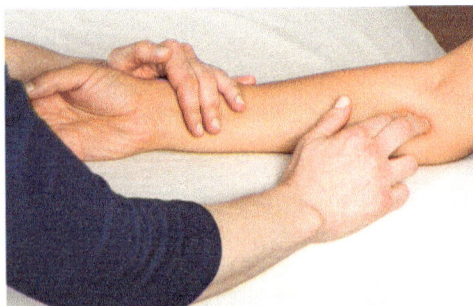

旋前圆肌触诊流程

PRT应用流程

- 患者仰卧，并将需要治疗的手臂置于体侧。
- 用远侧手握住患者的手，将手心置于患者的手背上。
- 用远侧手在较大的范围内使患者的手腕屈曲、前臂旋前，同时在患者手腕保持屈曲的情况下，朝着躯干的方向移动患者手臂。

- 用近侧手对患者肘关节进行长轴按压。
- 使患者的手臂进行桡偏和尺偏运动以进行微调。
- 需治疗的相关组织：屈肘肌、旋前方肌、肱二头肌、肱桡肌。

▶ 视频9.1：旋前圆肌PRT应用流程

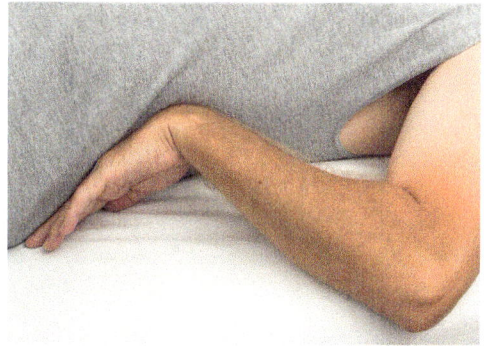

自我治疗流程

- 仰卧，将治疗侧手置于体侧。
- 用另一只手触诊旋前圆肌，以确定舒服的姿势或者发生肌束震颤反应的姿势，或者两种都存在的姿势。
- 将前臂置于最大旋前位，然后让手背抵在躯干上，并让其处于屈曲位。
- 保持这个姿势直至肌束震颤反应消失，或维持该姿势3~5分钟。

旋前圆肌PRT应用流程

旋前圆肌自我治疗流程

肱骨内上髁和屈肌总腱

肱骨内上髁经常会疼，因为它是所有指屈肌和前臂旋前肌的起点部位。此外，屈肌总腱可以抵抗肘关节外翻和旋转的应力，以稳定肘关节内侧。因此，在做高于头部的抛掷动作或者高尔夫球的挥杆动作时，关节会被打开，肱骨内上髁和屈肌总腱会受到压力。对于主要在室内攀岩墙进行训练的攀岩者而言，这个部位疼痛也很常见。

触诊流程

- 患者仰卧，肘关节屈曲放松。
- 轻柔地握住患者的肘部，并将拇指置于肘窝前侧，其他手指放在肱骨髁处。
- 用其他手指或者拇指轻柔地触诊患者肱骨内侧，以感受它的边界和最明显的点，即肱骨内上髁。
- 用其他手指或者拇指沿着患者肱骨内上髁下滑，并移向末端，弹拨屈肌总腱。在对患者屈肌肌腹进行触诊时，应对其肌腱施加渗透较小的压力。屈肌肌腹都存在单独的屈肌腱，而屈肌腱逐个向上走形，形成屈肌总腱。
- 注意每一个压痛点或发生肌束震颤反应的骨骼、肌腱的位置。
- 一旦确定了最关键的压痛点或肌束震颤反应点（或者两个都存在），在整个PRT应用过程中，用手指指腹持续按压该点，直到再次进行评估。

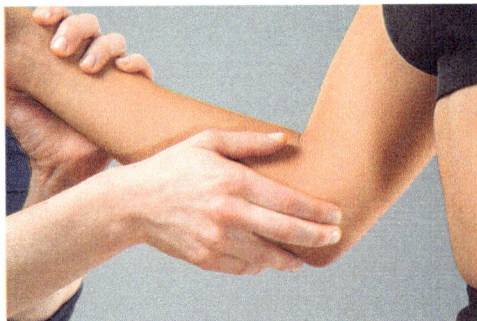

肱骨内上髁和屈肌总腱触诊流程

PRT应用流程

- 患者仰卧，肘关节屈曲约90°。
- 用远侧手握住患者的手，拇指放在患者手掌心处，其他手指放在患者的手背上。
- 用远侧手将患者的手腕和手指屈曲，同时给患者的肘部施加压力（注意：压力施加在桡尺远侧关节，以避免患者的手腕有不适感）。

- 用远侧手让患者做尺偏活动，并旋转患者的前臂。
- 用远侧手的手指逐一屈曲患者的手指，以进行微调。
- 需治疗的相关组织：屈肌肌群、旋前圆肌、旋后肌、肱二头肌腱膜。

自我治疗流程

- 保持舒适放松的姿势，肘关节屈曲90°，置于坚固的平面上。
- 用非治疗侧的手找到压痛点或肌束震颤反应点，或两者都存在的点。
- 肘关节保持屈曲约90°，并对肘关节内侧最明显的压痛点进行触诊。腕关节屈曲，尺偏，同时旋转前臂。
- 一旦确定了最关键的压痛点或肌束震颤反应点（或者两个都存在），在整个PRT应用过程中，用手指指腹持续按压该点，直到再次进行评估。
- 保持这个姿势直至肌束震颤反应消失，或维持该姿势3~5分钟。

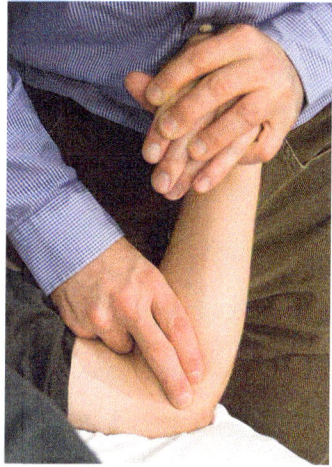

肱骨内上髁和屈肌总腱PRT应用流程

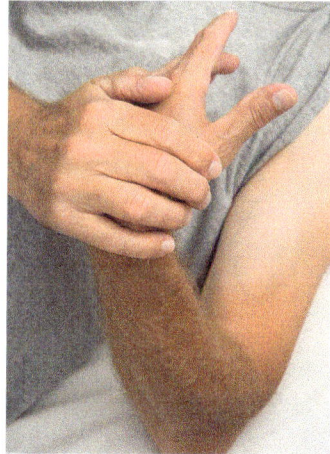

肱骨内上髁和屈肌总腱自我治疗流程

肱三头肌

肱三头肌是唯一在手臂后部的伸肌间隔里面的肌肉。三头肌由三个头（长头、外侧头和内侧头）组成，它们的肌腱一起止于鹰嘴（肘部的骨性隆起）。肱三头肌可以使肘关节伸展及肩关节伸展和内收。长头起自肩胛骨的盂下结节，它使肱三头肌有能力产生肩关节伸展和内收的力。外侧头和长头是手臂背部最容易触及和观察到的组织，但内侧头的下部纤维也能在鹰嘴上的肱三头肌腱的内侧和外侧边界触及。

起点： 长头：肩胛骨（盂下结节）；外侧头：肱骨（近端后表面）；内侧头：肱骨（远端后表面）。

止点： 全部头：尺骨（鹰嘴突）。

功能： 全部头：肘关节伸展；长头：协助肩关节伸展和内收。

神经支配： C6~C8（桡神经）。

后侧结构图

触诊流程

- 患者俯卧，肘关节屈曲约90°。
- 找到患者鹰嘴的位置。
- 向上拨动患者肱三头肌，找到长头和外侧头的肌肉纤维。
- 将长头和外侧头纤维压在肱骨上进行拨动，进而对肱骨产生触诊压力。肱三头肌的长头在近端会下沉到三角肌后束，其肌腱在小圆肌和大圆肌之间滑动，止于盂下结节。为了触诊这个肌腱，要紧实地压住三角肌后束并弹拨它的肌腱。
- 肱三头肌内侧头纤维可以通过拇指和食指，从肌腱末端的内侧和外侧被触诊。
- 注意每一个压痛点或者发生肌束震颤反应的肌肉的位置，以及其肌腱和附着点。
- 一旦确定了最关键的压痛点或肌束震颤反应点（或者两个都存在），在整个PRT应用过程中，用手指指腹持续按压该点，直到再次进行评估。

肱三头肌触诊流程

PRT应用流程

- 患者仰卧，上臂置于你的腿部，肘部置于腿外侧。
- 将患者肩关节外展并伸展30°~50°。
- 将远侧手握住患者的腕关节或腕关节上方，使其肘关节过度伸展。
- 根据治疗的区域（三头肌的内侧头和长头向内，外侧头和内侧头向外），用近侧手旋转患者的肱骨。
- 用远侧手对患者肱骨施加牵引或按压的力。
- 需治疗的相关组织：三角肌后束、肘肌、鹰嘴。

肱三头肌PRT应用流程

鹰 嘴

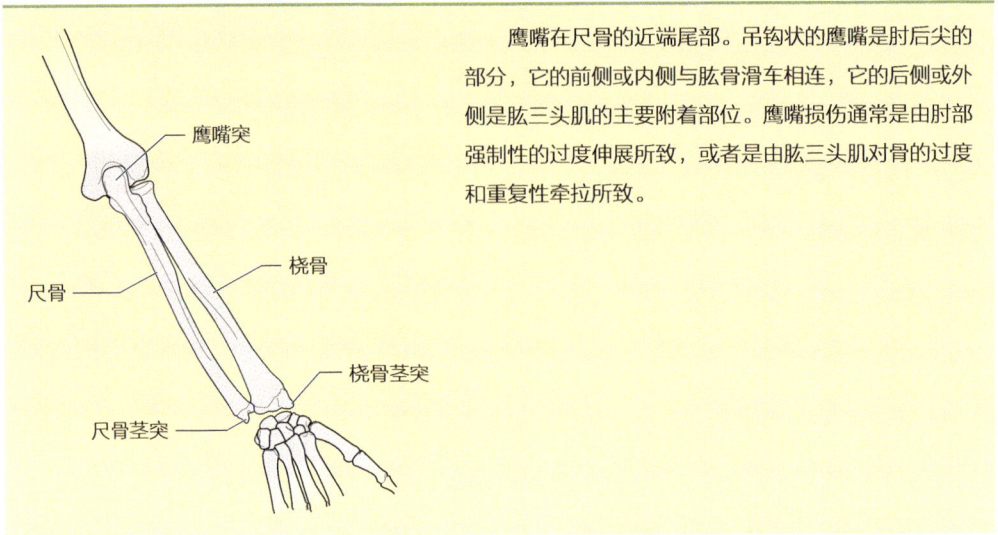

鹰嘴在尺骨的近端尾部。吊钩状的鹰嘴是肘后尖的部分，它的前侧或内侧与肱骨滑车相连，它的后侧或外侧是肱三头肌的主要附着部位。鹰嘴损伤通常是由肘部强制性的过度伸展所致，或者是由肱三头肌对骨的过度和重复性牵拉所致。

标注：鹰嘴突、桡骨、尺骨、桡骨茎突、尺骨茎突

触诊流程

- 患者呈仰卧位或坐位，支撑起前臂和肘部并保持放松的姿势。
- 触诊患者肘关节后侧，同时屈伸肘关节以找到鹰嘴边界。
- 肱三头肌腱在鹰嘴上方。沿着肌腱向肌腱末端鹰嘴的止点处拨动。
- 注意每一个压痛点或发生肌束震颤反应的骨骼和肱三头肌的肌腱附着点的位置。
- 一旦确定了最关键的压痛点或肌束震颤反应点（或者两个都存在），在整个PRT应用过程中，用手指指腹持续按压该点，直到再次进行评估。

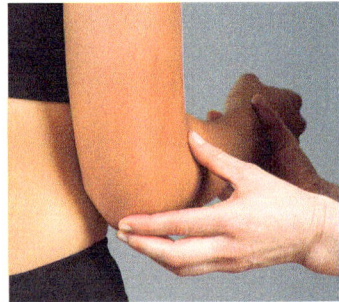

PRT应用流程

- 患者仰卧，用腿部支撑患者上臂，将患者肘部置于你腿部的外侧。
- 将患者治疗侧上肢屈曲外展约30°。
- 将远侧手置于患者腕关节上或腕关节上方，使其腕关节过度伸展。
- 用远侧手旋转患者的手腕或者前臂。
- 用远侧手牵引或按压患者的腕关节进行微调。
- 需治疗的相关组织：肱三头肌。

鹰嘴触诊流程

鹰嘴PRT应用流程

肘 肌

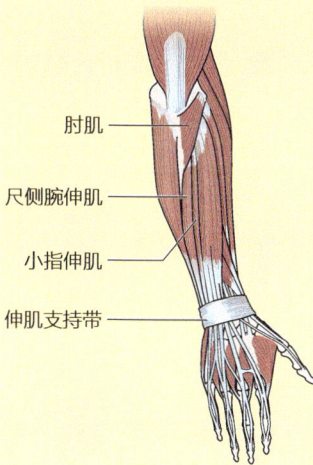

呈三角形的肘肌位于鹰嘴外侧的肘部后面，它是一块经常会被遗忘的伸肌。肘肌协助肱三头肌伸展肘部。肘关节内外侧肌腱病变时，通常都会伴有肘肌损伤。

起点： 肱骨（外上髁）。

止点： 尺骨（鹰嘴和尺骨轴后四分之一处）。

功能： 肘关节伸展。

神经支配： C6~C8（桡神经）。

肘肌——
尺侧腕伸肌——
小指伸肌——
伸肌支持带——

浅层结构图

触诊流程

- 患者俯卧或仰卧，肘关节伸展。
- 找到患者肱骨的外上髁和鹰嘴的位置。
- 用手指或拇指触诊这两个标志部位之间的肘肌纤维。朝着患者尺骨轴向末端拨动纤维。
- 注意每一个压痛点或者发生肌束震颤反应的肌肉的位置，以及其肌腱和附着点。
- 一旦确定了最关键的压痛点或肌束震颤反应点（或者两个都存在），在整个PRT应用过程中，用手指指腹持续按压该点，直到再次进行评估。

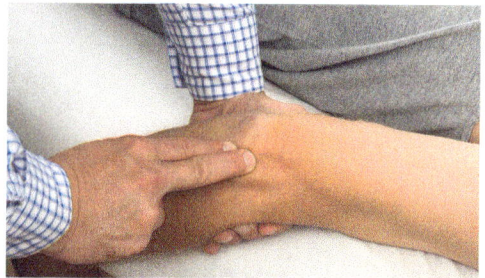

肘肌触诊流程

PRT应用流程

- 患者仰卧，肘部远离治疗桌的边缘。
- 用远侧手像握手一样握着患者的手，并用拇指包住患者的小鱼际。
- 用远侧手让患者腕关节伸展，并使其肘关节过度伸展。
- 用远侧手对患者肘关节施加牵引或按压的力。
- 需治疗的相关组织：肱三头肌、三角肌后束。

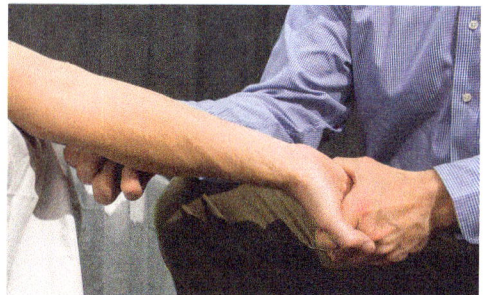

肘肌PRT应用流程

腕伸肌和指伸肌

　　手腕和手指的伸展主要由4块肌肉完成，桡侧腕长伸肌、桡侧腕短伸肌、尺侧腕伸肌和指伸肌，在前臂后外侧尺骨和肱桡肌包围起来。虽然小指伸肌也被认为是手腕和手指伸肌，但是一般来说，小指伸肌被当作指伸肌的延长部分。内侧屈肌肌群在内上髁形成屈肌腱附着点。像内侧屈肌肌群一样，伸肌肌群的肌肉也在外上髁形成联合腱，成为伸肌腱的附着点、连接点。

浅层结构图

桡侧腕长伸肌

起点： 肱骨（外侧髁上末端三分之一处），伸肌总腱。

止点： 第二掌骨（背面基底的桡侧面）。

功能： 腕关节伸展和桡偏；辅助肘关节屈曲。

神经支配： C6~C7（桡神经）。

桡侧腕短伸肌

起点： 肱骨（通过伸肌总腱起于外上髁），桡侧副韧带。

止点： 第三掌骨（背部基底的桡侧面）。

功能： 腕关节伸展和桡偏运动（微弱）。

神经支配： C7~C8（桡神经）。

尺侧腕伸肌

起点： 肱骨（通过伸肌总腱起于外上髁），尺骨（后腱膜）。

止点： 第五掌骨（尺侧）。

功能： 腕关节伸展，尺偏。

神经支配： C7~C8（桡神经）。

指伸肌

起点： 肱骨（通过伸肌总腱起于外上髁）。

止点： 第二到第五指（由于中节和近节指骨，并通过两侧来延伸至末节指骨）。

功能： 第二到第五指MP、PIP和DIP伸展；辅助腕关节伸展。

神经支配： C7~C8（桡神经）。

触诊步骤

- 患者呈仰卧位或坐位，肘关节屈曲90°，前臂垂直于平面放置，拇指指向上方。
- 就像握汉堡包一样握住患者肱桡肌并向上提，使其远离桡骨。肱桡肌下方就是桡侧腕长伸肌和桡侧腕短伸肌。
- 让你的手指与患者桡侧腕长伸肌和桡侧腕短伸肌的纤维保持垂直，然后向末端拨动它们的肌纤维（它们之间没有区别）。（注意：可以通过让患者在触诊时伸展腕关节来确定你的手指是在肱桡肌上还是在桡侧腕长伸肌和桡侧腕短伸肌上。腕关节伸展时，肱桡肌不会收缩，但桡侧腕长伸肌和桡侧腕短伸肌会收缩。）
- 向下或者向内移动到患者指伸肌的纤维上。指伸肌和桡侧腕长伸肌以及桡侧腕短伸肌之间有明显的凹陷或者分界线。要去区分它们，可以指导患者轻轻点动手指，就像弹钢琴一样。指伸肌会强烈地收缩。
- 移动到患者尺骨上。尺侧腕伸肌就在尺骨轴上。握住伸肌的内侧缘，用紧实的力将纤维在尺骨两侧拨动。
- 同样触诊患者伸肌肌群的止点处。
- 注意每一个压痛点或发生肌束震颤反应的肌肉的位置，以及其肌腱和附着点。
- 一旦确定了最关键的压痛点或肌束震颤反应点（或者两个都存在），在整个PRT应用过程中，用手指指腹持续按压该点，直到再次进行评估。

PRT应用流程

- 患者仰卧，前臂置于你的腿部。
- 将远侧手的手掌放在患者的手掌上，伸展患者的手腕和手指。
- 用远侧手使患者的手腕侧移，并且根据目标肌肉做桡偏运动或者尺偏运动（桡侧腕伸肌做桡偏运动，尺侧腕伸肌做尺偏运动）。

伸肌肌群触诊流程

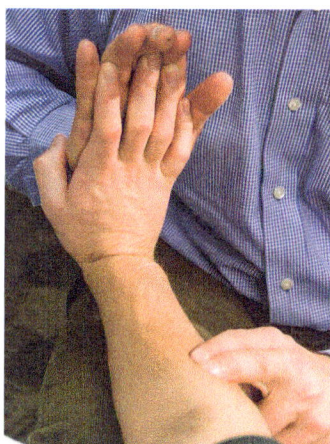

伸肌肌群PRT应用流程

- 根据目标肌肉伸展患者手指（如指伸肌伸展第二到第五指，桡侧腕伸肌伸展第二和第三指，尺侧腕伸肌伸展第五指）。
- 用远侧手旋转患者的腕关节。
- 用远侧手施加压力以进行微调。
- 需治疗的相关组织：伸肌腱、手腕处的伸肌肌群肌腱、旋后肌。

肱骨外上髁和伸肌总腱

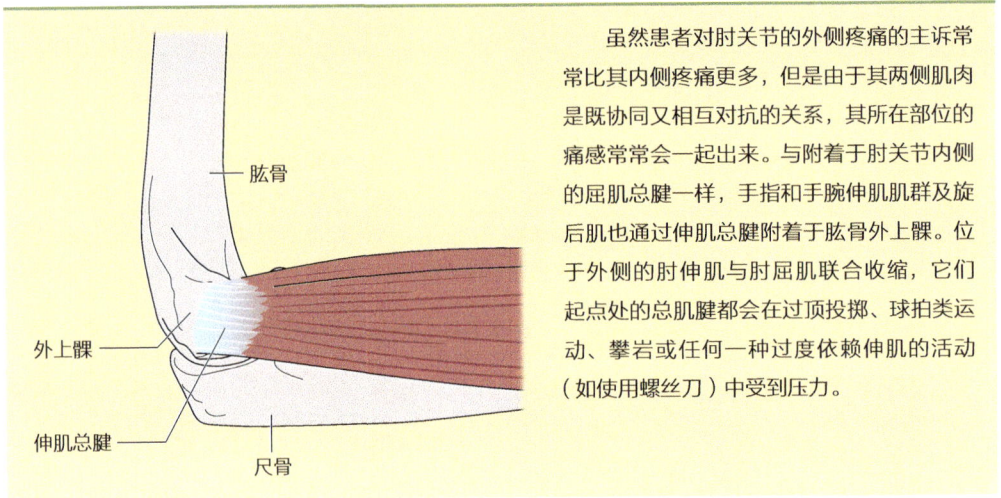

虽然患者对肘关节的外侧疼痛的主诉常常比其内侧疼痛更多，但是由于其两侧肌肉是既协同又相互对抗的关系，其所在部位的痛感常常会一起出来。与附着于肘关节内侧的屈肌总腱一样，手指和手腕伸肌肌群及旋后肌也通过伸肌总腱附着于肱骨外上髁。位于外侧的肘伸肌与肘屈肌联合收缩，它们起点处的总肌腱都会在过顶投掷、球拍类运动、攀岩或任何一种过度依赖伸肌的活动（如使用螺丝刀）中受到压力。

触诊流程

- 患者呈仰卧位或坐位，同时让其肘关节保持在一个屈曲放松的姿势上。
- 放在患者肱骨髁的手指和拇指轻轻抓住肘部的前侧窝。
- 用其他手指或拇指轻轻拨动患者外侧髁，去感受它的边界和最突出的点，也就是外上髁。
- 用其他手指或拇指轻轻地从患者外上髁的远端划落，同时顺着伸肌总腱远端的方向对其进行弹拨。当朝着伸肌肌腹的方向触诊时，请注意那些位于肌腱里的小而不同的凹陷，这是融合在总肌腱里的个体肌腱。
- 沿着肌束及其附着点找到每一个压痛点或肌束震颤反应点。
- 一旦确定了最关键的压痛点或肌束震颤反应点（或者两个都存在），在整个PRT应用过程中，用手指指腹持续按压该点，直到再次进行评估。

PRT应用流程

- 患者仰卧，同时肘关节屈曲约90°。
- 用远侧手的手指握住患者的手，同时将拇指置于患者的手背上。

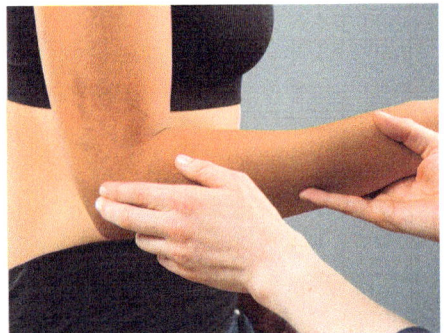

肱骨外上髁和伸肌总腱触诊流程

- 当按压患者肘关节时，用远侧手去伸展其手指和手腕。(在患者桡侧远端关节进行按压以避免腕关节不适。)
- 用远侧手让患者腕关节桡偏、前臂旋转。
- 用远侧手的手指对患者的单个手指进行微调。
- 需治疗的相关组织：伸肌肌群、旋前圆肌、旋后肌、肱二头肌远端肌腱。

▶ 视频 9.2：肱骨外上髁与伸肌总腱PRT应用流程

自我治疗流程

- 采用一种舒适放松的姿势，同时肘关节屈曲90°并放在一个稳固的表面上。
- 用空闲的手去寻找组织上的压痛点或有肌束震颤反应的位置(或二者都有的位置)。
- 对肘关节外侧最明显的压痛点进行触诊时，伸展、桡偏其腕关节，旋转其前臂，同时让患者主动屈肘90°。
- 一旦确定了最关键的压痛点或肌束震颤反应点(或者两个都存在)，在整个PRT应用过程中，用手指指腹持续按压该点，直到再次进行评估。
- 保持这个姿势直至肌束震颤反应消失，或维持该姿势3~5分钟。

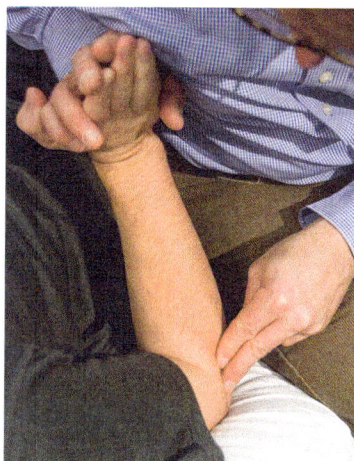

肱骨外上髁和伸肌总腱PRT应用流程

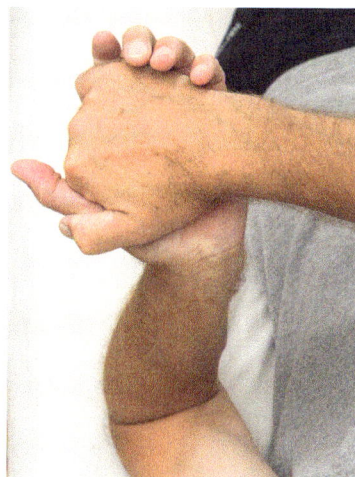

肱骨外上髁和伸肌总腱自我治疗流程

网 球 肘

网球肘是一种源于肱骨外侧髁上伸肌总腱的常见肌腱病（Orchard & Kountouris, 2011）。这种疾患已不被认为是急性炎症性疾病（之前被称为外侧髁炎），而是与组织超负荷相关的肌腱病（Shiri & Viikari-Juntura, 2011）。在轻量级网球拍和双手反手打法出现之前，相关症状在运动员中是很常见的。

如今，相关症状通常出现在那些进行剧烈的重复性活动的人身上，这些活动带来的压力超出了肌腱的承受范围（Shiri & Viikari-Juntura, 2011）。史瑞和维卡瑞-詹塔拉（Shiri & Viikari-Juntura, 2011）在调查网球肘的职业风险因素的报告中说，在普通人群中其患病率介于1%~4%范围内，在工作人群中占总数的0.8%~29.3%。这种疾患的发病率可能随着年龄增长而提高，最常见于40~60岁的人群中，并且女性比男性更易发病（Shiri & Viikari-Juntura, 2011）。在工作人口中，该疾病患病率的增加归因于对肘关节的高强度需求、重复性运动、手和手臂的振动，以及不良姿势（Shiri & Viikari-Juntura, 2011）。然而，这些风险因素与该病症之间的关系尚未在文献中得到证实。工作场所和人体工效学的改进对于预防上肢损伤的效果也没有得到证明（Anderson et al., 2011）。此外，有限的证据表明，治疗性或手术干预要优于观望策略或传统的离心疗法（Orchard & Kountouris, 2011; Shiri & Viikari-Juntura, 2011）。

一个关于生长因子的注射量对治疗性网球肘的影响的研究（Creaney et al., 2012）发现，自体血液注射（ABI）和富血小板血浆注射（PRP）后随访的六个月中，其带来的疗效类似：PRP组66%（$n=80$），而ABI组72%（$n=70$）。然而，迄今为止，还未证明生长因子的注射比传统疗法或观望策略更有效（Creaney et al., 2012）。

好消息是，在80%的情况下，病症在一年之内，不需要任何干预，便可自愈（Shiri & Viikari-Juntura, 2011）。然而，运动员和工作者常常需要更快地解决这一问题。可的松的注射，虽然对止痛有显著的效果，但它中长期的副作用会在日后的锻炼和牵拉

治疗部位及其顺序

1. 外上髁和伸肌总腱
2. 腕伸肌和指伸肌（伸肌肌群）
3. 内上髁和屈肌总腱
4. 腕屈肌和指屈肌（屈肌肌群）
5. 肱桡肌
6. 旋前圆肌
7. 肘肌
8. 肱三头肌
9. 腕伸肌和屈肌
10. 肱二头肌长头肌腱
11. 肩袖肌群
12. 斜方肌上束

中体现出来（Olaussen, 2013）。此外，治疗期间在训练时，肘部的持续负荷会影响该疾患的恢复，这可能是由于持续性脆弱、过度使用还有肌腱和肌肉组织的疲劳所带来的结果。这对于治疗那些需要持续性工作或运动的患者的从业者而言，是一个额外的挑战。

迄今为止，有一项研究已经证明了PRT对于肘部肌腱病的疗效。在一个个案中，贝克尔等人（Baker et al., 2014）发现，一名21岁的竞技游泳运动员在接受治疗后，疼痛、活动幅度和治疗肱二头肌筋膜反应后的满意度有了明显的改善。在为期四天的时间里，患者每天接受一次PRT的治疗，并且在治疗后的一个月，接受了随访以及二次评估。患者并没有患上网球肘，但是其病理与肱二头肌筋膜反应的病理类似。在这种情况下，患者需要在治疗期间保持身体的活动，这也表明了对于那些必须要持续工作或运动的患者来说，PRT是一个有效的处理方法。王等人（Wong et al., 2011）在这项研究中指出，在健康群体对压痛点进行治疗后，肘关节力量有显著的改善。这表明，疼痛明显减轻与力量改善是早期恢复阶段中至关重要的。PRT防止了病变的进一步发展，从而为那些需要持续工作或运

动的人加快了恢复时间。

常见症状

- 肘关节外侧的疼痛可能会向近端或远端转移性发作。
- 手指和腕部以及前臂旋后时，会有疼痛感和阻延感。
- 肘关节的活动范围正常。
- 握力及功能表现减少。

常见诊断

- 神经根型颈椎病。
- 小球队员肘。
- 内上髁炎。
- 桡神经卡压。
- 伸肌总腱纵向撕裂。

治疗方法

- 进行一个全面的骨科检查以排除常见的判断。肩袖肌群无力或病理与网球肘以及高尔夫球肘之间有一定联系。如果存在近端无力或功能障碍的现象，其肘部便需要承受额外的负荷。
- 在关节松动术、推拿及组织牵拉之前进行PRT处理。

- 考虑用热传导的方式，如超声波来激活肌腱以及组织。
- 考虑通过松动术的方法来改善活动范围的不足。
- 采用渐进式离心治疗来逐渐增加肌腱的承重能力。
- 考虑为那些反复进行过顶活动的患者制订加强核心的方案。
- 如果该疗法不成功，考虑通过影像学判断来排除其他潜在的疾病。
- 对反应性肌腱病变使用可的松，短期内会有所改善，但是迄今为止，还没有发现它对长期治疗有任何积极的效果（Orchard & Kountours, 2011）。

自我治疗方法

- 每天自我放松受累组织。
- 每天对肌腱及其筋膜进行推拿和拉伸。
- 通过采用姑息疗法来减少疼痛与痉挛。
- 在每天做完体力活动或治疗后，用PNF牵拉来拉伸组织。
- 避免使症状加剧的活动。

旋前圆肌综合征

旋前圆肌综合征（PTS）是由于贯穿旋前圆肌两头的正中神经受卡压所造成的。然而，由于正中神经可能被卡压在腕管以及肘部的肘窝，相关治疗有很大的挑战性（Quan, 2013）。李等人（Lee et al., 2014）指出，虽然单一性的旋前圆肌综合征比较少见，其一般伴随着正中神经病变，但对于它的诊断是比较模糊的。此外，由于骨间前神经（AIN）贯穿旋前圆肌，该神经可能会受到旋前圆肌的高张力影响。然而，骨间前神经是一个运动神经，因此，可以通过肌电图来鉴别诊断（Ulrich, Piatkowski & Pallua, 2011）。李等人（Lee et al., 2014）指出，"骨间前神经的卡压会导致拇长屈肌与桡侧的指深屈肌的无力"。他们认为，旋前圆肌综合征的诊断关键在于旋前圆肌、桡侧腕屈肌、旋前方肌、外展短肌、指浅屈肌和指深屈肌腱所呈现的典型肌肉处的神经支配模式。

当肘关节功能障碍伴随旋前圆肌的张力过高时，PRT可能有助于减少骨间神经的中部和前部的卡压。当旋前圆肌放松的时候，患者常常主诉的麻木和疼痛感即刻得以减轻，同时运动功能也得到改善。

常见症状

- 腕部与前臂疼痛。
- 大鱼际无力。
- 掌三角位置感觉迟钝。
- 前臂反复旋前旋后时，正中神经的分布处出现麻木。
- 前臂反复旋前旋后时，前臂肌肉组织疲劳。
- 前臂旋前和肘关节伸展时抗阻疼痛。
- 旋前圆肌的蒂内尔测试（Tinel test）阳性。
- 旋前圆肌出现压痛点。
- 鱼际部位严重萎缩。

治疗部位及其顺序

1. 旋前圆肌
2. 内上髁和屈肌总腱
3. 肱二头肌腱膜
4. 腕屈肌和指屈肌（屈肌肌群）
5. 旋后肌
6. 肱桡肌
7. 外上髁和伸肌总腱
8. 腕伸肌和指伸肌（伸肌肌群）
9. 拇短展肌

常见诊断

- 肱二头肌腱膜。
- 指浅屈肌交叉综合征。
- C6~C7神经根病变。
- 腕管综合征。
- 骨间掌侧神经卡压综合征。
- 前臂筋膜室综合征。
- 髁上骨突压迫综合征。

治疗方法

- 进行一个全面的骨科检查以排除常见的判断，如骨间前神经卡压。
- 在进行关节松动术、推拿以及组织牵拉之前，进行PRT处理。
- 考虑用热传导的方式，如超声波来激活肌腱以及组织。
- 考虑用关节松动术来改善活动范围的不足。
- 用渐进性方案加强旋前圆肌离心力量，逐步地恢复旋前和旋后的运动。
- 考虑为那些要做过顶活动的患者制订一个加强核心的方案。

- 如果该疗法不成功，考虑通过影像学判断来排除其他潜在的病理。

自我治疗方法

- 每天自我放松受累组织。
- 每天对肌腱及其筋膜进行按摩与牵拉。

- 采用姑息疗法来减少疼痛与痉挛。
- 避免肘关节的承重活动。
- 在每天做完体力活动或治疗后，用PNF 牵拉技术来拉伸组织。

总结

治疗存在肘关节和前臂功能障碍患者的难点在于，问题可能是由肩关节或颈椎近端的问题所造成的，从患者的临床表现和诊断结果中均可发现（Ahmad et al., 2013）。此外，如果怀疑有肌腱病，患者也有可能存在外周和中枢敏化现象（Jewson et al., 2015），这往往需要长时间的康复，且复发率较高（Scott et al., 2013）。桑德斯等人（Sanders et al., 2015）指出，肘外侧肌腱炎两年的复发率为8.5%，2012年的发病率为每1000人里有2.4人发病。现在很清楚的是，注射皮质类固醇的方法并不能有效地治疗肘部的慢性肌腱炎，同时，相较于单独的运动疗法，皮质类固醇注射可能会带来长期的副作用及更高的复发率（Coombes et al., 2010; Olaussen et al., 2013）。此外，新的证据表明，细胞和神经对肌腱病发展的影响比之前预想的还要大（Jewson et al., 2015; Scott et al., 2013）。然而，对于肌腱病的患者来讲，还没有达成最佳治疗方法的共识。

迄今为止普遍的证据表明，相较于接受无干预或注射治疗的肌腱病患者，采用运动疗法的患者会获得更好的长期疗效（Drew et al., 2012; Devons, Wint & Wale, 2014）。偏心练习对肘关节内侧（Olaussen, 2013）和外侧（Tyler et al., 2014）肌腱病的短期和即时疗效都已经得到了证实。然而从长期来讲，运动，包括偏心练习与牵拉都对肌腱病的治疗带来了很大的益处（如疼痛的减轻，力量与功能的改善）（Olaussen et al., 2013）。离心运动或牵拉（一度被认为能改变负责承重的肌腱基质）对肌腱愈合的影响尚不清楚（Drew et al., 2012; Scott et al., 2013）。新的证据表明，推拿疗法加上离心训练对肘关节肌腱病的治疗有着积极影响（Baker et al., 2014; Bisset, Hing & Vincenzino, 2012; Wong et al., 2011）。然而，根据英国的证据报告表明，虽然手法治疗是有利的，但是能够支持这一说法的证据很少（Clar et al., 2014）。

目前有证据支持多数文献所提倡的如PRT这样的手法治疗。当其用于慢性肘部疾病时，PRT可能会中断外围和中枢敏感通路，从而给细胞和神经带来积极的影响，并提供一个稳定的环境，以保证治疗的效果。PRT还可以改善组织灌注并限制交感神经系统的敏感性调高。然而，目前还缺乏支持和检测这些理论的研究。

腕关节和手部

通过奥提斯、兰博斯和瑞纳（Ootes, Lambers & Ring, 2012）对NEISS（国家电子伤害监测系统）数据库的检测发现，2009年美国急诊中，上肢受伤人数为3 468 996人，相当于每10万人中有1 130人受伤。作者发现，手指是最常见的受伤部位（38.4%），骨折是最常见的上肢损伤类型。大多数手指割裂伤患者（每10万人中有221例）都在急诊部就诊，其次是腕部骨折（每10万人中有72例）。欧洲急诊部门也发现了类似的情况。塞特玛等人（Sytema et al., 2010）研究了1995年至2005年在欧洲一级创伤病房的25 000个急诊病例，发现在这些病例中，35%的病例与上肢相关。其中，44%患者是骨折，多数发生在家里。尽管还没有已发表的研究报告证明PRT对腕关节和手指损伤的影响，但由于它们会造成疼痛和功能障碍，所以仍然需要更多相关的研究调查来证实其作用。

莫斯利等人（Moseley et al., 2014）观察了1 549位手腕骨折患者。他们发现，在那些在术后第一周疼痛评分超过5的患者中，4%的人在4个月内患上了复杂的区域疼痛综合征（CRPS）。他们写道，区域疼痛综合征"是由不相称的疼痛和残疾所划分的，其其有自主运动紊乱的特性，通常局限于一只手臂或腿部"。在一项针对踝关节区域疼痛综合征应变反应的治疗研究中，柯林斯（Collins, 2007）将疼痛显著缓解及功能的改善归因于外周中枢敏化的减轻。然而，对于腕部骨折的患者是否会有同样的发现，还是未知的。手腕骨折常常伴随着软组织损伤（Ogawa et al., 2013），由于相关的疼痛和功能障碍，这可能导致躯体神经系统的上调。

有三种常因桡骨远端骨折而受伤的软组织：三角纤维软骨复合体（TFCC）、舟月骨间韧带（SLIL）和月三角骨间韧带（LTIL）（Ogawa et al., 2013）。在一项前瞻性的研究中，89名接受关节镜手术治疗桡骨远端骨折的患者里，仅有17.1%的患者没有软组织损伤。在不考虑骨折类型以及骨折的部位是在关节内还是在关节外的情况下，

59%的患者出现了三角纤维软骨复合体损伤，54.5%的有舟月骨间韧带损伤，34.5%的有三角骨间韧带损伤。作者将软组织损伤高发归因于超负荷的压缩及韧带和腕骨的撕裂。虽然对于进行石膏固定的患者来说，直接治疗手腕和手的创伤性损伤是很困难的，但PRT是一种间接的、无痛的治疗，因而可能是一个很好的方法。PRT治疗也适用于腕管综合征（CTS）、腱鞘炎、骨关节炎等慢性手腕和手部损伤，这是因为它可以减少组织的高张力、神经的压迫以及改善血流量。

手和手腕区域有许多可以引发神经压迫和慢性炎症的问题。哈瑟米瑞德等人（Ghasemirad et al., 2013）报告说，在美国的医生办公室中，计算机腕管综合征是最常见的手腕和手部损伤。腕管内有一个紧密的肌腱区域，包裹着它们的滑膜鞘与正中神经，所有的这些都被非弹性组织所束缚，如腕横韧带和腕骨。位于腕横韧带和腕骨的结构之间的这些组织的压迫可以导致感觉异常和疼痛，前三个手指的受累程度最低，而手掌或手背不会受累（Ghasemirad, 2013）。苏等人（Siu et al., 2012）提出了骨病操作疗法（OMT），该疗法由肌筋膜的放松、关节手法和肌肉能量技术组成，对治疗腕管区的压迫非常有效。在腕管和前臂（Brown, 2011）中，压迫可能会减少三磷酸腺苷和组织灌注，从而导致肌肉酸中毒（Fry et al., 2013），这可能会导致受累区域及其邻近组织（Gerwin, Dommerholt & Shah, 2004）压痛点的发展，为躯体功能障碍的发生及持续提供了一个前提（Speicher & Draper, 2006）。如果这些区域的肌腱持续存在慢性炎症，则其腱鞘可能也会出现炎症浸润（Navalho et al., 2012）和骨关节炎（Villafañe, Cleland & Fernandez-De-Las-Peñas, 2013）。

腕关节及手功能缺失会严重影响日常生活、工作及运动的表现。生活中我们所做的很多事情都需要用到我们的手腕和手。鉴于腕部骨折可能带来复杂性局部疼痛综合征（Mosely et al., 2014）和软组织破坏（Ogawa et al., 2013），PRT在控制疼痛方面发挥着重要的作用，进而降低躯体功能

障碍发展的可能性。此外，PRT还可以通过减少组织张力来改善三磷酸腺苷和组织的灌注，这可能会改善肌腱与神经在腕管里的滑动以及手腕和前臂之间的间隔。这有助于降低像腕管综合征和劳累性间隙综合征等疾病对神经造成压迫的风险（Brown et al., 2011）。

应用PRT的常见解剖部位与情况

- 肌肉拉伤
- 韧带扭伤
- 骨性关节炎
- 神经根病

- 腕管综合征
- 德奎尔综合征
- 脱位（后移位）
- 肌腱病

腕屈肌腱

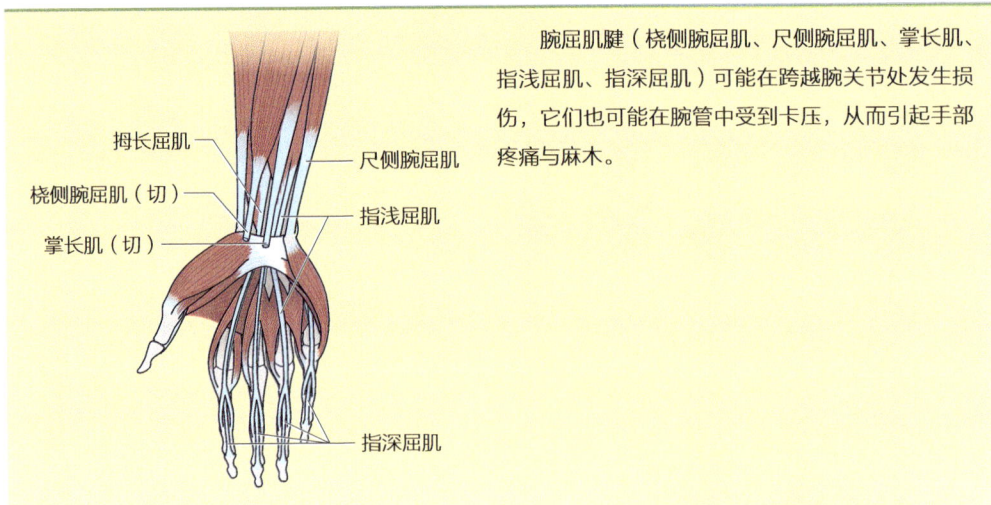

腕屈肌腱（桡侧腕屈肌、尺侧腕屈肌、掌长肌、指浅屈肌、指深屈肌）可能在跨越腕关节处发生损伤，它们也可能在腕管中受到卡压，从而引起手部疼痛与麻木。

拇长屈肌
桡侧腕屈肌（切）
掌长肌（切）
尺侧腕屈肌
指浅屈肌
指深屈肌

触诊流程

- 患者仰卧，腕关节屈曲放松。
- 从患者腕部的内侧或者外侧开始触诊。
- 用一个或两个手指去弹拨患者腕屈肌腱，然后向下一个肌腱的位置移动。
- 注意每一个压痛点或者发生肌束震颤反应的肌腱的位置，以及其附着点。
- 一旦确定了最关键的压痛点或肌束震颤反应点（或者两个都存在），在整个PRT应用过程中，用手指指腹持续按压该点，直到再次进行评估。

PRT应用流程

- 患者仰卧，肘关节屈曲约70°。
- 用远侧手屈曲患者腕关节。
- 用远侧手拉伸和旋转患者腕关节，从而找到特定的腕部肌腱（例如，桡偏可以找到桡侧腕屈肌）。
- 用远侧手将患者腕部往肘关节的方向轻轻下压。
- 需治疗的相关组织：屈肌肌群、屈肌总腱。

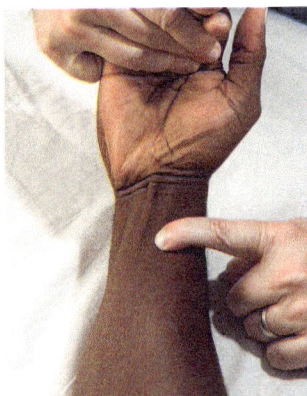

腕屈肌腱触诊流程

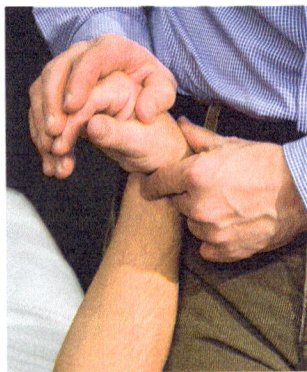

腕屈肌腱PRT应用流程

掌指关节

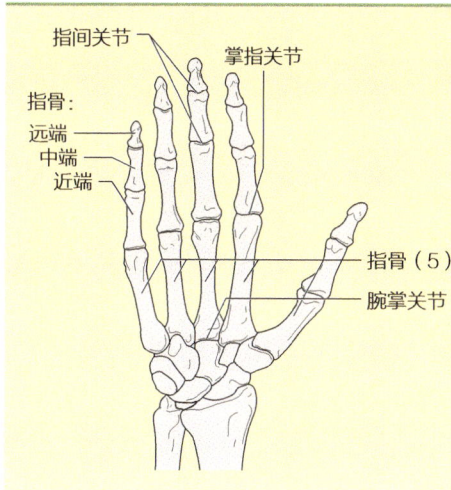

指间关节
掌指关节
指骨：
远端
中端
近端
指骨（5）
腕掌关节

掌指关节是由每一个掌骨及其近端指骨连接而成的。该关节是一种滑膜椭球形关节，由纤维囊包裹，并由韧带和肌腱支撑。当掌骨固定时，它们各自的近端指骨可以向前、向后、侧向及绕着长轴旋转。

触诊流程

- 患者仰卧，腕部和手保持放松。
- 找到患者掌指关节。
- 握住位于拇指和食指之间的掌指关节。
- 轻轻地翻转关节的掌侧与背侧。
- 屈伸患者近端指骨，以辨别掌骨与近端指骨之间的关节连接处。
- 请注意位于关节和关节下组织的任何压痛点及肌束震颤反应点的位置。
- 一旦确定了最关键的压痛点或肌束震颤反应点（或者两个都存在），在整个PRT应用过程中，用手指指腹持续按压该点，直到再次进行评估。

PRT应用流程

- 患者仰卧。
- 用近侧手和手指固定患者掌指关节及其相邻部分。腕关节可以屈曲90°并将肘部置于桌上。
- 用远侧手与手指将患者指骨朝腕部方向进行长轴按压。
- 用远侧手和手指屈曲患者掌指关节，同时将其背部分离。

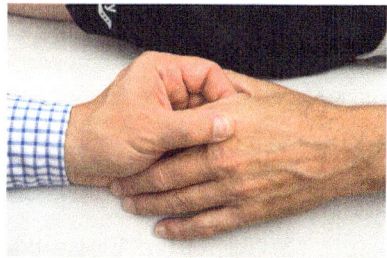

掌指关节触诊流程

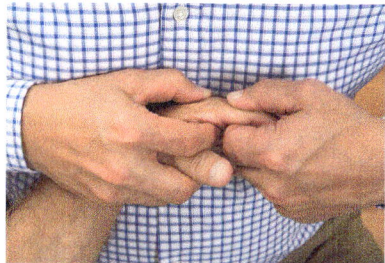

掌指关节PRT应用流程

- 用远侧手和手指旋转患者近端指骨。
- 用近侧手固定患者手指以屈曲和分离掌骨。
- 需治疗的相关组织：伸肌总腱、腕骨、掌骨。

近端和远端指间关节

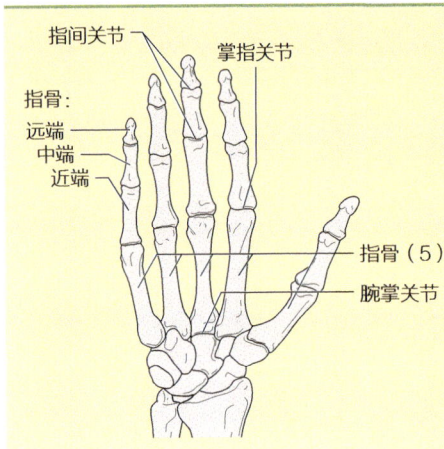

手指的近端和远端指间关节处的病变经常以急性和慢性损伤的形式出现，如僵直指、滑车损伤和骨关节炎。每根手指都有两个铰链式指间关节：近端和远端关节，拇指只有远端指间关节。每个关节由其侧韧带和手掌韧带固定。

触诊流程

- 让患者的手和腕部处在一个放松的状态。
- 将患者近端关节屈曲90°。
- 当近端关节处于放松状态时，从其背面开始触诊。
- 虽然关节线中央被指伸肌包裹着，但仍可以触及。
- 将患者侧副韧带拨到一侧，然后垂直触诊关节面。
- 用与触诊近端关节相同的方法，对患者远端关节进行触诊。
- 请注意位于关节和关节下组织的任何压痛点以及肌束震颤反应点的位置。
- 一旦确定了最关键的压痛点或肌束震颤反应点（或者两个都存在），在整个PRT应用过程中，用手指指腹持续按压该点，直到再次进行评估。

PRT应用流程

- 将患者的手置于桌面或你的腿部，使其处于一个放松的状态。
- 用双手的食指和拇指握住患者关节两侧。
- 用近侧手食指对病变部位进行触诊。
- 用双手的手指去按压患者关节。
- 对于背侧的病变，需要分离关节；对于掌部的病变，需要按压关节。

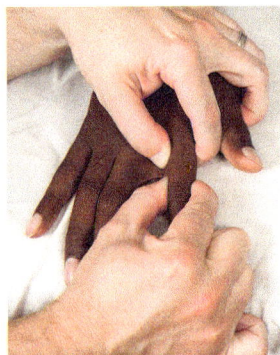

近端和远端指间关节触诊流程

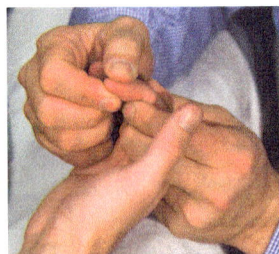

近端和远端指间关节PRT应用流程

- 对于内侧的病变，使用往外翻的力；对于外侧的病变，使用往内翻的力。
- 用其中一只手旋转患者关节。
- 需治疗的相关组织：掌指关节、伸肌和屈肌腱、手指侧副韧带。

手部蚓状肌

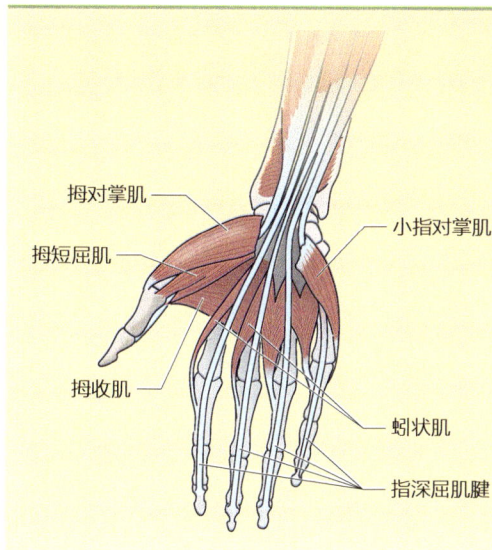

拇对掌肌
拇短屈肌
拇收肌
小指对掌肌
蚓状肌
指深屈肌腱

手部的蚓状肌与手和手指的伸肌及屈肌腱系统相融合。蚓状肌源于指深屈肌腱，其与各指骨的桡侧伸肌腱帽（第二至第五）相结合。由于它们和手指的伸肌与屈肌都有着一定的联系，它们对于手指的活动起着辅助作用。但它们被手掌腱膜覆盖着，从而妨碍了对这些组织和骨间掌侧肌的直接触诊。

触诊流程

- 将患者的手和腕部置于治疗桌或你的腿部，并保持一个放松的姿势。
- 用拇指和食指握住患者掌骨，同时将拇指放在其掌侧。
- 将拇指从患者掌骨滚到与它邻近掌骨的间隙处。
- 用食指稳定患者掌骨背侧的同时，沿着其长轴拨动它们。
- 沿着肌束及其附着点找到每一个压痛点或肌束震颤反应点。
- 一旦确定了最关键的压痛点或肌束震颤反应点（或者两个都存在），在整个PRT应用过程中，用手指指腹持续按压该点，直到再次进行评估。

PRT应用流程

- 将患者的腕部和手置于腿部或治疗桌上，并用远侧手托住患者的手背。
- 用远侧手将患者手掌和手指屈曲、内收。
- 用远侧手将患者的手挤压在一起，从而使得手掌内收。
- 用远侧手旋转患者的手掌，进行微调。

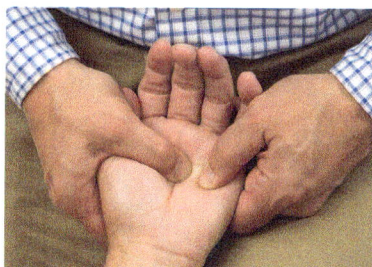

手部蚓状肌触诊流程

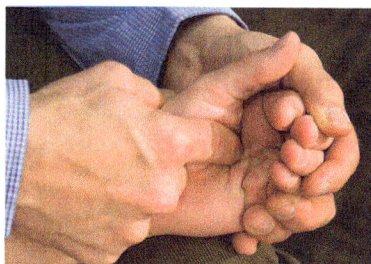

手部蚓状肌PRT应用流程

- 需治疗的相关组织：骨间掌侧肌、掌腱膜、掌指关节。

拇对掌肌和拇收肌

拇对掌肌和拇收肌都位于拇指鱼际肌的深部，同时也有着相似的功能，这是它们可以一起进行触诊和治疗的原因。正如它们的名字一样，这些拇指短肌帮助拇指触及其他指——拇对掌肌助其触及第五指，拇收肌助其触及第二和第三指。

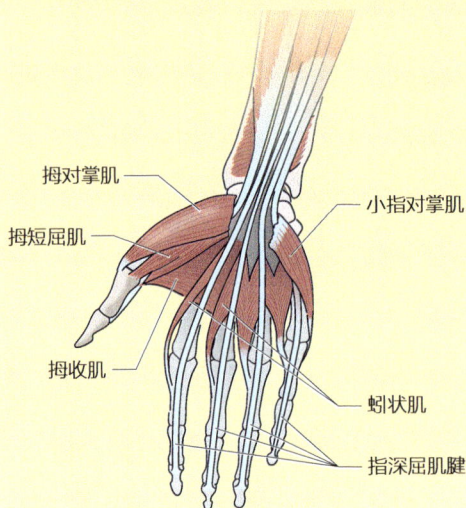

起点： 拇对掌肌：大多角骨，屈肌支持带；拇收肌：冠状肌，第二和第三掌骨基底部，屈肌支持带。

止点： 拇对掌肌：第一掌骨的整个桡侧；拇收肌：拇指（近节指骨基底部、尺侧）、伸肌支持带（拇指的内侧）。

功能： 拇对掌肌：反向（腕掌关节的屈曲、内收和内旋）；拇收肌：腕掌关节的内收，协助掌指关节内收、屈曲。

神经支配： C8~T1（尺神经以及拇对掌肌的正中神经）。

拇对掌肌
拇短屈肌
拇收肌
小指对掌肌
蚓状肌
指深屈肌腱

触诊流程

- 让患者的腕部和手处在一个放松的状态。
- 找到患者第一掌骨的位置，将拇指放在这个位置上，同时将其他手指放在患者手腕的背面，从而保持稳定。
- 用力弹拨患者第一掌骨的基底部，同时通过中间大鱼际肌对拇对掌肌进行间接触诊。
- 在位于拇指与食指之间的网状空间内可以感受到患者拇收肌的下部纤维。让患者将拇指与食指相对，然后用力拨动拇收肌以识别这些纤维。
- 注意每一个压痛点或者发生肌束震颤反应的肌肉的位置，以及其附着点。
- 一旦确定了最关键的压痛点或肌束震颤反应点（或者两个都存在），在整个PRT应用过程中，用手指指腹持续按压该点，直到再次进行评估。

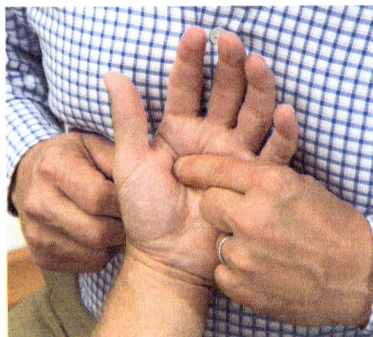

拇对掌肌和拇收肌触诊流程

PRT 应用流程

- 将患者的腕部和手置于你的胸部、大腿或治疗床上。

- 触诊拇对掌肌时，用远侧手使患者第一掌骨往腕部内侧的方向内收；触诊拇收肌时，则朝着第三指的方向内收。

- 触诊患者拇对掌肌与拇收肌时，用远侧手使患者第一掌骨屈曲、旋转。也可以使第三指与第三掌骨往拇指的方向屈曲来触诊拇收肌。

- 需治疗的相关组织：骨间掌侧肌、蚓状肌、拇短展肌、拇短屈肌。

▶ 视频 10.1：拇对掌肌和拇收肌 PRT 应用流程

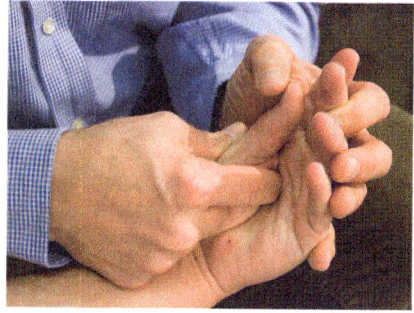

拇对掌肌和拇收肌 PRT 应用流程

拇短展肌和拇短屈肌

拇短展肌和拇短屈肌是来自拇指大鱼际肌的浅层肌，深部与拇对掌肌和拇收肌相邻。正如它们的名字所表明的，它们负责拇指的外展及屈曲。这些肌肉的单个肌腹很难互相区分，因此它们被作为一个肌群来进行触诊。

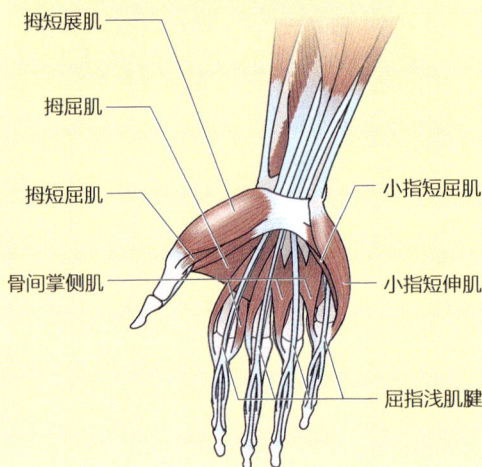

拇短展肌
拇屈肌
拇短屈肌
骨间掌侧肌
小指短屈肌
小指短伸肌
屈指浅肌腱

起点： 拇短展肌：屈肌韧带，舟骨，大多角骨，拇长展肌腱；拇短屈肌：屈肌支持带，大多角骨（浅头），小多角骨，头状肌和掌侧韧带（深头）。

止点： 拇短展肌：第一指骨近端桡侧基部；拇短屈肌：第一指骨尺侧近端基底部。

功能： 腕掌关节与掌指关节的外展，拇指对掌。

神经支配： 拇短展肌：C8~T1（正中神经）；拇短屈肌：C8~T1（浅头：正中神经；深头：尺骨神经）。

触诊流程

- 让患者的手处在一个放松的状态。
- 用拇指与食指握住患者大鱼际，将拇指放在患者手背上以保持稳定。
- 从患者拇指的掌指关节开始弹拨，找到拇短展肌和拇短屈肌，并以手掌作为支撑进行触诊。
- 继续朝患者腕部的方向对拇指进行触诊。
- 注意每一个压痛点或者发生肌束震颤反应的肌肉的位置，以及其附着点。
- 一旦确定了最关键的压痛点或肌束震颤反应点（或者两个都存在），在整个PRT应用过程中，用手指指腹持续按压该点，直到再次进行评估。

PRT应用流程

- 将患者的腕部和手置于你的胸部、大腿或治疗床上。
- 用远侧手使患者的拇指屈曲。
- 用远侧手使患者第一掌骨内收。
- 用远侧手的拇指对患者第一掌骨进行长轴按压。

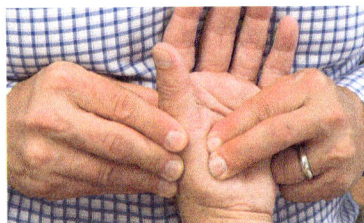

拇短展肌和拇短屈肌触诊流程

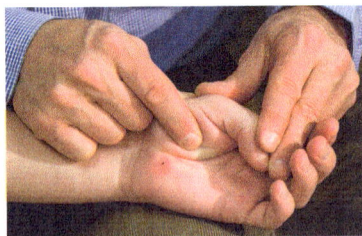

拇短展肌和拇短屈肌PRT应用流程

- 用远侧手对患者拇指进行旋转，以进行微调。
- 需治疗的相关组织：拇对掌肌、拇屈肌。

▶ 视频10.2：拇短展肌和拇短屈肌PRT应用流程

手骨间背侧肌

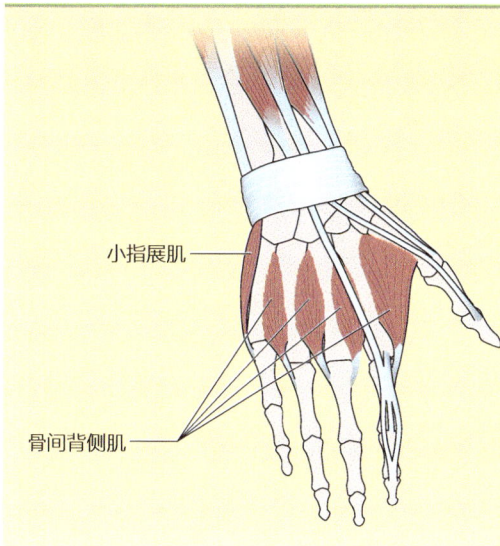

手骨间背侧肌可以通过掌骨之间的间隙进行触诊。四个双羽骨间背侧肌起自每一根掌骨的两侧。它们的功能是负责手指的伸展。

起点： 第一至第四掌骨的两侧。

止点： 背侧伸肌的延伸，相关近端指骨的基底部。

功能： 手指伸展；协助掌指关节屈曲及指间关节、拇指伸展。

神经支配： C8~T1（尺骨神经）。

图中标注：
- 小指展肌
- 骨间背侧肌

触诊流程

- 将患者的腕部和手放在一个放松的位置。
- 用拇指握住患者的手，同时食指置于患者掌骨之间以保持稳定。
- 上下弹拨患者掌骨的每一侧以及将其覆盖的骨间肌。
- 沿着肌束及其附着点找到每一个压痛点或肌束震颤反应点。
- 一旦确定了最关键的压痛点或肌束震颤反应点（或者两个都存在），在整个PRT应用过程中，用手指指腹持续按压该点，直到再次进行评估。

PRT应用流程

- 将患者的手和腕部置于你的腿部或治疗床上。
- 用近侧手将患者的手稳定在你的腿部或床上，同时，用另一只手伸展患者指骨并进行触诊。
- 用远侧手外展及内收患者治疗侧的指骨。
- 用远侧手和手指来旋转患者的指骨。
- 需治疗的相关组织：腕伸肌腱、指关节、腕关节、指伸肌。

手骨间背侧肌触诊流程

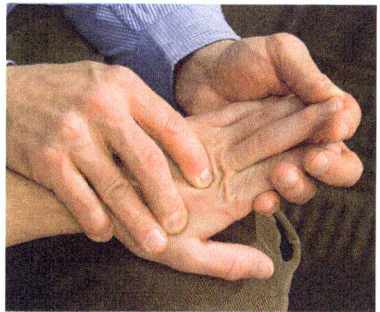

手骨间背侧肌PRT应用流程

257

腕伸肌腱

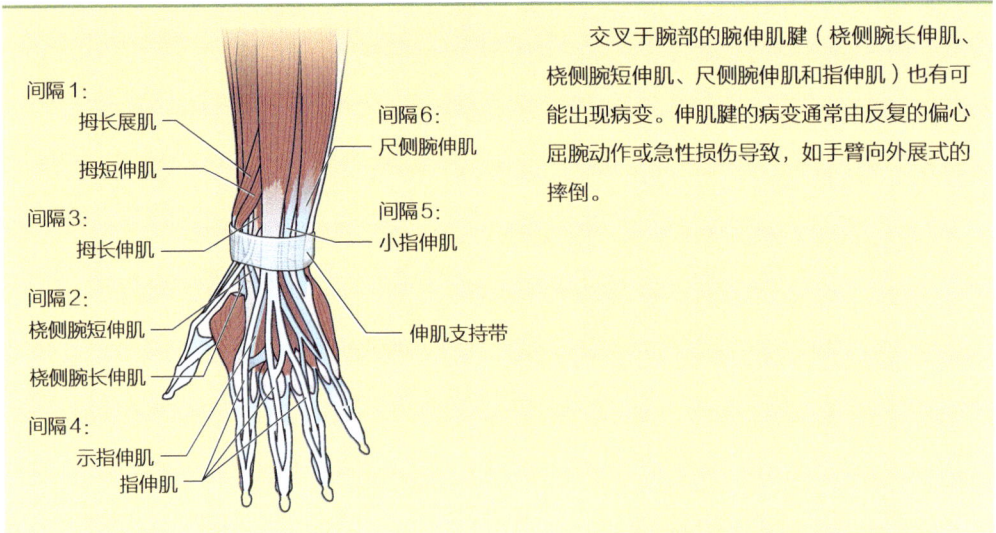

间隔1：
拇长展肌
拇短伸肌

间隔3：
拇长伸肌

间隔2：
桡侧腕短伸肌
桡侧腕长伸肌

间隔4：
示指伸肌
指伸肌

间隔6：
尺侧腕伸肌

间隔5：
小指伸肌

伸肌支持带

交叉于腕部的腕伸肌腱（桡侧腕长伸肌、桡侧腕短伸肌、尺侧腕伸肌和指伸肌）也有可能出现病变。伸肌腱的病变通常由反复的偏心屈腕动作或急性损伤导致，如手臂向外展式的摔倒。

触诊流程

- 患者仰卧，腕部放松。
- 在患者桡骨茎突内侧约1厘米处开始触诊。在这个位置上交叉的两个肌腱分别是桡侧腕长伸肌和桡侧腕短伸肌。处于外侧的是桡侧腕长伸肌，它延伸至第二掌骨的底部，内侧短肌腱可以延伸到第三掌骨的肌肉附着点处。向手腕的内侧移动，可以在腕关节的中心位置，拇长伸肌腱内侧找到指总伸肌腱。在尺骨的茎突上可以找到尺侧腕伸肌。
- 用一个或两个手指弹拨患者腕伸肌腱，同时移动到下一个肌腱。
- 注意每一个压痛点或者发生肌束震颤反应的肌腱的位置，以及其附着点。
- 一旦确定了最关键的压痛点或肌束震颤反应点（或者两个都存在），在整个PRT应用过程中，用手指指腹持续按压该点，直到再次进行评估。

PRT应用流程

- 患者仰卧，肘关节屈曲约90°。
- 将远侧手置于患者的手掌上，同时伸展其腕关节。

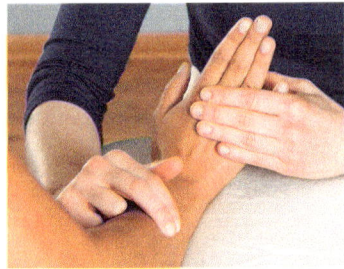

腕伸肌腱触诊流程

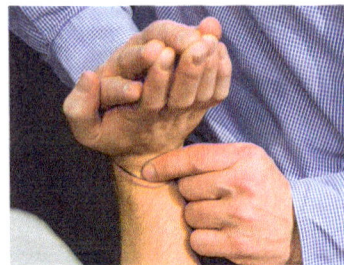

腕伸肌腱PRT应用流程

- 用远侧手对患者腕部进行分离和旋转，从而找到特定的腕部肌腱（例如，对于腕桡侧伸肌，采用桡偏）。
- 用远侧手朝患者肘部的方向轻轻地按压其腕部。
- 需治疗的相关组织：伸肌肌群、伸肌总腱。

拇长伸肌腱和拇短伸肌腱

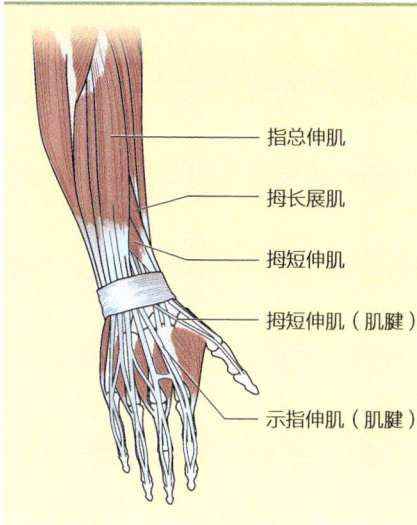

拇长伸肌和拇短伸肌的肌腱形成拇指背侧鼻烟窝边界。舟骨位于鼻烟窝内，当骨折发生时，该部位会产生压痛。因为拇长伸肌腱和拇短伸肌腱行走在前臂侧侧的中间，且在指伸肌腱的深层，所以这些肌腱不能被触及。这些肌腱的病变通常伴随着疾患的发生，如拇指腕掌骨性关节炎和德奎尔综合征。

起点： 拇长伸肌：尺骨（干背侧中部）；拇短伸肌：桡骨（背侧）。

止点： 拇指（掌背近端的基底部）。

功能： 掌间关节的伸展，包括腕掌关节和掌指关节；协助腕部桡偏。

神经支配： C8~T1（正中神经）。

指总伸肌
拇长展肌
拇短伸肌
拇短伸肌（肌腱）
示指伸肌（肌腱）

触诊流程

- 将患者手置于中立位，拇指向上并被支撑。
- 让患者将拇指向后上方用力，以便找到解剖学上的鼻烟窝边界，并观察这些肌腱。
- 从患者拇指的掌指关节开始，往其腕部的方向弹拨每一个肌腱（当拇指处于中立位时，短肌腱位于最内侧，是两个中较小的一个）。
- 注意每一个压痛点或者发生肌束震颤反应的肌腱的位置，以及其附着点。
- 一旦确定了最关键的压痛点或肌束震颤反应点（或者两个都存在），在整个PRT应用过程中，用手指指腹持续按压该点，直到再次进行评估。

PRT应用流程

- 将患者的腕部与手放在一个中立位上并有所支撑。
- 用远侧手或手指使患者拇指伸展。
- 用远侧手将患者拇指朝手腕的方向按压。
- 用远侧手旋转患者的拇指。
- 通过用远侧手去伸展及内收患者拇指的方式，微调治疗姿势。
- 需治疗的相关组织：拇长展肌、桡侧腕伸肌腱。

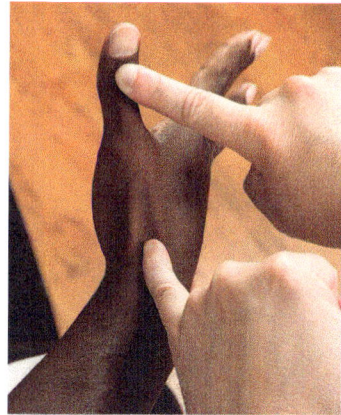

拇长伸肌腱和拇短伸肌腱触诊流程

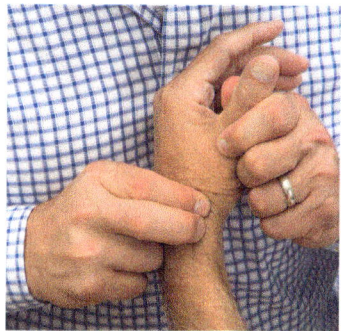

拇长伸肌腱和拇短伸肌腱PRT应用流程

德奎尔综合征

德奎尔综合征是由拇短伸肌（EPB）和拇长展肌（APL）肌腱的腱鞘增厚所引起的，这些病变减少了第一个背侧肌间隔的空间（Shaefer & Speier，2012）。这一疾病的病因还不清楚，但夏朗和阿吉什（Sharan & Ajeesh，2012）发现，在成人样本中，有7.41%的人报告有大量发短信的行为。谢弗和施派尔（Shaefer & Speier，2012）观察到，这种情况在器械类运动员（及音乐家）中普遍存在。帕特尔、卡什亚普、塔蒂希纳和冈萨雷斯（Partel，Kashyap, Tadisina & Gonzalez, 2013）的研究表明，肌腱鞘部位出现了增厚和纤维化，但没有发炎。因此，由于没有炎症反应，用可的松注射治疗的成功率很高（62%~93%）但机理并不清楚（Partel et al., 2013）。传统治疗德奎尔综合征的方法包括可的松注射、抗炎药物、夹板，以及物理药物和康复治疗（PMR）。当保守疗法失败时，通常需要做第一个背室间隔的松解手术。

考虑到外科手术和可的松针注射的风险，从业者会积极地探索将PRT作为一种无痛替代治疗方法，为背侧肌间隔之间的拇短伸肌腱及拇长展肌腱减压。这些肌腱和肌肉的放松可以减少肌间隔内的增厚和筋膜张力，同时如果出现慢性炎症，它也可以减轻相应的症状。

常见症状

- 解剖学上的鼻烟窝以及手腕桡侧的疼痛，可能会放射到前臂。
- 由于拇指关节活动度减少，拇指活动时会产生疼痛。
- 掌指关节以及覆盖在拇指背部和手腕的桡侧的肌腱存在压痛点。
- 抓力与握力的减弱。
- 抓握、主动及被动腕关节尺偏会产生疼痛。
- 芬克尔斯坦测试（Finkelstein's test）呈阳性。

常见诊断

- 腕骨骨折。
- 外展肌和伸肌腱撕裂。
- 拇指掌指骨性关节炎。
- 拇指掌指关节的沃坦伯格氏综合征。

治疗方法

- 除了对腕部和手进行评估，还要对那些可能对腕部和手功能造成影响的上肢组织的力量以及骨性病变进行评估。
- 在早期的康复阶段，明确可能恶化病情的活动，并停止相关的活动或对其进行纠正。
- 运用PRT来恢复肌腱和受影响组织的张力及减轻痉挛和疼痛。
- 在PRT处理之后，运用热疗（如超声波热疗、激光、透热疗法）来增加血液的流动以及组织和关节的延展性。
- 考虑对掌指关节、腕部和手进行关节松动术，以恢复关节的正常活动并促进关节间营养的吸收。
- 当组织发热时，通过筋膜放松、推拿或其他的技术来促进胶原的重组。
- 以一种无痛的方式进行可测量的软组织活化，从而促进胶原的重组及筋膜张力的减轻。

- 在早期康复阶段中，KT带或夹板可以减轻症状，尤其是在睡觉的时候。

自我治疗方法

- 尝试每天自我放松相关组织（如旋前圆肌）。
- 对受累组织进行热敷（20~30分钟）。

- 每天自我按摩受累组织（5~8分钟）。
- 每天在锻炼或康复之后，在无痛范围内自我牵拉受累组织。
- 如果有急性炎症发作，请进行冰敷。

猎人拇指

拇指尺侧副韧带（UCL）的急性或慢性损伤常见于运动中，它通常被称作"猎人拇指"（Patel et al., 2010）。坎贝尔（Campbell, 1955）是第一个描述该损伤的人，他发现苏格兰的猎场管理员们是这类疾病的高发人群，他们经常用自己的手去扭断兔子的脖子。其实，双臂外展状摔倒、被球击中拇指末端或滑雪时用拇指抓住掉落的滑雪杆的行为也可以导致这种损伤；该损伤名字由其机制发展而来（Mahajan & Rhemrev, 2013）。当拇指的掌指关节受到重复或创伤性的外翻应力而引起过度的内收及伸展时，可能引起韧带的部分或完全断裂。

拇指的尺侧副韧带确保了其掌指关节的基本稳定，它有两个部分：固有侧副韧带（PCL）和副侧副韧带（ACL）。掌指关节的形状与背侧关节囊及掌板一起为掌指关节提供静态的稳定（Mahajan & Rhemrev, 2013）。拇指的肌肉，尤其是拇展肌提供了动态稳定性（Mahajan & Rhemrev, 2013）。当动态的稳定结构能力不足时，其静态的稳定结构通常也会受到损伤。评估与治疗方法取决于固有侧副韧带和副侧副韧带是否受到损伤。

在对猎人拇指的严重程度进行评估时，必须要谨慎。因为韧带松弛试验可能会造成韧带或骨碎片的进一步撕裂，在进行韧带测试之前，应该拍X光片以排除断裂或部分肌腱撕脱的可能性。随后的磁核共振有助于确定尺侧副韧带的损伤程度（Koploy et al., 2014）。如果感觉韧带松弛且有一个硬点，就说明两条韧带都完全撕裂了。当怀疑韧带完全撕裂时，可能出现斯特纳病变。当在内收肌腱和骨头之间发现尺侧副韧带时，则已发生斯特纳病变（Mahajan & Rhemrev, 2013）。在尺骨侧可能会残留一个小肿块。由于韧带和骨头的交界面被腱膜锁住，尺侧副韧带的损伤被认为是不能痊愈的，因此，需要考虑进行手术治疗（Koploy et al., 2014; Mahajan & Rhemrev, 2013）。

一般认为，韧带完全断裂的患者需要通过手术治疗，而对于那些非完全断裂的患者，应该固定制动该部位4~6周（Patel et al., 2010）。沃纳等人

治疗部位及其顺序

1. 拇指尺侧副韧带
2. 拇收肌
3. 拇对掌肌
4. 拇展肌和（或）拇屈肌
5. 骨间背侧肌
6. 拇长伸肌
7. 外上髁和伸肌总腱

（Werner et al., 2014）指出，17位美国大学生足球运动员在进行拇指的锚钉修复后，获得了可观的长期效果；然而，他们并没有使用对照组。迄今为止，还没有证据指出，手术或非手术方案对尺侧韧带的完全撕裂有可观的疗效。

PRT适用于急性和慢性、完全和非完全的尺侧副韧带撕裂，因为它不会给关节带来外翻的压力。事实上，它做了与此相反的事，它通过闭合关节来放松掌指关节囊、尺侧副韧带以及相关组织。因此，在急性期，PRT是一种优良的干预方法，因为它可以缓解疼痛以及相关的躯体性功能障碍。PRT也可以在不使尺侧副韧带断裂的情况下，解决静态和动态组织里的骨性病变。但仍然需要通过影像学方法去评估损伤的严重程度，从而确定是否需要介入手术治疗。此外，如果患者可以接受，在进行PRT处理时，可以去掉受影响组织的夹板进行。

常见症状

- 外伤史或掌指关节的反复拉伤。
- 掌指关节的疼痛与肿胀。
- 掌指关节存在压痛点。
- 抓力和握力不足。
- 进行日常任务及活动（如抓东西、开罐子以及转动钥匙和门把手）时，感觉疼痛和功能障碍。
- 急性的尺侧副韧带损伤，出现瘀斑。
- 掌指关节出现小结节肿块。

常见诊断

- 掌指骨性关节炎。
- 斯特纳病变。
- 指骨骨折。
- 掌指关节脱位。

治疗方法

- 在做完韧带测试之后，用X光来排除韧带的断裂和撕脱。磁核共振有助于确定撕裂程度。然而，由于疼痛可能会阻碍韧带测试，韧带松弛测试可能需要在麻醉医师的麻醉下进行。
- 尽快用PRT控制疼痛与痉挛，然后用一个夹板固定来稳定关节，以避免再次恶化。
- 只要操作时不引起疼痛，就可以在关节固定阶段继续运用PRT进行处理。

- 一旦过了制动期，患者需要接受手部、前臂或肘部的处理，从而改善拇指尺侧副韧带的动态和静态稳定性。
- 运用传统的方式（如激光、超声波热疗）来为拇指的尺侧副韧带提供一个理想的愈合环境。
- 在恢复期间，考虑为尺侧副韧带部分撕裂的患者进行I级和II级的关节松动术，从而控制疼痛与痉挛，限制异常瘢痕的形成。

自我治疗方法

- 如果不使用石膏，请全天都戴着夹板，特别是睡觉的时候，以避免再次恶化。
- 用姑息疗法来控制疼痛、肿胀及痉挛。
- 日常的自我按摩可能有助于病情的减缓。
- 加压绷带可能有助于控制关节软组织的肿胀。
- 根据从业者的指引，每天进行关节活动度训练。

总结

手腕和手部损伤造成了巨大的经济和医疗负担，特别是在未接受治疗的情况下。丹麦一项基于群众的研究显示，手和腕部的损伤是一年中治疗成本（7.4亿美元）最高的损伤；最大的开销是用于治疗而不是保健（De Putter et al., 2012）。那瓦略等人（Navalho et al., 2012）发现，在35位使用超声影像的腕关节炎的患者里，多数患者表现为尺侧腕伸肌腱鞘炎以及第二指屈肌腱和桡腕关节滑膜炎。这和随后一年内早期风湿性关节炎（ERA）的发展有显著联系。虽然没有发现这些病变和德奎尔综合征的联系（Shaefer & Speier, 2012），但是拇指和腕部的慢性炎症再加上其对腕掌关节的影响，存在诱发早期风湿性关节炎的风险。

应用PRT解决腱鞘炎或腕部及手指的骨性关节炎问题的效果还是未知的。但它可以放松腕部和手的高张力组织，改善组织灌注，增加三磷酸腺苷的产生及限制外周和中枢敏化的发展。它也可以解决复杂区域疼痛综合征（CRPS）。这是一种非常痛苦的疾病，它被认为和一种最常见的腕部损伤——骨折有关（Moseley, 2014）。

第 11 章

颅骨

本章目标

在阅读本章内容后，你应该做到以下几点。

❶ 了解颅面系统的结构。

❷ 明白颅面系统和身体其他部位一样，可能是直接或牵涉性疼痛的来源，或者二者都有。

❸ 定位并触诊需要应用PRT来治疗的颅面结构。

❹ 用PRT对颅面结构的压痛点进行处理。

自从1939年威廉·G.苏德南（William G. Sutherland）的 *The Granial Bowl* 发表以来，颅骨的相关评估和治疗一直是富有争议的。他的写作最初是基于对颅缝隔膜关节活动性和颅骨引发躯体功能障碍的方式的兴趣。苏德南医生的论点是，"头颅和面部的骨头具有活动性，这种活动性贯穿头颅表面的各个关节，它是观察与头部疾病相关的颅骨膜关节劳损或病变的主要条件"（Sutherland, 1939）。这是一个激进的想法，反驳了当时在美国和英国的解剖学文本中所写的东西。此后，专家们提出了许多其他的并行和衍生的治疗颅骨的方式，包括颅病（Chaitow, 1999）及骶枕技术（Dejarnett, 1975, 1978）和颅骶疗法（Upledger & Vredevoogd, 1983）。这些著作加大了关于治疗颅骨的方法的争论。

虽然使用这些方法的人所声称的戏剧性结果很吸引人，但人们对其治疗颅骨疾病的科学性仍持怀疑态度（Becker, 1977）。劳伦斯·约翰逊（Lawrence Jones）博士，一个开发了用于治疗躯体功能性障碍的应变反应方法的人，认为颅骨就像身体的其他部位一样，存在由该结构本身或相关结构的直接或间接外伤所引起的压痛点（Jones et al., 1995）。他的治疗方式基于健全的神经生理学的原理，同时它也是将PRT用于评估颅骨的神经生理学框架的基础。根据第2章所讲的，常见的压痛点是一种对颅面躯体功能性障碍治疗的评估与诊断的工具。

许多颅面疾患是相互联系的，这表明在一个区域中的躯体功能性障碍，其症状可能出现在另外一个区域。一个区域中的疼痛反应输入，可以产生继发性反射肌收缩。同时，如果该现象持续存在，就可能导致相关区域肌筋膜触发点的发展（Simons, Travell & Simons, 1999）。例如，C1三叉神经和C2三叉神经之间有着很近的联系（Bergduk, 1998）。保持头部向前的姿势可以帮助咬肌的活动，同时引起非典型的面部疼痛。此时，不仅仅颈椎上部区域有压痛点，咬肌、颞肌和翼状肌也会存在压痛点（Simons et al., 1999）。

另一个例子是，胸部呼吸异常的人，在呼吸时会给舌骨下区域带来过大的压力。在这些区域中，持续的压力会改变下颌的功能，使其产生咬肌的反射性痉挛以及非典型的面部疼痛（Simons et al., 1999）。由于它们之间的相互联系，对于头部、颈部、咀嚼和口颌系统（说话、吞咽、进食）的评估是非常艰难的。针对所有会引发头颅疼痛的异常疾患，提供全面和有效的PRT处理可能会超出本章的范围。然而，我们给出了那些易于进行PRT处理的常见的颅部问题。洛卡巴多（Rocabado）和艾格拉施（Iglarsh）关于颌鼻甲骨疼痛的肌骨疗法为文本提供了关于头颅的躯体功能性障碍消除的全面回顾。

大量的病理可以产生颅面疼痛，但是最常见的一个是源自肌筋膜的疼痛（Simons et al., 1999）。肌筋膜的疼痛可以影响颅内疼痛路径以及它们之间的联系，尤其是三叉神经通路（Dutton, 2004）、受影响的寰枕关节（Drefuss, Michealson & Feltcher, 1994）、寰枢关节（Ehni, 1984）、C2脊神经（Bovin, Berg & Dale, 1992）以及颞颌关节（TMJ）。头痛是这些相关区域里常见的疾病之一。疼痛可以分布在以下相互联系的通路中：额区、眼眶、最高点（C1），颞、枕下区（C1和C2），以及额头区域（C3）（Dutton, 2004）。

这些头痛可以分为紧张型头痛、枕部头痛或者颈源性头痛（Dutton, 2004）。

- 睡醒时头疼。
- 与呕吐相关但不恶心的头疼。
- 心跳时，单侧搏动性疼痛。
- 因劳累而恶化的头疼。
- 躺着时，头疼开始或加重。
- 60岁以上的人颞动脉局部压痛。
- 短时自发的或由轻微刺激引起的、强烈的、尖锐的、短暂的硬脑膜疼痛。
- 鼻窦或牙齿周围剧烈疼痛。
- 与其他症状相关的头痛。
- 认知障碍。
- 视觉障碍。

- 麻木或感觉发生变化。
- 力量与协调性的丧失。
- 嗅觉、味觉、听觉的改变或丧失。
- 发热或系统性的疾病。
- 吞咽困难。
- 声音丧失或损害，或慢性咳嗽。

一般来说，大多数从业者只能粗略地接触头盖骨及其结构。本章没有提供详尽的颅面复合体的解剖学描述。然而，从业者在其职业生涯中，为了能够更好地治疗面部疾病，需要一定的脑部解剖结构的知识。许多美国和英国的解剖文本提供了头颅内外结构解剖的相关信息。以下是便于用PRT处理颅部问题的几个解剖点。

人的头颅是由8块颅骨以及14块面部的骨头组成的（见图11.1）。这些骨头协助保护器官，为控制运动、平衡、认知、情绪、视觉、听觉、味觉以及嗅觉的器官提供了保护。它们也为面部肌肉提供了附着点，这些肌肉可以活动头部、控制面部表情、促进咬合，有些是人体里最健壮的肌肉（见图11.2）。

以下页面展现了有关颅面结构的治疗技术。就像丹布罗焦和罗斯（D'Ambrogio & Roth, 1997）及琼斯等人（Jones et al., 1996）之前认为的那样，骨性标志的压痛点有助于相关治疗。当其适用的时候，肌肉的起始点、止点、功能以及神经分布都会表现出来，从而确定病变的根源（Biel, 1989; Warwick & Williams, 1973）。

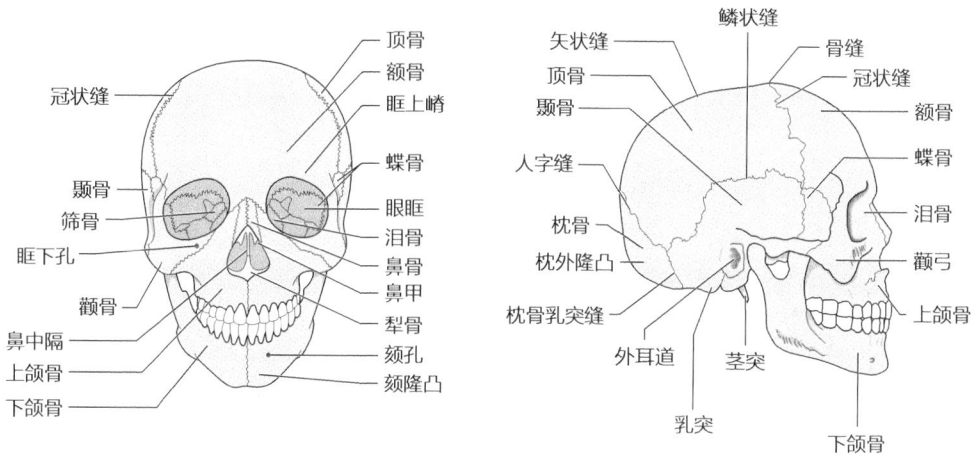

图11.1 颅骨的结构，包括骨缝

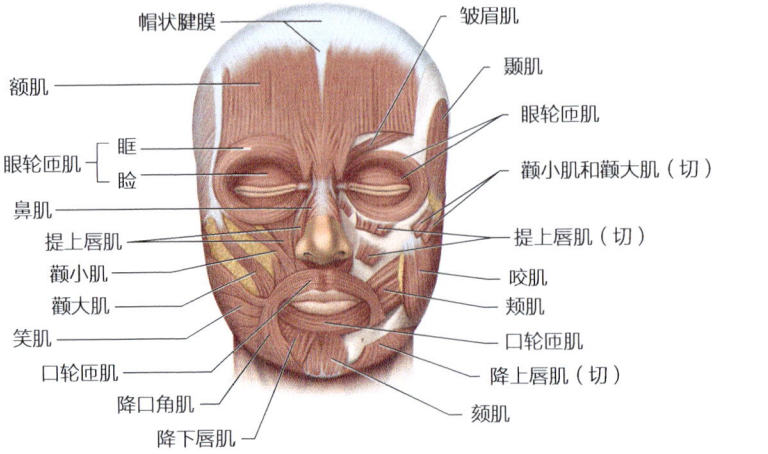

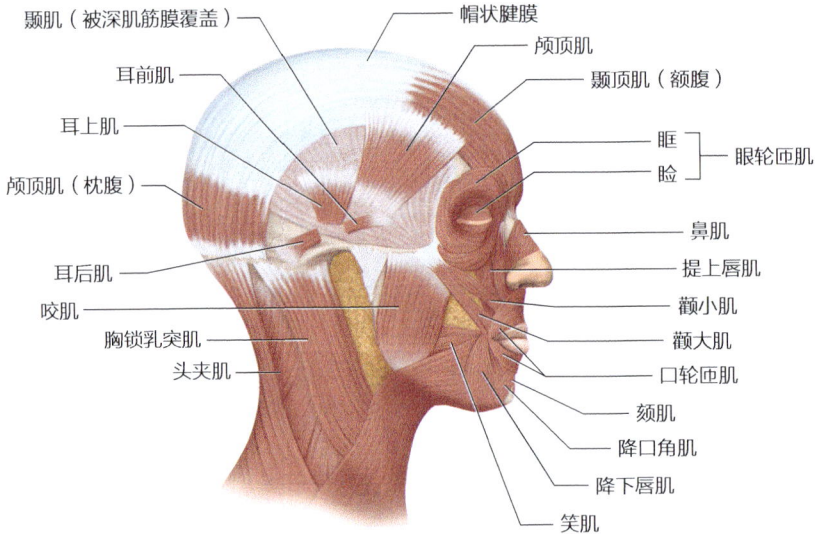

图11.2 头颅肌肉

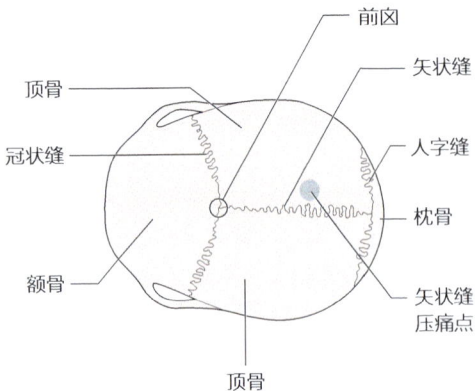

图11.3 冠状缝与矢状缝

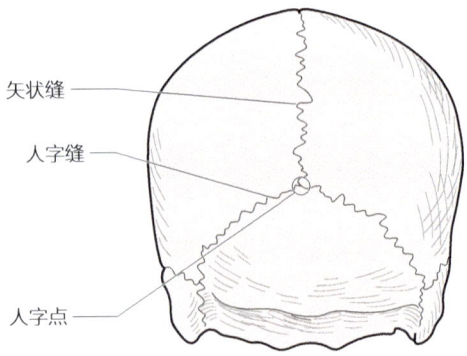

图11.4 后侧结构

颅缝触诊的总体流程

　　格林曼（Greenman, 2003）提供了辨别颅部相关结构的触诊练习（见图11.1）。从业者对于触诊这些标志性位置有自信之前，应该在患者身上多做练习。

1. 对位于鼻尖和眼眶之间的凹陷处进行触诊，这个位置被称为鼻根，是两鼻骨和额骨的连接处。

2. 从旁侧穿过眼眶的顶部，顺着外侧向下，感受额颧缝合处的位置。

3. 沿着眼眶外侧继续往下走，同时向中间移动，去感受颧颌的缝线。

4. 继续沿着眼眶下方向上方移动，可触及上颌骨连接处和上颌前缝合的缝线。

5. 返回到鼻根，并向上在两个额骨的眶上脊之间移动；中线凹陷处是印堂。

6. 继续向位于中线的头骨顶点的方向移动，同时对位于顶点后方三分之一处的凹陷部位进行触诊。这里的凹陷是矢状缝和冠状缝之间的连接点以及囟的残余部分，被称作前囟（见图11.3）。

7. 从前囟沿着中线向后移动，矢状缝清晰可见。

8. 从前囟开始，沿着冠状缝的两侧触诊，去感受额叶与顶叶两边骨头的连接。在冠状缝的下端，手指可以更深地陷入，对蝶骨、额骨、顶骨以及颞骨的连接处进行触诊。这个连接处被称为翼点。这个连接点的下方是蝶骨大翼（见图11.2）。

9. 从翼点开始，沿着骨缝从后方来到顶叶和颞叶的连接处。这条骨缝循环穿过耳上方并止于耳后。

10. 从后部垂直向后移动，在顶叶和颞叶间缝隙下方，你会感受到顶骨和颞骨乳突部之间的一条短缝。在这条骨缝的后面，有一个位于顶骨、颞骨乳突部、枕骨部之间的连接点的轻微凹陷，被称作星穴（见图11.2）。

11. 从星穴的两边向中间和上方穿过人字缝，将顶骨从枕叶中分离出来。这两个缝线与矢状缝相连的点叫作 λ（人字点）（见图11.4）。

应用PRT的常见解剖部位和情况

常见颅部疾患

- 紧张性头痛
- 偏头痛
- 颞下颌功能障碍（TMD）
- 非典型面部疼痛

- 急性颈部扭伤综合征
- 头前倾姿势
- 异常呼吸模式（胸部呼吸）
- 脑震荡

颅部疼痛的潜在因素

- 外伤
- 头疼
- 枕神经痛
- TMD
- 上颈椎躯体功能障碍
- 骨性关节炎
- 类风湿性关节炎和相关类风湿性关节炎变种（皮肌炎、颞动脉炎）
- 莱姆病

- 纤维肌痛
- 动静脉畸形
- 颅内感染（脑膜炎）
- 脑血管病
- 肿瘤
- 脑炎
- 全身性感染
- 多发性硬化症

枕骨乳突

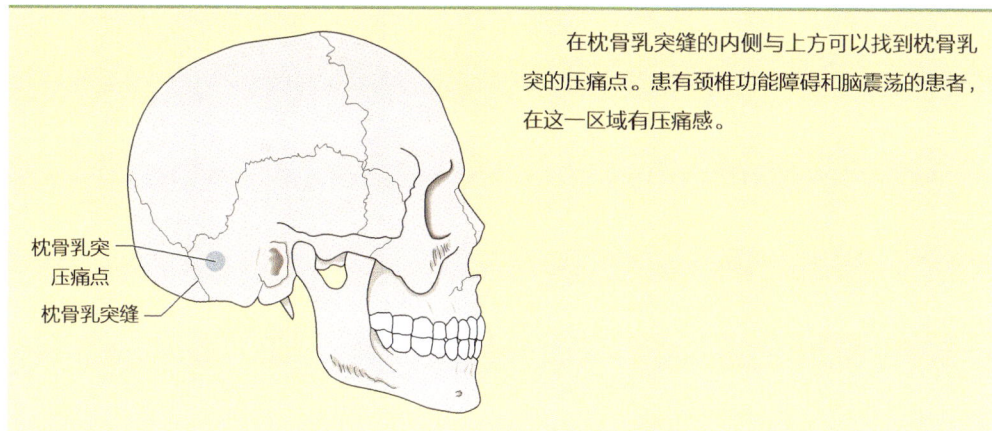

在枕骨乳突缝的内侧与上方可以找到枕骨乳突的压痛点。患有颈椎功能障碍和脑震荡的患者，在这一区域有压痛感。

枕骨乳突
压痛点

枕骨乳突缝

触诊流程

- 让患者仰卧（也可以以坐位接受治疗）。
- 对患者乳突进行触诊，同时向内侧（大约两指的宽度）及上方轻微移动。
- 让患者呼吸，同时施加一个向前上方的力。
- 沿着骨性结构及其上覆组织找到每一个压痛点或肌束震颤反应点。
- 一旦确定了最关键的压痛点或肌束震颤反应点（或者两个都存在），在整个PRT应用过程中，用手指指腹持续按压该点，直到再次进行评估。

PRT应用流程

- 患者躺在治疗床上。
- 为了让患者放松，在其膝下放一个垫枕。
- 坐在床头的位置。
- 对于单侧治疗，用双手的大鱼际或小鱼际握住患者头颅的额骨区域，同时其他手指放在有压痛感的组织上。
- 水平旋转患者颞骨的同时，向其内侧施加压力。根据患者的舒适度去确定旋转的方向。
- 对于双侧治疗，用近侧手去握住患者枕骨部分；另一只手应该正好放在患者额骨上面。用近侧手对枕骨施加一个从前部至尾部的压力；用远侧手对额骨施加一个从后方到尾部的压力。

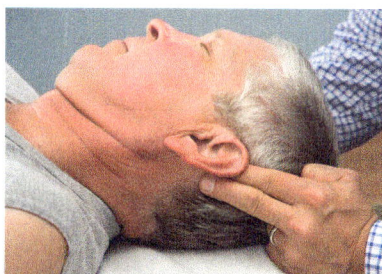

枕骨乳突触诊流程

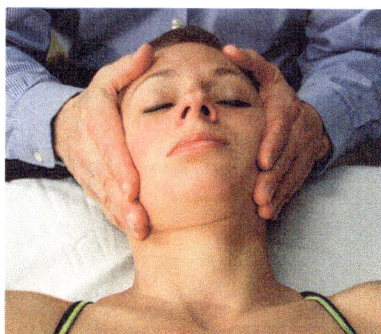

枕骨乳突PRT应用流程

▶ 视频11.1：枕骨乳突PRT应用流程

271

枕 骨

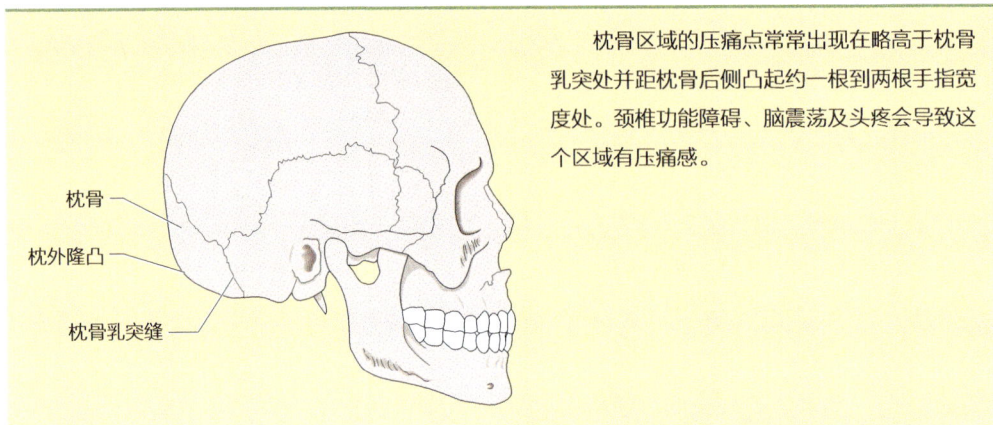

枕骨区域的压痛点常常出现在略高于枕骨乳突处并距枕骨后侧凸起约一根到两根手指宽度处。颈椎功能障碍、脑震荡及头疼会导致这个区域有压痛感。

枕骨

枕外隆凸

枕骨乳突缝

触诊流程

- 患者仰卧或俯卧在治疗床上。
- 当穿过压痛点区域的时候，施加一个向前的压力。
- 沿着骨性结构及其上覆组织找到每一个压痛点或肌束震颤反应点。
- 一旦确定了最关键的压痛点或肌束震颤反应点（或者两个都存在），在整个PRT应用过程中，用手指指腹持续按压该点，直到再次进行评估。

PRT应用流程

- 患者仰卧在治疗床上。
- 为了让患者舒适，可以在其膝关节下放一个垫枕。
- 坐在床头的位置。
- 用近侧手抓住患者枕骨。
- 将远侧手放在患者额骨前侧。
- 用远侧手给患者额骨施加从前向后的压力。
- 可以在患者肩部下方放一个毛巾卷，从而使颅骨伸展。

自我治疗流程

- 在肩部下方放一个毛巾卷，同时将头的基部朝着肩部的方向轻轻屈曲，从而使头颅伸展。
- 对枕骨任意一侧的压痛点及肌束震颤反应点进行触诊。

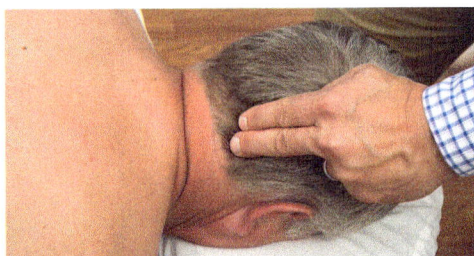

枕骨触诊流程

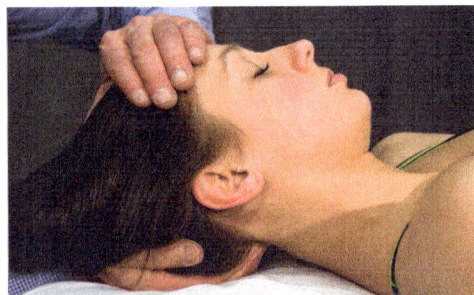

枕骨PRT应用流程

- 如果是单侧出现压痛点的话，在最大的舒适范围内，控制最强的肌束震颤反应点的同时，向存在压痛感的一侧屈曲颈部。
- 找到最舒适的范围后，用和之前将颈部屈曲向压痛点一样的姿势，将头部转向相应的压痛点。
- 保持这个姿势直至肌束震颤反应消失，或维持该姿势3~5分钟。

后 蝶 枕

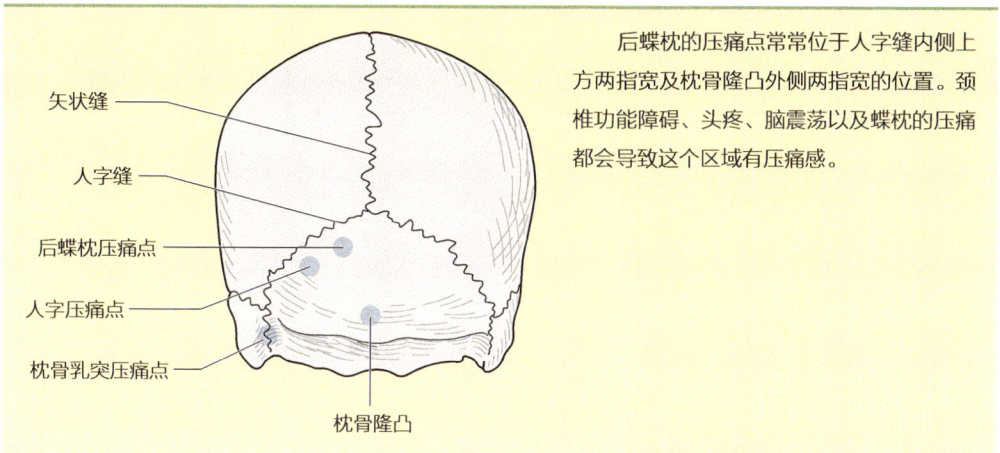

矢状缝

人字缝

后蝶枕压痛点

人字压痛点

枕骨乳突压痛点

枕骨隆凸

后蝶枕的压痛点常常位于人字缝内侧上方两指宽及枕骨隆凸外侧两指宽的位置。颈椎功能障碍、头疼、脑震荡以及蝶枕的压痛都会导致这个区域有压痛感。

触诊流程

- 患者仰卧或俯卧在治疗床上。
- 触诊经过压痛点的区域时，施加一个向前的压力。
- 沿着骨性结构及其上覆组织找到每一个压痛点或肌束震颤反应点。
- 一旦确定了最关键的压痛点或肌束震颤反应点（或者两个都存在），在整个PRT应用过程中，用手指指腹持续按压该点，直到再次进行评估。

PRT应用流程

- 患者仰卧在治疗床上。
- 为了使患者感到舒适，在患者的膝关节下方放一个垫枕。
- 坐在床头位置。
- 用近侧手握住患者枕骨，同时用远侧手扶住其额头。用远侧手绕着假想的长轴施加一个反转的力。根据患者舒适度或压痛点的变化情况来确定反转的方向。

▶ 视频11.2：后蝶枕PRT应用流程

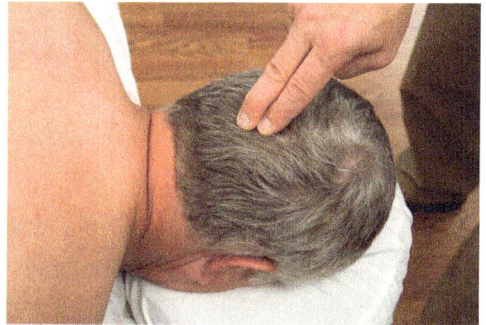

后蝶枕触诊流程

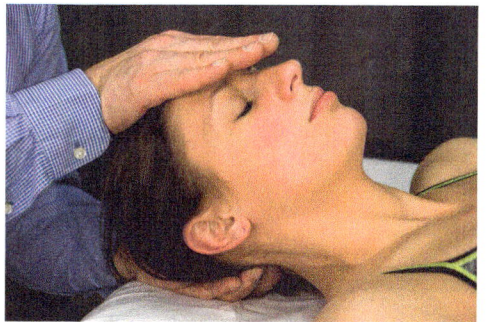

后蝶枕PRT应用流程

茎 突

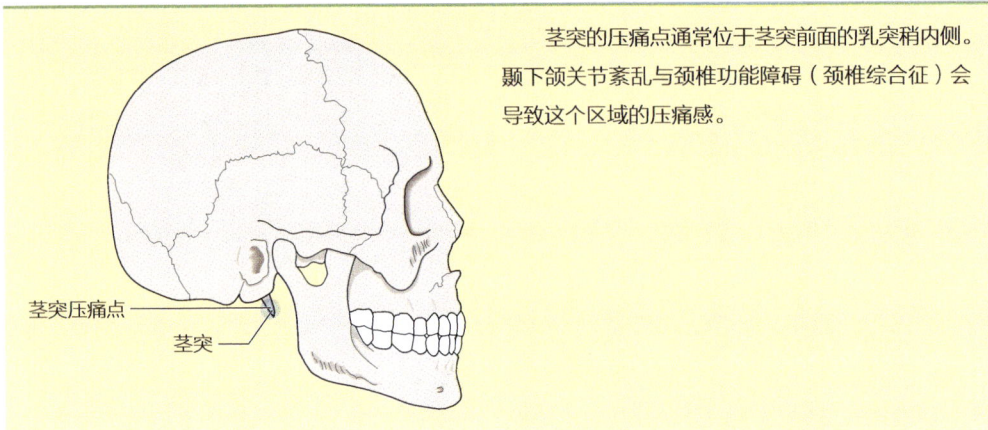

茎突的压痛点通常位于茎突前面的乳突稍内侧。颞下颌关节紊乱与颈椎功能障碍（颈椎综合征）会导致这个区域的压痛感。

触诊流程

- 患者仰卧在治疗床上。
- 将用来触诊的手指放在患者乳突的位置，然后将手指向前内侧移动一指宽的距离。
- 向内侧施加压力。
- 沿着骨性结构及其上覆组织找到每一个压痛点或肌束震颤反应点。
- 一旦确定了最关键的压痛点或肌束震颤反应点（或者两个都存在），在整个PRT应用过程中，用手指指腹持续按压该点，直到再次进行评估。

PRT应用流程

- 患者仰卧在治疗床上。
- 为了让患者感到舒适，在患者膝关节的下方放一个垫枕。
- 用近侧手的食指去触诊压痛点。用近侧手尽可能地握住患者枕骨，同时屈曲其上颈椎。
- 让患者微微地张开嘴巴，然后放松。将远侧手放在相对的下颌骨处，同时朝压痛点的方向轻轻地推下颌骨。

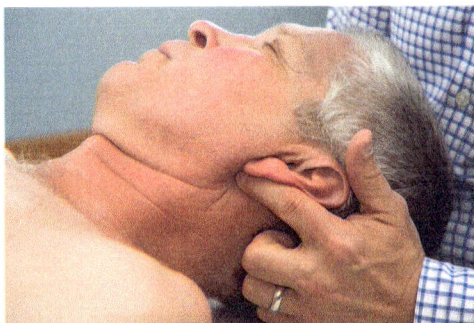

茎突触诊流程

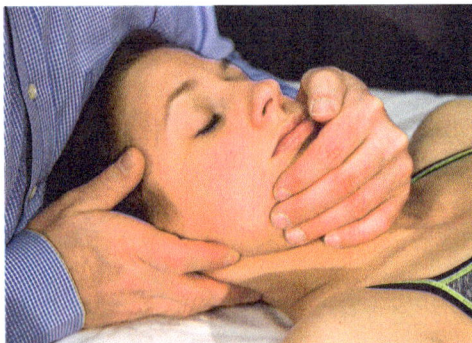

茎突PRT应用流程

上 颌 骨

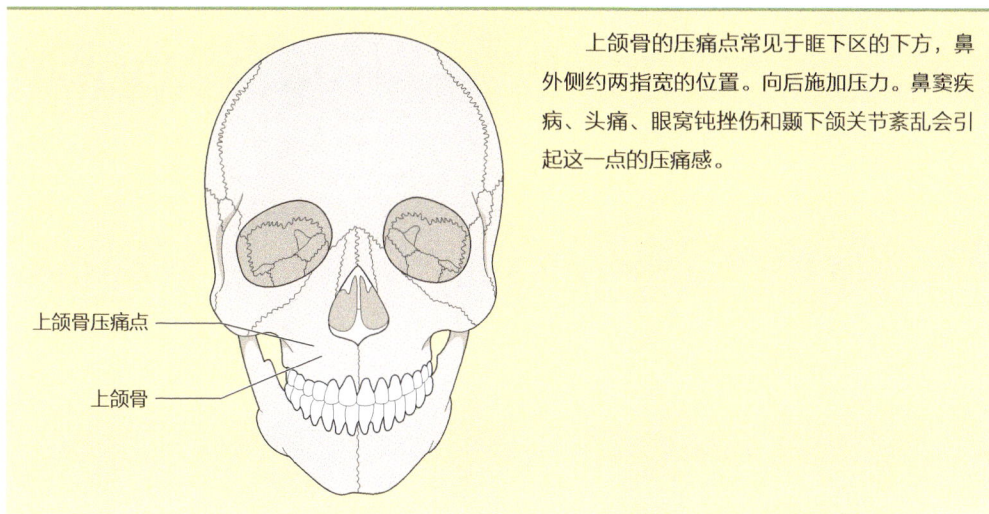

上颌骨的压痛点常见于眶下区的下方，鼻外侧约两指宽的位置。向后施加压力。鼻窦疾病、头痛、眼窝钝挫伤和颞下颌关节紊乱会引起这一点的压痛感。

上颌骨压痛点

上颌骨

触诊流程

- 患者仰卧在治疗床上或坐着。
- 从患者中部眶下的区域开始，移动手指到眶下孔一指宽的地方（鼻子末梢远端两指宽的地方）。
- 沿着骨性结构及其上覆组织找到每一个压痛点或肌束震颤反应点。
- 一旦确定了最关键的压痛点或肌束震颤反应点（或者两个都存在），在整个PRT应用过程中，用手指指腹持续按压该点，直到再次进行评估。

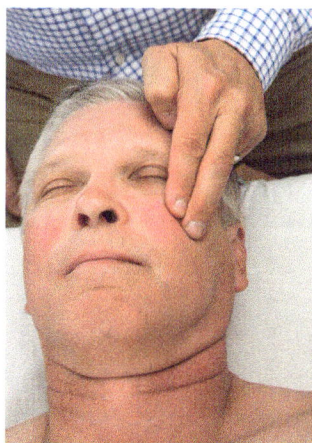

PRT应用流程

- 患者仰卧在治疗床上。
- 为了让患者感到舒适，在患者的膝关节下放一个垫枕。
- 将双手的掌根放在患者上颌骨的颧部，向两边施加一个向内按压的力。

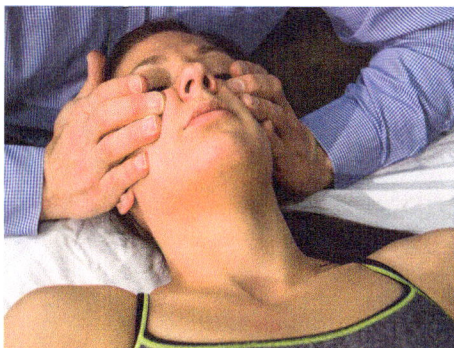

上颌骨触诊流程

上颌骨PRT应用流程

鼻 骨

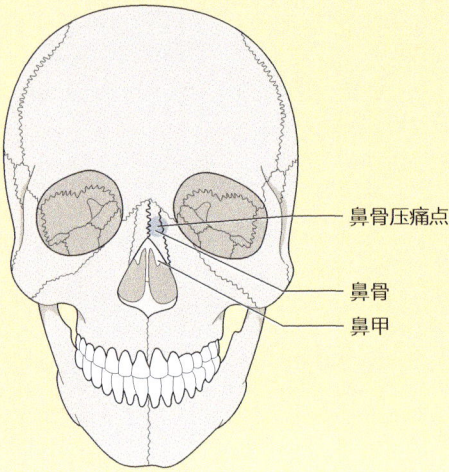

鼻骨的压痛点通常位于鼻前外侧（通常是鼻梁）。那些有鼻窦问题、鼻外伤以及鼻泪管阻塞的人，这片区域会存在压痛感。

鼻骨压痛点

鼻骨

鼻甲

触诊流程

- 患者仰卧在治疗床上。
- 从患者鼻根部开始，将用来触诊的手指向下移一指到一指半宽的距离，同时向外移一指宽的距离，从而找到鼻骨上的压痛点。
- 沿着骨性结构及其上覆组织找到每一个压痛点或肌束震颤反应点。
- 一旦确定了最关键的压痛点或肌束震颤反应点（或者两个都存在），在整个 PRT 应用过程中，用手指指腹持续按压该点，直到再次进行评估。

PRT 应用流程

- 患者仰卧在治疗床上。
- 为了让患者感到舒适，在患者的膝关节下放一个垫枕。
- 用远侧手将患者鼻骨的侧面朝压痛点的方向向内推。

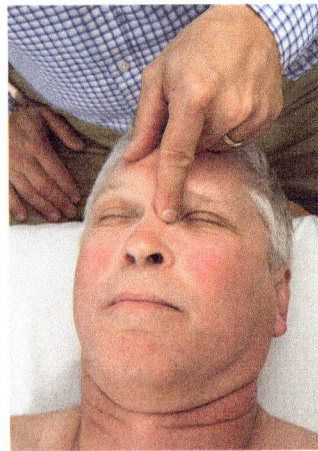

鼻骨触诊流程

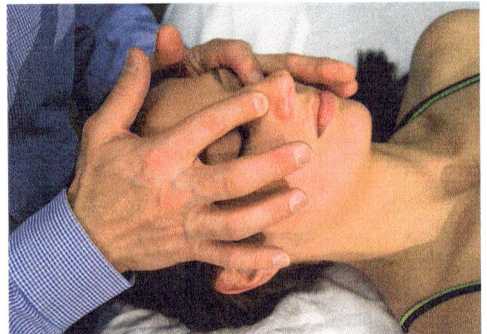

鼻骨 PRT 应用流程

眶 上

眶上嵴的压痛点常出现在靠近眶上孔的眼眶内侧。那些有鼻窦问题、头疼、视觉障碍以及脑震荡的人，这个位置会有压痛感。

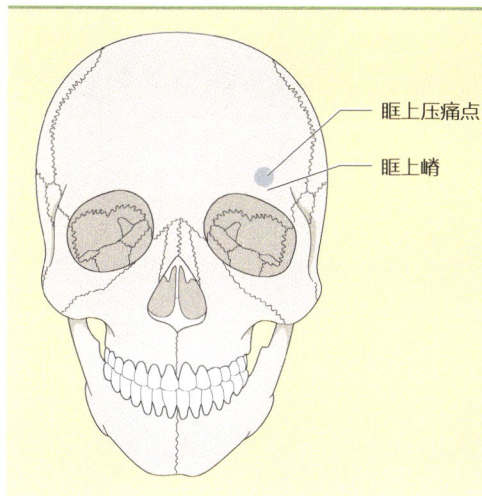

眶上压痛点
眶上嵴

触诊流程

- 患者仰卧在治疗床上。
- 用对侧手固定患者颅骨。
- 压痛点常常出现在眶上孔外侧一指到一指半宽的地方。
- 沿着骨性结构及其上覆组织找到每一个压痛点或肌束震颤反应点。
- 一旦确定了最关键的压痛点或肌束震颤反应点（或者两个都存在），在整个PRT应用过程中，用手指指腹持续按压该点，直到再次进行评估。

PRT 应用流程

- 患者仰卧在治疗床上。
- 为了让患者感到舒适，在患者的膝关节下放一个垫枕。
- 将远侧手放在患者额骨（前额）上，并用远侧手或近侧手的手指监测损伤，同时用近侧手的手指去夹患者鼻骨。
- 将放在患者前额上的手往头部方向移动，同时夹住患者鼻骨的手向反方向施加牵引力。

▶ 视频 11.3：眶上PRT应用流程

自我治疗流程

- 仰卧，用一个或两个手指触诊眼部侧脊。

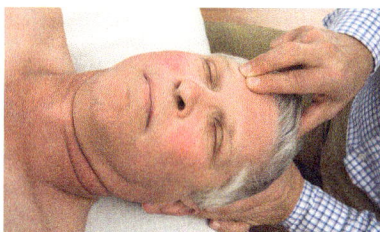

眶上触诊流程

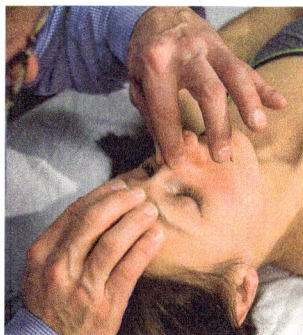

眶上PRT应用流程

- 将另一只手的两个手指放在患者眉毛上面压痛点处，并将组织推向有压痛感的部位。
- 在将眉毛上的组织向下推动的同时，感受组织及该区域的肌束震颤反应或放松状态。保持这个姿势直至肌束震颤反应消失，或维持该姿势3~5分钟。

额 骨

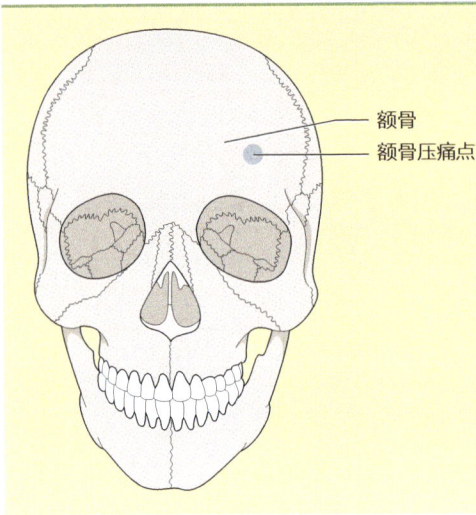

前额压痛点通常位于额骨上外侧两指宽的地方，并向内施加压力。头痛（特别是眼睛上方）、脑震荡和额骨钝挫伤会使这个区域存在压痛感。

额骨
额骨压痛点

触诊流程

- 患者仰卧在治疗床上。
- 用对侧的手固定患者颅骨。
- 对患者眼眶外侧两指宽的前额区域进行触诊。
- 沿着骨性结构及其上覆组织找到每一个压痛点或肌束震颤反应点。
- 一旦确定了最关键的压痛点或肌束震颤反应点（或者两个都存在），在整个PRT应用过程中，用手指指腹持续按压该点，直到再次进行评估。

PRT应用流程

- 患者仰卧在治疗床上。
- 为了让患者感到舒适，在患者的膝关节下放一个垫枕。
- 用近侧手的食指轻压压痛点，同时，将远侧手放在患者前额顶部并施加一个向下的推力。
- 当两侧同时出现压痛点时，也可以从两侧按压患者前额。

▶ 视频11.4：额骨PRT应用流程

自我治疗流程

- 仰卧，将一个手指放在前额有压痛感的区域。

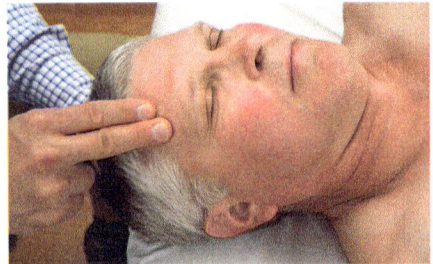

额骨触诊流程

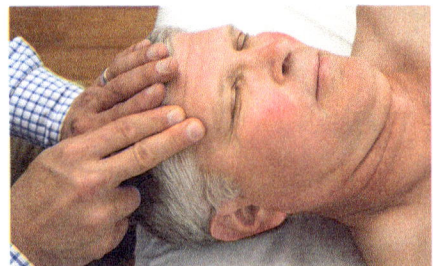

额骨PRT应用流程

- 将另一只手的两个手指放在有压痛感的组织上面，同时将其推向存在压痛感的区域。
- 在将组织向下推动的同时，感受组织及该区域的肌束震颤反应或放松状态。保持这个姿势直至肌束震颤反应消失，或维持该姿势3~5分钟。

矢 状 缝

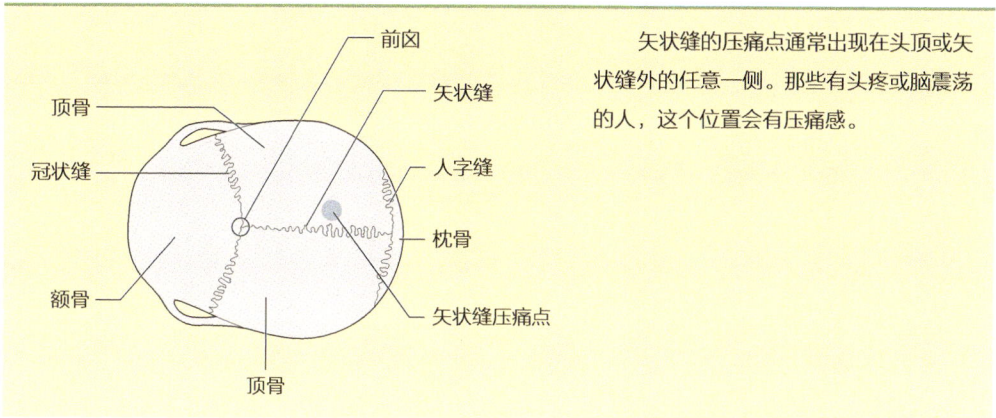

矢状缝的压痛点通常出现在头顶或矢状缝外的任意一侧。那些有头疼或脑震荡的人，这个位置会有压痛感。

前囟
矢状缝
顶骨
冠状缝
人字缝
枕骨
额骨
矢状缝压痛点
顶骨

触诊流程

- 患者仰卧在治疗床上。
- 沿着患者矢状缝的任意一边进行触诊。
- 沿着骨性结构及其上覆组织找到每一个压痛点或肌束震颤反应点。
- 一旦确定了最关键的压痛点或肌束震颤反应点（或者两个都存在），在整个PRT应用过程中，用手指指腹持续按压该点，直到再次进行评估。

PRT应用流程

- 患者仰卧在治疗床上。
- 为了让患者感到舒适，在患者的膝关节下放一个垫枕。
- 将近侧手的拇指放在压痛点上。
- 用远侧手给患者顶骨矢状缝的外侧及与压痛点相对的位置施加一个靠近尾部的压力。

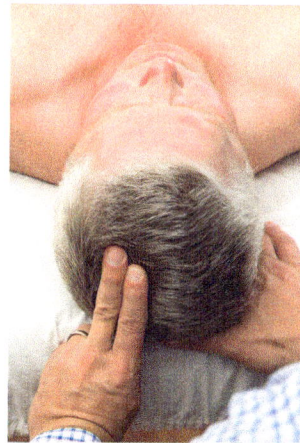

矢状缝触诊流程

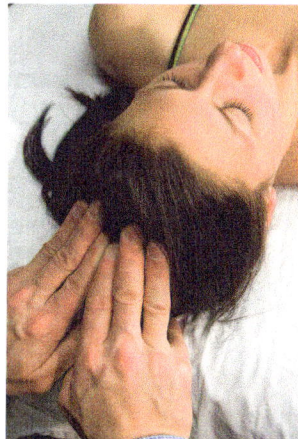

矢状缝PRT应用流程

蝶骨侧蝶枕

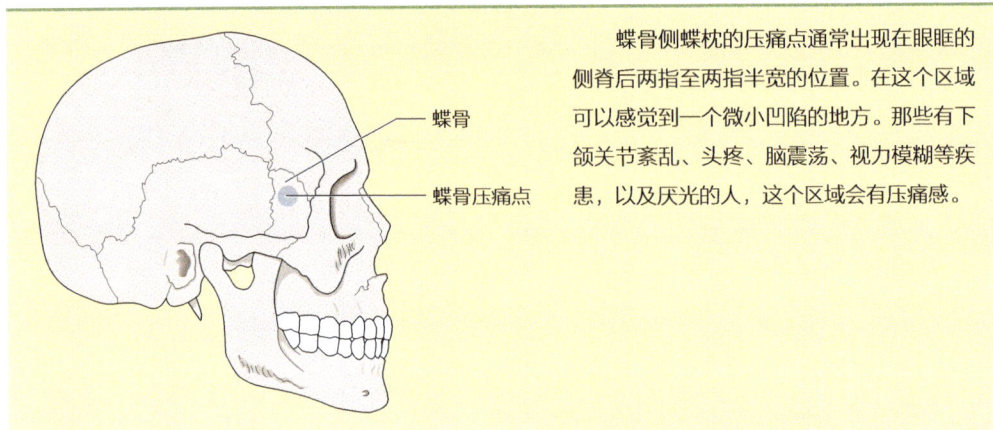

蝶骨侧蝶枕的压痛点通常出现在眼眶的侧脊后两指至两指半宽的位置。在这个区域可以感觉到一个微小凹陷的地方。那些有下颌关节紊乱、头疼、脑震荡、视力模糊等疾患，以及厌光的人，这个区域会有压痛感。

触诊流程

- 患者仰卧在治疗床上。
- 当从眶侧脊向后移动手指时，会感觉到一个轻微的凹陷，这通常是存在压痛点的区域。
- 沿着骨性结构及其上覆组织找到每一个压痛点或肌束震颤反应点。
- 一旦确定了最关键的压痛点或肌束震颤反应点（或者两个都存在），在整个PRT应用过程中，用手指指腹持续按压该点，直到再次进行评估。

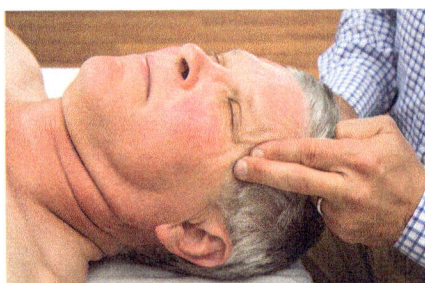

蝶骨侧蝶枕触诊流程

PRT应用流程

- 患者仰卧在治疗床上。
- 为了让患者感到舒适，在患者的膝关节下放一个垫枕。
- 将一只手的掌根放在患者额骨和颧骨的上方，同时，用近侧手去找出压痛点，然后用远侧手朝着压痛点的方向，给蝶骨翼施加一个侧向的压力。

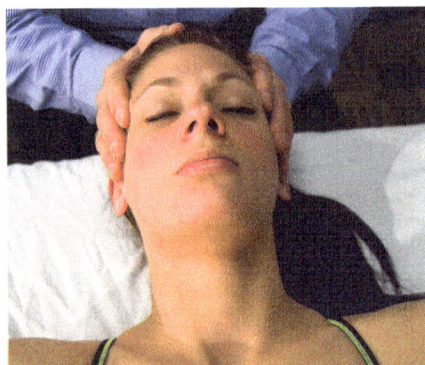

蝶骨侧蝶枕PRT应用流程

颞 肌

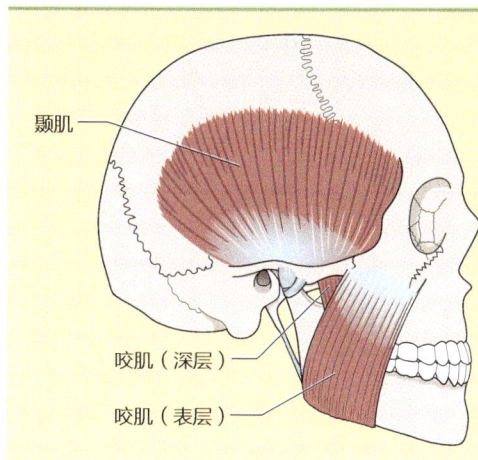

颞肌位于颅骨的颞侧，广泛地附着于额、颞和顶骨。其纤维汇聚在一个从颧弓下方，延伸至冠状突。这块肌肉在颞下颌关节紊乱、头痛和口颌功能障碍情况下受累。

起点： 颞窝和颞带。

止点： 下颌冠状突。

功能： 升高和后缩下颌骨。

神经支配： 下颌神经颞支。

触诊流程

- 患者仰卧在治疗床上。
- 将手指放在患者颧弓上一指半宽的位置，同时对其纤维从前往后进行触诊。压痛点可能出现在前部、中部、后部纤维或三者结合处。
- 沿着骨性结构及其上覆组织找到每一个压痛点或肌束震颤反应点。
- 一旦确定了最关键的压痛点或肌束震颤反应点（或者两个都存在），在整个PRT应用过程中，用手指指腹持续按压该点，直到再次进行评估。

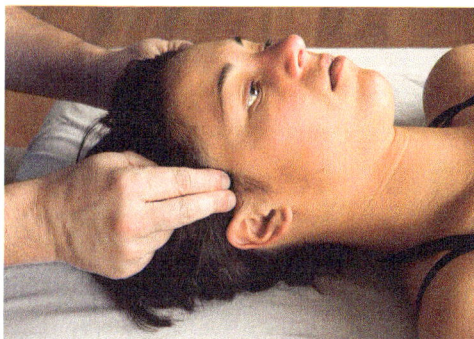

颞肌触诊流程

PRT应用流程

- 坐在患者头部压痛点的侧面，其他手指抓住患者额骨的同时，用近侧手的手指找到压痛点并将远侧手的掌根放在颧弓下方。
- 用远侧手的掌根施加一个朝向头部的力（涉及前部纤维），同时，用靠近患者额骨的手沿着长轴给颧弓的压痛点施加一个力。
- 用近侧手抓住患者顶骨中部与后部的压痛点。将远侧手的掌根放在颧弓下方，用近侧手沿着长轴朝着压痛点施加一个力。用远侧手的掌根向头部方向施加一个压力。

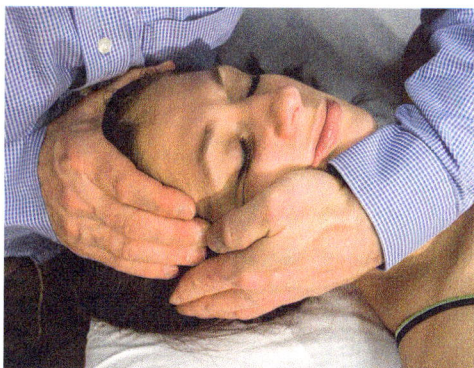

颞肌PRT应用流程

▶ 视频11.5：颞肌PRT应用流程

咬 肌

颞肌

咬肌（深层）

咬肌（表层）

咬肌是人体中按肌肉大小比来讲最强壮的肌肉。咬肌在一起运作时，可以发挥出超过150磅（约68千克）的力量。咬肌位于下颌骨的一侧，从颧弓延伸至下颌角。它由两个肌腹组成：可以从脸部找到其表层肌腹，也可以从嘴巴里触诊到深层肌腹。这种肌肉可以在颞下颌关节紊乱、口颌功能障碍、挥鞭伤、非典型性面部疼痛以及头痛中受累。

起点： 颧弓。

止点： 下颌角，下颌骨支。

功能： 抬高颌骨；主要的咀嚼肌；具有言语促进、吞咽作用。

神经支配： 通过下颌神经的咬肌神经。

触诊流程

- 患者仰卧在治疗床上。
- 患者坐在床头，压痛点常常位于颧弓和下颌角中间区域，这里是咬肌表层肌腹，对其进行触诊。
- 可以在患者嘴巴里的颧弓与下颌角的位置上触诊其深层肌腹。
- 注意：在将手指放入患者的口中时需要小心，如果患者存有顾虑，可能会本能地合上嘴巴，其咬肌的力量足以咬断手指。
- 沿着骨性结构及其上覆组织找到每一个压痛点或肌束震颤反应点。
- 一旦确定了最关键的压痛点或肌束震颤反应点（或者两个都存在），在整个PRT应用过程中，用手指指腹持续按压该点，直到再次进行评估。

PRT应用流程

- 患者仰卧在治疗床上。
- 为了让患者感觉舒适，在患者的膝关节下放一个垫枕。
- 将患者的头部顶在你的胸部以使其稳定，同时用近侧手的手指去寻找压痛点。

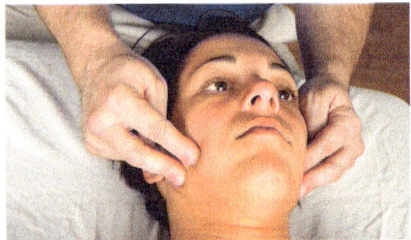

咬肌触诊流程

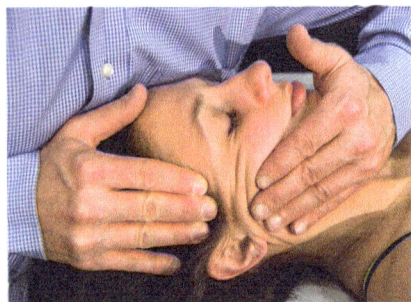

咬肌PRT应用流程

- 用远侧手抓住患者下颌，并让患者的下颌保持放松。在对颞下颌关节施加一个轻微压力的同时，将下颌推向压痛点的方向。

▶ 视频11.6：咬肌PRT应用流程

翼 内 肌

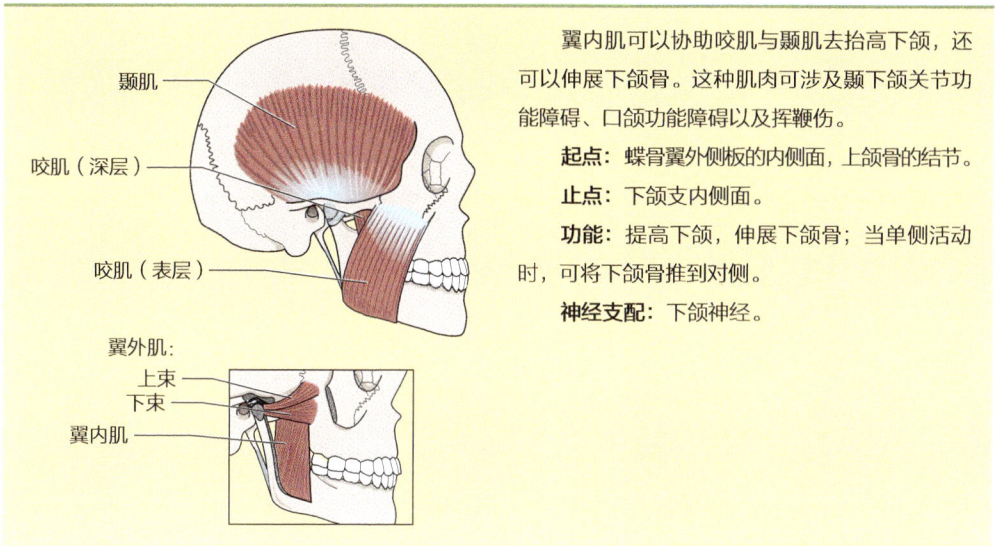

翼内肌可以协助咬肌与颞肌去抬高下颌，还可以伸展下颌骨。这种肌肉可涉及颞下颌关节功能障碍、口颌功能障碍以及挥鞭伤。

起点： 蝶骨翼外侧板的内侧面，上颌骨的结节。

止点： 下颌支内侧面。

功能： 提高下颌，伸展下颌骨；当单侧活动时，可将下颌骨推到对侧。

神经支配： 下颌神经。

触诊流程

- 患者仰卧在治疗床上。
- 压痛点刚好位于下颌支内侧面的下颌角稍上的位置。
- 沿着骨性结构及其上覆组织找到每一个压痛点或肌束震颤反应点。
- 一旦确定了最关键的压痛点或肌束震颤反应点（或者两个都存在），在整个PRT应用过程中，用手指指腹持续按压该点，直到再次进行评估。

PRT 应用流程

- 患者躺在治疗床上。
- 为了让患者感觉舒适，在患者的膝盖下放一个垫枕。
- 将身体靠在患者的头部。
- 用抓住患者下颌的近侧手的手指监测压痛点，远侧手放在患者颅骨上，手指位于颞下颌关节上方，以维持稳定。
- 远侧手的手指向下移向压痛点的同时，近侧手将下颌移向压痛点。

▶ 视频 11.7：翼内肌 PRT 应用流程

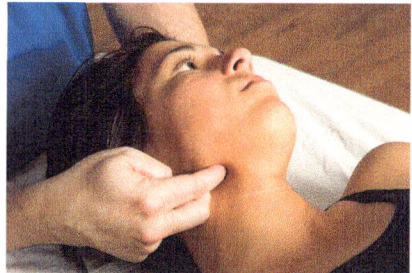

翼内肌触诊流程

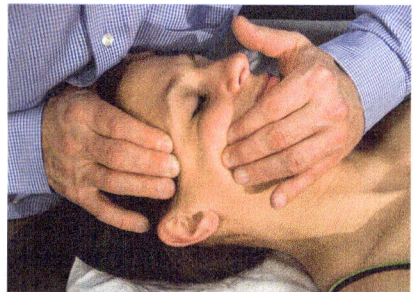

翼内肌 PRT 应用流程

翼外肌

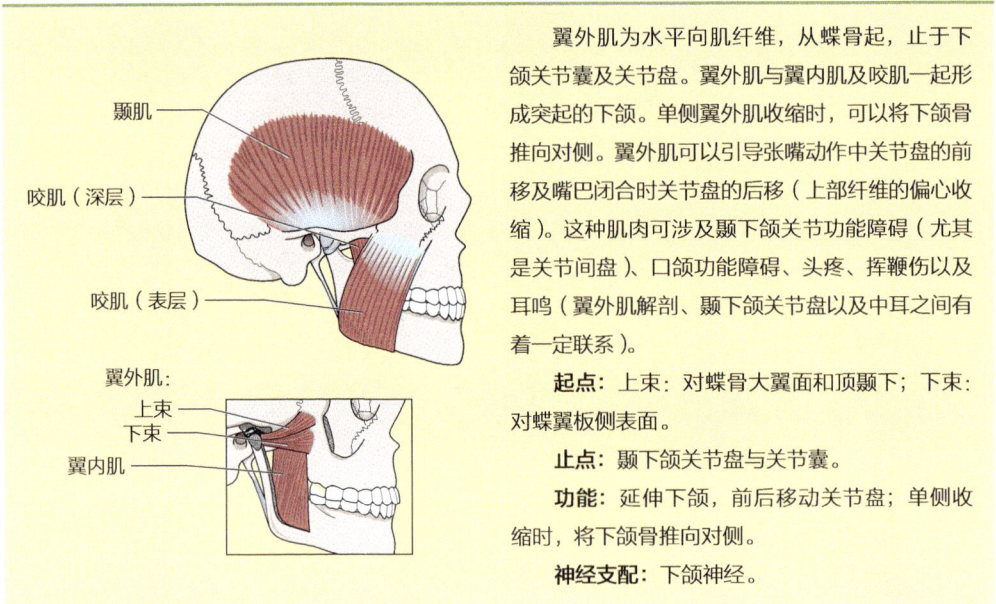

- 颞肌
- 咬肌（深层）
- 咬肌（表层）
- 翼外肌：
  - 上束
  - 下束
- 翼内肌

翼外肌为水平向肌纤维，从蝶骨起，止于下颌关节囊及关节盘。翼外肌与翼内肌及咬肌一起形成突起的下颌。单侧翼外肌收缩时，可以将下颌骨推向对侧。翼外肌可以引导张嘴动作中关节盘的前移及嘴巴闭合时关节盘的后移（上部纤维的偏心收缩）。这种肌肉可涉及颞下颌关节功能障碍（尤其是关节间盘）、口颌功能障碍、头疼、挥鞭伤以及耳鸣（翼外肌解剖、颞下颌关节盘以及中耳之间有着一定联系）。

起点： 上束：对蝶骨大翼面和顶颞下；下束：对蝶翼板侧表面。

止点： 颞下颌关节盘与关节囊。

功能： 延伸下颌，前后移动关节盘；单侧收缩时，将下颌骨推向对侧。

神经支配： 下颌神经。

触诊流程

- 患者仰卧在治疗床上。
- 可以在患者口外侧对下颌关节突前侧一指宽及颧弓下方一指宽的位置进行触诊。
- 用戴着手套的手将食指放在患者后颊上的翼板外侧，对肌肉进行触诊。请确保患者不会突然合上嘴巴而咬到你的手指。
- 沿着骨性结构及其上覆组织找到每一个压痛点或肌束震颤反应点。
- 一旦确定了最关键的压痛点或肌束震颤反应点（或者两个都存在），在整个PRT应用过程中，用手指指腹持续按压该点，直到再次进行评估。

PRT应用流程

- 患者仰卧在治疗床上。
- 为了让患者感到舒适，在患者的膝盖下放一个垫枕。
- 口外：用近侧手监测外部的压痛点时，用远侧手抓住患者下颌（下巴），保持下颌微张并放松，将其朝压痛点的方向移动。
- 口内：用近侧手的手指寻找压痛点，用远侧

手去支撑患者头部，将其移动到一个微屈曲的姿势，头部朝远离压痛点的一侧旋转及侧屈。观察之前提到的注意要点。

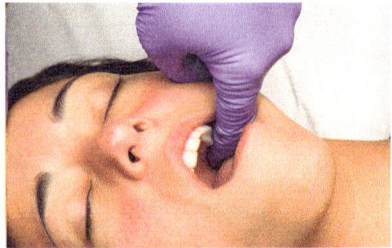

翼外肌触诊流程

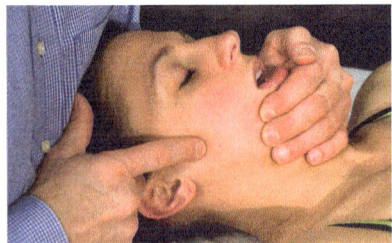

翼外肌PRT应用流程

▶ 视频11.8：翼外肌PRT应用流程

二腹肌

二腹肌有两个肌腹，后部肌腹更容易被触及。由于其功能与位置的缘故，有慢性头疼、颞下颌关节功能障碍以及颈部疼痛的患者，这个位置常常出现病变。

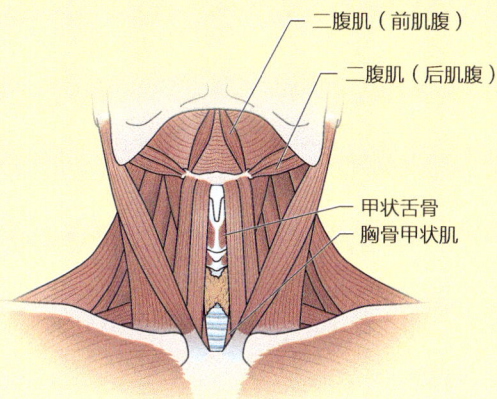

二腹肌（前肌腹）
二腹肌（后肌腹）

甲状舌骨
胸骨甲状肌

起点： 后部：颞骨（乳突切迹）；前部：下颌骨（二腹肌窝）。

止点： 中间腱形成滑车系于舌骨上。

功能： 下沉下颌（颞下颌关节），缩回下颌（颞下颌关节），吞咽时抬升舌骨，回缩舌部（后）、延伸舌部（前），协助头部的屈曲（弱）。

神经支配： 后，面部（Ⅶ）神经（二腹肌支）；前，三叉（Ⅴ）神经（下颌舌骨肌支）。

触诊流程

- 患者仰卧，你位于患者后面。
- 找到患者乳突与下颌角，二腹肌的后部肌腹贯穿这两个标志线，从而找到二腹肌的后部肌腹。
- 转动位于这两个标志线间的食指，以找到铅笔宽的二腹肌后腹。
- 让患者张开嘴与你形成的阻力进行对抗，从而突出触诊的肌肉厚度。
- 将食指放在患者下颌下梁前部的下侧，及其顶端的正下面，从而找到二腹肌的前腹。同时让患者张开嘴巴，形成一个对抗，从而去感受这个线状肌肉的收缩。
- 一旦确定了最关键的压痛点或肌束震颤反应点（或者两个都存在），在整个PRT应用过程中，用手指指腹持续按压该点，直到再次进行评估。

PRT应用流程

- 让患者躺在治疗床上。将远侧手的手指放在患者颅骨的下面，手指指向对面一侧。
- 将近侧手的食指放在患者二腹肌的后腹，大鱼际和拇指盖过颞下颌关节。
- 用远侧手去屈曲患者头颅，然后将头颅朝着病变处的方向侧屈。

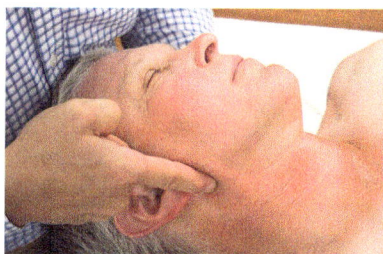

二腹肌触诊流程

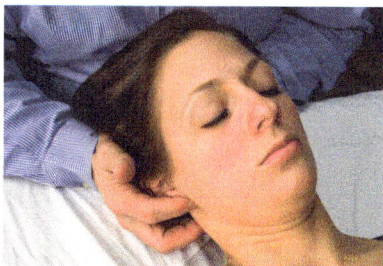

二腹肌PRT应用流程

- 用拇指与大鱼际将表层组织往下平移到二腹肌的位置。
- 用远侧手将表层组织朝着病变处的方向旋转。
- 需治疗的相关组织：舌骨肌、胸锁乳突肌、肩胛提肌、头前直肌和头外侧直肌。

▶ 视频11.9：二腹肌PRT应用流程

舌骨上肌

舌骨上肌包括颏舌骨肌、下颌舌骨肌和茎突舌骨肌。舌骨上肌作为一个肌群可以协助咀嚼、吞咽以及言语活动。即使它们很难被区分开来，但是作为一个位于下颌角下尖端与舌骨之间的整体，它们还是可以被触及的。

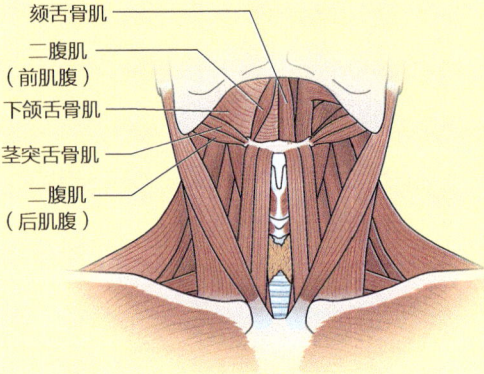

颏舌骨肌
二腹肌
（前肌腹）
下颌舌骨肌
茎突舌骨肌
二腹肌
（后肌腹）

起点： 颏舌骨肌：下颌；下颌舌骨肌：下颌；茎突舌骨肌：颞骨茎突。

止点： 颏舌骨肌：舌骨（上表面）；下颌舌骨肌：舌骨（上表面），下颌舌骨脊；茎突舌骨肌：舌骨（体部和大角之间）。

功能： 颏舌骨肌：升高和延展舌骨，使颌骨下沉，协助头部的弯曲（弱）；下颌舌骨肌：吞咽时，提高舌与舌骨；使颌骨下沉（舌骨固定），协助头部弯曲（弱）；茎突舌骨肌：升高和收缩舌骨，协助下颌骨的下沉，协助咀嚼和言语，协助头部弯曲（弱）。

神经支配： 颏舌骨肌：C1脊神经通过舌下神经（十二）；下颌舌骨肌：三叉（V）神经；茎突舌骨肌：面部（VII）神经。

触诊流程

- 让患者仰卧。位于治疗床的头部。
- 将一或两个手指放在患者下颌角的位置。
- 指导患者将舌头推向上颚，从而感受舌骨肌的收缩。
- 追踪肌肉到舌骨的位置。
- 在患者吞咽和下颌抗阻下沉时，可以感受舌骨肌的收缩。
- 沿着骨性结构及其上覆组织找到每一个压痛点或肌束震颤反应点。
- 一旦确定了最关键的压痛点或肌束震颤反应点（或者两个都存在），在整个PRT应用过程中，用手指指腹持续按压该点，直到再次进行评估。

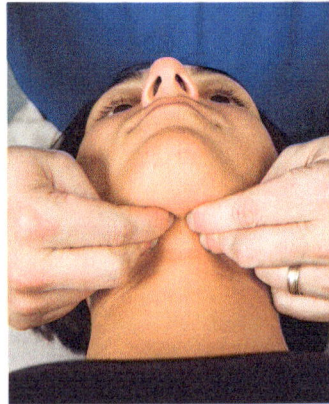

舌骨上肌触诊流程

PRT应用流程

- 让患者仰卧。位于治疗床的头部。

- 在用近侧手触诊压痛点时，将远侧手放在患者颅骨后侧，并且用它来移动颈椎与颅骨，使其处于屈曲的状态。

- 用近侧手抓住患者下颌的下角，并且上下移动下巴，从而找到最佳的打开位置。

- 当找到合适的下颌打开的位置后，慢慢触诊到压痛点的位置。

- 小指从患者下颌平移至压痛点的位置，同时轻轻地将舌骨向压痛点移动。

- 在对姿势进行微调时，用近侧手将患者下颌轻轻地向后平移。

- 推进组织的治疗：颈阔肌、二腹肌（前腹肌）。

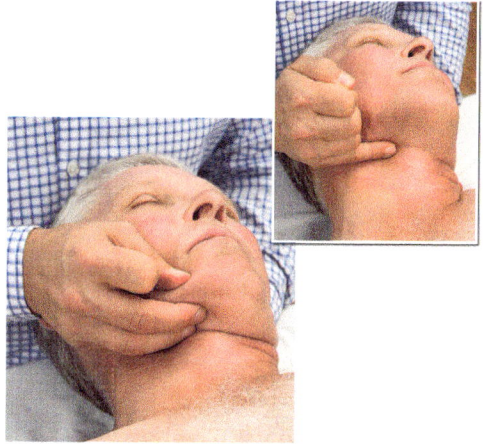

舌骨上肌PRT应用流程

舌骨下肌

舌骨下肌由四部分组成（气管表面）：胸骨甲状肌、甲状舌骨肌、胸骨舌骨肌和肩胛舌骨肌。虽然它们不能单独区分，但是胸骨舌骨肌和胸骨甲状肌可以通过气管的侧面进行触诊。其他两个由于位置比较深，不容易进行触诊。作为一个群体，它们主要负责让舌骨与甲状软骨下沉。这些肌肉可以涉及颞下颌关节功能障碍、口颌功能障碍、挥鞭伤、体位性功能障碍。

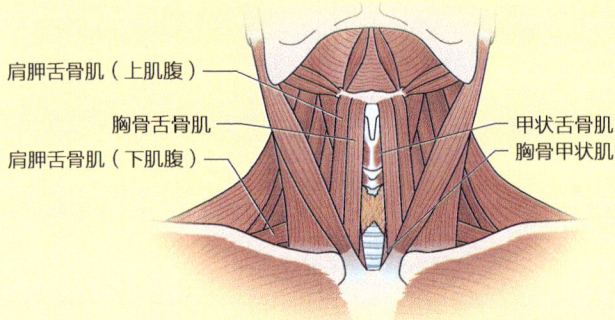

肩胛舌骨肌（上肌腹）
胸骨舌骨肌
肩胛舌骨肌（下肌腹）
甲状舌骨肌
胸骨甲状肌

起点： 胸骨甲状肌：胸骨（后表面）、第一肋软骨；甲状舌骨肌：甲状软骨；胸骨舌骨肌：锁骨（后表面）、胸骨（后表面）、胸锁韧带；肩胛舌骨肌，下肌腹：肩胛骨（肩胛切迹）、上横韧带；肩胛舌骨肌上肌腹：肩胛舌骨肌中间腱。

止点： 胸骨甲状肌：甲状软骨、甲状舌骨肌：舌骨（大角下缘）；胸骨舌骨肌：舌骨（下体部）；肩胛舌骨肌下肌腹：肩胛舌骨肌中间腱；肩胛舌骨肌上肌腹：舌骨（下体部）。

功能： 胸骨甲状肌：吞咽或说话后喉的下沉，下颌骨、舌骨、舌升高后的下沉，颈椎屈曲（弱）；甲状舌骨肌：舌骨的下沉，喉部的甲状软骨抬高，颈椎屈曲；胸骨舌骨肌：吞咽之后舌骨的下沉，颈椎屈曲（弱）；肩胛舌骨肌：舌骨抬高后的下沉，颈椎屈曲。

神经支配： 胸骨甲状肌：C1~C3；甲状舌骨：舌下神经（12）与C1；胸骨舌骨肌：舌下神经（12）与C1~C3；肩胛舌骨肌：舌下神经（12）通过C1~C3。

触诊流程

- 让患者仰卧。位于治疗床的一头。

- 触诊时力度要轻，避免刺激到患者甲状腺。

- 将一个或两个手指指腹放在患者甲状腺软骨的下外侧。

- 将触诊的手指从患者舌骨下肌的内侧平移到外侧。

- 可以沿着患者气管外侧缘在上下两个方向对舌骨下肌进行触诊。

- 沿着组织找到每一个压痛点或肌束震颤反应点。

- 一旦确定了最关键的压痛点或肌束震颤反应点（或者两个都存在），在整个PRT应用过程中，用手指指腹持续按压该点，直到再次进行评估。

PRT应用流程

- 让患者仰卧。位于治疗床的一头。

- 在用近侧手的手指寻找压痛点的同时，用位于患者颅骨底部的远侧手屈曲颈椎及颅骨。

- 用远侧手将患者颈椎朝压痛点的方向旋转。

- 通常来讲，对于越往下的压痛点，需要越大程度的颈椎旋转。

- 需治疗的相关组织：颈阔肌、二腹肌、颈长肌、头长肌。

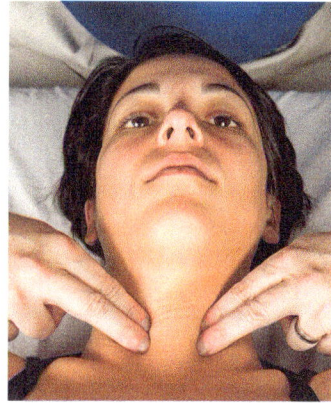

舌骨下肌触诊流程

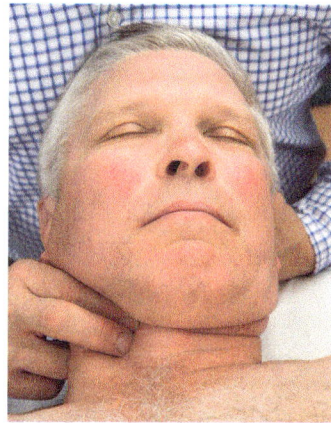

舌骨下肌PRT应用流程

头 痛

根据国际头痛学会头痛分类委员会（1998）的说法，符合以下标准的头痛被定义为颈椎性头痛：颈部及枕部区域的疼痛，可能会放射到前额、眼眶区域、太阳穴、头盖骨的顶点、耳朵；颈部运动或持续不变的颈部姿势会引起或加剧疼痛；其生理活动或附属运动受到抑制或限制；颈部肌肉有异常的压痛感。这些头痛倾向于发生在单侧，并且受累侧的C1和C2的关节上会有明显的压痛感。经常会有一种中度的钝性疼痛，其源于颈部或枕下区并扩散到颅骨的大部分区域。对于有这些类型头痛的患者来说，其头盖骨、颞下颌关节和面部的相关疼痛的发展是很常见的。由于它们的症状相似，为了进行分类，紧张型头痛与枕骨头痛也属于颈椎性头痛的范畴。

紧张型头痛

紧张型头痛是国际头痛学会所指定的用来替代肌肉紧张型头痛、应激性头痛、精神生理头痛和精神心理头痛的术语。为了将偶然性疼痛与慢性头痛区分开来，又细分成两种：一种是与心包肌肉紊乱相关的，另一种是与其无关的。患者所报告的头疼中，这种类型的头痛占据了70%。这种类型的头痛更常见于女性群体并且导致了很大的压力（Choen & McAthur, 1981; Friedman & Nelson, 1996）。主要抱怨是颅内额部和颞部的双侧疼痛、眼后疼痛、颈部肌肉痉挛或过度紧张（Nicholson & Gaston, 2001）。

枕骨头痛

很多从业者认为，枕骨头痛是颈椎功能障碍所导致的。其内在机制通常是结构性的，包括颈椎机能性、活动度不足，关节半脱位，退行性关节疾病（DJD）和不良的持续姿势（Fredrickson, Hovdal & Sjaastad, 1987; Hunter & Mayfield, 1949; Wilson, 1991）。经常发现该类型头痛与三叉神经性神经复合体有着密切关系，从而导致颈椎肌肉紊乱、非典型性面部疼痛和颞下颌关节功能障碍等症状（Abrahams, Richmond & Rose, 1975; Kerr

---

治疗部位及其顺序

1. 下枕骨
2. 头夹肌
3. 颈部棘间肌
4. 二腹肌
5. 枕骨
6. 枕骨孔突口
7. 额
8. 眶上
9. 颞肌
10. 斜方肌上束
11. 胸锁乳突肌
12. 斜角肌
13. 舌骨上肌与舌骨下肌

& Olafsson, 1961）。这表明需要对颞下颌关节和相关结构进行辨别性检查。

头痛是很难定义的，因为它们的分布与症状是可以变动的。通常的诊断可以进行病患排除。达顿（Dutton, 2004）提供了一种简单的诊断方法来帮助从业者确定这些是否为颈椎源型症状。

- 在病史和身体检查中排除可能的颅内原因。如果怀疑颅内病变，就需要进行紧急治疗。
- 排除与病毒或其他感染性疾病相关的头痛。
- 排除药物引起的头痛（酒精、毒品）。
- 考虑与运动相关的（或与性有关的）头痛。
- 区分血管、紧张、颈源性以及其他引起头痛的原因。

常见症状

- 枕下头痛放射到额区或眼后，或二者都有。
- 头痛（慢性或间歇性）。
- 颈部肌肉痉挛或张力过高。
- 斜方肌上束痉挛或张力增加。
- 颈椎活动度减少。

常见诊断

- 上颈椎躯体功能障碍。

- 颞下颌关节紊乱。

- 退行性关节疾病。

- 骨性关节炎。

- 颅内感染（脑膜炎）。

治疗方法

- 进行一次全面系统的检查。

- 对上颈椎及颈枕区进行一次详细检查。

- 对上肢的姿势进行评估。

- 使用各种方法来减少疼痛、炎症和肌肉痉挛，并增加软组织的延展性。

- 使用关节松动技术。

- 重建无痛的活动度。

- 重建上肢的长度——张力关系。

- 进行姿势矫正与教育。

- 锻炼上肢，特别是肩胛骨的稳定结构与肩袖肌肉。

自我治疗方法

- 每日应进行自我关节松动术（可以用一条毛巾、带子或皮带）。

- 每天应该进行头盖骨背滑（下巴翘起）。

- 患者如果可以忍受，应在日常的基础上进行主动的颈椎松动——双手放到脑后，手指在寰枢椎区域相扣。然后，向疼痛所在侧的对侧做一个头部微侧屈和旋转的点头运动。

- 应该做好抗阻训练，从而强化肩胛稳定结构与肩袖。

- 只要不引起严重不适，应每天对肌筋膜触发点进行一次以上的放松，每次2~3分钟。患者应该把两个网球放在一个袜子里并且将两端绑在一起，然后躺在上面并将网球的坚固面放在枕下区。

- 患者应该每天对颈部区域进行自我放松。

颞下颌关节功能障碍

颞下颌关节功能障碍（TMD）指的是一组临床肌肉骨骼（躯体）问题，其涉及颞下颌关节、咀嚼肌以及口腔系统（言语和吞咽）。由于颅面与颈椎的区域靠得很近，上颈椎与颅面区域的症状可能同时发生，或者一个区域的症状可以反映在另一个区域。这可能是由三叉神经复合体所致，其包括三叉神经、面部、迷走神经以及四个颈上脊神经（Castenada，1991）。例如，不良坐姿会导致非典型的面部疼痛（Chaitow，1999）、颅内的疼痛、头昏眼花，或眼球震颤（Dutton，2004）。另外，翼外肌的痉挛可能会影响到由耳鸣导致的鼓膜张肌，或耳鸣（Ochi，Ohashi & Kinoshta，2002；Warwick & Willams，1973）。

最常见的条件，包括在所有TMD病例中，90%到95%的病例都是复杂的情况，即伴有多处上肢和面部症状以及各种没有明确的结构原因的下颌障碍（Stohler，1995）。女性因颞下颌关节功能障碍而进行的临床干预的次数是男性的四倍（Doworkin et al., 1990；Salonen & Hellden，1990）。有关功能障碍的社会心理特质从中得到了体现（Rocabado & Iglarsh，1991）。由于颞下颌关节功能障碍的复杂性，最好将其视为一种生物心理障碍。尽管1934年，TMD被科斯滕（Costen）描述为一种综合征（Kraus，1994），但目前的研究表明，颞下颌关节功能障碍是一组互相联系的功能障碍，涉及咀嚼系统、口腔系统和颈椎（Bell，1985；Dimitroulis，1998；Kraus，1994），麦克尼尔（McNeill，1991）、盖尔布等人（Gelb et al., 1977），以及达顿（Dutton，2004）描述了在颞下颌关节功能障碍中涉及的3个主要病因。

1. 工作性诱发因素：结构、神经、内分泌和代谢。
2. 诱发因素。
   a. 头部、颈部或下颌的明显的外部创伤。
   b. 反复的低强度创伤，如咬指甲和嚼口香糖。
   c. 反复的低强度的内在创伤，如牙齿紧咬或磨削（磨牙症）。

治疗部位及其顺序

1. 咬肌
2. 翼状肌
3. 颞肌
4. 二腹肌
5. 舌骨上肌和舌骨下肌
6. 肩胛舌骨肌
7. 斜角肌
8. 胸锁乳突肌
9. 胸大肌和胸小肌
10. 侧蝶枕
11. 额
12. 茎突舌骨肌
13. 枕骨

---

   d. 超过单个阈值的压力。
3. 有助于症状持续的因素，如颈椎病与全身性疾病。

由于颞下颌关节功能障碍有相当大的重叠性，给诊断带来了巨大的挑战。因此，治疗颞下颌关节功能障碍的从业者必须熟悉许多潜在的会导致颅骨、面部、喉咙以及颈部疼痛的情况。本节提供的资料概述了在评估颞下颌关节功能障碍时，必须要考虑的主要体征与症状，以及鉴别诊断的类别（Kraus，1994）。

常见症状

- 疼痛集中在耳屏的前部、耳朵的突出部分、太阳穴区域、脸颊以及沿着下颌的位置。
- 头痛。
- 非典型面部疼痛。
- 口面部疼痛。
- 耳痛。
- 耳鸣。
- 颈部疼痛。
- 下巴肌肉的紧绷。
- 机能异常活动（口腔不良习惯）。

- 相关因素。
  - （牙）咬合不正。
  - 肌肉运动障碍。
  - 创伤。
  - 最近的牙科工作或检查（因医生治疗而引起的）。

常见诊断

- 头痛的类型。
  - 偏头痛。
  - 集群性头痛。
- 与以下几点相关的头痛。
  - 头部外伤。
  - 血管疾病。
  - 颅内非血管疾病。
  - 物质戒断。
  - 非头部感染。
  - 代谢紊乱。
- 与下列部位有关的头痛。
  - 头盖骨。
  - 颈。
  - 眼睛、耳朵、鼻子、鼻窦、牙齿、口腔。
- 颅神经痛。
- 神经干痛。
- 关节炎。
  - 骨关节炎。
  - 骨性关节炎。
  - 多发性关节炎。
- 炎症。
  - 滑膜炎。
  - 囊炎。
  - 肿瘤。
- 心理问题。

治疗方法

- 向患者解释疾病的特征以及引发的原因。
- 进行一个历史的、系统的回顾。

- 一旦排除了严重的病理情况，开始对颞下颌关节和相关结构进行功能检查。
- 进行上肢的检查，包括上颈椎和姿势评估。
- 在慢性行为表现中，可能需要进行心理检查。
- 使用多种方式来减轻疼痛和炎症。
- 重建颞下颌关节的正常状态（唇合，齿稍分开）和用鼻呼吸的状态。
- 对吞咽技术进行评估，舌头不应该有推力，或头部不应该转动。
- 教会患者使用洛卡巴多和艾格拉施（Rocabado & Iglarsh, 1991）6×6的运动方案，以恢复上肢姿势，关节和肌肉长度、延展性，并有助于症状的自我管理。
- 一般而言，对于颞下颌关节功能障碍来说，多模态治疗方法是最有效的（例如，各种方式的手动治疗、药物治疗、咬合夹板治疗和咨询）。

自我治疗方法

- 限制下颌功能，避免张大口（把食物切成小的、适合咬的块），避免过度打哈欠（当打哈欠即将发生时，把舌头放在上颚）。
- 通过咀嚼较软的食物来减少下颌应力。
- 纠正习惯性的、机能异常的活动。
- 练习上肢纠正后姿势。
- 辨别及解决应力源。
- 制订家庭练习方案。
- 强化颈部的稳定结构。
- 强化肩胛的稳定结构。
- 每天在无疼痛的范围内进行下颌张口练习，从而增加软组织的延展性（在进行手术时将舌尖置于口腔的上颚）。
- 如果张口时伴随不正常的下颌偏离，用牙签进行练习：将牙签放在上下门牙之间，坐在镜子前，张开和闭合嘴巴，保持牙签对齐。
- 每天对上颈椎（背侧滑动）、斜角肌、胸锁乳突肌以及胸大肌进行拉伸练习。

脑震荡后综合征

脑震荡是一种大脑功能的创伤性干扰，可能涉及或不涉及意识丧失（Reddy, 2011）。脑损伤主要被认为是一种神经代谢功能障碍，它的引发是颅骨穹窿内向大脑传递线性力和旋转力所带来的结果（Herring et al., 2011）。与脑震荡相关的统计变得令人担忧。据估计，在美国，每年有170万~380万与体育相关的脑震荡的例子，27.5万人住院治疗，5.2万人死于脑震荡（Sellasie, 2013）。幸运的是，80%的脑震荡症状在受伤后6~12周内得以解决（Reddy, 2011）。然而，有一部分的患者被称为"可怜的少数人"（Reddy, 2011），其症状持续数月或数年，对其社会和职业表现造成重大损害。这些人经常被归类为脑震荡后综合征患者。除了头痛，脑震荡后综合征患者通常还会出现聚集症状，通常分为以下3类（Gladstone, 2009）。

- 躯体：头晕、耳鸣、畏光、畏惧声音、视力模糊、嗅觉减退、疲劳。
- 认知能力：注意力、集中力、反应速度以及记忆力减退。
- 心理：抑郁、焦虑、刺激、冷漠、失眠。

脑震荡后综合征的表现可能只是头痛，或者是所有症状的结合。急性脑震荡的治疗方法包括休息（身体与认知）、药理干预以及神经认知康复治疗。

近期文献集中于对其他疗法的研究，如前庭康复（Alsalaheen et al., 2010; Weightman et al., 2010）、视觉训练（Greenwald, Kappoo & Singh; Weightman et al., 2010）、心肺训练（Griesbach, Houda & Gomez-Pinella, 2009; Kozlowski et al., 2013; Willer & Leddy, 2006），以及对颈椎的治疗（Weightman et al., 2010），其带来的结果很可观。有趣的是，颈椎结构与引起许多脑震荡症状与脑震荡后综合征的结构密切相关。

颈内性头痛常与头晕、耳鸣、恶心、平衡和听力问题、眼耳疼痛等疾病有关。巴伦、谢里安、泰珀（Baron, Cherian & Tepper, 2011）和比翁迪（Biondi, 2005）确定了较大的枕神经是这些症状的来源。三个枕神经根（C1~C3）及其在三叉神经束

治疗部位及其顺序
1. 蝶（侧蝶枕）
2. 后蝶枕
3. 枕骨
4. 颞肌
5. 额
6. 眶上
7. 枕乳
8. 上颌骨
9. 咬肌
10. 翼状肌
11. 枕骨下侧
12. 头长肌和颈长肌
13. 颈部棘间肌
14. 头夹肌
15. 肩部肩胛提肌
16. 颈部肩胛提肌
17. 斜方肌上束
18. 斜角肌
19. 胸锁乳突肌

核上的融合，以及它们的联合复合体，已被确定为头部和颈部的头疼以及肌筋膜触发点的可能来源（Simons et al., 1999）。颈椎的受体也与前庭和视器有许多联系。颈椎受体功能障碍可以改变传入神经的输入，进而改变对时间和感觉运动控制的整合（Stirimpakos, 2011; Treleaven, 2008）。

另一个需要注意的热点领域是蝶枕软骨和覆盖这个解剖结构的重要神经系统结构。自从威廉·萨瑟兰博士的经典著作 The Cranial Boul 出版以来，它们就一直备受争议。一些解剖学家和临床医生坚定地认为，在25岁以后（Chaitow, 1999），这种软骨组织不会再发生移动。阿普列德吉尔和瑞德沃格德（Upledger & Vredevoogd, 1983）及查伊托（Chaitow, 1999）写道，躯体疾病的蝶枕功能障碍可能是由来自肌肉、软组织和硬膜张力（Chaitow,

1999）的外部力量导致的。

我并不专注于这一节的运动辩论；然而，位于枕叶复合体和脑尾侧的重要神经结构可能受到脑震荡的影响，例如颅神经，尤其是动眼神经和视神经交叉（Moore, 1985; Warwick & Williams, 1973）。从业者认为蝶枕复合体可以涉及头部外伤，报告治疗以下症状：头痛，眼运动困难，头部、颈部、背部疼痛，颞下颌关节疼痛，内分泌紊乱，阅读和集中精力困难，焦虑与抑郁（Koren, 2006）。有趣的是，这些症状与那些急性脑震荡和脑震荡后综合征的患者所经历的症状是类似的。

考虑到大脑受脑震荡的影响，我认为在脑震荡事件中，大脑的异常运动给蝶枕复合体和与该区域密切相关的神经系统结构带来张力。这一区域的结构不仅产生类似脑震荡和脑震荡后综合征的症状，而且还会在颅骨、枕部和枕部区域以及颈椎节段C1~C3处产生压痛点。损伤的途径也会影响上颈椎，可以放大头痛和颅面疼痛。

位于颅骨、蝶枕和脖颈区域的压痛点，必须在急性或后脑震荡阶段完全解决。我意识到，现在仍缺乏关于牵涉蝶枕复合体在急性脑震荡和脑震荡后综合征相关症状的发展机制的研究。然而，本书作者在与脑震荡患者合作时的经验表明，PRT 为颅骨、颈椎和肩关节的压痛点的治疗，提供了可观的经验，并加快了患者运动和日常活动的恢复。到目前为止，还没有任何研究为那些经历过急性脑震荡或脑震荡后综合征的患者确定其头盖骨、颈椎和上肢的压痛点位置。相关案例研究将有助于为脑震荡患者制订PRT 处理方案提供急需的信息。

常见症状

- 头痛。
- 记忆力差。
- 学习障碍。
- 疲劳。
- 情绪问题。
- 头晕。
- 眼–运动协调减少。
- 注意力不集中。
- 阅读问题。

- 失眠。
- 花更长的时间思考。
- 强迫症。
- 视力模糊。
- 内分泌失调。
- 光敏感。
- 躁动。
- 抑郁。
- 恶心。
- 颞下颌关节功能障碍。
- 平衡问题。
- 反应时间减少。

常见诊断

- 严重脑外伤。
- 头痛。
- 颅内出血。
- 颈椎骨折。
- 椎动脉问题。
- 抑郁。
- 纤维肌痛。
- 创伤后应激障碍。

治疗方法

- 进行一个历史的、系统的回顾。
- 对平衡、手眼协调性以及运动控制进行评估。
- 进行姿势及上肢的影像学检查。
- 对上肢组织的长度—张力进行评估。
- 使用多种模式来控制疼痛。
- 继续进行认知训练。
- 对平衡、协调与前庭进行功能化的康复训练。
- 如果有需要，开展与姿势有关的教育。
- 如果躯体功能障碍是慢性的，需要强化颈部与肩胛的稳定结构。

自我治疗方法

- 每天进行姿势意识训练。
- 进行背向滑翔训练（下巴整形）。
- 继续进行手眼协调以及平衡活动和前庭康复的练习。
- 参加非疼痛范围内的颈、肩环绕运动，力量与伸展练习。

头前倾姿势

众所周知，习惯性的头部前倾姿势（FHP）可以对颞下颌关节和相关软组织结构、上颈椎、上胸椎小关节、肩关节和肩胛带肌肉组织造成巨大的压力（Dutton, 2004; Simon et al., 1999）。持续的头部前倾姿势会让上肢的前后肌肉组织的长度—张力关系发生改变。这些变化改变了组织的神经活动，导致了低效的运动模式（Dutton, 2004; Janda, 1994; Sharmann, 2001; Simons et al., 1999）。例如，在头部前倾姿势里，颈侧肌肉组织（斜角肌和胸锁乳突肌）缩短，颈胸交界处的脊柱后凸畸形程度加大，上部颈椎被动弯曲，上颈椎通过伸展来分散这一压力。伸展的代偿使得下颌骨得以张开，从而增加了咀嚼肌以及舌骨上、下肌肉组织的压力，这可能会给呼吸和吞咽带来影响。头前倾姿势促进了肩带的牵引、延长，肩胛稳定结构的薄弱以及胸大小肌、枕骨下肌与斜方肌上束的紧张。这最终会导致肩部关节的运动出现异常。如果没有对其进行纠正，这种异常的姿势会导致大量的肌筋膜疼痛综合征和上肢的压痛点（Kraus, 1994）。

常见症状

- 头痛（颈源性）。
- 颌痛或紧张（咬肌）。
- 颞肌疼痛。
- 枕大神经刺激（额头疼痛，眶后疼痛）。
- 斜方肌上束疼痛或紧绷。
- 肩关节疼痛和活动范围受限。
- 呼吸模式改变（胸式呼吸）。
- 吞咽改变（颈部运动的舌头挤压）。
- 颈部活动度受限。
- 坐着的时候感到疲劳。
- 头晕。

常见诊断

- 急性创伤（机动车事故）。
- 上颈椎骨折（齿状突不稳）。

治疗部位及其顺序

1. 枕骨下肌
2. 斜角肌
3. 头长肌和颈长肌
4. 胸锁乳突肌
5. 胸大、小肌
6. 锁骨下肌
7. 剑突
8. 斜方肌上束
9. 肩胛提肌
10. 菱形肌
11. 胸竖脊肌
12. 肩胛舌骨肌
13. 二腹肌
14. 舌骨下肌与舌骨上肌
15. 颅骨：颞肌、咬肌、翼状肌、冠状缝、眶上

- 头部外伤。
- 颈椎病（颈椎退行性骨关节病）。
- 颞下颌关节急性或慢性损伤。
- 颞下颌关节盘或囊功能障碍。
- 口颌系统的病理。
- 眩晕（良性、中央、反射、缺血）。
- 纤维肌痛。
- 咬合问题。

治疗方法

- 对上肢进行全面的病史及系统性检查。
- 运用减轻疼痛和软化组织的方法。
- 进行姿势矫正，包括坐姿、站姿以及睡姿。
- 教病人进行上颈椎区的背侧滑动练习（颏褶）。
- 教患者进行肩胛的锻炼以及稳定练习。
- 如果适用，指导患者通过PNF牵拉法来解决上肢前部紧张的问题。

总结

尽管关于颅骨问题的处理方法一直备受争议并存在许多质疑，但当掌握了更多关于常见的躯体功能障碍（可以指颅骨上的疼痛）的知识后，可以帮助从业者理清那些模糊的领域。PRT可以作为颅骨的主要处理方法，也可以用于辅助或强化其他方法的效果，尤其是临床上治疗与脑震荡后综合征有强相关性的疾病。PRT应用者必须对颅内疼痛患者的上肢和颅骨进行全面系统的检查及评估筛查。尽管很难确定疼痛来源的特定结构，但运用PRT处理颅骨问题比其他直接进行治疗的技术更安全，并且可以减轻疼痛，减少对成瘾性疼痛介质的依赖，从而改善功能和生活质量。

👆 搜索与定位评估：足部

患者：＿＿＿＿＿＿＿＿＿＿＿＿＿＿＿＿＿ 诊断：＿＿＿＿＿＿＿＿＿＿＿＿

　　注意压痛点的触诊位置（L/R，即左/右）以及附上治疗日期的治疗前、后的数字疼痛评分量表（NPRS）。额外的结构可以在空白框中注明，如适用，请附上相应的位置描述符（例如，关节线的近端）。

　　关键点：O=起点，MB=肌腹，I=止点，PMTJ=近端肌腱结，DMTJ=远端肌腱结

	日期：			日期：			日期：		
	O/MB/I PMTJ DMTJ	NPRS L/R （治疗前）	NPRS L/R （治疗后）	O/MB/I PMTJ DMTJ	NPRS L/R （治疗前）	NPRS L/R （治疗后）	O/MB/I PMTJ DMTJ	NPRS L/R （治疗前）	NPRS L/R （治疗后）
背部									
骨间背侧肌									
第一跖骨和第二跖骨间隙									
第二跖骨和第三跖骨间隙									
第三跖骨和第四跖骨间隙									
第四跖骨和第五跖骨间隙									
楔骨									
第一									
第二									
第三									
距骨									
前部									
内部									
外部									
趾长伸肌腱									
第二									
第三									
第四									
第五									
趾伸短肌									

（续）

	日期:			日期:			日期:		
	O/MB/I PMTJ DMTJ	NPRS L/R （治疗前）	NPRS L/R （治疗后）	O/MB/I PMTJ DMTJ	NPRS L/R （治疗前）	NPRS L/R （治疗后）	O/MB/I PMTJ DMTJ	NPRS L/R （治疗前）	NPRS L/R （治疗后）
底部									
足底腱膜									
蹈短屈肌									
拇展肌									
小趾展肌									
骨间足底肌和蚓状肌									
第一跖骨和第二跖骨间隙									
第二跖骨和第三跖骨间隙									
第三跖骨和第四跖骨间隙									
第四跖骨和第五跖骨间隙									

备注:

数字疼痛评分量表（NPRS）

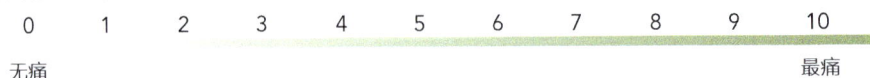

0	1	2	3	4	5	6	7	8	9	10

无痛   最痛

[源自: T. E. Speicher, 2016, Clinical guide to positional release therapy (Champaign, IL: Human Kinetics).]

👆 搜索与定位评估：踝关节和小腿

患者：_____ 诊断：_____

注意压痛点的触诊位置（L/R，即左/右）以及附上治疗日期的治疗前、后的数字疼痛评分量表（NPRS）。额外的结构可以在空白框中注明，如适用，请附上相应的位置描述符（例如，关节线的近端）。

关键点：O=起点，MB=肌腹，I=止点，PMTJ=近端肌腱结，DMTJ=远端肌腱结

	日期：			日期：			日期：		
	O/MB/I PMTJ DMTJ	NPRS L/R （治疗前）	NPRS L/R （治疗后）	O/MB/I PMTJ DMTJ	NPRS L/R （治疗前）	NPRS L/R （治疗后）	O/MB/I PMTJ DMTJ	NPRS L/R （治疗前）	NPRS L/R （治疗后）
前侧									
胫骨前肌									
胫骨前肌腱									
趾长伸肌									
距腓前韧带									
内侧									
胫骨后肌									
胫骨后肌腱									
三角韧带									
胫距后韧带									
胫跟韧带									
胫舟韧带									
胫距前韧带									

（续）

	日期：			日期：			日期：		
	O/MB/I PMTJ DMTJ	NPRS L/R （治疗前）	NPRS L/R （治疗后）	O/MB/I PMTJ DMTJ	NPRS L/R （治疗前）	NPRS L/R （治疗后）	O/MB/I PMTJ DMTJ	NPRS L/R （治疗前）	NPRS L/R （治疗后）
内侧									
腓肠肌									
跟腱									
比目鱼肌									
外侧									
腓骨短肌和腓骨长肌									
跟腓韧带									

备注：

数字疼痛评分量表（NPRS）

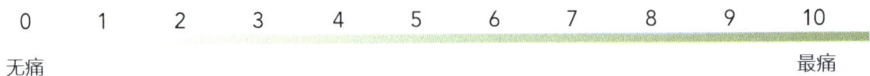

0　1　2　3　4　5　6　7　8　9　10

无痛　　　　　　　　　　　　　　　　　　　　　　　最痛

[源自：T. E. Speicher, 2016, Clinical guide to positional release therapy (Champaign, IL: Human Kinetics).]

🖐 搜索与定位评估：膝关节和大腿

患者：_____ 诊断：_____

注意压痛点的触诊位置（L/R，即左/右）以及附上治疗日期的治疗前、后的数字疼痛评分量表（NPRS）。

额外的结构可以在空白框中注明，如适用，请附上相应的位置描述符（例如，关节线的近端）。

关键点：O=起点，MB=肌腹，I=止点，PMTJ=近端肌腱结，DMTJ=远端肌腱结

	日期：			日期：			日期：		
	O/MB/I PMTJ DMTJ	NPRS L/R （治疗前）	NPRS L/R （治疗后）	O/MB/I PMTJ DMTJ	NPRS L/R （治疗前）	NPRS L/R （治疗后）	O/MB/I PMTJ DMTJ	NPRS L/R （治疗前）	NPRS L/R （治疗后）
前侧									
髌腱									
髌骨									
股四头肌腱									
股直肌									
内侧									
鹅足腱									
内侧副韧带（MCL）									
股内斜肌（VMO）									
内收肌									
大收肌									
长收肌									
耻骨肌									
股薄肌									

（续）

	日期：			日期：			日期：		
	O/MB/I PMTJ DMTJ	NPRS L/R （治疗前）	NPRS L/R （治疗后）	O/MB/I PMTJ DMTJ	NPRS L/R （治疗前）	NPRS L/R （治疗后）	O/MB/I PMTJ DMTJ	NPRS L/R （治疗前）	NPRS L/R （治疗后）
后侧									
腘肌									
腘绳肌									
股二头肌									
半腱肌									
外侧									
髂胫束									
外侧副韧带 （LCL）									
股外侧肌									

备注：

数字疼痛评分量表（NPRS）

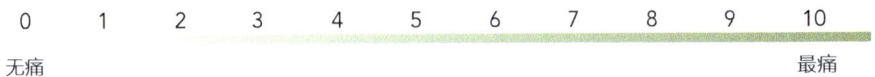

```
     0   1   2   3   4   5   6   7   8   9   10

    无痛                                        最痛
```

[源自：T. E. Speicher, 2016, Clinical guide to positional release therapy (Champaign, IL: Human Kinetics).]

👆 搜索与定位评估：骨盆

患者：_____ 诊断：_____

注意压痛点的触诊位置（L/R，即左/右）以及附上治疗日期的治疗前、后的数字疼痛评分量表（NPRS）。额外的结构可以在空白框中注明，如适用，请附上相应的位置描述符（例如，关节线的近端）。

关键点：O=起点，MB=肌腹，I=止点，PMTJ=近端肌腱结，DMTJ=远端肌腱结

	日期：			日期：			日期：		
	O/MB/I PMTJ DMTJ	NPRS L/R（治疗前）	NPRS L/R（治疗后）	O/MB/I PMTJ DMTJ	NPRS L/R（治疗前）	NPRS L/R（治疗后）	O/MB/I PMTJ DMTJ	NPRS L/R（治疗前）	NPRS L/R（治疗后）
前侧									
髂肌									
腰大肌									
下腹直肌									
缝匠肌腱和肌腹									
股直肌腱									
阔筋膜张肌									
耻骨上支									
耻骨下支									
后侧									
臀中肌									
臀大肌上部纤维									
臀大肌下部纤维									
髋外旋肌腱									
梨状肌									
股方肌									
骶结节韧带									
骶髂关节									

数字疼痛评分量表（NPRS）

| 0 | 1 | 2 | 3 | 4 | 5 | 6 | 7 | 8 | 9 | 10 |

无痛　　　　　　　　　　　　　　　　　　　　　　　　　　　最痛

[源自：T. E. Speicher, 2016, Clinical guide to positional release therapy (Champaign, IL: Human Kinetics).]

👆 搜索与定位评估：脊柱

患者：_____ 诊断：_____

注意压痛点的触诊位置（L/R，即左/右）以及附上治疗日期的治疗前、后的数字疼痛评分量表（NPRS）。额外的结构可以在空白框中注明，如适用，请附上相应的位置描述符（例如，关节线的近端）。

关键点：O=起点，MB=肌腹，I=止点，PMTJ=近端肌腱结，DMTJ=远端肌腱结

	日期：			日期：			日期：		
	O/MB/I PMTJ DMTJ	NPRS L/R （治疗前）	NPRS L/R （治疗后）	O/MB/I PMTJ DMTJ	NPRS L/R （治疗前）	NPRS L/R （治疗后）	O/MB/I PMTJ DMTJ	NPRS L/R （治疗前）	NPRS L/R （治疗后）
前侧									
颈椎									
胸锁乳突肌									
前斜角肌和中斜角肌									
头长肌和颈长肌									
胸椎									
上腹直肌									
肋间肌 （标注等级：＿＿）									
胸骨									
剑突									

后侧									
颈椎									
头夹肌									
枕下肌									
肩胛提肌									
后斜角肌									
颈部棘间肌 （标注等级：＿＿）									

（续）

	日期：			日期：			日期：		
	O/MB/I PMTJ DMTJ	NPRS L/R （治疗前）	NPRS L/R （治疗后）	O/MB/I PMTJ DMTJ	NPRS L/R （治疗前）	NPRS L/R （治疗后）	O/MB/I PMTJ DMTJ	NPRS L/R （治疗前）	NPRS L/R （治疗后）
后侧									
胸椎									
后肋间肌 （标注等级：___）									
胸部和颈部 竖脊肌 （标注等级：___）									
腰椎									
尾骨									
腰方肌									
腰部竖脊肌 （标注等级：___）									
腰部棘间肌 （标注等级：___）									
腰部多裂肌									

备注：

数字疼痛评分量表（NPRS）

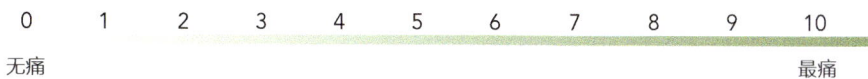

0　　1　　2　　3　　4　　5　　6　　7　　8　　9　　10

无痛　　　　　　　　　　　　　　　　　　　　　　　　最痛

[源自：T. E. Speicher, 2016, Clinical guide to positional release therapy (Champaign, IL: Human Kinetics).]

👆 搜索与定位评估：肩关节

患者：_____ 诊断：_____

注意压痛点的触诊位置（L/R，即左/右）以及附上治疗日期的治疗前、后的数字疼痛评分量表（NPRS）。额外的结构可以在空白框中注明，如适用，请附上相应的位置描述符（例如，关节线的近端）。

关键点：O=起点，MB=肌腹，I=止点，PMTJ=近端肌腱结，DMTJ=远端肌腱结

	日期：			日期：			日期：		
	O/MB/I PMTJ DMTJ	NPRS L/R （治疗前）	NPRS L/R （治疗后）	O/MB/I PMTJ DMTJ	NPRS L/R （治疗前）	NPRS L/R （治疗后）	O/MB/I PMTJ DMTJ	NPRS L/R （治疗前）	NPRS L/R （治疗后）
前侧									
斜方肌上束									
锁骨下肌									
肩锁关节前侧									
三角肌									
前束									
中束									
后束									
肱二头肌长头肌腱									
肱二头肌短头肌腱									
肩胛下肌									
前锯肌									
胸小肌									
胸大肌									

_____

_____

_____

（续）

	日期：			日期：			日期：		
	O/MB/I PMTJ DMTJ	NPRS L/R （治疗前）	NPRS L/R （治疗后）	O/MB/I PMTJ DMTJ	NPRS L/R （治疗前）	NPRS L/R （治疗后）	O/MB/I PMTJ DMTJ	NPRS L/R （治疗前）	NPRS L/R （治疗后）
后侧									
冈上肌									
冈下肌									
小圆肌									
大圆肌									
背阔肌									
肩锁关节后侧									
斜方肌下束									
小菱形肌									
大菱形肌									
肩胛提肌									

备注：

数字疼痛评分量表（NPRS）

0　1　2　3　4　5　6　7　8　9　10

无痛　　　　　　　　　　　　　　　　　　　最痛

[源自：T. E. Speicher, 2016, Clinical guide to positional release therapy (Champaign, IL: Human Kinetics).]

👆 搜索与定位评估：肘关节和前臂

患者：_____ 诊断：_____

注意压痛点的触诊位置（L/R，即左/右）以及附上治疗日期的治疗前、后的数字疼痛评分量表（NPRS）。额外的结构可以在空白框中注明，如适用，请附上相应的位置描述符（例如，关节线的近端）。

关键点：O=起点，MB=肌腹，I=止点，PMTJ=近端肌腱结，DMTJ=远端肌腱结

	日期：			日期：			日期：		
	O/MB/I PMTJ DMTJ	NPRS L/R （治疗前）	NPRS L/R （治疗后）	O/MB/I PMTJ DMTJ	NPRS L/R （治疗前）	NPRS L/R （治疗后）	O/MB/I PMTJ DMTJ	NPRS L/R （治疗前）	NPRS L/R （治疗后）
前侧									
肱二头肌腱膜									
肱桡肌									
旋后肌									
旋前圆肌									
腕屈肌和指屈肌									
桡侧腕屈肌									
尺侧腕屈肌									
掌长肌									
指屈肌									
内侧									
肱骨内上髁									
屈肌总腱									
后侧									
鹰嘴									
肱三头肌									
外侧头									
长头									
内侧头									

（续）

	日期：			日期：			日期：		
	O/MB/I PMTJ DMTJ	NPRS L/R （治疗前）	NPRS L/R （治疗后）	O/MB/I PMTJ DMTJ	NPRS L/R （治疗前）	NPRS L/R （治疗后）	O/MB/I PMTJ DMTJ	NPRS L/R （治疗前）	NPRS L/R （治疗后）
后侧									
肘肌									
腕伸肌和 指伸肌									
桡侧腕伸肌									
尺侧腕伸肌									
伸指总肌									
外侧									
肱骨外上髁									
伸肌总腱									

备注：

数字疼痛评分量表（NPRS）

0　　1　　2　　3　　4　　5　　6　　7　　8　　9　　10

无痛　　　　　　　　　　　　　　　　　　　　　　　最痛

[源自：T. E. Speicher, 2016, Clinical guide to positional release therapy (Champaign, IL: Human Kinetics).]

👆 搜索与定位评估：腕关节和手部

患者：_____ 诊断：_____

注意压痛点的触诊位置（L/R，即左/右）以及附上治疗日期的治疗前、后的数字疼痛评分量表（NPRS）。额外的结构可以在空白框中注明，如适用，请附上相应的位置描述符（例如，关节线的近端）。

关键点：O=起点，MB=肌腹，I=止点，PMTJ=近端肌腱结，DMTJ=远端肌腱结

	日期：			日期：			日期：		
	O/MB/I PMTJ DMTJ	NPRS L/R （治疗前）	NPRS L/R （治疗后）	O/MB/I PMTJ DMTJ	NPRS L/R （治疗前）	NPRS L/R （治疗后）	O/MB/I PMTJ DMTJ	NPRS L/R （治疗前）	NPRS L/R （治疗后）
前侧									
腕屈肌腱									
桡侧腕屈肌									
尺侧腕屈肌									
掌长肌									
掌指关节									
环形：第一/第二/第三/第四/第五									
近端指间关节									
环形：第一/第二/第三/第四/第五									
远端指间关节									
环形：第一/第二/第三/第四/第五									
手部蚓状肌									
第二和第三掌骨间隙									
第三和第四掌骨间隙									
第四和第五掌骨间隙									
拇短展肌和拇短屈肌									
拇对掌肌									
拇收肌									

_____

_____

_____

（续）

	日期：			日期：			日期：		
	O/MB/I PMTJ DMTJ	NPRS L/R （治疗前）	NPRS L/R （治疗后）	O/MB/I PMTJ DMTJ	NPRS L/R （治疗前）	NPRS L/R （治疗后）	O/MB/I PMTJ DMTJ	NPRS L/R （治疗前）	NPRS L/R （治疗后）
后侧									
手骨间背侧肌									
第二和第三掌骨间隙									
第三和第四掌骨间隙									
第四和第五掌骨间隙									
腕伸肌腱									
尺侧腕伸肌									
桡侧腕伸肌									
伸指肌腱									
环形：第二/第三/第四/第五									
拇长伸肌腱									
拇短伸肌腱									

备注：

数字疼痛评分量表（NPRS）

| 0 | 1 | 2 | 3 | 4 | 5 | 6 | 7 | 8 | 9 | 10 |

无痛　　　　　　　　　　　　　　　　　　　　　　　　　　　最痛

[源自：T. E. Speicher, 2016, Clinical guide to positional release therapy (Champaign, IL: Human Kinetics).]

👆 搜索与定位评估：颅骨

患者：_____　　　诊断：_____

注意压痛点的触诊位置（L/R，即左/右）以及附上治疗日期的治疗前、后的数字疼痛评分量表（NPRS）。额外的结构可以在空白框中注明，如适用，请附上相应的位置描述符（例如，关节线的近端）。

关键点：O=起点，MB=肌腹，I=止点，PMTJ=近端肌腱结，DMTJ=远端肌腱结

	日期：			日期：			日期：		
	O/MB/I PMTJ DMTJ	NPRS L/R （治疗前）	NPRS L/R （治疗后）	O/MB/I PMTJ DMTJ	NPRS L/R （治疗前）	NPRS L/R （治疗后）	O/MB/I PMTJ DMTJ	NPRS L/R （治疗前）	NPRS L/R （治疗后）
骨性结构									
枕骨乳突									
枕骨									
后蝶枕									
茎突									
上颌骨									
鼻骨									
眶上									
额骨									
矢状缝									
蝶骨侧蝶枕									
肌肉结构									
颞肌									
咬肌									
翼内肌									
翼外肌									
二腹肌									
舌骨上肌									
舌骨下肌									

（续）

	日期：			日期：			日期：		
	O/MB/I PMTJ DMTJ	NPRS L/R （治疗前）	NPRS L/R （治疗后）	O/MB/I PMTJ DMTJ	NPRS L/R （治疗前）	NPRS L/R （治疗后）	O/MB/I PMTJ DMTJ	NPRS L/R （治疗前）	NPRS L/R （治疗后）
相关组织									
斜方肌上束									
胸锁乳突肌									
（前和中） 斜角肌									
头夹肌									
颈部棘间肌									
肩胛提肌									
菱形肌									
枕下肌									

备注：

数字疼痛评分量表（NPRS）

0　　1　　2　　3　　4　　5　　6　　7　　8　　9　　10

无痛　　　　　　　　　　　　　　　　　　　　　　　最痛

[源自：T. E. Speicher, 2016, Clinical guide to positional release therapy (Champaign, IL: Human Kinetics).]

参考文献

前言

D'Ambrogio, K.J., and Roth, G.B. 1997. *Positional release therapy: Assessment & treatment of musculoskeletal dysfunction*. St. Louis: Mosby.

Jones, L.H. 1964. Spontaneous release by positioning. *The D.O.* (Jan): 109–116.

Speicher, T.E., and Draper, D.O. 2006. Top 10 position-alrelease therapy techniques to break the chain of pain. Part 1. *Athletic Therapy Today* 11(5): 60–62.

第1章

Aguilera, F., Martín, D.P., Masanet, R.A., Botella, A.C., Soler, L.B., and Morell, F.B. 2009. Immediate effect of ultrasound and ischemic compression techniques for the treatment of trapezius latent myofascial trigger points in healthy subjects: A randomized controlled study. *Journal of Manipulative and Physiological Therapeutics* 32(7): 515–520.

Brandt, B., and Jones, L.H. 1976. Some methods of applying counterstrain. *Journal of the American Osteopathic Association* 75(9): 786–789.

Busch, V., Magerl, W., Kern, U., Haas, J., Hajak, G., and Eichhammer, P. 2012. The effect of deep and slow breathing on pain perception, autonomic activity, and mood processing: An experimental study. *Pain Medicine* 13(2): 215–228.

Chaitow, L. 2002. *Positional release techniques*. London: Elsevier Health Sciences.

D'Ambrogio, K.J., and Roth, G.B. 1997. *Positional release therapy: Assessment & treatment of musculoskeletal dysfunction*. St. Louis: Mosby.

Deig, D. 2001. *Positional release technique*. Woburn, MA: Butterworth Heinemann.

Delaney, G.A., and McKee, A.C. 1993. Interand intra–rater reliability of the pressure threshold meter in measure–ment of myofascial trigger point sensitivity. *American Journal of Physical Medicine & Rehabilitation* 72(3): 136–139.

Dommerholt, J., Bron, C., and Franssen, J. 2006. Myofas–cial trigger points: An evidence–informed review. *Journal of Manual & Manipulative Therapy* 14(4): 203–221.

Gemmell, H., Miller, P., and Nordstrom, H. 2008. Immediate effect of ischaemic compression and trigger point pressure release on neck pain and upper trapezius trigger points: A randomised controlled trial. *Clinical Chiropractic* 11(1): 30–36.

Gerwin, R.D., Dommerholt, J., 2002. Treatment of myofascial pain syndromes. In: Weiner, R.(Ed.), Pain Management; A Practical Guide for Clinicians. CRC Press, Boca Raton.

Hong, C. 1994. Lidocaine injection versus dry needling to myofascial trigger point: The importance of the local twitch response. *American Journal of Physical Medicine & Rehabilitation* 73(4): 256–263.

Hong, C., Torigoe, Y., and Yu, J. 1995. The localized twitch responses in responsive taut bands of rabbit skeletal muscle fibers are related to the reflexes at spinal cord level. *Journal of Musculoskeletal Pain* 3(1): 15–33.

Hong, C. 2000. Myofascial trigger points: Pathophysiology and correlation with acupuncture points. *Acupuncture in Medicine* 18(1): 41–47.

Hoover, H.V. 1949. Fundamentals of technic. *AAO Year-book*, 94.

Howell, J.N., Cabell, K.S., Chila, A.G., and Eland, D.C. 2006. Stretch reflex and Hoffmann reflex responses to osteopathic manipulative treatment in subjects with Achilles tendinitis. *Journal of the American Osteopathic Association* 106(9): 537–545.

Jensen, K., Andersen, H.O., Olesen, J., and Lindblom, U. 1986. Pressure–pain threshold in human temporal region: Evaluation of a new pressure algometer. *Pain* 25(3): 313–323.

Johnson, S.M., and Kurtz, M.E. 2003. Osteopathic manipulative treatment techniques preferred by contemporary osteopathic physicians. *Journal of the American Osteopathic Association* 103(5): 219–224. Jones, L.H. 1964. Spontaneous release by positioning. *The D.O.* (Jan): 109–116.

Jones, L.H. 1973. Foot treatment without hand trauma. *Journal of the American Osteopathic Association* 72(5): 481–489.

Jones, L.H., Kusunose, R.S., and Goering, E.K. 1995. *Jones strain-counterstrain*. Boise, ID: Jones Strain–CounterStrain, Inc.

Korr, I.M. 1975. Proprioceptors and somatic dysfunction. *Journal of the American Osteopathic Association* 74(7): 638–650.

Loveless, J., Speicher, T.,E. Evaluation of the relationship between pressure sensitivity, numerical rating score and visual analog scale assessment of upper trapezius trigger points. Paper presented at: Rocky Mountain Athletic Trainers' Association Annual Symposium; 2012; Meza, AZ.

Melzack, R., Stillwell, D.M., and Fox, E.J. 1977. Trigger points and acupuncture points for pain: Correlations and implications. *Pain* 3(1): 3–23.

Myers, H.L., Devine, W.H., Fossum, C., Glover, J., Kuchera, M., Kusunose, R.S., and Buskirk. R.V. 2006. *Clinical application of counterstrain*. Tucson, AZ: Osteopathic Press.

Peters, T., MacDonald, R., and Leach, C.M.J. 2012. Counterstrain treatment in the treatment of restless leg syndrome: A pilot single–blind randomized controlled trial: The CARL trial. *International Musculoskeletal Medicine* 34(4): 136–140.

Simons, D.G., and Travell, J. 1981. Myofascial trigger points: A possible explanation. *Pain* 10(1): 106.

Speicher, T.E., and Draper, D.O. 2006. *Positional release therapy techniques*. Paper presented at the Rocky Mountain Athletic Trainers' Association Annual Symposium, Salt Lake City, UT.

Speicher, T.E., and Draper, D.O. 2006a. Top 10 positional–release therapy techniques to break the chain of pain. Part 1. *Athletic Therapy Today* 11(5): 60–62.

Speicher, T.E., and Draper, D.O. 2006b. Top 10 positional–release therapy techniques to break the chain of pain. Part 2. *Athletic Therapy Today* 11(6): 56–88.

Speicher, T.E., and Kehrhahn, M. 2009. Analogical reasoning: A process for fostering learning transfer from the classroom to clinical practice. *International Forum of Teaching and Studies* 5(2): 52–58.

Still, A.T. 1902. *The philosophy and mechanical principles of osteopathy*. Hudson–Kimberly: Kansas City.

Takala, E.P. 1990. Pressure pain threshold on upper trapezius and levator scapulae muscles: Repeatability and relation to subjective symptoms in a working population. *Scandinavian Journal of Rehabilitation Medicine* 22(2): 63.

Travell, J. 1949. Basis for the multiple uses of local block of somatic trigger areas: Procaine infiltration and ethyl chloride spray. *Mississippi Valley Medical Journal* 71(1): 13.

Williamson, A., and Hoggart, B. 2005. Pain: A review of three commonly used pain rating scales. *Journal of Clinical Nursing* 14(7): 798–804.

Wong, C.K. 2012. Strain counterstrain: Current concepts and clinical evidence. *Manual Therapy* 17(1): 2–8.

Wong, C.K., and Schauer–Alvarez, C. 2004. Effect of strain counterstrain on pain and strength in hip musculature. *Journal of Manual & Manipulative Therapy* 12(4): 215–223.

Woolbright, J.L. 1991. An alternative method of teaching strain/counterstrain manipulation. *Journal of the American Osteopathic Association* 91(4): 370–373.

Wynne, M.M., Burns, J.M., Eland, D.C., Conatser, R.R., and Howell, J.N. 2006. Effect of counterstrain on stretch reflexes, Hoffmann reflexes, and clinical outcomes in subjects with plantar fasciitis. *Journal of the American Osteopathic Association* 106(9): 547–556.

第2章

Appelberg, B., Hulliger, M., Johansson, H., and Sojka, P.1983. Actions on gamma–motoneurones elicited by electrical stimulation of group III muscle afferent fibres in the hind limb of the cat. *The Journal of Physiology* 335(February): 275–292.

Bailey, M., and Dick, L. 1992. Nociceptive considerations in treating with counterstrain. *The Journal of the American Osteopathic Association* 92(3): 334, 337–341.

Bear, M.F., Connors, B.W., and Paradiso, M.A. 2007. *Neuroscience*. Vol. 2. Boston: Lippincott Williams & Wilkins.

Byrne, J.H. (Ed.). 1997. *Neuroscience online: An electronic textbook for the neurosciences*.

Capra, N.F., Hisley, C.K., and Masri, R.M. 2007. The influence of pain on masseter spindle afferent discharge.

Archives of Oral Biology 52(4): 387–390.

Dommerholt, J., Bron, C., and Franssen, J. 2006. Myo–fascial trigger points: An evidence–informed review. *Journal of Manual and Manipulative Therapy* 14(4): 203–221.

Dolezal, V., and Tucek, S. 1992. Effects of tetrodotoxin, Ca^{2+} absence, d–tubocurarine and vesamicol on spontaneous acetylcholine release from rat muscle. *The Journal of Physiology* 458(1): 1–9.

Gerwin, R.D., Dommerholt, J., and Shah, J.P. 2004. An expansion of Simons' integrated hypothesis of trigger point formation. *Current Pain and Headache Reports* 8(6): 468–475.

Herbert, R.D., and Gabriel, M. 2002. Effects of stretching before and after exercising on muscle soreness and risk of injury: Systematic review. *British Medical Journal (Clinical Research Ed.)* 325(7362): 468.

Hocking, M.J.L. 2013. Exploring the central modulation hypothesis: Do ancient memory mechanisms underlie the pathophysiology of trigger points? *Current Pain and Headache Reports* 17(7): 347.

Hong, C.Z., and Yu, J. 1998. Spontaneous electrical activity of rabbit trigger spot after transection of spinal cord and peripheral nerve. *Journal of Musculo-skeletal Pain* 6(4): 45–58.

Houdusse, A., Love, M.L., Dominguez, R., Grabarek, Z., and Cohen, C. 1997. Structures of four Ca^{2+}–bound troponin C at 2.0 AA resolution: Further insights into the Ca^{2+}–switch in the calmodulin superfamily. *Structure* 5(12): 1695–1711.

Howell, J.N., Cabell, K.S., Chila, A.G., and Eland D.C. 2006. Stretch reflex and Hoffmann reflex responses to osteopathic manipulative treatment in subjects with Achilles tendinitis. *Journal of the American Osteopathic Association* 106(9): 537–545.

Hubbard, D.R., and Berkoff, G.M. 1993. Myofascial trigger points show spontaneous needle EMG activity. *Spine* 18(13): 1803–1807.

Johansson, H., and Sojka, P. 1991. Pathophysiological mechanisms involved in genesis and spread of muscular tension in occupational muscle pain and in chronic musculoskeletal pain syndromes: A hypothesis. *Medical Hypotheses* 35(3): 196–203.

Jones, L.H. 1973. Foot treatment without hand trauma. *Journal of the American Osteopathic Association* 72(5): 481–490.

Kandel, E.R., Schwartz, J.H., and Jessell, T.M. 2000. *Principles of neural science*. New York: McGraw–Hill.

Korr, I. M. 1947. The neural basis of the osteopathic lesion. *The Journal of the American Osteopathic Association* 47(4): 191–198.

Knight, K.L., and Draper, D.O. 2012. *Therapeutic modalities: The art and science*. Boston: Lippincott Williams & Wilkins.

Korr, I.M. 1975. Proprioceptors and somatic dysfunction. *Journal of the American Osteopathic Association* 74(7): 638.

Kostopoulos, D., Nelson Jr., A.J., Ingber, R.S., and Larkin, R.W. 2008. Reduction of spontaneous electrical activity and pain perception of trigger points in the upper trapezius muscle through trigger point compression and passive stretching. *Journal of Musculoskeletal Pain* 16(4): 266–278.

Kovyazina, I.,V., Nikolsky, E.,E., Rashid, A., Giniatullin, A., Adámek, S., and Vyskočil, F. 2003. Dependence of miniature endplate current on kinetic parameters of acetylcholine receptors activation: a model study. *Neurochemical Research* 28(3–4): 443–448.

Larsson, R.,P., Öberg A., and Larsson, S. 1999. Changes of trapezius muscle blood flow and electromyography in chronic neck pain due to trapezius myalgia. *Pain* 79(1): 45–50.

Maekawa, K., Clark, G.T., and Kuboki, T. 2002. Intra–muscular hypoperfusion, adrenergic receptors, and chronic muscle pain. *The Journal of Pain* 3(4): 251–260.

Matthews, P.C. 1981. Muscle spindles: Their messages and their fusimotor supply. *Comprehensive Physiology.*

McKillop, D.F., and Geeves, M.A. 1993. Regulation of the interaction between actin and myosin subfragment 1: Evidence for three states of the thin filament. *Biophysical Journal* 65(2): 693–701.

McPartland, J.,M. 2004. Travell trigger points–molecular and osteopathic perspectives. *Journal of the American Osteopathic Association* 104: 244–250.

McPartland, J.M., and Simons, D.G. 2006. Myofascial trigger points: Translating molecular theory into manual therapy. *Journal of Manual and Manipulative Therapy* 14(4): 232–239.

Moore, M. 2007. Golgi tendon organs neuroscience update with relevance to stretching and proprioception in dancers. *Journal of Dance Medicine and Science* 11(3): 85–92.

O' Halloran, D.J., and Bloom, S.R. 1991. Calcitonin gene related peptide. *British Medical Journal* (*Clinical Research Ed.*) 302(6779): 739–740.

Proske, U., and Morgan, D.L. 2001. Muscle damage from eccentric exercise: Mechanism, mechanical signs, adaptation and clinical applications. *The Journal of Physiology* 537(2): 333–345.

Reinöhl, J., Hoheisel, U., Unger, T., and Mense, S. 2003. Adenosine triphosphate as a stimulant for nociceptive and non–nociceptive muscle group IV receptors in the rat. *Neuroscience Letters* 338(1): 25–28.

Rosas–Ballina, M., Olofsson, P.S., Ochani, M., Valdés–Ferrer, S.I., Levine, Y.A., Reardon, C., Tusche, M.W., Pavlov, V.A., Andersson, U., Chavan, S., et al. 2011. Acetylcholine–synthesizing T cells relay neural signals in a vagus nerve circuit. *Science* 334(6052): 98–101.

Shah, J.P., Phillips, T., Danoff, J.V., and Gerber, L.H. 2003. A novel microanalytical technique for assaying soft tissue demonstrates significant quantitative biochemical differences in 3 clinically distinct groups: Normal, latent, and active. *Archives of Physical Medicine and Rehabilitation* 84(9): E4.

Simons, D.G., Travell, J.G., and Simons, L.S. 1999. *Travell and Simons' myofascial pain and dysfunction: Upper half of body*. Vol. 1. Baltimore: Lippincott Williams & Wilkins.

Sluka, K.A., Kalra, A., and Moore, S.A. 2001. Unilateral intramuscular injections of acidic saline produce a bilateral, long–lasting hyperalgesia. *Muscle & Nerve* 24(1): 37–46.

Sluka, K.A., Price, M.P., Breese, N.M., Stucky, C.L., Wemmie, J.A., and Welsh, M.J. 2003. Chronic hyperalgesia induced by repeated acid injections in muscle is abolished by the loss of ASIC 3, but not ASIC1. *Pain* 106(3): 229–239.

Speicher, T.E., and Draper, D.O. 2006. *Positional release therapy techniques*. Paper presented at the Rocky Mountain Athletic Trainers' Association Annual Symposium, Salt Lake City, UT.

Stauber, W.T., Clarkson, P.M., Fritz, V.K., and Evans, W.J. 1990. Extracellular matrix disruption and pain after eccentric muscle action. *Journal of Applied Physiology* 69(3): 868–874.

Thunberg, J., Ljubisavljevic, M., Djupsjöbacka, M., and

Johansson, H. 2002. Effects on the fusimotor–muscle spindle system induced by intramuscular injections of hypertonic saline. *Experimental Brain Research* 142(3): 319–326.

Vandenboom, R. 2004. The myofibrillar complex and fatigue: A review. *Canadian Journal of Applied Physiology* 29(3): 330–356.

Wessler, I. 1996. Acetylcholine release at motor end–plates and autonomic neuroeffector junctions: A comparison. *Pharmacological Research* 33(2): 81–94.

Wong, K.C., and Schauer–Alvarez, C. 2004. Effect of strain counterstrain on pain and strength in hip muscu–lature. *Journal of Manual and Manipulative Therapy* 12(4): 215–223.

Wynne, M.M., Burns, J.M., Eland, D.C., Conatser, R.R., and Howell, J.N. 2006. Effect of counterstrain on stretch reflexes, Hoffmann reflexes, and clinical outcomes in subjects with plantar fasciitis. *Journal of the American Osteopathic Association* 106(9): 547–556.

第3章

Bauer, T., Gaumetou, E., Klouche, S., Hardy, P., and Maffulli, N. 2014. Metatarsalgia and Morton's disease: Comparison of outcomes between open procedure and neurectomy versus percutaneous metatarsal osteotomies and ligament release with a minimum of 2 years of follow–up. *Journal of Foot and Ankle Surgery* 54(3): 373–377.

Bolgla, L.A., and Malone, T.R. 2004. Plantar fasciitis and the windlass mechanism: A biomechanical link to clinical practice. *Journal of Athletic Training* 39(1): 77.

Butterworth, P.A., Landorf, K.B., Gilleard, W., Urquhart, D.M., and Menz, H.B. 2014. The association between body composition and foot structure and function: A systematic review. *Obesity Reviews* 15(4): 348–357.

Dowling, G.J., Murley, G.S., Munteanu, S.E., Franet–tovich Smith, M.M., Neal, B.S., Griffiths, I.B., Barton, C.J., and Collins, N.J. 2014. Dynamic foot function as a risk factor for lower limb overuse injury: A systematic review. *Journal of Foot and Ankle Research* 7(53): 1–13.

Hill, C.L., Gill, T.K., Menz, H.B., Taylor, A.W., et al. 2008. Prevalence and correlates of foot pain in a population–based study: The North West Adelaide Health Study. *Journal of Foot and Ankle Research*

1(2): 1–7.

Murphy, D.F., Connolly, D.A.J., and Beynnon, B.D. 2003. Risk factors for lower extremity injury: A review of the literature. *British Journal of Sports Medicine* 37(1): 13–29.

Neal, B.S., Griffiths, I.B., Dowling, G.J., Murley, G.S., Munteanu, S.E., Franettovich Smith, M.M., Collins, N.J., and Barton, C.J. 2014. Foot posture as a risk factor for lower limb overuse injury: A systematic review and meta–analysis. *Journal of Foot and Ankle Research* 7: 55.

Schwenk, M., Jordan, E.D., Honarvararaghi, B., Mohler, J., Armstrong, D.G., and Najafi, B. 2013. Effectiveness of foot and ankle exercise programs on reducing the risk of falling in older adults: A systematic review and meta–analysis of randomized controlled trials. *The Journal of the Amercian Podiatric Association* 103(6): 534–547.

Shibuya, N., Davis, M.L., and Jupiter, D.C. 2014. Epide–miology of foot and ankle fractures in the United States: An analysis of the national trauma data bank (2007 to 2011). *Journal of Foot and Ankle Surgery* 53(5): 606–608.

Spink, M.J., Menz, H.B., Fotoohabadi, M.R., Wee, E., Landorf, K.B., Hill, K.D., Lord, S.R., et al. 2011. Effectiveness of a multifaceted podiatry intervention to prevent falls in community dwelling older people with disabling foot pain: Randomised controlled trial. *BMJ* 342.

Thomas, M.J., Roddy, E., Zhang, W., Menz, H.B., Hannan, M.T., and Peat, G.M. 2011. The population prevalence of foot and ankle pain in middle and old age: A systematic review. *Pain* 152(12): 2870–2880.

Tong, J.W.K., and Kong, P.W. 2013. Association between foot type and lower extremity injuries: Systematic literature review with meta–analysis. *Journal of Orthopaedic & Sports Physical Therapy* 43(10): 700–714.

Wong, C.K. 2012. Strain counterstrain: Current concepts and clinical evidence. *Manual Therapy* 17(1): 2–8.

Wong, C.K., and Schauer–Alvarez, C. 2004. Effect of strain counterstrain on pain and strength in hip musculature. *Journal of Manual & Manipulative Therapy* 12(4): 215–223.

第4章

Bastien, M., Moffet, H., Bouyer, L.J., Perron, M., Hébert, L.J., and Leblond, J. 2015. Alteration in global motor strategy following lateral ankle sprain. *BMC Musculoskeletal Disorders* 15(1): 436.

Cleland, J.A., Mintken, P., McDevitt, A., Bieniek, M., Carpenter, K., Kulp, K., and Whitman, J.M. 2013. Manual physical therapy and exercise versus supervised home exercise in the management of patients with inversion ankle sprain: A multicenter randomized clinical trial. *Journal of Orthopaedic & Sports Physical Therapy* 43(7): 443–455.

Doherty, C., Delahunt, E., Caulfield, B., Hertel, J., Ryan, J., and Bleakley, C. 2015. The incidence and prevalence of ankle sprain injury: A systematic review and meta–analysis of prospective epidemiological studies. *Sports Medicine* 44(1): 123–140.

Dowling, G.J., Murley, G.S., Munteanu, S.E., Franettovich Smith, M.M., Neal, B.S., Griffiths, I.B., Barton, C.J., and Collins, N.J. 2015. Dynamic foot function as a risk factor for lower limb overuse injury: A systematic review. *Journal of Foot and Ankle Research* 7(53): 1–13.

Eisenhart, A.W., Gaeta, T.J., and Yens, D.P. 2003. Osteopathic manipulative treatment in the emergency department for patients with acute ankle injuries. *JAOA: Journal of the American Osteopathic Asso–ciation* 103(9): 417–421.

Franklyn–Miller, A., Wilson, C., Bilzon, J., and Mc–Crory, P. 2011. Foot orthoses in the prevention of injury in initial military training: A randomized controlled trial. *The American Journal of Sports Medicine* 39(1): 30–37.

Giandolini, M., Horvais, N., Farges, Y., Samozino, P., and Morin, J.–B. 2013. Impact reduction through longterm intervention in recreational runners: Midfoot strike pattern versus low–drop/low–heel height footwear. *European Journal of Applied Physiology* 113(8): 2077–2090.

Murphy, K., Curry, E.J., and Matzkin, E.G. 2013. Barefoot running: Does it prevent injuries? *Sports Medicine* 43(11): 1131–1138.

Nielsen, R.O., Buist, I., Sørensen, H., Lind, M., and Rasmussen, S. 2012. Training errors and running related injuries: A systematic review. *International*

Journal of Sports Physical Therapy 7(1): 58.

Newman, P., Witchalls, J., Waddington, G., and Adams, R. 2013. Risk factors associated with medial tibial stress syndrome in runners: A systematic review and meta–analysis. *Open Access Journal of Sports Medicine* 4: 229.

Peters, J.A., Zwerver, J., Diercks, R.L., Elferink–Gemser, M.T., and van den Akker–Scheek, I. 2015. Preventive interventions for tendinopathy: A systematic review. *Journal of Science and Medicine in Sport*, April.

Smith, H.S., Harris, R., and Clauw, D. 2011. Fibromyalgia: An afferent processing disorder leading to a complex pain generalized syndrome. *Pain Physician* 14(2): E217–245.

Swenson, D.M., Collins, C.L., Fields, S.K., and Comstock, R.D. 2013. Epidemiology of U.S. high school sports–related ligamentous ankle injuries, 2005/06–2010/11. *Clinical Journal of Sport Medicine: Official Journal of the Canadian Academy of Sport Medicine* 23(3): 190–196.

Valderrabano, V., Hintermann, B., Horisberger, M., and Shing Fung, T. 2006. Ligamentous posttraumatic ankle osteoarthritis. *The American Journal of Sports Medicine* 34(4): 612–620.

Waterman, B.R., Owens, B.D., Davey, S., Zacchilli, M.A., and Belmont, P.J. 2010. The epidemiology of ankle sprains in the United States. *The Journal of Bone & Joint Surgery* 92(13): 2279–2285.

Zadpoor, A.A., and Nikooyan, A.A. 2011. The relationship between lower–extremity stress fractures and the ground reaction force: A systematic review. *Clinical Biomechanics* 26(1): 23–28.

第5章

Bates, T., and Grunwaldt, E. 1958. Myofascial pain in childhood. *Journal of Pediatrics* 53(2): 198–209.

Bauer, J., and Duke, L. 2011. Examining biomechanical and anthropometrical factors as contributors to iliotibial band friction syndrome. *Sport Science Review* 20(1–2): 39–53.

Birmingham, T.B., Kramer, J., Lumsden, J., Obright, K.D., and Kramer, J.E. 2004. Effect of a positional release therapy technique on hamstring flexibility. *Physiotherapy Canada* 56(3): 165–170.

Crowell, H.P., and Davis, I.S. 2011. Gait retraining to reduce lower extremity loading in runners. *Clinical Biomechanics* 26(1): 78–83.

Danielson, P., Andersson, G., Alfredson, H., and Forsgren, S. 2008. Marked sympathetic component in the perivascular innervation of the dorsal paratendinous tissue of the patellar tendon in arthroscopically treated tendinosis patients. *Knee Surgery, Sports Traumatology, Arthroscopy* 16(6): 621–626.

DiFiori, J.P., Benjamin, H.J.,. Brenner, J.S., Gregory, A., Jayanthi, N., Landry, G.L., and Luke, A. 2014. Overuse injuries and burnout in youth sports: A position statement from the American Medical Society for Sports Medicine. *British Journal of Sports Medicine* 48(4): 287–288.

Felson, D.T., Niu, J., Gross, K.D., Englund, M., Sharma, L., Derek, T., Cooke, V., Guermazi, A., et al. 2013. Valgus malalignment is a risk factor for lateral knee osteoarthritis incidence and progression: Findings from the Multicenter Osteoarthritis Study and the Osteoarthritis Initiative. *Arthritis & Rheumatism* 65(2): 355–362.

Foss, K., Barber, D., Myer, G.D., Chen, S.S., and Hewett, T.E. 2012. Expected prevalence from the differential diagnosis of anterior knee pain in adolescent female athletes during preparticipation screening. *Journal of Athletic Training* 47(5): 519–524.

Gage, B.E., McIlvain, N.M., Collins, C.L., Fields, S.K., and Comstock, R.D. 2012. Epidemiology of 6.6 million knee injuries presenting to United States emergency departments from 1999 through 2008. *Academic Emergency Medicine* 19(4): 378–385.

Grimm, N.L., Shea, K.G., Leaver, R.W., Aoki, S.K., and Carey, J.L. 2012. Efficacy and degree of bias in knee injury prevention studies: A systematic review of RCTs. *Clinical Orthopaedics and Related Research* 471(1): 308–316.

Hägglund, M., Atroshi, I., Wagner, P., and Waldén, M. 2013. Superior compliance with a neuromuscular training programme is associated with fewer ACL injuries and fewer acute knee injuries in female adolescent football players: Secondary analysis of an RCT. *British Journal of Sports Medicine* 47(15): 974–979.

Herbert, R.D., and Gabriel, M. 2002. Effects of stretching before and after exercising on muscle soreness and risk of injury: A systematic review. *BMJ*

325(7362): 468.

Hewett, T.E., Di Stasi, S.L., and Myer, G.D. 2013. Current concepts for injury prevention in athletes after anterior cruciate ligament reconstruction. *American Journal of Sports Medicine* 41(1): 216–224.

Kaandeepan, M.M., Cheraladhan, E.S., Premkumar, M., and. Shah, S.K. 2011. Comparing the effectiveness of positional release therapy technique and passive stretching on hamstring muscle through sit to reach test in normal female subjects. *Indian Journal of Physiotherapy & Occupational Therapy* 5(3): 58–61.

Kraus, T., Švehlík, M., Singer, G., Schalamon, J., Zwick, E., and Linhart, W. 2012. The epidemiology of knee injuries in children and adolescents. *Archives of Orthopaedic and Trauma Surgery* 132(6): 773–779.

Larsson, M.E.H, Käll, I., and Nilsson–Helander, K. 2012. Treatment of patellar tendinopathy: A systematic review of randomized controlled trials. *Knee Surgery, Sports Traumatology, Arthroscopy* 20(8): 1632–1646.

Lavine, R. 2010. Iliotibial band friction syndrome. *Current Reviews in Musculoskeletal Medicine* 3(1–4): 18–22.

Leetun, D.T., Ireland, M.L., Willson, J.D., Ballantyne, B.T., and McClay Davis, I. 2004. Core stability measures as risk factors for lower extremity injury in athletes. *Medicine & Science in Sports & Exercise* 36(6): 926–934.

Michaelidis, M., and Koumantakis, G.A. 2014. Effects of knee injury primary prevention programs on anterior cruciate ligament injury rates in female athletes in different sports: A systematic review. *Physical Therapy in Sport* 15(3): 200–210.

Murphy, D.F., Connolly, D.A.J., and Beynnon, B.D. 2003. Risk factors for lower extremity injury: A review of the literature. *British Journal of Sports Medicine* 37(1): 13–29.

Neogi, T., and Zhang, Y. 2013. Epidemiology of osteoarthritis. *Rheumatic Disease Clinics of North America, Update on Osteoarthritis*, 39(1): 1–19.

Noyes, F.R., and Barber–Westin, S.D. 2014. Neuromuscular retraining intervention programs: Do they reduce noncontact anterior cruciate ligament injury rates in adolescent female athletes? *Arthroscopy: The Journal of Arthroscopic & Related Surgery* 30(2): 245–255.

Rodriguez–Merchan, E.C. 2013. The treatment of patellar tendinopathy. *Journal of Orthopaedics and Traumatology* 14(2): 77–81.

Sadoghi, P., von Keudell, A., and Vavken, P. 2012. Effectiveness of anterior cruciate ligament injury prevention training programs. *The Journal of Bone & Joint Surgery* 94(9): 769–776.

Smith, H.C., Vacek, P., Johnson, R.J., Slauterbeck, J.R., Hashemi, J., Shultz, S., and Beynnon, B.D. 2012. Risk factors for anterior cruciate ligament injury a review of the literature—part 1: Neuromuscular and anatomic risk. *Sports Health: A Multidisciplinary Approach* 4(1): 69–78.

Swenson, D.M.,. Collins, C.L., Best, T.M., Flanigan, D.C., Fields, S.K., and Comstock, R.D. 2013. Epidemiology of knee injuries among U.S. high school athletes, 2005/06–2010/11. *Medicine & Science in Sports & Exercise* 45(3): 462–469.

Van Gent R.N., Siem, D., and Middelkoop, M. 2007. Incidence and determinants of lower extremity running injuries in long distance runners: A systematic review. *British Journal of Sports Medicine* 41(8): 469–480.

第6章

Anderson, K., Strickland, S.M., Warren, R. 2001. Hip and groin injuries in athletes. *The American Journal of Sports Medicine* 29(4): 521–533.

Cohen, S.P. 2005. Sacroiliac joint pain: A comprehensive review of anatomy, diagnosis, and treatment. *Anesthesia & Analgesia* 101(5): 1440–1453.

Engebretsen, A.H., Myklebust, G., Holme, I., Engebretsen, L., and Bahr, R. 2010. Intrinsic risk factors for groin injuries among male soccer players: A prospective cohort study. *The American Journal of Sports Medicine* 38(10): 2051–2057.

Gladwell, V., Head, S., Haggar, M., and Beneke, R. 2006. Does a program of Pilates improve chronic non–specific low back pain? *Journal of Sport Rehabilitation* 15(4): 338.

Hopayian, K., Song, F., Riera, R., and Sambandan, S. 2010. The clinical features of the piriformis syndrome: A systematic review. *European Spine Journal* 19(12): 2095–2109.

Khan, M., Adamich, J., Simunovic, N., Philippon, M.J., Bhandari, M., and Ayeni, O.R. 2013. Surgical management of internal snapping hip syndrome: A systematic review evaluating open and arthroscopic approaches. *Arthroscopy: The Journal of Arthroscopic & Related Surgery* 29(5): 942–948.

Leetun, D.T., Ireland, M.L., Willson, J.D., Ballantyne, B.T., and Davis, I.M. 2004. Core stability measures as risk factors for lower extremity injury in athletes. *Medicine & Science in Sports & Exercise* 36(6): 926–934.

Macedo, L.G., Maher, C.G., Latimer, J., and McAuley, J.H. 2009. Motor control exercise for persistent, nonspecific low back pain: A systematic review. *Physical Therapy* 89(1): 9–25.

McGill, S. 2007. *Low back disorders: Evidence-based prevention and rehabilitation*(2nd ed.). Champaign, IL: Human Kinetics.

Morelli, V., and Weaver, V. 2005. Groin injuries and groin pain in athletes: Part 1. *Primary Care: Clinics in Office Practice* 32(1): 163–183.

Peate, W.F., Bates, G., Lunda, K., Francis, S., and Bellamy, K. 2007. Core strength: A new model for injury prediction and prevention. *Journal of Occupational Medical Toxicology* 2(3): 1–9.

Posadzki, P., Lizis, P., and Hagner–Derengowska, M. 2011. Pilates for low back pain: A systematic review. *Complementary Therapies in Clinical Practice* 17(2): 85–89.

Rupert M.P., et al. 2009. Evaluation of sacroiliac joint interventions: A systematic appraisal of the literature. *Pain Physician* 12: 399–418.

Seidenberg, P., and Bowen, J.D. 2010. *The hip and pelvis in sports medicine and primary care*. New York: Springer.

Sharma, D., and Sen, S. 2014. Effects of muscle energy technique on pain and disability in subjects with SI joint dysfunction. *International Journal of Physiotherapy and Research* 2(1): 305–311.

Speicher, T.E., Martin, R.D., and Desimone, R. 2006. Management of low back pain through the use of ADL education. *Athletic Therapy Today* 11(6): 55–58.

Szadek, K.M., Van der Wurff, P., Van Tulder, M.W., Zuurmond, W.W., and Perez, R. 2009. Diagnostic validity of criteria for sacroiliac joint pain: A systematic review. *The Journal of Pain* 10(4): 354–368.

Topol, G.A., Reeves, K.D., and Hassanein, K.M. 2005. Efficacy of dextrose prolotherapy in elite male kicking–sport athletes with chronic groin pain. *Archives of Physical Medicine and Rehabilitation* 86(4): 697–702.

Valent, A., Frizziero, A., Bressan, S., Zanella, E., Giannotti, E., and Masiero, S. 2012. Insertional tendinopathy of the adductors and rectus abdominis in athletes: A review. *Muscles, Ligaments and Tendons Journal* 2(2): 142.

Wong, C., and Schauer–Alvarez, C. 2004. Effect of strain counterstrain on pain and strength in hip musculature. *The Journal of Manual and Manipulative Therapy* 12(4): 215–223.

第7章

Andersson, G.B.J. 1999. Epidemiological features of chronic low–back pain. *The Lancet* 354(9178): 581–588.

Baker, R.T., Nasypany, A., Seegmiller, J.G., and Baker, J.G. 2013. Treatment of acute torticollis using positional release therapy: Part 2. *International Journal of Athletic Therapy and Training* 18(2): 38–43.

Belzberg, P.B., Hansson, T., Dorsi, M. 2010. Treatment for thoracic outlet syndrome. *Cochrane Database of Systematic Reviews* 1: 1–19.

Bartynski, W.S., Dejohn, L.M., Rothfus, W.E., and Gerszten, P.C. 2013. Progressive–onset versus injury–associated discogenic low back pain: Features of disc internal derangement in patients studied with provocation lumbar discography. *Interventional Neuroradiology* 19(1): 110.

Bono, C.M. 2004. Low–back pain in athletes. *The Journal of Bone & Joint Surgery* 86(2): 382–396.

Chirurgi, R., and Kahlon, S. 2012. Isolated torticollis may present as an atypical presentation of meningitis. *Case Reports in Emergency Medicine* Volume 2012.

Deane, L., Giele, H., and Johnson, K. 2012. Thoracic outlet syndrome. *British Medical Journal* 345: e7373.

Endean, A., Palmer, K.T., Coggon, D. 2011. Potential MRI findings to refine case definition for mechanical low back pain in epidemiology studies: A systematic review. *Spine* 15(36): 160–169.

Furlan, A.D., Yazdi, F., Tsertsvadze, A., Gross, A., Tulder, M.V., Santaguida, L., Gagnier, J., et al. 2011. A systematic review and meta–analysis of efficacy, cost–effectiveness, and safety of selected complementary and alternative medicine for neck and low–back pain. *Evidence-Based Complementary and Alternative Medicine* Volume 2012.

Hoy, D., Bain, C., Williams, G., March, L., Brooks, P., Blyth, F., Woolf, A., Vos, T., and Buchbinder, R. 2012. A systematic review of the global prevalence of low back pain. *Arthritis & Rheumatism* 64(6): 2028–2037.

Hoy, D., Brooks, P., Blyth, F., and Buchbinder, R. 2010. The epidemiology of low back pain. *Best Practice & Research Clinical Rheumatology* 24(6): 769–781.

Krismer, M., and Van Tulder, M. 2007. Low back pain (non–specific). *Best Practice & Research Clinical Rheumatology* 21(1): 77–91.

Kuchera, M.L. 2008. Osteopathic manipulative medicine considerations in patients with chronic pain. *Journal of the American Osteopathic Association* 105 (Suppl. 4): S29–36.

Lal, S., Abbasi, A., and Jamro, S. 2011. Response of primary torticollis to physiotherapy. *Journal of Surgery Pakistan* (International) 16: 4.

Laulan, J., Fouquet, B., Rodaix, C., Jauffret, P., Roque–laure, Y., and Descatha, A. 2011. Thoracic outlet syndrome: Definition, aetiological factors, diagnosis, management and occupational impact. *Journal of Occupational Rehabilitation* 21(3): 366–373.

Lewis, C., and Flynn, T.W. 2001. The use of strain–counterstrain in the treatment of patients with low back pain. *Journal of Manual & Manipulative Therapy* 9(2): 92–98.

Lewis, C., Souvlis, T., and Sterling, M. 2011. Strain–counterstrain therapy combined with exercise is not more effective than exercise alone on pain and disability in people with acute low back pain: A randomised trial. *Journal of Physiotherapy* 57(2): 91–98.

Livshits, G., Popham, M., Malkin, I., Sambrook, P.N., MacGregor, A.J., Spector, T., and Williams, F. 2011. Lumbar disc degeneration and genetic factors are the main risk factors for low back pain in women: The UK twin spine study. *Annals of the Rheumatic Diseases* 70(10): 1740–1748.

Luo, X., Pietrobon, R., Sun, S.X., Liu, G., and Hey, L. 2004. Estimates and patterns of direct health care expenditures among individuals with back pain in the United States. *Spine* 29(1): 79–86.

O' Brien, P.J., Ramasunder, S., and Cox, M.W. 2011. Venous thoracic outlet syndrome secondary to first rib osteochon–droma in a pediatric patient. *Journal of Vascular Surgery* 53(3): 811–813.

Patwardhan, S., Shyam, K., Sancheti, P., Arora, T., Nagda, and Naik, P. 2011. Adult presentation of congenital muscular torticollis a series of 12 patients treated with a bipolar release of sternocleidomastoid and z–lengthening. *Journal of Bone & Joint Surgery, British Volume* 93(6): 828–832.

Per, H., Canpolat, M., Tümtürk, A., Gumuş, H., Gokoglu, A., Yikilmaz, A., Özmen, S., et al. 2014. Different etiologies of acquired torticollis in childhood. *Child's Nervous System* 30(3): 431–440.

Povlsen, B., Belzberg, A., Hansson, T., and Dorsi, M. 2010. Treatment for thoracic outlet syndrome. *Cochrane Database of Systematic Reviews* 11.

Shankar, L., Abbasi, A.S., Jamro, S. 2011. Response of primary torticollis to physiotherapy. *Journal of Surgery Pakistan(International)* 16(4): 153–156.

Shiri, R., Karppinen, J., Leino–Arjas, P., Solovieva, S., and Viikari–Juntura, E. 2010. The association between obesity and low back pain: A meta–analysis. *American Journal of Epidemiology* 171(2): 135–154.

Todd, A.G. 2011. Cervical spine: Degenerative conditions. *Current Reviews in Musculoskeletal Medicine* 4(4): 168–174.

Wong, C.K. 2012. Strain counterstrain: Current concepts and clinical evidence. *Manual Therapy* 17(1): 2–8.

Yim, S.Y., Yoon, D., Park, M.C., Lee, I.J., Kim, J. H., Lee, M.A., Kwack, K.S., et al. 2013. Integrative analysis of congenital muscular torticollis: From gene expression to clinical significance. *BMC Medical Genomics* 6 (Suppl. 2): S10.

第8章

Allen, L. 2013. Long head of biceps tendon. *UNM Orthopaedic Research Journal* 2: 21–23.

Andersen, J.H., Fallentin, N., Thomsen, J.F., and Mikkelsen, S. 2011. Risk factors for neck and upper extremity disorders among computers users and the effect of interventions: An overview of systematic reviews. *PLoS One* 6(5): e19691.

Da Costa, B.R., and Vieira, E.R. 2010. Risk factors for work–related musculoskeletal disorders: A systematic review of recent longitudinal studies. *American Journal of Industrial Medicine* 53(3): 285–323.

Das, K.P., Talukdar, D.C., Chowdhury, R.M., Islam, A., Datta, N.K., Shoma, F.K., and Islam, M.N. 2012. Patients' satisfaction of surgery for resistant cases of de Quervain's disease. *Journal of Dhaka Medical College* 20(2): 146–152.

Ditsios, K., Agathangelidis, F., Boutsiadis, A., Karataglis, D., and Papadopoulos, P. 2012. Long head of the biceps pathology combined with rotator cuff tears. *Advances in Orthopedics* Volume 2012.

Ebaugh, D., Spinelli, B., and Schmitz, K.H. 2011. Shoulder impairments and their association with symptomatic rotator cuff disease in breast cancer survivors. *Medical Hypotheses* 77(4): 481–487.

Ellenbecker, T.S., and Cools, A. 2010. Rehabilitation of shoulder impingement syndrome and rotator cuff injuries: An evidence–based review. *British Journal of Sports Medicine* 44(5): 319–327.

Fernandez–de–las–Penas, C., Gröbli, C., Ortega–Santiago, R., Fischer, C.S., Boesch, D., Froidevaux, P., Stocker, L., Weissmann, R., and González–Iglesias, J. 2012. Referred pain from myofascial trigger points in head, neck, shoulder, and arm muscles reproduces pain symptoms in blue–collar (manual) and white–collar (office) workers. *The Clinical Journal of Pain* 28(6): 511–518.

Galasso, O., Gasparini, G., Benedetto, M., Familiari, F., and Castricini, R. 2012. Tenotomy versus tenodesis in the treatment of the long head of biceps brachii tendon lesions. *BMC Musculoskeletal Disorders* 13(1): 205.

Gottschalk, A.W., Andrish, J.T. 2011. Epidemiology of sports injury in pediatric athletes. *Sports Medicine Arthroscopic Review* 19: 2–6.

Jacobson, E.C., Lockwood, M.D., Hoefner, V.C., Dickey, J.L., and Kuchera, W.L. 1989. Shoulder pain and repetition strain injury to the supraspinatus muscle: Etiology and manipulative treatment. *Journal of the American Osteopathic Association* 89(8): 1037–1040.

Jain, N.B., Higgins, L.D., Losina, E., Collins, J., Blazar, P.E., and Katz, J.N. 2014. Epidemiology of musculoskeletal upper extremity ambulatory surgery in the United States. *BMC Musculoskeletal Disorders* 15(1): 4.

Karthik, K., Carter–Esdale, C.W., Vijayanathan, S., and Kochhar, T. 2013. Extensor pollicis brevis tendon damage presenting as de Quervain's disease following kettlebell training. *BMC Sports Science, Medicine and Rehabilitation* 5(1): 13.

Kietrys, D.M., Palombaro, K.M., Azzaretto, E., Hubler, R., Schaller, B., Schlussel, J.M., and Tucker, M. 2013. Effectiveness of dry needling for upper–quarter myofascial pain: A systematic review and meta–analysis. *Journal of Orthopaedic & Sports Physical Therapy* 43(9): 620–634.

Koester, M.C., George, M.S., and Kuhn. J.E. 2005. Shoulder impingement syndrome. *The American Journal of Medicine* 118(5): 452–455.

Krupp, R.J., Kevern, M.A., Gaines, M.D., Kotara, S., and Singleton, S.B. 2009. Long head of the biceps tendon pain: Differential diagnosis and treatment. *Journal of Orthopaedic & Sports Physical Therapy* 39(2): 55–70.

Lucas, K.R., Polus, B.I., and Rich, P.A. 2004. Latent myofascial trigger points: Their effects on muscle activation and movement efficiency. *Journal of Bodywork and Movement Therapies* 8(3): 160–166.

Umer, M., Qadir, I., Azam, M. 2012. Subacromial impingement syndrome. *Orthopedic Reviews* 4(18): 79–82.

Ootes, D., Lambers, K.T., and Ring, D.C. 2012. The epidemiology of upper extremity injuries presenting to the emergency department in the United States. *Hand* 7(1): 18–22.

Patel, K., Kashyap, R., Tadisina, K., and Gonzalez, M.H. 2013. De Quervain's Disease. *Eplasty* 13.

Quan, D. 2013. Median nerve entrapment syndromes. *Upper Extremity Focal Neuropathies*: 7–9.

Rathbun, J.B., and Macnab, I. 1970. The microvascular pattern of the rotator cuff. *Journal of Bone & Joint Surgery* 52: 540–553.

Shanley, E., Rauh, M.J., Michener, L.A., Ellenbecker, T.S., Garrison, J.C., and Thigpen, C.A. 2011. Shoulder range of motion measures as risk factors for shoulder and elbow injuries in high school softball and baseball players. *The American Journal of Sports Medicine* 39(9): 1997–2006.

Sytema, R., Dekker, R., Dijkstra, P.U., Duis, H., and Sluis, C. 2010. Upper extremity sports injury: Risk factors in comparison to lower extremity injury in more than 25,000 cases. *Clinical Journal of Sport Medicine* 20(4): 256–263.

Wanivenhaus, F., Fox, A., Chaudhury, S., and Rodeo, S. 2012. Epidemiology of injuries and prevention strategies in competitive swimmers. *Sports Health: A*

Multidisciplinary Approach 4(3): 246–251.

Westrick, R.B., Miller, J.M., Carow, S.D., and Gerber, J.P. 2012. Exploration of the Y–Balance Test for assessment of upper quarter closed kinetic chain performance. *International Journal of Sports Physical Therapy* 7(2): 139.

第9章

Ahmad, Z.N., Siddiqui, N., Malik, S.S., Abdus–Samee, M., Tytherleigh–Strong, G., and Rushton, N. 2013. Lateral epicondylitis: A review of pathology and management. *Bone & Joint Journal* 95(9): 1158–1164.

Andersen, J.H., Fallentin, N., Thomsen, J.F., and Mikkelsen, S. 2011. Risk factors for neck and upper extremity disorders among computers users and the effect of interventions: An overview of systematic reviews. *PLoS One* 6(5): e19691.

Baker, R.T., Van Riper, M., Nasypany, A., and See–gmiller, J.G. 2014. Evaluation and treatment of apparent reactive tendinopathy of the biceps brachii. *IJATT* 19(4): 14–21.

Bisset, L.M., Hing, W., and Vicenzino, B. 2011. The efficacy of mobilisations with movement treatment on musculoskeletal pain: A systematic review and meta–analysis. In *16th International Congress of the World Confederation for Physical Therapy*.

Coombes, B.K., Bisset, L., and Vicenzino, B. 2010. Efficacy and safety of corticosteroid injections and other injections for management of tendinopathy: A systematic review of randomised controlled trials. *The Lancet* 376(9754): 1751–1767.

Clar, C., Tsertsvadze, A., Hundt, G.L., Clarke, A., Sutcliffe, P., et al. 2014. Clinical effectiveness of manual therapy for the management of musculoskeletal and non–musculoskeletal conditions: A systematic review and update of *UK Evidence Report. Chiropractic & Manual Therapies* 22(1): 12.

Creaney, L., Wallace, A., Curtis, M., and Connell, D. 2011. Growth factor–based therapies provide additional benefit beyond physical therapy in resistant elbow tendinopathy: A prospective, single–blind, randomised trial of autologous blood injections versus platelet–rich plasma injections. *British Journal of Sports Medicine* 45(12): 966–971.

Da Costa, B.R., and Vieira, E.R. 2010. Risk factors for work–related musculoskeletal disorders: A systematic review of recent longitudinal studies. *American Journal of Industrial Medicine* 53(3): 285–323.

Dean, B., Floyd, J., Franklin, S.L., and Carr, A.J. 2013. The peripheral neuronal phenotype is important in the pathogenesis of painful human tendinopathy: A systematic review. *Clinical Orthopaedics and Related Research* 471(9): 3036–3046.

De Vos, R.–J., Windt, J, and Weir, A. 2014. Strong evidence against platelet–rich plasma injections for chronic lateral epicondylar tendinopathy: A systematic review. *British Journal of Sports Medicine* 48(12): 952–956.

Dommerholt, J., Bron, C., and Franssen, J. 2006. Myofascial trigger points: An evidence–informed review. *Journal of Manual & Manipulative Therapy* 14(4): 203–221.

Drew, B.T., Smith, T.O., Littlewood, C., and Sturrock, B. 2012. Do structural changes (e.g., collagen/matrix) explain the response to therapeutic exercises in tendinopathy: A systematic review. *British Journal of Sports Medicine* 0: 1–8.

Hjelm, N., Werner, S., and Renstrom, P. 2012. Injury risk factors in junior tennis players: A prospective 2–year study. *Scandinavian Journal of Medicine & Science in Sports* 22(1): 40–48.

Jewson, J.L., Lambert, G.W., Storr, M., and Gaida, J.E. 2015. The sympathetic nervous system and tendinopathy: A systematic review. *Sports Medicine* 45(5): 727–743.

Lee, H.J., Kim, I., Hong, J.T., and Kim, M.S. 2014. Early surgical treatment of pronator teres syndrome. *Journal of Korean Neurosurgical Society* 55(5): 296–299.

Meltzer, K.R., and Standley, P.R. 2007. Modeled repetitive motion strain and indirect osteopathic mani–pulative techniques in regulation of human fibroblast proliferation and interleukin secretion. *JAOA: Journal of the American Osteopathic Association* 107(12): 527–536.

Olaussen, M., Holmedal, O., Lindback, M., Brage, S., and Solvang, H. 2013. Treating lateral epicondylitis with corticosteroid injections or non–electrotherapeutical physiotherapy: A systematic review. *BMJ Open* 3(10): e003564.

Ootes, S., Lambers, K.T., and Ring, D.C. 2012. The epidemiology of upper extremity injuries presenting to the emergency department in the United States. *Hand* 7(1): 18–22.

Orchard, J., and Kountouris, A. 2011. The management of tennis elbow. *BMJ* 342: d2687.

Quan, D. 2013. Median nerve entrapment syndromes. *Upper Extremity Focal Neuropathies*: 7–9.

Sanders, T.L., Kremers, H.M., Bryan, A.J., Ransom, J.E., Smith, J., and Morrey, B.F. 2015. The epidemiology and health care burden of tennis elbow: A population-based study. *The American Journal of Sports Medicine*.

Scott, A., Docking, S., Vicenzino, B., Alfredson, H., Zwerver, J., Lundgreen. K., Finlay, O., et al. 2013. Sports and exercise-related tendinopathies: A review of selected topical issues by participants of the Second International Scientific Tendinopathy Symposium (ISTS), Vancouver 2012. *British Journal of Sports Medicine*.

Shanley, E., Rauh, M.J., Michener, L.A., Ellenbecker, T.S., Garrison, J.C., and Thigpen, C.A. 2011. Shoulder range of motion measures as risk factors for shoulder and elbow injuries in high school softball and baseball players. *The American Journal of Sports Medicine* 39(9): 1997–2006.

Shiri, R., and Viikari-Juntura, E. 2011. Lateral and medial epicondylitis: Role of occupational factors. *Best Practice & Research Clinical Rheumatology* 25(1): 43–57.

Tyler, T.F., Nicholas, S.J., Schmitt, B.M., Mullaney, M., and Hogan, D.E. 2014. Clinical outcomes of the addition of eccentrics for rehabilitation of previously failed treatments of golfers elbow. *International Journal of Sports Physical Therapy* 9(3): 365–370.

Ulrich, D., Piatkowski, A., and Pallua, N. 2011. Anterior interosseous nerve syndrome: A retrospective analysis of 14 patients. *Archives of Orthopaedic and Trauma Surgery* 131(11): 1561–1565.

Wong, C.K., Moskovitz, N., and Fabillar, R. 2011. The effect of strain counterstrain(SCS) on forearm strength compared to sham positioning. *International Journal of Osteopathic Medicine* 14(3): 86–95.

第10章

Brown, J.S., Wheeler, P.C., Boyd, K.T., Barnes, M.R., and Allen, M.J. 2011. Chronic exertional compartment syndrome of the forearm: A case series of 12 patients treated with fasciotomy. *Journal of Hand Surgery* (European volume) 36(5): 413–419.

Campbell, C.S. 1955. Gamekeeper's thumb. *Journal of Bone & Joint Surgery* (British volume) 37(1): 148–149.

Collins, C.K. 2007. Physical therapy management of complex regional pain syndrome in a 14-year-old patient using strain counterstrain: A case report. *Journal of Manual & Manipulative Therapy* 15(1): 25–41.

De Putter, C.E., Selles, R.W., Polinder, S., Panneman, M.J.M., Hovius, S.E.R., and van Beeck, E.F. 2012. Economic impact of hand and wrist injuries: Healthcare costs and productivity costs in a population-based study. *The Journal of Bone & Joint Surgery* 94(9): e56.

Fry, W.R., Wade, M.D., Smith, R.S., and Asensio-Gonzales, J.A. 2013. Extremity compartment syndrome and fasciotomy: A literature review. *European Journal of Trauma and Emergency Surgery* 39(6): 561–567.

Gerwin, R.D, Dommerholt, J., and Shah, J.P. 2004. An expansion of Simons' integrated hypothesis of trigger point formation. *Current Pain and Headache Reports* 8(6): 468–475.

Ghasemi-rad, M., Nosair, E., Vegh, A., Mohammadi, A., Akkad, A., Lesha, E., Mohammadi, M.H., et al. 2014. A handy review of carpal tunnel syndrome: From anatomy to diagnosis and treatment. *World Journal of Radiology* 6(6): 284–300.

Koplay, M., Sivri, M., Kutahya, H., Erdogan, H., and Goncu, R.G. 2014. Gamekeeper's thumb: MR imaging findings. *Journal of Medical Diagnostics Methods* 2: 147.

Mahajan, M, and Rhemrev, S.J. 2013. Rupture of the ulnar collateral ligament of the thumb: A review. *International Journal of Emergency Medicine* 6(1): 1–6.

Moseley, G. Lorimer, R.D., Herbert, T.P., Lucas, S., Van Hilten, J.J., and Marinus, J. 2014. Intense pain soon after wrist fracture strongly predicts who will develop complex regional pain syndrome: A prospective cohort study. *The Journal of Pain* 15(1): 16–23.

Navalho, M., Resende, C., Rodrigues, A.M., Ramos, F., Gaspar, A., Pereira da Silva, J.A., Fonseca, J.E., Campos, J., and Canhão, H. 2012. Bilateral MR imaging of the hand and wrist in early and very early inflammatory arthritis: Tenosynovitis is associated with progression to rheumatoid arthritis. *Radiology* 264(3): 823–833.

Ogawa, T., Tanaka, T., Yanai, T., Kumagai, H., and Ochiai, H. 2013. Analysis of soft tissue injuries associated with distal radius fractures. *BMC Sports Science, Medicine and Rehabilitation* 5(1): 19.

Ootes, D., Lambers, K.T., and Ring, D.C. 2012. The epidemiology of upper extremity injuries presenting to the emergency department in the United States. *Hand* 7(1): 18–22.

Patel, K., Kashyap, R., Tadisina, K., and Gonzalez, M.H. 2013. De Quervain's Disease. *Eplasty* 13.

Patel, S., Potty, A., Taylor, E.J., and Sorene, E.D. 2010. Collateral ligament injuries of the metacarpophalangeal joint of the thumb: A treatment algorithm. *Strategies in Trauma and Limb Reconstruction* 5(1): 1–10.

Schaefer, P.T., and Speier, J. 2012. Common medical problems of instrumental athletes. *Current Sports Medicine Reports* 11(6): 316–322.

Sharan, D., and Ajeesh, P.S. 2012. Risk factors and clinical features of text message injuries. *Work: A Journal of Prevention, Assessment and Rehabilitation* 41: 1145–1148.

Siu, G., Jaffe, J.D., Rafique, M., and Weinik, M.K. 2012. Osteopathic manipulative medicine for carpal tunnel syndrome. *The Journal of the American Osteopathic Association* 112(3): 127–139.

Speicher, T.E., and Draper, D.O. 2006. Top 10 positional–release therapy techniques to break the chain of pain—Part 1. *Athletic Therapy Today* 11(5): 60–62.

Sytema, R., Dekker, R., Dijkstra, P.U., ten Duis, H.J., and van der Sluis, C.K. 2010. Upper extremity sports injury: Risk factors in comparison to lower extremity injury in more than 25,000 cases. *Clinical Journal of Sport Medicine* 20(4): 256–263.

Villafañe, J.H., Cleland, J.A., and Fernandez–De–Las–Peñas, C. 2013. The effectiveness of a manual therapy and exercise protocol in patients with thumb carpometacarpal osteoarthritis: A randomized con–trolled trial. *Journal of Orthopaedic & Sports Physical Therapy* 43(4): 204–213.

Werner, B.C., Hadeed, M.M., Lyons, M.L., Diduch, D.R., and Chhabra, A.B. 2014. Return to play and

long–term clinical outcomes after suture anchor repair of thumb ulnar collateral ligament injuries in collegiate football athletes. *Orthopaedic Journal of Sports Medicine* 2(2 Suppl.): 1–2.

第11章

Abraham, V.C., Richmond, F.J.R., and Rose, P.K. 1975. Absence of monosynaptic reflex in dorsal neck muscle of the cat. *Brain Research* 92: 130–131.

Alsalaheen, B.A., Mucha, A., Morris, L.O., Witney, S.L., Furman, J.M., Camiolo–Reddy, C.E.,

Collins, M.W., Lovell, M.R., and Sparto, P.J. 2010. Vestibular rehabilitation for dizziness and balance disorders after concussion. *Journal of Neurologic Physical Therapy* 4: 87–93.

Baron, E.P., Cherian, N., and Tepper, S.J. 2011. Role of the greater occipital nerve block and trigger point injections for patients with dizziness and headache. *Neurologist* 17(6): 312–317.

Becker, R.F. 1977. Cranial therapy revisited. *Osteopathic Annuals* 5(7): 13–40.

Bell, W.E. 1985. *Orofacial pain: Classification, diagnosis, management* (3rd ed.). Chicago: New Year Medical.

Biondi, D.M. 2005. Cervicogenic headache: Mechanism, evaluation and treatment strategies. *Journal of the American Osteopathic Association* 105(Suppl. 2): 16S–22S.

Bogduk, N. 1998. Innervation and pain patterns of the cervical spine. In *Physical therapy of the cervical and thoracic spine,* ed. R. Grant. New York: Churchill Livingstone.

Bovin, G., Berg, R., and Dale, L.G. 1992. Cervicogenic headache: Anesthetic blockade of cervical nerves (C2–C5) and facet joints(C2–C3). *Pain* 49: 315–322.

Castenada, R. 1991. Occlusion. In *Temporomandibular disorders, diagnosis and treatment,* ed. A.S. Kaplan and L.A. Assael. Philadelphia: Saunders.

Chaitow, L. 1999. *Cranial manipulation therapy, theory and practice: Osseous and soft tissue approaches.* New York: Churchill Livingstone.

Cohen, M.J., and McArthur, D.L. 1981. Classification of migraine and tension headache from a survey of 10,000 headache diaries. *Headache* 21: 25–92.

D'Ambrogio, K.J., and Roth, G.B. 1997. *Positional release therapy: Assessment and treatment of muscu-loskeletal dysfunction.* St. Louis, MO: Mosby.

DeJarnette, M.B. 1975. *SacroOccipital Technique*. Rose Ertler Memorial DeJarnette Library, Chicago, IL.

DeJarnette, M.B. 1976. *SacroOccipital Technique*. Rose Ertler Memorial DeJarnette Library, Chicago, IL.

DeJarnette, M.B. 1977. *SacroOccipital Technique*. Rose Ertler Memorial DeJarnette Library, Chicago, IL.

DeJarnette, M.B. 1978. *SacroOccipital Technique*. Rose Ertler Memorial DeJarnette Library, Chicago, IL.

Dimitroulis. G. 1998. Temporomandibular disorders: A clinical update. *British Medical Journal* 317: 190–194.

Dreyfus, P., Michaelson, M., and Fletcher, A. 1994. Atlanto–occipital and lateral atlanto–axial joint pain patterns. *Spine* 19: 1125–1131.

Dutton, M. 2004. *Orthopedic examination, evaluation and intervention*. New York: McGraw–Hill.

Dworkin, S.F., et al. 1990. Epidemiology of signs and symptoms in temporomandibular disorders, clinical cases and controls. *Journal of the American Dental Association* 120: 273–281.

Ehni, G.E., and Benner, B. 1984. Occipital neuralgia and the C1 and C2 arthrosis syndrome. *Journal of Neurosurgery* 61: 961–965.

Fredrikson, T.A., Hovdal, H., and Sjaastad, O. 1987. Cervicogenic headache: Clinical manifestation. *Cephalalgia* 7: 147–160.

Friedman, M.H., and Nelson, R.J. Jr. 1996. Head and neck pain review: Traditional and new perspectives. *Journal of Orthopedic Sports Physical Therapy* 24(4): 268–278.

Gelb, H.C., ed. 1977. *Clinical management of head, neck and temporomandibular pain: A multidisciplinary approach to diagnosis and treatment*. Philadelphia: Saunders.

Gladstone, J. 2009. From psychoneurosis to ICHD–2: An overview of the state of the art in post–traumatic headache. *Headache* 49(7): 1097–1111.

Greenman, P.E. 2003. *Principles of manual medicine* (3rd ed.). Philadelphia: Lippincott Williams & Wilkins.

Greenwald, B.D., Kapoor, N., and Singh, A.D. 2012. Visual impairments in first year after traumatic brain injury. *Brain Injury* 26(11): 1–22.

Griesbach, G.S., Houda, D.A., and Gomez–Pinella, F. 2009. Exercise induced improvements in cognitive performance after traumatic brain injury in rats is dependent on BDNF activation. *Brain Research* 1288: 105–115.

Headache Classification Committee of the International Headache Society. 1998. Classification and diagnostic criteria for headache disorders, cranial neuralgia and facial pain. *Cephalalgia* 7(Suppl.): 1–551.

Herring, S.A., Canto, R.C., Guskiewicz, K., Putokiam, M., and Kibler, W.B. 2011. Concussion(mild traumatic brain injury) and the team physician: A consensus statement. 2011 update. *Medicine & Science in Sports & Exercise* 43(12): 2412–2422.

Hunter, C.R, and Mayfield, F.H. 1949. Role of the upper cervical roots in the production of pain in the head. *American Journal of Surgery* 48: 743–751.

International Headache Society.1988. Headache class–ification and diagnostic criteria for headache disorders, cranial neuralgias and facial pain. *Cephalalgia*, 8(19–22): 71–72.

Janda, V. 1994. Muscles and motor control in cervicogenic disorders: Assessment and management. In *Physical therapy of the cervical and thoracic spine,* ed. R. Grant. New York: Churchill Livingstone.

Jones, L.H., Kusunose, R.S., and Goering, E.K. 1995. *Jones strain-counterstrain*. Boise, ID: Jones Strain–Counter Strain, Inc.

Kerr, F.W.L., and Olafsson, R.A. 1961. Trigeminal cervical volleys: Converging on single units in spinal grey at C1–C2. *Archives of Neurology* 5: 171–178.

Koren, T. 2006. The sphenoid pattern. *The American Chiropractor*: 26–30.

Kozlowski, K.F., Graham, J., Leddy, J.J., Divinney–Boymel, L., and Willer, B.S. 2013. Exercise intolerance in individuals with postconcussion syndrome. *Journal of Athletic Training* 48(5): 627–635.

Kraus, S.L. 1994. *Temporomandibular disorders* (2nd ed.). New York: Churchill Livingstone.

McNeill, C. 1991. Temporomandibular disorders: Guide–lines for diagnosis and management. *Journal of the California Dental Association* 19: 15–26.

Moore, K.I. 1985. *Clinically oriented anatomy* (2nd ed.). Baltimore: Williams & Wilkins.

Nicholson, G.G., and Gaston, J. 2001. Cervical headache. *Journal of Orthopedic Sports Physical Therapy* 31: 184–193.

Ochi, K., Ohashi, T., and Kinoshita, H. 2002. Acoustic tenser tympani response and vestibular evoked myogenic potentials. *Laryngoscope* 112: 2225–2229.

Reddy, C.C. 2011. Postconcussion syndrome: A psysiat-rist's approach. *Physical Medicine and Rehabilitation* 3(1052): S397.

Rocabado, M., and Iglarsh, Z.A. 1991. *Musculoskeletal approach to maxillofacial pain.* Philadelphia: Lippincott.

Salonen, L., and Hellden, L. 1990. Prevalence of signs and symptoms of dysfunction in masticatory system: An epidemiological study in an adult Swedish population. *Journal of Craniomandibular Disorders and Facial Oral Pain* 4: 241–250.

Selassie, A.W., Dulaney, A.W., Pickelsier, E.E., Voronca, D.C., Williams, N.R., and Edwards, J.C. 2013. Incidence of sports related traumatic brain injury and risk factors of severity: A population based study. *Annals of Epidemiology* 23(12): 1–7.

Sharmann, S.A. 2001. *Diagnosis and treatment of movement impairment syndromes.* St Louis, MO: Mosby.

Simons, D.G., Travell, J.G., and Simons, L.S. 1999. *Travell and Simons' myofascial pain and dysfunction: Upper half of body.* Vol. 1. Baltimore: Lippincott Williams & Wilkins.

Stirimpakos, N. 2011. The assessment of the cervical spine, part 2: Strength and endurance/fatigue. *Journal of Bodywork and Movement Therapies.* 15(4): 417–430.

Stohler, C.S. 1995. Clinical perspectives on masticatory and related muscle disorders. In *Temporomandibular disorders and related pain conditions: Progress in pain research and management,* ed. B.J. Sessle, P.S. Bryant, and R.A. Dionne. Seattle, WA: ISAP Press.

Sutherland, W.G. 1939. *The cranial bowl.* Mankato, MN: Free Press.

Treleaven, J. 2008. Sensorimotor disturbances in neck disorders affecting postural stability, head and eye movement control. *Manual Therapy* 13(1): 2–11.

Upledger, J.E., and Vredevoogd, J.D. 1983. *Craniosacral therapy.* Seattle, WA: Eastland Press.

Warwick, R., and Williams, P.L. 1973. *Gray's anatomy, 35th British ed.* Philadelphia: W.B. Saunders Co.

Weightman, M.M., Bolgla, R., McCulloch, K.L., and Peterson, M.D. 2010. Physical therapy recommendations for service members with mild traumatic brain injury. *Journal of Head Trauma Rehabilitation* 25(3): 206–218.

Willer, B., and Leddy, J.J. 2006. Management of concussion and postconcussion syndrome: Current treatment options. *Neurology* 8: 415–426.

Wilson, P.R. 1991. Chronic neck pain and cervicogenic headache. *Clinical Journal of Pain* 7(1): 5–11.

关于作者与贡献者

关于作者

蒂莫西·E. 斯派克（Timothy E. Speicher）博士，ATC, LAT, CSCS，是体位放松技术（PRT）研究所的负责人。他被业界认为是体位放松技术的首席专家。斯派克发现并开发了肌束震颤反应法（FRM），彻底改变了体位放松技术的应用、实践和教学方式。他在犹他州奥格登研究所建立了体位放松技术研究所，提供关于肌束震颤反应法以及体位放松技术的教育，并提供相关的实践机会。

斯派克经常在专业的组织或会议上发表关于体位放松技术的演讲并在学术期刊上发表论文。2014年，他获得了循证概念构图优秀文章一等奖。该奖项由美国国家运动防护师协会（NATA）的 Athlitic Training Education Journal 颁发。2013年，他获得了该期刊循证类比推理优秀文章第一名的殊荣。

斯派克在不同的学术机构中担任过多个教学和科研职务，他是美国田径教练员学会的成员，也是美国国家运动防护师协会研究与教育基金会的董事会成员。目前，斯派克拥有两个教学职务：在爱达荷大学的附属学院为运动训练项目的硕士生教授神经科学，以及在洛基山大学担任助理教授，为健康科学博士提供循证医学方面的教学。

关于贡献者

里吉斯·图罗西（Regis Turocy），DHCE, MPT, PRT-c，在西弗吉尼亚大学获得理学学士学位，在匹兹堡大学获得物理治疗认证和骨科物理治疗学硕士学位，在杜肯大学获得卫生保健伦理学硕士学位和博士学位。他在骨科物理治疗和物理治疗的替代疗法方面有丰富的经验，并教授骨科手法治疗、电疗、卫生保健伦理和卫生保健辅助方法等方面的课程。他曾在许多区级、州级和国家级的会议上进行教育性的演讲。一直以来，图罗西博士致力于体位放松、神经紧张和肌肉紧张技术的实践应用。

关于译者

汪敏加，北京体育大学运动康复博士、临床博士后；成都体育学院运动康复系副教授、硕士研究生导师；美国运动医学会认证生理学家（ACSM-EPC）、国家康复治疗师；参与国家击剑队、射击射箭队多个科技服务项目；参编、参译专业图书10本，主持、参与科研课题12项，发表国际、国内学术论文10多篇；主要研究方向：运动损伤的预防与康复、骨与关节退行性疾病的运动康复、产后康复。

刘冬森，运动人体科学博士；北京体育大学运动医学与康复学院讲师；长期从事高水平运动员的运动损伤管控工作，服务过花样滑冰、篮球、击剑、足球等项目运动队；曾入选亚冬会和冬奥会中国体育代表团，曾获得国家体育总局的奥运科技服务表彰；主要研究方向：高水平运动员的运动损伤管控、肌肉骨骼系统功能障碍的运动康复。